彭运辉◎著

董耀会

长城之子

燕山大学出版社
·秦皇岛·

图书在版编目（CIP）数据

长城之子董耀会 / 彭运辉著 . —秦皇岛：燕山大学出版社，2023.1（2023.8 重印）
ISBN 978-7-5761-0375-5

Ⅰ. ①长… Ⅱ. ①彭… Ⅲ. ①董耀会 – 事迹 Ⅳ. ① K825.41

中国版本图书馆 CIP 数据核字（2022）第 128987 号

长城之子董耀会
CHANGCHENG ZHI ZI DONG YAOHUI

彭运辉　著

出 版 人：	陈　玉			
责任编辑：	方志强　裴立超		策 划 人：	陈　玉
责任印制：	吴　波		封面设计：	方志强
出版发行：	燕山大学出版社		地　　址：	河北省秦皇岛市河北大街西段 438 号
邮政编码：	066004		电　　话：	0335-8387555
印　　刷：	河北文曲印刷有限公司		经　　销：	全国新华书店

开　　本：	180mm×240mm　1/16		印　　张：	27.5
版　　次：	2023 年 1 月第 1 版		印　　次：	2023 年 8 月第 2 次印刷
书　　号：	ISBN 978-7-5761-0375-5		字　　数：	443 千字
定　　价：	168.00 元			

版权所有　侵权必究

如发生印刷、装订质量问题，读者可与出版社联系调换

联系电话：0335-8387718

序

长城作证痴心在　岂为青史留此名

长城，从一部中华文明史上延袤而来，带着烽烟的气息，也挟着生命的传奇。

历史上的长城，仿佛是一个巨大的舞台，数不尽的风云人物，或顽强修筑、坚韧不拔，或抵御侵扰、保家卫国，或开疆拓土、通商交流，或至诚守护、终老边塞，留下一曲曲慷慨悲歌，那脍炙人口的人物故事，铭记于历史典籍，相传于口耳民间，世代流传，经久不衰，让古老的长城充满了人文色彩。

今天的长城，仍牵动着华夏儿女的心魄，血脉所系，海内外热爱关注长城、保护研究长城的同道中人可谓众矣！他们与长城的故事令人动容，"长城人"是他们共同的称谓。这部人物传记《长城之子董耀会》，讲述的正是一位注定在长城人文历史上留下名字的长城人——董耀会与长城的情缘。

出版这部人物传记，对于广大读者的意义有三：

其一是让今人和后人得见当代长城人走过了一条怎样的热血之路。

目前已经出版的长城图书大致可分四类：第一类是大众化的历史书、科普书等；第二类是图像化的绘画、摄影作品等；第三类是工具性的调查报告、百科全书、志书等；第四类是学术研究型著作，涉及长城的历史、建筑等。虽然长城出版物逐年增多，但从改革开放以来，即20世纪80年代初至今，以长城为题材的出版物，却是只见作品不见人的（罗哲文先生传记1种为仅见），这与众多长城人为推动长城事业发展而奋发作为的现实颇不协调。

董耀会的人生经历和事迹，散见于数以千计的新闻报道与纪录片中，在长城沿线各个省（区、市）乃至基层县区中拥有很高知名度。他早在20世纪80年代血气方刚的年纪，就曾完成与伙伴一同历时508天从山海关徒步走到嘉峪关考察明长城的壮举，从那时至今，近40年投身专职的长城保护和研究，历任中国长城学会的秘书长、常务副会长等职，撰写《明长城考实》《长城：追问与共鸣》等10余部著作，担任总主编历时10年编纂完成10卷12册《中国长城志》，近年在长城国家文化公园建设中又发挥着不可替代的权威专家作用。

在半生专注于走长城、读长城的生涯中，他脚踏实地，坚韧跋涉，不尚空谈，孜孜矻矻，将追求个人理想与开拓长城事业紧紧地结合在一起，以一生只做一件事的执着，日复一日实现着人生的激情飞扬；以对长城日益深刻的理解，年复一年弘扬着长城的文化精髓。他曾说过"长城点亮了我的生命"，也曾写过《长城如父》一文，将长城喻为养育了他的父亲，将自己喻为日夜忧思老父安危的儿子。由此，本书遂以"长城之子"为书名，我们希望借助割舍不断的父子血脉这个意象，传递董耀会对长城数十年的深情守望以及超越功利的价值追求。

读这本董耀会的传记，读者不仅能够了解这位长城人中的典型人物，还可通过书中对其人生阅历、知交往来的记述，领略社会各界各地长城人的风采，感受他们爱国家、爱长城的一腔痴情。

其二是以传主个人经历为脉络勾勒新时期的长城保护传承简史。

董耀会1984年5月从山海关出发徒步考察明长城，走到北京的时候，恰逢邓小平、习仲勋同志为"爱我中华、修我长城"活动题词，亲身经历了改革开放以后长城修复保护在中华大地上掀起的热潮。那个时代，是继1933年长城抗战激发民族抗争勇气之后，长城真正被赋予了国家象征的内涵意义，从历史遗产、文学艺术和社会符号三个层面成为中华文化标志的时代。发展到今天，长城国家文化公园作为国家顶层设计的重大文化战略工程，迎来了长城保护利用和文化传承的又一段高潮期。

在这将近40年的每一个阶段，董耀会皆以不同方式积极参与和推动着长城保护立法的不寻常的进程，促进着长城保护规划的制订实施，见证着长城沿线地方保护意识的逐步提高、长城志愿者民间力量的成长、高校长城学术研究的起步、长城在世界文明交融中的发声。他从未缺席，是当之无愧的亲历者、参与者、推动者甚至引领者，了解他的长城生涯，一定程度上便观察了中国长城保护传承事业的全景。

当前，长城国家文化公园"国字号"文化工程正在推进。建设长城国家文化公园是以习近平同志为核心的党中央作出的重大决策部署，是"十四五"时期国家着力推进的重大文化战略工程，根本目的是要打造中华文化的重要标志，坚定文化自信，弘扬民族精神。长城的保护传承被提升至前所未有的高度，被赋予了不可替代的使命。在长城的建筑实体、历史文化、精神价值前所未有地为铸牢中华民族共同体意识、构建人类命运共同体发挥作用的今天，读者一定希望知道，这40年来长城保护传承的筚路蓝缕，走过了怎样的艰难和欢欣，在这方面本书颇堪参考。

其三是经人物之口阐明长城文化与中华文化的关系。

本书介绍了董耀会多年研究发表的诸多观点和洞见，其中最有价值之处在于着眼于人类社会的共识，冲破了长城奇观化的被观赏状态，凸显了长城文明价值的普遍互通属性，揭示了长城之所以伟大、恒久，是因为它在与中华民族生存发展紧相伴随的过程中，回答了人类文明史上必须共同面对的三个基本问题：生死存亡、构建文明发展秩序、文明发展和延续。中华民族的祖先为什么持续两千多年不断地修建和使用长城？正是因为长城的存在与解决人类面临的这三个基本问题始终息息相关，长城的存在为中华文明的发展和延续提供了保障。长城自产生之始就伴随着中华文明的发展，与统一的、多民族国家的形成和发展几乎同步，中华民族世世代代劳动、生息、繁衍在这片辽阔的土地上，保持着绵延不断的历史记载，形成了独特的文化脉络和体系，从这个意义上说，长城也是中华文化的根脉。

从总体视角审视，长城文化与中华文化的基本精神一脉相承，彰显了和而不同、有容乃大，天人合一、以人为本，刚健有为、自强不息的民族文化特质。

长城文化是中华文化的重要组成部分。长城文化是中国古代修建和使用长城过程中所形成的历史文化，也包括依托长城所形成、反映长城内外民族特质和社会风貌的文化。长城的文化价值，源于它深度参与了多元一体中华民族的形成进程，它既是一道防御工事，又作为一条民族融合的纽带，包容和见证着不同民族和文明之间的碰撞和交流。作为边界标识，长城获得了家国天下、故土之思的象征意义，近代以来面对民族危亡，长城的形象又进一步升华成为抵御外侮、不屈不挠的昂扬意志象征。历经沧海桑田，在中华文明的延续发展中，长城始终在象征话语体系中占据重要位置，长城的精神价值远远超越了它在历史上的实用价值。长城是最富包容性的中华文化符号，用之于当代，其文化内涵与世界人民共同推崇和信奉的人类文明共同价值也高度契合。

如果用批评话语分析视角看西方媒体，就会看到它们站在"他者"的立场，往往对于中华文化发生误读，至今仍然解读不清。例如，长城在西方文化背景中，是简单的、冷漠的甚至模糊的。尽管近代以来长城的符号内涵发生过变迁，万里长城成为中华古老文明的象征，而且逐渐被赋予不同甚至相反的含义，但它在西方人心目中，既可能代表中国的文明成就，也可能表现出专制、停滞与封闭、保守或虚弱。历史上，清朝乾隆年间英国马戛尔尼使团访华，亲眼目睹了长城的壮观，在《英使谒见乾隆纪实》（1797）中，副使斯当东赞叹长城令人惊心动魄的同时，就曾片面地断定它在当时的作用只是限制中国人外迁，关闭国人。尽管西方建构中国形象的意义系统，最终来自西方文化本身，但是我们也并非无所作为。

在人类文明史上，中国的长城本身是一个极为特殊的文化现象，为了建构国家文化形象，提升中华文化的影响力、感召力，在人类文明和精神价值的维度，立足当代世界对长城做出恰如其分的价值评判，使它以更具普遍性的意义符号，形成富有解释力的话语体系，才能促进当代性的文明对话，产生价值共鸣，这是国人不应回避的使命。毋庸讳言，我国的文化软实力并没有随着物质上国力的逐年增强而迅速提高，中国人还不擅长讲自己的故事，不仅是对外国人，有些连国人本身也没有听到或者理解并不充分。讲好长城的故事，相当程度上就是讲好中国故事，有利于站在人类历史和世界文明的格局推动国家文化形象崛起。这也是本书出版的意义之一。

　　本书作者彭运辉教授，同传主董耀会先生一样，是有诚心痴心的长城人，也是一位研究长城的优秀学者。他深怀对长城事业的热忱，积年采访董先生的有关事迹，终于为读者捧出了这部人物传记。作者进行了严谨周密的工作，查阅资料，多方面访，探幽发微，捕捉细节故事、一言一行的深意，并直接与人物交流，经亲身印证防止遗漏事实，也从语言和情感沟通中获得了对人物深入的理解、立意境界的升华。

　　作为一部写实性的非文学作品，本书在叙事上做到了理性与情感相统一，以事系人，以人写事，运用第一手材料，远钩故实，近探生平，并且没有脱离人物所处的时代和社会状态，评述客观，殊为难得。更为可贵的是，作者没有把人物神圣化、概念化、片面化，从而避免了如鲁迅所说"给名人作传的人，也大抵一味铺张其特点，李白怎样做诗，怎样要颠，拿破仑怎样打仗，怎样不睡觉，却不说他们怎样不要颠，要睡觉。……于是所见的人或事，就如盲人摸象。……删夷枝叶的人，决定得不到花果。"本书作者未加过多藻饰、铺排，忠实再现了人物思想行止、德言事功的全貌，写出了有血有肉的人，是一位高超的传记作者。

　　我与董耀会先生相识有年，记得我还在新华社河北分社做记者时，多次采访董先生，写出一些有锋芒的深度报道和评论，引起有利于长城保护的积极反响，董先生在长城方面独到的见解和拳拳之心给我以教益。

我负责燕山大学出版社的工作之后，因为策划《中华血脉——长城文学艺术》丛书，又与董先生联系密切起来。约的书稿，他都有诺必践，或迟或速，总会给我交代，于是很顺利地出版了董先生的专著《长城：追问与共鸣》和文集《长城文化经济带建设研究》，受到社会欢迎。2020年，燕山大学秉持文化使命与情怀，成立了人文社科研究机构——中国长城文化研究与传播中心，聘请董先生担纲主任，我们又一起为长城做更多的事，也更多地看见董先生为推进长城研究、长城文化传播、长城国家文化公园建设是何等地不辞劳苦。

为董耀会这位从山海关出发的"长城之子"，出版一本书当作纪念，是燕山脚下家乡出版社做的一件有特别意义的事。我作为本书终审人，得以完整地回望了董耀会走过的志士般的半生道路，读出了他言行深处蕴含的家国情怀、故园之思、使命之源。的确，伟大也要有人懂。

董耀会用了近40年的时间，从一名外线电工成长为一名长城专家，他不畏现实阻滞，突破条件局限，敢于自我塑造，走出了一条坚持信仰的个性化的人生道路，虽然历经峰谷起伏，但他始终奋斗不息，随着时间延展而勇往直前。他活出了自己的精彩，为大众社会展现出人生的另外一种活法。这样的人生，不是"成功"二字足以简单概括的，它的"密码"从这本书中读者将可以找到；这样的人生，未必要读者全视其为榜样而去敬畏，但却能给予生活方式的启迪。就如董耀会常说的那样，"我一个外线工起点的人能做到的事情，你们今天的年轻人更应该有信心做得更好。"这样看，读者诸君尤其是青年读者，无论你身处何种境遇，都将能通过阅读本书获得有益于个人成长的价值思考。

罗曼·罗兰在《贝多芬传》前言里写道："切勿过于怨叹，人类中最优秀的和你们同在。汲取他们的勇气作我们的养料吧！"打开这本人物传记，相信读者朋友一定会产生这样的感受，那就在偶尔沮丧、大多平凡、有时精彩的人生旅途上，汲取力量，重鼓余勇，奋力再走下一程！

人事有代谢，往来成古今。江山留胜迹，我辈复登临。在这承载着人类文明共同价值的巍巍长城之畔，谨以此书出版祈愿守望长城、传承长城文化精神的赤子之心代代绵延、生生不息！

《长城之子董耀会》出版人
燕山大学中国长城文化研究与传播中心执行主任

陈 玉

2022年秋于燕园

前　言

中国知道董耀会这个名字的人，数量可能不会很多。但在长城领域或是对长城有兴趣的人，几乎都知道他。他虽不事张扬，却是血肉丰满的文化名人。

20世纪80年代，董耀会一举成名于徒步考察明长城。后来，他一直在做长城事业，敢爱敢恨，年过花甲，成为当之无愧的长城专家。在很多人将逐利视为追求目标之时，他深入一线，沉潜史料，几乎用了全部的精力，从事长城的保护、研究和文化传播工作。

图一　笔者与董耀会（右）在大同古城

孔子说过："无欲速，无见小利。欲速则不达，见小利则大事不成。"熟悉董耀会的人都知道，他既不急功也不近利。他生活在世俗之中，却又独立于世俗之外。长城是他离不开的诗和远方，如何在当下让更多的人了解长城，继承和弘扬中华民族优秀传统文化早已成为他的使命。

特立独行的董耀会，好像越来越忙了，事业似乎赋予了他无限的潜能，他在极力实现人生的潜在价值。他以扎实深厚的文化底蕴服务于长城事业，也向社会展示了最生动、最有血肉的生命力。

他身边的大多数人，都受他出众的人格魅力感召。这是精神修炼到一定程度，展现出来的感召力。他是人们心中的英雄好汉，传统英雄好汉最吸引人的是壮志豪情，还有兄弟义气。这些品质在他身上都有。

中国有句老话："谁英雄，谁好汉，出来比比看！"当然，还有更民间的，"是骡子是马，拉出来遛遛"。比比看和拉出来遛遛，说的都是实干。董耀会是工人出身的实干家，用他自己的话说：在这个奋斗的过程中他并不要求自己什么事都做到最好，只是要尽力做到比自己认为的再好一点。实际上不论是从个人还是事业角度来说，他都是只问耕耘，不问收获。结果往往是，耕耘到位了，收获也就自然跟着来了。

我曾问过董耀会，你觉得生活意义是什么？人为什么活着？那时候我对他进行采访，我似乎有些许期待他说出几句超凡脱俗的话。他的回答很简单也很直接，他说："什么也不为，活着就是活着。"停顿片刻又说一句"人这一辈子，总要干点事。生活的意义就是做着你认为有意义的体验"。

目　录

第一部分　命运的选择（1957—1985 年） / 1

第一章　长城卫士 / 4

第二章　苦乐少年 / 13

第三章　迷蒙的作家梦 / 22

第四章　追寻长城的脚步 / 35

第五章　启航老龙头 / 44

第六章　燕山风雨苦与乐 / 57

第七章　北京的收获 / 72

第八章　雪原上的苍凉 / 78

第九章　挺进大西北 / 95

第一〇章　英雄回首 / 101

第二部分　长城的召唤（1986—1995 年） / 111

第一章　北京大学读书 / 113

第二章　事业起承 / 125

第三章　长城学的开创　/　135

第四章　伯乐与烦恼　/　149

第三部分　孤独的使命（1996—2005 年）　/　165

第一章　辛苦的秘书长　/　167

第二章　陪外国元首游长城　/　187

第三章　长城旅游开发策划　/　194

第四章　诗人：活力在生命深处　/　204

第五章　第二次考察的痛苦与成果　/　224

第六章　"新长城"和长城保护基金　/　239

第七章　长城修复之争　/　250

第八章　保护员制度和保护宣传　/　262

第四部分　终生的事业（2006—2018 年）　/　271

第一章　迎接长城保护的春天　/　273

第二章　国外遗产保护经验　/　285

第三章　长城入选"新七大奇迹"　/　291

第四章　巨著《中国长城志》　/　300

第五章　长城酷似老父亲　/　322

第六章　长城文化普及宣传　/　337

第七章　长城保护之苦旅　/　355

第八章　新征程的执着　/　377

结语　长城之子的明天　/　415

第一部分

命运的选择（1957—1985 年）

为董耀会作传,最早是河北省原副省长顾二熊的提议。"这是一个非常传奇的人,一个有思想、有锋芒的人。"顾二熊这样简略地介绍了他,然后又特别加了一句:"这是一个剑走偏锋的人。"

当时,我不太理解这个评价。我知道老领导主政秦皇岛时,曾和董耀会有很多的接触,剑走偏锋从何说起呢?作为老领导的秘书,一个文学爱好者,我接受了这个任务。

董耀会曾和伙伴徒步明代长城,这个经历让我多有敬佩。真正激起我浓厚兴趣与好奇的,却是他那份持续近40年也没有消退的长城情。

还有一个原因,让我对他多了几分亲近感。在20世纪80年代末期,他和我同时在北京大学学习。他是时任全国人大常委会副委员长黄华推荐的特殊学生,其实他不是以学生身份,而是以教师身份到北大进修。

图二　董耀会说:追求理想的前进道路上,有荆棘和坎坷、寂寞和孤独,更有迷茫和不知所措。当你被折磨得精疲力竭之时,或许是幸运离你最近的时候

每一个生命之所以为生命，都在于其有价值。

当然，价值有大小高低之分。他如何从一名普通工人，成长为著名的长城专家？从长城的徒步者，走上潜心的学术之路？经历生死命悬一线，成为长城保护的斗士？他究竟如何在读万卷书、行万里路中，修炼成一个有定力、成大事的人？

最初，我也有些顾虑。董耀会的经历证明，他一定是很自信的人。我接触过一些人，往往是自信过了头就成了自负。他成功之后，会不会也成为一个自命不凡的人呢？

带着一个又一个的问号，我开始了对董耀会的老师、同事、朋友和亲人长达3年的采访。

第一章 长城卫士

2015年是中国抗日战争胜利70周年，全国都在举行各种纪念活动。这年春节之后，我和董耀会一起回到了他的家乡山海关参加一个座谈会。80多年前，1933年元旦，这里的中国军人以落后的武器，用热血和生命抵抗日本侵略者，营长安德馨和全营官兵壮烈殉国。

董耀会讲话时全文背诵了何柱国的《告士兵书》："愿与我忠勇将士，共洒此最后一滴之血，于渤海湾头，长城窟里，为人类张正义，为民族争生存，为国家雪奇耻，为军人树人格，上以慰我炎黄祖宗在天之灵，下以救我东北民众沦亡之惨。"

他深情的语调，让人们随之动容！

那晚，我们在山海关古城里一起散步。仰望着满天的繁星，他情绪有些低落地说："感觉每一颗星星都是一个抗日的英灵，无家可归地飘荡在天空。"他说，很想为这些捐躯的军人们建一座祠堂，让英雄的灵魂安息，也让后世子孙永远记住他们。

我被他的责任感打动了，再次萌生了写他事迹的强烈愿望。这次深度接触，使我对他的性情、禀赋和胸襟都有了进一步的了解。

就是那次山海关之行，他告诉我他正在和新华社研究，计划掀起

图三 董耀会在山西雁门关考察长城修复工作

一场保护长城的舆论"风暴"。

我随同他在秦皇岛参加了和新华社的几位年轻记者一起策划这场"风暴"的聚会。听了他在这次聚会上的介绍，才知道了长城的保护已经到了刻不容缓的地步。《长城保护条例》颁布快10年了，在很多方面还需要进一步加强。说这些话时，他目光犀利如剑。

不久之后，一场关于长城保护的舆论"风暴"席卷了神州大地。"风暴"携带着一个长城保护的春天，降临在北方群山和塞北高原古老而又苍凉的长城上！

吹响"风暴"号角的是新华社，先是由记者撰写了《内参》，引起了党中央的高度重视。接着，长篇报道《建起保护长城的"新长城"》公开发表。该报道对目前长城保护的现状表示了极大的忧虑，呼吁全社会关注并参与长城保护。

文章毫不隐瞒地披露了长城凄凉的状况：从2006年国家颁布《长城保护条例》到2015年夏，长达9年的时间里，长城保护依然任重道远。

6000多千米的长城，保存较好的只有513千米，不到十分之一！已经消失的有1961千米，将近三分之一！今天，越发残破的长城，令人扼腕痛惜！

其实，这些都不是新的数字，只是被社会长久忽视而已。或者说，长城的保护还没有真正引起社会的广泛关注。

新华社驻秦皇岛记者站的记者首先行动起来，然后是新华社河北分社的记者。接着是长城沿线各省区分社的记者……非常默契地接力，推动着"风暴"的持续发威。

"风暴"来临了，董耀会奔波在舆论的战场，也奔跑在长城沿线。

追随着新华网保护长城"风暴"绵长而高亢的号角，包括主流媒体在内的全国各大媒体纷纷转载。接着，各个主流媒体又从不同的角度发表有关的时评文章。

董耀会参与策划这起特殊风暴的初衷，是唤起社会对长城保护的热切关注，他和同行者们成功了。"风暴"强劲地掠过神州大地，让大众深入了解了今天长城的悲凉境况，社会舆论开始热烈探讨长城保护的方向和路径。

这一次，我切实领略了他那种雷厉风行、刚毅果决的剑走偏锋。我也被他感召着，直接参与到长城保护的行动中来。从那之后，也开始了我对他没有采访的采访。

长城之子

董耀会,中国长城学会副会长,《中国长城志》总主编,燕山大学中国长城文化研究与传播中心主任,中国长城博物馆荣誉馆长,河北地质大学长城研究院院长、教授。

中国社会从来都崇敬白手起家的英雄。董耀会就是一个声名远播的英雄式人物。他靠自己的不懈努力,打拼出了令人钦佩的事业。他是一个精力充沛的行动者,长期以来一直在奔走,一直在行动。

图四　1岁和9岁的董耀会

1957年1月5日董耀会出生于"天下第一关"脚下,似乎注定了此生的美好与快乐、痛苦与孤独都源于长城。他与长城的真正结缘,起始于30多年前充满希望的改革开放年代。

1984年5月4日,他和吴德玉从山海关老龙头出发,踏上了徒步长城的历史征程。两个月后,张元华加入了以"华夏子"命名的这支考察小队。1985年9月24日到达终点嘉峪关,完成了徒步长城的壮举,在长城上留下了人类第一行完整的足迹。这个世界第一的纪录是历史性的,完全不同于可以被刷新的吉尼斯世界纪录。这个纪录永远属于中国人,属于从秦皇岛走出来的好汉。

徒步长城的壮举,不仅属于他们个人,也属于那个时代。

在长城上留下第一行足迹的理应是中国人。特别是对于曾经饱受百年屈辱的中国来说,这不仅关系到民族的情感和荣誉,更关系到民族的自信和尊严。董耀会和他的伙伴,代表中国人圆满地完成了这个宏伟的夙愿。

完成徒步长城之后,他与长城结下了一世之缘。为了长城,他甘愿燃烧自己宝贵的生命时光。他常年奔走祖国各地,为完善长城保护制度不遗余力,甚至经历过生死考验。

2000年5月8日,董耀会一行在回京的路上发生了二死三重伤的交通事故。虽历经风险，但他付出的一切心血和辛劳，都是为了长城的永远屹立。

　　2015年掀起长城保护"风暴"之时，距离1984年徒步长城已经过去30多年。30多年前，长城呼唤一位勇敢的卫士出世。30多年来，他以长城卫士的身姿奔走在长城沿线。自2006年国务院颁布《长城保护条例》也已经近10年了，长城的人为破坏仍然无法避免，更无法杜绝。

　　本该有尊严的国家法律，被有些人忽视、无视。每一次人为的破坏事件，都让他经历一次长时间的精神折磨。即使再暴怒和斥责，也无法让长城复原。即使再严厉的处罚，也不能换回已被破坏的长城。

　　每一次长城破坏事件发生之后，他都会更频繁地奔走于各地，希望用自己有限的力量呵护更多的长城，希望自己的行动能够感化更多的人。希望他的呐喊能够唤醒更多的人，激发更多的人付出更多的热情和行动。

　　希望总是美好的，现实却总是如此残酷。有了重修的八达岭，大多数中国人感觉长城都是那样雄伟和坚固，很少有人相信长城正在逐渐地消失。2015年的这次"风暴"，如同一场高扬正义的暴雨，荡涤着大众麻痹的认知。

　　这次"风暴"，引起了党和国家领导人的高度重视和深度关切。"风暴"带来了久违的春风，长城保护的春天由此拥有更多的蓝天。

　　"风暴"来了，长城保护的意识终于苏醒了。董耀会没有停下脚步，他的下一个目标确定下来：要为解决长城的过度干预而付诸行动。

长城如父

　　回首过往，辛酸苦辣。徒步走长城之后，将长城视为一生不变、终生不悔的事业，这只有理想主义者才能做到。董耀会是那种顺境更加谨慎，逆境也越发勇猛的人。

　　我认识董耀会快20年了。给我的印象，他一年到头不是在长城上，就是在去长城或从长城回来的路上。回到城市，也是带着最近一次从长城回来的包括身体和心理的多重疲惫。

　　跟着他爬过多次长城，他比我大10多岁。没走多长时间，我跟着他的步伐就很费劲了。不只是我，几位比我还小的年轻人，也是跟不上他的步伐。大家已经气喘吁吁，他依然轻松得如履平地，一副神闲气定的样子。

图五　十四五岁正是叛逆的年龄。但董耀会却没有叛逆期，因为他在忙着每天带父亲去医院治疗

有一天，我们一起爬完长城，下山的时候我问他："长城对您而言，意味着什么？"他看着我，只是温和地笑了笑，抬头看了看远处的长城，没有正面回答。

他曾在2003年第8期的《中国国家地理》上发表过一篇文章《长城如父》。文中将长城比喻为养育了他、在他少年时病倒的父亲。他时常为父亲的身体日夜忧思难过，如同今日为了长城。

他还有一句大家熟悉的话："长城点亮了我的生命。"

董耀会走上长城之路，首先得益于家乡的长城。家乡是他生命的起点，也是他人生的起点。他曾经在一篇文章中写道：

我生长在渤海之滨，长城脚下的河北秦皇岛。很庆幸自己能有这样自然风光优美、历史遗产丰厚的出生地。少小时记忆最多的事便是和小朋友们去游泳、爬山。我崇尚自然大概与我生长在海滨有关，而那时对长城遥远而博厚的历史却没有找到感觉。二十几岁之后，虽然长城早已成为我们爬山活动的大路标，却仍没有感受到真正的本质上的震撼。直到有一天，产生了要在长城上留下人类第一行完整足迹的愿望，长城成了我未来的寄托，成了我渴望改变自己生存状态和实现自我的事业时，我才真正开始了走进长城的跋涉。

徒步长城是他人生轨迹的一个重大转折点。不过今天，每当有人问起当年的情景，他总是笑一笑，寥寥数语说得轻描淡写。

徒步长城之后，他的身上始终散发着探险者的光芒。但是，在他眼里所有成就只有一小部分来自个人的努力，更多的是沾了长城的光。因此，他对长城总是十分感恩，特别是家乡的山海关长城。他为家乡的长城投入的精力也很大，以至于有的朋友开玩笑说他对家乡太偏心了。

当地的很多历任或现任领导说得最多的一句话就是"山海关的发展，每个阶段都有董先生的心血"。

感受长城，保护长城。这是他热爱生活、热爱生命的方式。也正因为如此，他成为人们所热爱的人。

很多记者问他，徒步长城是否有征服者的胜利的感觉？

他总是严肃地回答："没有。"从第一次想到走长城，直到最后一步登上嘉峪关，他始终怀着对长城的崇敬在行进。他说他是在向长城敬礼，他走上长城就是投向了母亲的怀抱。

长城在他的心目中始终是神圣的。长城就是无声的音乐，是绚丽的绘画，是巍峨的雕塑。如果说他对长城有一种无法抗拒和割舍的爱，那么很大一部分是源自这种创造历史的悲壮和顽强。

以长城为父的董耀会，更像是一个"侠客"。他有一颗保护长城的侠义之心，他的行动是一种不计私利得失的豪侠仗义之举，这就是他常表现出来的那种被一般人理解为"偏执"的状态。为了长城，他从不考虑和顾忌个人得失。

他如同一粒种子，一粒优良的种子，选择了长城这片肥沃的土地。他扎根下去，坚定不移，最终长成了一棵参天大树。

并非每个人都能在生命和生活的重大选择面前，拥有刚毅果决的英雄魄力，也并非每个人都拥有一往无前的坚韧勇气。在选择了长城之后，他选择了百折不挠的万里征途。他是一位有资格载入史册的长城人，但他刚踏上长城之路时，如果有人说他将成为著名的长城专家，肯定没人相信，连董耀会自己也不会相信。

任重道远

有追求的人，都是踏实的人。特别是2015年掀起长城保护"风暴"的那段时间，也是我接触董耀会较多的一段时间。我以为，对他来说这是一个不再炎热的夏天。保护长城的春天来了，他心底也应该满是灿烂的春光。

其实不然，他谈起长城保护时，笼罩在我们心头的还是一种紧张压抑的气氛，有时甚至是令人窒息的氛围，让我感到他真的很不容易。他哪里来的这份力量？一副铮铮铁骨的样子来自骨头里。

朋友们在一起时，他一般都是听大家说话，很少开口。一开口就是长城，他满

图六 董耀会在家乡与大学生长城志愿者在一起

脑子都是长城。他相信，"风暴"过后，必将是一个长城保护的新天地。"风暴"将推动和督促相关主管部门更严格地落实法律政策，以更好的措施，让每一段、每一米长城都得到有效的保护，防止悲剧的重演。

春天来了，长城保护真的越过了寒冬吗？

董耀会这样说，一次"风暴"并不能一劳永逸地解决所有问题。他反复强调长城保护要做真、做实。

努力地唤醒大众，最迫切的目标是唤起公众保护长城的热情。让保护长城从一种小众情怀，延展为一种全民保护的大气候。他说："如何严肃法律的执行，形成制度的保障，落实地方的责任，确保长城保护代代存续，是摆在我们面前的一个紧迫课题。只有通过社会各界的共同努力，才能让长城更长久地传承下去。"

说这些话时，他表现得那么有信心，有勇气。

2007 年，董耀会跨入知天命的新阶段后，对自己的历程曾经做过一次谦虚而真诚的总结：自己大半辈子的长城之路，可以概括为四个阶段。

第一个阶段，是长城考察的徒步者。

这个阶段是1984年徒步考察长城前后的几年。做走长城的准备，阅读与长城相关的各种史书资料，同时进行体力锻炼准备；徒步考察长城全程508个昼夜的拼搏，炼狱般的锤炼；徒步完成之后对长城考察资料的整理和考察报告的出版。

第二个阶段，是长城研究的爱好者。

在黄华等前辈的热心推荐下，董耀会先后在北京大学地理系历史地理专业、历史系中国古代史专业学习。完成进修之后，他开始长城研究。同时，他还主持、筹备或参与了中国长城学会的各种学术活动、学术著作的出版工作等。

第三个阶段，是长城保护的志愿者。

1996年任中国长城学会秘书长，他把学会的主要工作方向，定位为长城保护。作为长城保护的志愿者，这个时期的大部分时间他都在长城沿线跑动。他说，自己永远都是一个长城保护的志愿者。他的根基在长城沿线，在志愿者群体之中。

第四个阶段，是长城文化的宣传者。

在这个阶段，董耀会热心地向大众宣传长城的历史文化和保护。他经常应邀参加包括中央电视台和新浪网等在内的传统、网络媒体的访谈节目，解答网友提问，批评长城破坏事件，宣传长城保护的理念和知识。

他还经常撰写文章，通过权威报刊媒体向大众传递长城保护理念和方法，希望在更大范围内进行保护宣传，争取最好的宣传效果。此外，他也经常到各大专院校作报告，与大学生们面对面交流。

大学生是社会最活跃、最有激情的群体，也是将来在社会中发挥主导作用的一

图七　2004年2月，董耀会在河北迁安红峪口长城对错误的旅游开发行为提出批评

个群体。他们在大学期间对长城有了充分了解，在感情上有了认知，就会在以后相当长的时期内，在相当大的社会范围内发挥作用。

将长城文化的宣传扩展到国际领域，也是这个阶段董耀会的任务。通过"长城与世界各国文化遗产对话"的形式，通过加强世界文化遗产保护和可持续利用的合作，让世界各国通过长城了解中华民族独特的历史文化。

实际上，这四个阶段他始终在交叉进行。今天在长城沿线，人们经常还可以看到这位理想主义者、英雄主义者的身影。他早已经成为长城领域的著名专家，却依然在跋山涉水、披荆斩棘。

说到他是长城专家，我想查一下是从什么时候开始，董耀会被称为"长城专家"的。好像是1998年6月，媒体报道他被外交部邀请，作为长城专家陪同时任美国总统克林顿游览长城。《人民日报》9月发表题为《给克林顿介绍长城的人——记中国长城学会秘书长董耀会》。

董耀会是长城专家，是对长城研究有成就的学者。董耀会的长城阅历很深，有较多的学术研究成果，还有真知灼见。

他把学术研究用于服务长城保护和利用的社会需求，对长城保护利用的社会实践作出了指导性的贡献。他作为长城专家，能成为和平使者，向世界各国的朋友传播中华文化和中华民族的和平理念，更是令人钦佩。

董耀会的成长之路，可以说是专心做自己想做的事。我和他谈起过超越别人的问题，他说，自己的发展目标，从来没有想过要超越谁。他说，今天你超越了别人，明天别人又会超越你。他的目标，始终是做自己想做的事儿，把事儿做好。

第二章 苦乐少年

董耀会给我留下印象最深的是他的笑。深入接触过他的人，都会对他的大笑留下特别深刻的印象。这种笑是一种很嘹亮的大笑，是一种生无所愧的大笑。在爽朗的笑声中，他的激情和正直毕现。

有时，我很不理解，这样一个命运坎坷指数很高的人，怎么会拥有这种开朗如沙场虎将的性格？经历了怎样的是非成败，才能做到如此的荣辱不惊。

母亲的痛苦

从北京向东行驶270千米，就是美丽的海滨城市秦皇岛。其南临雄阔静美的渤海，北依雄奇险峻的燕山，自古就是控扼华北与东北的交通要道。

山海关即雄踞此地，两翼的明长城如同一条巨龙护卫着关内的世代平安。南侧的老龙头探海镇守，北侧长城则沿着燕山支脉角山向西北方向蜿蜒而上，然后向西直达北京、天津，再向西经河北、内蒙古、山西、陕西、宁夏、青海、甘肃等地，最终抵达终点嘉峪关。

秦皇岛之名，源自中国古代第一位帝王秦始皇。秦始皇统一中国后，分天下为三十六郡，秦皇岛一带归辽西郡管辖。

《史记》记载，公元前215年，秦始皇第四次出巡到达碣石驻跸，派燕人卢生去寻找仙人及长生不老之药，并在

图八 从徒步长城迈出第一步开始，他几十年没有离开过长城

碣石刻立《碣石门辞》碑石。

秦始皇之后，还有诸多帝王和诸侯到达此地，留下了历史的脚印，如汉武帝、魏武帝、唐太宗、康熙等多达20余位。近代以来，康有为、徐世昌、朱启钤、张学良等名流，也在这里留下过故事和吟咏诗句。

董耀会出生在这个闻名天下的长城之乡、避暑胜地，注定了和长城的一世之缘。1984年4月6日，中共中央、国务院召开沿海部分城市座谈会，并于5月4日发出《沿海部分城市座谈会纪要》的通知，确定进一步开放14个沿海港口城市，秦皇岛市为其中之一。

5月4日这天，两个27岁的年轻人在家乡的老龙头，迈出了徒步长城的第一步。在这一天，他和这座城市同时踏上了新的历史轨迹。

这座美丽的城市，在董耀会生命之初并没有带给他太多美好和福气。相反，他出生之前却经历了不幸与磨难，没有见过自己的亲生父亲，母亲怀他仅两个月，在北方刚走出天寒地冻的季节，父亲却不幸因工伤去世。

没有见过生父的孩子被称为遗腹子，他出生时父亲已经过世半年多了。生母孙玉君是当地人民医院的医生，丈夫的突然死亡给了她致命的打击。在处理父亲后事的过程中，母亲悲恸且抑郁。在母腹中不到三个月的胎儿，也伴随着母亲的痛苦，一天天在长大。

他是母亲的第二个孩子，哥哥比他大两岁多。母亲有哥哥时，妊娠反应非常强烈。有了他却截然不同，静悄悄的，没有任何妊娠反应。在这样的平静中，母亲迎来的却是无比痛楚的日子。

怀有身孕的女人，突然失去丈夫，身心备受煎熬。接着为了丈夫的后事，她又与婆家产生了矛盾和争执，除了承受丧夫之痛外，还要面对亲人的冷脸和责难。最后在绝望中，他的母亲选择离开这个只争吵和伤害的家庭。

顽强的生命

回到娘家，他的母亲开始想，腹中的孩子该怎么办？几乎所有的亲人，都劝她放弃这个孩子。一个年轻的女人，脱离了丈夫的家庭，也感觉孩子一出生就没有父亲，肯定会影响他未来的成长和生活。

同时，年轻的母亲更担忧，自己这一个多月不仅心情很坏，而且营养不良，对胎儿的发育绝对不好。经过几夜的辗转反侧和心灵的煎熬，她作出了堕胎的决定。再难的事，一旦决定下来，心也就安静下来了。

没有想到，命运又开始让她经受另一个艰难的选择。

去医院的那天清晨，他的母亲竟然开始出现剧烈的妊娠反应，呕吐不止。她狠了狠心，没有改变决定，还是坚持去了医院。到了医院后，别说做手术，即使进行正常的检查时她都无法躺下，不停地呕吐，到了最后胃里已无可吐的东西，只剩下连续的干呕。这令母亲痛苦不已。

手术没办法做了，她只好先回家休息。这才终于感觉好了一些。

第二天情况依旧。本应过了妊娠反应期，他母亲的反应却如此强烈。这种现象即使经验丰富的大夫们都说很少遇到。

她试图吃点止吐的药，争取把引产手术做了。但是，妇科医生严厉地警告她，这样对大人有生命危险：一是胎儿的身体已经很大了，二是她的身体太虚弱了。

这位 22 岁的母亲，再次走到了焦虑与恐惧的路口。她没有了选择的权利，只能怀着这个本来不想要的孩子，等待他最后降生。此后的日子，她度过了并不酷热的夏天，再经过凉爽的金秋，终于到了隆冬腊月。

一个鹅毛大雪漫天飞舞的日子，董耀会降生了。1957 年 1 月 5 日，农历腊月初五，这天恰好是小寒节气。

他的降生并不顺利，脐带缠绕着自己的脖子。那时候没有 B 超，分娩时才发现胎儿的脐带在脖子上绕了两圈。这种情况严重者可致胎儿宫内缺氧，甚至造成胎儿死亡。躺在产床上的母亲那么无助，她已经痛得不想活了。

他的母亲感觉昏天黑地，到了世界末日。可是腹中这个生命力顽强的孩子，不知道怎么三转两转，竟然在离开母体之前，转开了脖子上缠绕的脐带。接生的大夫，把他倒拎起来拍了两下屁股，他没有像别的新生儿那样啼哭。

他似乎累了，已经没有了哭的力气。

姥姥给他起名"恩生"，大名钱恩生，父亲家姓钱。姥姥是虔诚的基督徒，念恩生敬，姥姥祈祷苦命的外孙，从此脱离苦海，远离世间的悲痛。小恩生很安静，小的时候很少哭。大人们甚至一度以为，脐带缠绕压迫导致他大脑缺氧，造成了某种残疾。他在一个地方，可以一坐很长的时间，随便给一个什么东西，比如炕上扫炕的扫帚，都可以自己摆弄很久。

恩生出生后，"大跃进"开始了。"浮夸风"盛行全国，年轻的共和国经济出现了困境。现在早已旅居美国的董耀会生母回忆，有一天下班回家，看见刚会走的恩生被哥哥带出来玩，哥哥跑别处去了，恩生在地上捡了一个别人扔掉的梨核，两手举着啃，吃了满嘴的土。

他母亲被气坏了，拎起孩子照着屁股就是两巴掌。

恩生哭得很伤心，母亲也是泪流满面。恩生的哥哥叫永生，因为没有看好弟弟，也被母亲狠打了一顿。

这一年，董耀会的人生之路，再次发生了转折。一岁半刚过，他的母亲不幸大病了一场。为了让孩子有一个更好的未来，母亲经过激烈的心灵煎熬，经人介绍含泪将小恩生送给了素不相识的董振东夫妇。

命运的转折

很多人都认为遗腹子的命不好，这在董耀会身上似乎并没有太多体现。董振东夫妇，一对心地善良的夫妻，婚后一直到40多岁始终没能生育，渴望收养一个聪明可爱的儿子。得到这个宝贝儿子之后自然是喜不自胜。

介绍人是董振东的同事。董家夫妇和恩生的母亲，签署了一份书面的契约并且做了公证。契约中有一条，孩子的名字由钱恩生改成董耀会。"耀"字是董家的家族字辈，他父辈排的是"振"字，父亲董振东，叔叔董振宣。

董耀会对养父母，始终怀着一种感恩的心。时至今日，已过花甲之年的他，聊天时都是将养父母称为"我妈我爸"，从不会说"养父养母"这样中性的不带感情的称呼。养父养母就是他心中天经地义必须爱戴和尽孝心的至亲。

父亲董振东，1916年3月28日出生，是秦皇岛电厂的一名高级技工，董耀会18岁也到了这个单位，此时单位名称改为秦皇岛市电业局。母亲苏淑华，1925年9月6日出生，是一位善良的家庭妇女。在那个年代城市里全职照顾家庭、不上班的妇女占大多数。夫妻二人都没有文化，特别是母亲，几乎目不识丁。

董耀会说话比较晚，一岁半到董家时还不会说话。一个月后的一天，他突然开口叫妈了。母亲内心的感慨无法形容，她全部的身心都被孩子的一声"妈"给融化了。正在这个时候，介绍人说孩子的母亲后悔了，想把孩子要回去。

董家夫妇不答应，他母亲连夜带着他躲到了山海关的一个亲戚家，在外面住了两个多月，等到风平浪静了才又回到市里。儿子已经是他们生活的一部分，家庭的一分子。这对中年夫妇，已经不能没有这个孩子了。

在父母的心中，董耀会就是上天赐给他们的儿子。而这个幸福的家庭给予孩子的生活，要远远好于当时的一般家庭。

他幸福无忧的童年生活，与坐在地上捡梨核吃的日子相比，一个天上一个地下。在爸爸和妈妈满是慈爱的呵护中一天天长大，董耀会过着令人羡慕的生活。母亲的宠爱和娇惯，并没有使这个孩子成为以自我为中心的自私的人。

那个年代，社会物资匮乏，老百姓生活困难。粮食按人口定量供应，一般的人家都是吃不饱的。供应的粮食中20%是细粮，80%是粗粮。细粮是大米、白面，粗粮是玉米面、高粱米。董家每日三餐，总少不了大米、白面，而且家里总有糖果等零食。

董耀会的爸爸是八级技工，工资每月89.88元。那时候，40多元的工资，足以养活一家几口人。董家的家境富裕，左邻右舍都没法比。

有一次，董耀会看到小伙伴们吃的是发黑的白薯面窝头。他在家里从来没有吃过，不知道那是什么味道，还好奇而天真地认为，那是比他的白面馍更好吃的东西。

于是他提出交换。小伙伴知道他的零食更好吃，痛快地用半个白薯面窝头，换了他的一把糖果。董耀会拿过来，贪婪地咬了一大口窝头，很快就把那半个窝头吃光了。

"以后我们还换着吃！"双方似乎都尝到了甜头儿。孩子就是这样，越吃不着的东西，越是觉得好。他母亲很快发现了这个秘密，因为吃白薯面之后的大便是黑色的。

他母亲没有说他，只是在第二天给他

图九 董耀会的母亲和董耀会的女儿。这是他用为考察长城买的新相机拍的第一张照片

做了白薯面窝头。从此之后，她改变了做法，不再单独给他吃细粮了，大人吃啥也给他吃啥。

他的父亲也没有太多文化，认识自己的名字但不会写，可说来奇怪，虽然不认识字，却什么图纸都能看懂。父亲平常总是背着手走路，这在工人中间很少见到。董耀会也常背着手走路，他的照片很多都是背着手的。甚至他的小外孙，也从小就学姥爷有模有样地背着手走路。

1965年秋天，董耀会背起新书包，正式成为一名小学生。那个时候是冬季开学，那一届招的是1956年1月31日至1957年1月31日出生的孩子。他的生日是1957年1月5日，在班级里年龄差不多是最小的。

成熟少年

董耀会虽然没有上过幼儿园，但他的学习成绩却很优秀。他是独生子，其他的同学都有兄弟姐妹。他在学校很孤独，也不太和大家来往，甚至有些挨欺负。有的同学用粉笔在他的背后画"王八"，以不停地让他出洋相为乐。

小学的一年级，董耀会过得并不快乐，软弱和孤独，使他成为被嘲讽和讥笑的对象。他忍受着这些，回到家里没有把这份不快乐告诉父母。

1966年秋，董耀会小学二年级的时候，"文革"开始波及全国。大中小学全部"停课闹革命"，学生的主要任务不再是学习文化知识。正是在这个蔑视文化的特殊时期，董耀会日后为之倾注全部身心的长城，遭受了空前的严重破坏。各级组织发动群众，将长城的砖石拆下来，进行"废物利用"：修大寨田、建水库，或者砌了个人的房子和猪羊圈等。

放假的日子很快乐，一年之后"复课闹革命"要上学了，懦弱的他感到很压抑。董耀会没想到，重新回到校园，自己的身世让幼小的心灵陷入了极度的苦恼中。有一次，他和小伙伴们在玩耍中发生了冲突，比他大的"孩子王"突然充满恶意地冲着大家大喊："董耀会不是他妈亲生的，是要来的！"

平日里看上去懦弱的董耀会暴怒了，猛地冲了过去，疯狂地揪住了对方的衣领，用尽全力把对方摁在了滚烫的火炉盘上。对方的棉衣很快就冒烟了，他死死地压在这个一直欺负他的"孩子王"身上。

董耀会的爆发和狂怒，吓坏了所有的小伙伴。同学们不由得喊叫起来，等到老师把俩人拉开时，对方的棉衣已经有了火星儿，布料全焦煳了。他母亲为此赔了对方一件新衣服。

母亲是一个护犊子的女人。儿子在学校经常挨老师说，老师到他家里去反映情况的时候，常常和他母亲闹得很不愉快。

老师说董耀会上课总说话，母亲说："说话的是两个人，你让和他说话的人，别和他说话不就得了！"老师说："是你儿子和别人说话！"母亲说："那你说一下那个孩子，别理他！"老师说："人家就是不理他，他抢人家的笔！"

母亲没话了，自言自语说了句"这孩子！"然后又对老师说："你调一个不爱说话的孩子，和他挨着坐吧！"老师很生气地说："你不能这么护犊子！"

母亲回答得很干脆："我的犊子我不护，指望着谁护啊？指望你护，指望得上吗？"以后，老师再也不去董耀会家找家长了。

但这次事儿惹大了，需要家长赔对方衣服，董耀会也只能硬着头皮去了。还好，赔衣服的事儿很顺利，董耀会母亲二话没说就答应了。

董耀会的这次暴怒，收到了意外的效果。从此之后，再没有人敢欺负他了。

他也不再孤独了，身边围着几个很好的小兄弟，俨然成了一个大哥大。他不欺凌别人，也再没有人以肢体或言语攻击他。他不再受排挤，在朋友挨欺负时，还会挺身而出，不惜与别人打一架。

身世的问题，那场爆发之后早已被他忘到九霄云外了。几年之后，在董耀会13岁上六年级的时候，一次偶然翻箱子找东西时，竟然在箱子的底部发现了那份收养他的协议和公证书。他立刻呆住了，无法相信当初小伙伴冲他喊的那句话竟然是真的。

那天，他跑到海边，拼命地往大海的深处游去。

从小在海水里泡大的他，不知道游了多久，挣扎着又回到沙滩时已经筋疲力尽，趴在沙滩上无力站立起来。没有像一般的孩子那样哭闹，他把委屈的泪水和苦恼，深深地埋在了心底。

他是一个非常懂事的孝子，爸妈对他的宠爱，给予他的远好于小伙伴们的生活，让他的心中根本无法生出一丝一毫的抱怨。矛盾，苦闷，憋屈，所有的苦恼都自己默默地忍受，从不对任何人说起。

图一〇　2020年2月，祖孙三代在一起。外孙已经到了董耀会少年时，每天用木板车推着父亲去医院看病的年龄

自从知道自己真实的身世，活泼开朗的董耀会一下子变了，变得沉默和孤僻，变得不再和母亲撒娇。他经常躲着过去要好的小伙伴们，一个人去大海里游泳，即使狂风巨浪的恶劣天气，也无所畏惧。

母亲很担心，对这个宝贝儿子又舍不得训斥和管束。母亲采取的行动是，只要他去海边，她就跟着去坐在岸边等儿子游够了上来。

董耀会不再任性，开始和小伙伴们一起玩儿。母亲提醒他，在外边玩儿一定要注意安全，千万不要在天气不好的时候下海游泳。他答应着母亲，表现得乖巧听话。但出了家门之后，又陡然变成另一个挑战世界的少年英雄。依然如故地和小伙伴们跑向海边，依然像一只勇猛矫健的海鸥，在大风大浪中畅意穿梭。那里，是他的世界。那里，有他的自由生活。

然而，让他做梦也没想到的是，一年之后家庭发生了不幸。父亲患了脑出血，生命垂危。经过几天的抢救，虽然脱离了危险，但因头部颅腔内的血管破裂，溢出的血液压迫了神经，卧床不起。那一年，董耀会刚上初中一年级。

父亲1950年从唐山电厂调到秦皇岛，他是一个独立人格很强的人，不随波逐流，在单位德高望重。技术好的人脾气都大，但他对儿子却从不发脾气。父亲出院后，董耀会半天上学，半天用木板车推着父亲去医院扎针灸。

不到14岁的少年，没有陷入焦虑和恐惧。他站立了起来，用稚嫩的肩膀去承担这副担子。他要照顾父亲，照顾家庭，要承担起这份责任。他对自己说："你已经是一个大人了！"

每天，他把父亲送到医院，父亲等待扎针灸和扎上针养针的时候，他就躲在一边看书，看小说。这样的日子过了一年多，父亲的病日见好转，自己拄着拐杖可以走路了，结束了每天去医院治疗的日子。

此时的董耀会已经上了高中。在别的孩子正值叛逆期时，他却每天在家、医院、学校之间奔波，没有时间，也没有精力叛逆。

第三章　迷蒙的作家梦

文学的魅力对于青年,如同一个不期而遇的恋人。

到了高中,年轻的董耀会也开始迷上文学,如同他喜欢大海一样。严格地说应该是初中,他就已经喜欢上了文学。只是当时读小说,并不写作而已。他陪父亲每天去医院的日子,小伙伴们都行动起来为他找书。朋友想办法找来的书,大多是那个时代查禁的小说、诗歌。

董耀会沉醉其中,流连忘返。到了高中二年级,看书之余他开始偷偷地提笔创作,小说、诗歌、散文,什么都写。他有两个最好的朋友,一个是吴德玉,一个是张宝忠。三个人都是文学爱好者,经常在一起读书、聊天,谈理想和未来。

董耀会的小说,吴德玉的诗稿,总是第一时间拿给同伴一起朗诵、欣赏。那时,他们朝着那个作家梦努力着、淬炼着。

他的父母都不希望儿子走文学创作这条路。父亲单位就有两个年轻人,因为爱好文学,被打成了现行反革命。他们认为这条路充满着风险,面对执着的儿子,又无法强行阻止,只能为他担惊受怕。

董耀会很幸运,高中毕业前就认识了秦皇岛文学界的前辈马相和沈树武。马相本来是一位才华横溢的军人,1957年被打成"右派"下放到秦皇岛。沈树武1965年创作的评剧《红鹰展翅》,在北戴河为毛主席演出过。1966年俩人被下放到秦皇岛玻璃厂"劳动改造"。

"劳动改造"是20世纪50年代中国从苏联引进的概念。通过强制性让被改造对象到农村或工厂进行劳动,达到改造其思想的目的。张宝忠的父母都在纤维厂,他父亲还是供销科的干部。

张宝忠的父亲带着董耀会、吴德玉、张宝忠,到生产车间去认识了马相、沈树武。当时在厂里,按照习惯都称呼师傅。宝忠父亲说:马师傅,这几个孩子喜欢写点东西,你们给看一看。找到沈树武,他也是这样说。

两位被改造对象，一提到文学仍然心有余悸，连连摇头摆手，满脸的为难。

这次认识之后，董耀会始终和两位老师保持着联系，多次向他们请教。一直到几年后，他们又都回到市文化机关恢复原职。董耀会认识刚从"牛棚"出来、出任市创作组组长的王岳辰，也是马相介绍的。后来，董耀会才知道父亲说的被打成反革命的年轻人不是别人，是马相老师的儿子马希平。

高中二年级的下半学期，董耀会写小说很痴迷，进步也很快。沈树武将他的第一个短篇小说《方向》，推荐给秦皇岛市海港区文化馆的于桂华馆长。在毕业前夕，文化馆的《工农兵文艺》刊物要发表这篇小说。按照规定作品上需要学校加盖公章，并签上"同意发表"字样。学校领导不太同意发表这篇小说，可能也不好和他明说，反正没有理由，但就是没给盖章。

董耀会愤怒了，遂以"不参加毕业考试"的方式，表示了无声的抗议。一个应届毕业生根本就没进考场，六门考试一门都没参加，一时闹得学校风风雨雨。不仅是他所在的学校，在全市教育界也成了一个新闻。

秦皇岛市地方志办公室的朱雅臣，参加过市委组织部对干部档案的整理。她记得很清楚，董耀会档案中第六中学的高中毕业成绩单上，各科都没有成绩。整张的成绩单上，只横着写了一句话"无故未参加毕业考试"，并加盖着学校的公章。

一个高中毕业生，为了一篇小说竟然不参加毕业考试。如果学校不让他毕业怎么办？没有成绩不发高中毕业证，这也很正常啊！董耀会笑着说："年轻气盛没想那么多，毕业证爱给不给呗。"

后来，这件事影响太大了，"工宣队"作出了直接干预。"工宣队"的全称是工人毛泽东思想宣传队，秦皇岛港务局政治可靠、有点文化的工人代表，被派到学校里做领导。了解了事情的经过后，"工宣队"队长批评了董耀会，更严厉地批评了学校领导。

1975年1月，董耀会高中毕业了。无故未参加毕业考试的事儿，也就这样不了了之了。这一年他18岁，母亲炒了几个菜，张宝忠和吴德玉来家里一起吃饭。

董耀会一本正经地说："今天是我的生日，时间过得真快，还差82年我就100岁了。"母亲被他的话逗得大笑起来。吴德玉回忆说，那天董耀会还说："我们能做点什么？等到100岁的时候，人们说起来还记得我们年轻时做的事儿，这件事儿还有意义。"

怀梦青年

那时的中小学还是在春季开始新的学年。几个月后的 5 月，春暖花开的时候，董耀会正式成为电业局的一名外线工，具体工作是立电线杆和架高压线。

如今城里的年轻人，似乎很少有人愿意当工人。但在那个年代，当工人是一件很体面的事。他的同学几乎都上山下乡了，高中毕业或初中毕业没上高中的都要到农村去插队。下乡到农村生产队的青年和普通农民社员一样，挣工分、分口粮。董耀会是独生子，按照政策可以免下乡。

不下乡，城市里负责分配工作。电业局招收本单位子弟，董耀会进了父亲的单位。电业局是当地很好的单位，工资比其他大多行业高很多。

不过，学徒工的工资并不高，每月只有 18 元，学徒期间，每年加 1 元工资。在电业局工作还有一个好处就是粮食配给多，当时买粮食要用粮票，一般的人每月是 27 斤的粮食定量，大小伙子也就只能吃个半饱。外线工每个月是 41 斤粮食，另外，每月还多给半斤花生油。从这一点也可以看出，这是一项很艰苦的活儿。每天有 5 毛钱的野外补助，一个月下来这也是一笔不少的钱了。

电业局外线工，的确属于最苦最累的一个工种，被戏称为"外线花子"。"花子"是当地对乞丐的称呼，"外线花子"是形容外线工的野外状况。线路工程队只有两个班，董耀会被分配到了一班。说起这段经历，董耀会提到两个人对他的影响很大。

一个是他签约的师傅刘振江，当时是一班班长。另一个是二班班长曾宪刚，走长城出发时曾宪刚是线路工程队队长。

师傅刘振江很爱读书，也是董耀会读书写作的坚决支持者。只要市里有创作的学习机会，都会让董耀会去。被打成"反革命"的马希平也在一班，刘振江对马希平也很照顾。

曾宪刚长得一表人才，非常好学习。出野外施工，中午休息的时候，他不和工友们去玩扑克，而是抱着书学日语。他学日语，就是因为喜欢。董耀会说："他日语非常好，学习似乎只是体现自我价值。"

董耀会在线路队最好的师兄弟是朱庆林，两人一起进厂，一块学徒。他说："朱庆林人很仗义,也很聪明。他有两句很好玩儿的口头禅,一句是'有啥用啊!',另一句是'没啥意思!'。"朱庆林对文学没兴趣,看见董耀会写的小说,就会说"有啥用啊!"看见吴德玉写的诗,也来一句"没啥意思!"。

朱庆林与张宝忠、吴德玉也很熟。那时候一个礼拜至少有三天晚上,他们会在董耀会家里。他们三个人谈文学,朱庆林就陪董耀会父母说话。他一直在电业局干到退休,是电业局线路工程预算的"大拿"。"大拿"是工人圈儿里,对人的最高评价,指在某一方面做得最好、最有权威的人。

董耀会是一名好工人。上班之前,父亲对他说:"上班好好干!好好干是上一天班,不好好干也是上一天班,为什么不好好干?谁都喜欢好好干活的人。"

外线工主要是野外作业,从竖立水泥电线杆到架设电线,都是力气活。抬电杆、拉电线,拼的是力气,付出的是汗水。他虽然身体不弱,但毕竟没有做过这种体力活。

他很要强,不怕吃苦,每天回到家里,就感觉浑身酸疼,一躺到床上就再也不想动弹。

母亲看在眼里,很心疼。儿子回家,都是先问晚上做什么好吃的。自从上班做了外线工,董耀会不再像以前那样回家总是先跟母亲做一个鬼脸、开一句玩笑。进了家门,他发蔫地一头倒在床上,休息一会儿后,继续读书、写作。

外线工是重体力活,架线时还要爬上高高的电线杆,也很危险。架设高压线,爬上20多米高的角铁架,足有七八层楼高。即使不恐高的人,都很难承受那种恐惧感。

恐惧感是人与生俱来的本能,董耀会第一次爬上高高的电线杆也有恐惧,但很快,恐惧感竟然转化成一种惬意。他很享受在高处俯瞰一切的感觉,有时干完活也还想在上面多待一会儿。

董耀会爱读书。白天上班,他是一名工人;晚上和节假日,他都用来读书写作。他是一个对未来充满浓浓希望的文学青年。

干活的时候,能和大家融为一体,休息的时候与众不同的性格就显露出来了。工人们三五成群地聚到一块儿打扑克,他

图一一 文学青年董耀会,白天上班,夜深人静了读书、写作

总是拿着本书，找个比较安静的地方看起来。此时的他，与大家是那么不协调，甚至显得有些格格不入。

他在一次电视采访中说的一个观点，我非常认同。

我们为什么要获得一份工作，只是为了挣工资吗？只是为了维持生活的需要吗？无疑，挣钱是非常必需的。然而这是工作的全部意义吗？如果不是，那么工作的目的又是什么呢？董耀会的思考，在我毕业分配到大学当老师之后，也曾一度困扰着我。

我们两个人的想法，非常一致。对我们而言，如果工作只是为了谋生，就失去意义了。如同只是为了活着而活着，就失去了生命的意义一样。

1975年大学仍然通过推荐的方式入学，1977年大学才恢复全国统一考试。被推荐上大学的公开条件是"工农兵"出身，但一般都要家庭背景相助。董耀会不行，即便能推荐也去不了，家有生病的父母。

走上社会，这个外线工继续编织着自己的作家梦。父亲和母亲就继续为他担惊受怕，特别是父亲，只是希望儿子好好学技术，靠本事在单位立足，挣钱吃饭。

这期间董耀会的文学创作，已经小有成就。

有一次，董耀会的诗歌《敲响栗子皮色的铁门》，在秦皇岛市文化馆举办的诗歌大赛中获得了一等奖。这让他和吴德玉、张宝忠很高兴，兄弟三人一起到饭店喝酒庆祝。

点了简单的几个小菜，一瓶老白干，三个文学青年热闹了整整一个晚上。最后，走在回家的路上，还在热烈地谈论着文学和未来，意犹未尽。

那天晚上，董耀会莫名其妙地着凉了，第二天发起了烧。

吴德玉开玩笑地说，这是获奖了"烧"的。

作家之路虽然艰辛，却让青年董耀会和他的伙伴们看到了浓郁的希望。他日夜辛勤耕作的翠绿田园，让他仿佛看到了金秋的收获。如果这样沿着文学创作之路坚持走下去，最终他可能成为一名成就显著的工人作家和诗人。

谈到自己40多年前，第一次发表文学作品时的激动，仿佛仍历历在目。他说，他拿着印成铅字的小说，追着邻居的伙伴们给人家看。我问："大家是不是很羡慕你啊？"他大笑，说："没有啊，他们基本上都没有兴趣。"

多年之后，董耀会也成了师傅。他在电业局最喜欢的徒弟叫辛泽，也是一个文学爱好者，大家都叫他老泽。辛泽高中毕业刚参加工作见到董耀会，一口气背了10多分钟海涅的诗，董耀会学着辛泽的口气："星星们高挂空中，千万年一动不动，彼此在遥遥相望，满怀着爱的伤痛。"

命运弄人。他说："可惜了，老泽。"2003年10月26日，辛泽在单位值班，与潜入办公楼盗窃的犯罪嫌疑人搏斗时被杀害，那一年他刚40岁。这个日子，董耀会能记得如此清楚，可见他对徒弟之死的悲痛。辛泽被追授了"见义勇为先进个人"称号。

时来运转

董耀会能干，肯吃苦，参加工作刚一年，一个大型工程的启动和一个人的出现，使他得到了新的机会。

这个人就是刚从"牛棚"改造回来的工程师吴士伦，后来他曾担任秦皇岛市电业局的总工程师。

"文化大革命"期间，把有历史和现行问题的人称作"牛鬼蛇神"。地主、富农、反革命分子、坏分子及右派分子等五类分子中的资产阶级右派分子为"牛鬼蛇神"。关押改造"牛鬼蛇神"的地方，被人们称为"牛棚"。

吴士伦出身于地主家庭，他本人又是当时认为的"资产阶级学术权威"。时值一项关系到秦皇岛整体发展的大型电力工程——"22万kV陡迁秦"输变电工程启动了。这项工程是由秦皇岛市革命委员会主任来兼任工程总指挥。工程需要吴士伦这样的知识分子，所以他被"解放"出来。

"解放"就是结束了被改造的身份，回到正常的岗位。那时候，干部每周要到生产第一线参加劳动。吴士伦每周都有一天到线路队参加劳动，和工人们一起出野外。这期间他很留意董耀会，这个实在、能干、聪明的小伙子。

吴士伦负责组建输变电工程指挥部的机械加工办公室。除了抽调几位工程技术人员和有丰富经验的老师傅之外，他还点名调董耀会到这个办公室。

进机关，对董耀会来说是一件做梦都没有想到的事。那个时候，分配到机关需要家庭有很硬的关系。不过，吴士伦对这个年轻人提出了有点苛刻的条件：必须放弃文学，可以看书，但不能写东西，不能搞文学创作。

之所以提出这个霸道的前提条件，主要是这位刚受到过冲击和迫害的老工程师，心里最明白文学创作的巨大风险。

董耀会不假思索，就答应了吴士伦的条件。他很珍惜这个机会，可以学到令人羡慕的技术。

初到办公室，董耀会找不到自己的位置。他晃悠来晃悠去，不知道自己能干什么。办公室都是工程技术人员的活，他根本插不上手，只能干些擦桌子、扫地、打开水的事儿。

有一天，他听吴士伦给拖拉机配件厂打电话，询问一个加工项目的完成情况，并且说必须保证在这个周末之前完成。对方打了保票。

董耀会不放心，和谁也没打招呼，跑到加工厂去了解情况。他按照加工项目的流程，从模具制造、铸造翻砂，到加工车间，整个生产线跑了一遍，都没有找到这个加工器件。结果到办公室一问，这个项目的工作单，还没有下发给车间。

这样问题就相当严重了。即便当天下了工作单，按照正常流程，他们也不可能在周末前完成这个工作。董耀会回到办公室，把情况告诉了吴士伦。吴士伦和他一起，马上返回到这家工厂，找到厂领导，立即赶往现场办公。最后，三班倒才保证了这个活的按期完成。

董耀会因这件事受到了表扬，他找到了自己的位置，把办公室的所有在外加工的项目，都做了一张大表贴在墙上。每一个加工项目，完成了哪道工序，用红纸剪一个小的五角星，用摁钉儿按在这个位置。所有的项目工程师，每天一上班就可以看到自己负责项目的完成情况。

他就这样成为这个办公室不可或缺的人。工程师们对自己项目不放心的时候，都派他到工厂去看一下。

这份工作，董耀会一干就是两年。他学会了制图、技术管理，忙里偷闲地在加工单位学会了电焊、车工等技术。在施工单位人手不够的时候，他这位甲方的代表，就兴冲冲地撸起袖子一起干。

跟着吴士伦的两年，董耀会需要与很多企业打交道。他很忙，但始终没有放弃对文学的追求，读小说、写小说始终没有停止，只是他答应了吴工程师的那个条件，不会拿出去发表而已。

文学和针灸

自古豪杰多磨难,董耀会要面对的现实并不顺利。

一个又一个考验接踵而至。新的挫折,还是起因于他的文学梦。"22万kV陡迁秦"输变电工程结束了,尽管吴士伦亲自去找了电业局的领导,希望把这个年轻人留在机关,最终还是没有成功。

因为,董耀会继续读书写作的事,被人反映到了领导那里。几年前电业局两个年轻人被人举报而被打成"现行反革命"的阴影依旧还存在,本着为单位着想、为年轻人着想的考虑,领导们都不允许这样的悲剧再次发生。他又要面对新的考验了,领导决定让他回到外线工的岗位上。

董耀会并没有抱怨,反而觉得自己和文学还是有着割舍不断的缘分,他的作家梦不能轻易放弃。既然有了新的机会,就必须紧紧地抓住。于是,董耀会决定重新踏上文学之路。

就在他将要回线路工程队的时候,董耀会拿着一篇某刊物准备刊用的小说,到党委办公室去盖章。结果章没盖成,文章也发表不了不说,还引起了一场风波。领导决定不让他回线路工程队了,给他安排了一个看起来无法接触社会的岗位。让他在仓库里修理废弃的工具、废弃的材料,让它们能够重新被利用。

这个被称为"废物利用小组"的新班组,加上他只有四个人。一个是脑血栓刚出院不

图一二 徒步长城33年后,董耀会在八达岭长城。年轻时受些波折能长见识,阳光总在风雨后

久姓穆的老班长，一个是比他大几岁刚从精神病医院出来的男青年，一个是浑身都是病整天怨气冲天的老大姐。

董耀会被打入了另册。

在这样的日子里董耀会没有外线工那么劳累，轻松很多，但他更加孤独了。没有可以一起流汗、一起说笑的工友，没有可以眺望的群山和蜿蜒无边的长城，他好像和老班长一样，一下子到了即将退休的年龄。

他的生命，仿佛失去了价值和意义，他的生命从此不再有希望，他的作家梦被无情地、无限地挤压了，甚至面临即将破灭的境遇。

新岗位的班长，那位大病初愈的老工人，接受了上级特地交代给他的一项任务，严格管束董耀会。上班时间不准董耀会随便出去，更不许他看书和写东西。他已经不可能再搞文学创作了，那时候投稿需要单位盖章，没人同意给他的作品盖章。上班下班，在老班长的监督下工作毫无乐趣，只有无聊、孤寂和苦闷。

一天晚上，董耀会和张宝忠两人喝酒到很晚，喝得酩酊大醉，回到家进门之前在外面吐得一塌糊涂，不知什么时候自己已经泪流满面。

不公正的待遇和无理打压，让他的追求变得支离破碎。一个普通的青年工人，面对领导的强势，没有任何的抗争之力。

回到家里，他就会加倍地努力，拼命地读书。他要创作诗歌、小说和散文，他要走自己的路，尽管还看不清路在何方。

这个时候，姑姑患癌症去世了。他父亲有一个妹妹、一个弟弟，三兄妹从小相依为命。董耀会的父亲在12岁的时候先后没了父母。那时他姑姑6岁，叔叔3岁，是父亲带着弟弟、妹妹长大的。

他姑姑的去世，使父亲的病再次复发。这突如其来的变故，竟然使他找到了一个新的努力方向，他要学习针灸给父亲治病。说干就干，董耀会去拜访海港医院的白大夫，拜他为师。

白大夫到董耀会家里来了一周，手把手地教他，看着他给父亲扎针。董耀会给自己的父亲每天扎针灸，然后又给废物利用小组的老班长扎针灸，给那位多病的老大姐扎针灸。

一年多后，他会扎针灸的事儿逐渐传了出去。家属区和班组附近的人，有什么不舒服了都找他扎针灸。这个期间，他依然没有放弃文学，他已经和班组的师傅们处得很好，空闲时间在班组里看书已经没有人反对了。

在这个修理废旧材料、工具的班组，董耀会一干就是两年。人的命运掌握在自己手里，这两年是最好的写照！

董耀会的家门口就是大海，夜晚躺在床上就可以听到海浪的涛声。有时，他去大海边坐在一块礁石上，面对一波波冲过来的海浪静静地发呆。有时，仰望着深夜的星空，禁不住朝着漫天的星斗一声怒吼。

重返外线工

董耀会在不懈地努力着，每天晚上的静静伏案读书、写作感动了一个人，这就是刚上任不久的秦皇岛市电业局局长郭茹。

那个时候，局长和工人们都住在一起，郭局长住在董耀会家的楼上。他的大儿子也在电业局，住在董耀会家对面的楼上。局长儿子宿舍在三楼，董耀会家则是一楼。

局长经常去大儿子家看孙子，他在楼上隔着玻璃窗，经常看到一个场景：有些烟雾缭绕的屋里，董耀会坐在一张桌子旁。桌子上堆满了书，一角是一盏昏暗的台灯。

他左手夹着烟，右手不停地在稿纸上写着。

那种心无旁骛的创作神态，那种无声的专注和执着，局长都看在了眼里。

还有让局长感动的一个细节，他在楼上的窗户里多次看见董耀会为父亲按摩和洗脚。局长是他父亲的老同事，知道董师傅的这个孩子是抱养的。

就是亲生的儿子，又有几个人能做到这样呢？

感动之余，局长决定帮一帮这个年轻人。他有了一个想法，要把董耀会调整到一个最适合他的岗位——电业局宣传处，充分发挥他的写作长处。

有一天，局长下楼时见到董耀会，征求他个人的意见："调你去宣传处，发挥你的特长怎么样？"听说要给自己调整岗位，而且是去更适合的宣传处，董耀会很是惊喜，晚上又约着吴德玉、张宝忠喝了顿酒。

董耀会高兴得太早了。局长为他打开的一扇希望之门，却再次被电业局的党委书记一口否定。书记曾经看过董耀会以前发表的一篇讽刺小说，认为这样的人靠不住，迟早要惹麻烦。万一出了什么政治问题，单位就会受到牵连。

因为文学，董耀会被打入了另册。书记刻意把董耀会放到一个边缘的岗位，希望以此彻底堵死董耀会的文学之路。一个积极上进的青年，一个对作家梦日夜憧憬的青年，这样的境遇可谓残忍。

如果从书记当时的角度考虑，担心也是有原因的。痴迷文学的属下工人，必然也是一个非常危险的人物。作为单位的一把手，书记必须防患于未然。

调到宣传处的安排没能实现，郭茹还是很想帮一下这个年轻人。让这样的人，困在修旧利用小组实在是说不过去。有一次见面，他问董耀会："你对工作调动，有什么想法吗？"

董耀会很感激局长，他说："我想回线路工程队！"对局长来说，这是一件极简单的事，他第二天就被调回了输变电线路工程队。没有想到，在外面混了几年，再调回线路工程队竟然成了一件很奢侈的事。

董耀会重新加入了外线工的行列，他会走出一条怎样的路呢？

1978年10月，21岁的董耀会回到老单位。这一年的12月中共中央召开了党的十一届三中全会，中国走上了对内改革、对外开放的新征程。之后，董耀会连续发表了几篇小说，在文学的海洋里如鱼得水。

1980年他的父亲去世了。父亲在医院昏迷了一个月，他和未婚妻刘玉倩在医院陪护了一个月。父亲走后，在他用的炕被底下，董耀会发现了发表他第一篇小说的那本刊物。这是《汪洋》的复刊号，他的小说是《曲折的爱情》。记得很清楚，父亲让他给读了一遍这篇小说，当时父亲和母亲是一起听的。

图一三　董耀会说父亲对他的成功有着不可或缺的作用

董耀会不知道，反对他写小说的父亲，不知何时偷偷地藏了这本刊物。载他那篇小说的几页纸，被翻看得都已经卷边了。

父亲不识字，却一遍一遍地翻看着儿子的作品。那一晚，他无声地哭了很久。第二天，到殡仪馆抱出父亲的骨灰盒，把这本刊物烧给了父亲。

图一四　1981年5月1日，董耀会、刘玉倩结婚前的合影

他的小说，带着他的心去陪伴父亲。

董耀会的妻子刘玉倩，善良贤惠，她没有自己的事业，丈夫和家庭就是她的事业。她给我讲了一个小故事，刚结婚的时候，董耀会正痴迷尼采的书，下了班就抱着看，看了一遍又一遍。当她知道尼采5岁没了父亲、弟弟，后来的结果是在很年轻的时候就疯了，这让她感到不喜欢。于是，她就谎称自己也想看这本书，然后把书拿走，藏了起来。后来，董耀会问过一次，她说书放在上班的地方，不小心弄丢了。

董耀会的恋爱也经历了一点波折。两个人已经谈了近6年的恋爱。姑娘的父母始终不同意这门亲事，不是因为董耀会，是因为他的母亲脾气太不好。

婆婆太厉害了，女方家里怕闺女过门后受气。结婚之前，董耀会和岳父母认真地谈了一次话。他说："我会一辈子对玉倩好。"接着又说："以后我们俩过日子生气，如果是因为我妈，责任全在玉倩。除此之外，责任全在我。"

媳妇不能与妈妈生气，更不能吵架，从此成为一条家庭的铁律。事已至此，岳父母也只能同意他们结婚了。

我问过他妻子："你们吵架吗？"她说："他吵不过我！"

同样的话，我也问过董耀会，他说："我哪吵得过她，我刚说一句，她都说十句了。"

虽如此说，妻子刘玉倩就这样与他相伴相依，一直默默地支持着他。

结婚的第二年，1982年12月28日女儿董瑾出生了。这个名字是董耀会起的。他说，妻子叫玉倩，"倩"是形容玉的美丽，妻子是美玉。"瑾"也是美玉，亦喻美德。《左传·宣公十五年》有这样的话："高下在心，川泽纳污，山薮藏疾，瑾瑜匿瑕。"

他对妻子说，以后生个儿子，名字叫董瑜。妻子说，要还是闺女呢？他说，闺女叫董瑜，也挺好听。那个时候计划生育抓得正紧，在城里有工作的人，生二胎是一件根本不可能的事。

母亲对孙女儿的名字很不满意。老人不识字，不喜欢这个字的读音。叫什么不好非要叫"紧"，国家的日子过得很紧，自己家的日子过得也很紧。

话虽这样说，但老太太并没有坚持反对。

孙女儿出生了，母亲提出了一个非常不近情理的要求，孩子要在她的屋里住，理由很简单：她屋里是火炕，对孩子好。母亲的话就是板上的钉子，儿子和媳妇只有同意的份儿。妻子很不高兴，可是丈夫同意了，她也没有办法。她只能每天半夜起来两次，走到婆婆屋去给孩子喂奶。

时间到了1982年秋天，25岁的董耀会已经是输变电线路工程队的工会主席兼安全员。电业局的安全员岗位，负责本单位的安全生产。电是人命关天的事，所有停送电的命令，都要由安全员签字发出去才能生效。他干得很优秀，才能被委以如此重任。

这个时期他的文学创作也取得了很好的成绩，他开始写第一部长篇小说。我在秦皇岛档案馆，看到过他那部没有完成的长篇小说厚厚的原稿，故事性很强，人物刻画得也很深刻。如果他沿着文学的路继续走下去，一定会非常有成就。

可是，就在这个时刻，命运之神并没有让他从辛勤耕耘的作家田园走向金秋，而是给了他另一个更具魅力的天空。在那个一望无际的星空，董耀会是如何彻底改变了自己的一生？如何走向了事业的辉煌呢？

第四章 追寻长城的脚步

董耀会做外线工的时候,每天跋涉群山的同时,会经常遇到长城。盘绕在山上的长城,连绵不断,直到遥远的天边。时间久了,董耀会对这一望无际的雄伟建筑产生了进一步探寻的强烈愿望。冥冥之中开启了一生与长城的不解之缘。

这个缘分,最初还是缘于写作。

对于长城,他想知道的很多很多。什么时候修的?什么人修的?修的目的是什么?他在接触长城的过程中,会经常思考这些困惑。答案在哪里,他也不知道。

20世纪80年代初期,国内关于长城的图书很少,报刊的介绍也非常简单,而且都是概念性的,诸如长城是中华民族的象征和骄傲等。

这些星星点点的知识对于渴望全面深入了解长城的人来说,如同沙漠中长途跋涉的人遇到几滴水,远远不够。

热血沸腾的计划

1982年的夏天,一个大胆的想法让董耀会的内心激荡起来:历史上长城的修建应该是分段的,守卫也应该是分段守卫,在长城上肯定没有过一行完整的足迹。没有人从东到西贯穿走过,也从来没有一个人能目睹过整个长城的真实情况。

如果自己这样走一遍,在长城上留下人类第一行完整的足迹,肯定是一件很有意义的事。他为自己的大胆想法激动不已,每次想起来,总是心潮澎湃,热血沸腾。

自从有了这个创造历史的计划,他放弃了对文学的追求。走长城真正地开启了为之奉献一生的理想之门!

确定走长城的那个时代,中国正在经历改革开放和民族复兴的时代转变。这是一个英雄的时代,再次醒来的东方睡狮,向世界展示着它五千年的壮丽雄姿、时代风采和民族复兴的激情。

在那个时代,热血赤子群体更是如同大海的波涛,一层层叠加而现。报效国家的爱国热忱和献身精神，成为亿万国人奋发图强、自尊自立的超级动力。

那个时代，有雄心壮志的人备受社会尊敬。因此青年人很讲立志，以有志向为荣。

1982年9月，中国共产党第十二次全国代表大会召开，提出"建设有中国特色的社会主义"重大命题。会议还确定了"四个现代化"目标，到2000年人民物质文化生活达到小康水平。

英雄辈出的年代，走出来一个又一个英雄。杨联康，1961年毕业于北京大学地质地理系，刚走出校门的他连遭不幸，在1965年"四清"运动中被开除公职，1970年被捕入狱，1974年又以"现行反革命"之罪被判10年冤狱。长时间的关押，加之长时间的绝食斗争，最后使他的双腿肌肉严重萎缩，几乎残废。但最终杨联康不仅顽强地站了起来，而且带着平反之后补发的所有工资，以超人的毅力，于1981年7月21日至1982年5月31日，徒步考察了黄河。不久，他又开始徒步考察长江。

杨联康的不幸遭遇、顽强不屈的性格，深深感动和震撼着董耀会的心灵。特别是杨联康有一句震慑心魄的名言，让董耀会刻骨铭心、终生难忘："一个人遭受挫折的时候，最好能理智地思考一下整个人类历史。"

杨联康或许也没有想到，他的脚步竟然唤醒了另一个同时代的英雄。在那个历史性的转折时期，他们把自己融入爱国热情激荡的时代。1982年的初夏，三个青年默默地将徒步长城壮举启航的时间和地点，锁定在了两年之后的山海关。

准备阶段

董耀会之所以把出发的日子定在两年之后，是因为他要真正做这件事，而且要做好这件事。他绝不是一时的轻狂冲动，他要用两年的时间，做好所有的准备。

一个晴朗的星期日，董耀会又和好伙伴张宝忠、吴德玉聚到了一起爬长城。在山顶，他们望着天空一群群飞过的鸟儿，自由地畅谈着人生和未来。此刻的董耀会在心底已经完全确定了：徒步走长城，在长城上留下人类第一行完整的足迹。

爬完长城后，他们三个人又在老乡家借宿。就是在那个晚上，他郑重地告诉两个伙伴经过许多不眠之夜作出的重大决定，并向两个好友吐露自己的心声，希望他们和他一起行动。

他脸色凝重地说："杨联康用重新站起来的双腿走完了长江、黄河，我们的腿是好好的，我想我们可以徒步走遍长城。"

诗人气质的吴德玉，马上激动地表示赞成。沉稳的张宝忠，也表示同意。吴德玉很兴奋，觉得这个不同凡响的旅程，可以为他的诗歌创作提供最丰富的灵感源泉。他提议尽快动身。

董耀会看着两位好朋友说："这件事儿不能操之过急，欲速则不达。今天，咱们把目标确定下来。不管遇到什么困难，我们一定要按照今天的计划行事。我们要好好考虑一下，走之前该做哪些准备？开始之后，在走的过程中都应该做些什么？"

从山海关到嘉峪关，创造人类徒步长城的历史，在长城上留下人类第一行完整的足迹。这个可以震惊世界的计划，让那个英雄时代的任何一个人听到都会立刻热血沸腾。

那个夜晚，三个人在老乡家的炕头上兴奋地讨论着这个计划。最终，他们决定从两个方面做充分的准备：第一，做好身体锻炼，特别是爬山，保证徒步长城所需要的身体素质；第二，做好组织准备，包括筹集必要的经费。

董耀会是三个人中走长城最坚决的一个，他说："我们要有准备，困难小不了。只要我们在长城上迈出第一步，就是成功！"

他心里很清楚，很多现实不以自己的意志而转移。最终的徒步长城，很可能要带着一些失望和悲剧之情上路。

此后，他们就按计划有条不紊地开始了准备。

首先是身体素质。每天早晨跑

图一五　1983年7月，长城考察准备中的三兄弟（左起：董耀会、吴德玉、张宝忠）

步；利用星期天和节假日，一起进行爬山锻炼；从市区徒步20多千米，走到山海关攀登角山，这个锻炼行程往返需要十几个小时。

他们在步行的同时，还会背着一定重量的行李，以此锻炼耐力。即使步行路上脚磨出了血泡，也咬牙坚持，继续爬山。除了角山，秦皇岛附近的其他主要山峰，也被他们征服过不知多少次，而且不分寒暑季节。例如碣石山、黄牛顶、背牛顶、天马山，这些山比角山更远。

为了节省时间，争取一天来回，他们就一起骑车赶路，到达山下再徒步攀登。这些山中，距离最远的是碣石山，即曹操留下《观沧海》的那个碣石山。

从碣石山到市区，往返路程超过了100千米。他们凌晨三点起床，在夜色中骑车赶路。夜色加上浓雾，几米的距离就看不到人了。他们一边奋力骑行，一边不停地相互喊一声，以防掉队。

早春时的天气还很冷，寒风打得脸颊生疼。基本上骑行二三十里路后人就出汗了，于是，他们把外套脱下来，继续赶路。早上七点左右，到了碣石山下，天已经亮了。山风一下子吹进身体，湿透的内衣顿时变得冷冰冰、凉飕飕的。

看到高耸的山顶，大家马上忘掉了一路的劳累。沿着翠绿的草丛，以及草丛中鲜艳的小花，一步一步向山上攀登。数小时后，终于大汗淋漓地登上碣石山的顶峰——仙台顶，又名娘娘顶。

仙台顶海拔700米，在顶峰极目四望，北部仍然是无边的群山，南边则是浩瀚的大海。登上极顶的豪迈之情，让他们对即将开始的徒步长城计划又多了一份自信和向往。他们要用一个全新的征程，彻底改变自己的命运。

董耀会说，他一生中挑战过很多的东西，最大的挑战还是自己。

他们一起坐在仙台顶上，谈着即将到来的令人振奋的征程。信心有一点不足的张宝忠犹豫着小声说："走长城，万一失败了怎么办？"

董耀会听了，半是责备半是鼓励地说："一个人想做一件事，不应该过多地去想失败后会怎么样，而是应该想怎样才能获得成功，避免失败。爬山也不能总是往下看，总想着如果滚下去怎么办，那肯定非滚下去不可。"

从山上下来的时候，已经是黄昏了。在路边简单吃了饭，就抓紧时间往回赶。

为了化解路上的枯燥，三个人决定来个单车竞赛。他们使尽全力骑了一段路后，发现董耀会没有跟上来。

吴德玉和张宝忠马上停下来,又往回骑了四五千米,这才发现董耀会正情绪低落地推着车子走,原来是他的车爆胎了。那一天,一直到次日凌晨才赶回家,整整用了23个小时。

为什么要走长城

为什么要走长城?这似乎早就想明白了,经过一段时间,董耀会又开始了思考。他又觉得模糊了,徒步长城要解决什么问题?应该提出什么构想?只是为了走而走,可以吗?不是简单地为走而走,还能做什么?

他暂时没有想明白,却知道这些必须要想明白。为了思考清楚这些问题,董耀会独自去爬长城。其实那些天里他走的路很少,走不长时间就会停下来,坐在长城上,眼盯着一段城墙或一座残破的敌楼,从上到下,从左到右,再从下到上,从右到左,就这么看着。

董耀会自己也不知道在看什么。这样傻傻地走,最后一天太阳落山的时候,他突然想明白了,他要写一本记录中国长城现状的书,要把这次徒步长城定位于长城徒步考察。

从一开始董耀会就认为,不应该抱着单纯去走长城的想法,应该通过考察为国家、为长城拿出点研究成果。否则,走长城就只能停留在一般性的探险了。

1983年7月,虽然是酷热的夏日,秦皇岛的海边依然吹着凉爽宜人的清风。一天傍晚,三人小组在东山浴场的海滩上,再次认真讨论了"徒步考察长城"的计划,并确定了三点目标:

一是填补历史空白,在万里长城上留下人类第一行完整的足迹。

二是"考察长城",而且要出成果。要写一部专著,结合文献如实记录长城的保存现状。

三是考察行动以"华夏子"命名。考察途中可能有人因故不得不退出,也可能有新的人自愿加入,不管人员如何变动,这个"华夏子"的集体名称不变。

新的计划突出了考察,而准备工作除了身体锻炼,还增加了资料搜集方面的内容。难度增加了,依然是利用业余时间进行。

资料准备，主要是读书。秦皇岛市第二中学有《史记》《汉书》和《明史》，董耀会在谁也不认识的情况下，直接找到校图书馆的一位年长的老师，向他说明了情况。老师答应了借书给他们看，一次只借一本。这位老师也是文学爱好者，他读过董耀会的小说。

长城研究在当时属于一个非常冷门的学术领域，长城的资料也都散落在众多的文献中。他们只能像大海捞针那样，耐心地一点点寻找着，认真记录着。

董耀会这一辈子，除了走长城，就是读书，写书。

他爱人说，他极不爱逛街。当初到北京旅行结婚的时候，两个人去逛商场，都是他在书店里一个人看书，她自己去逛街。等她逛够了，再到书店找他，然后一起回招待所。

现在董耀会不止一个办公室，处理不同的事务就在不同的办公室。我的采访，有时在中国长城学会办公室，有时在《中国长城志》编辑部，有时在八达岭的办公室。在山海关和怀柔，他还有长城文化工作室。具体在哪里，要取决于他这一天的日程，需要处理哪一边的事情。

几个办公室，有一个共同的特点就是书多，多得有些夸张。我第一次去《中国长城志》办公室采访他，感觉地上一堆堆高高摞起来的书有些挡腿绊脚，让人总是担心，感觉稍不留意就会把身边垛起来的书堆碰倒。

再去的时候，干脆就没办法落脚了。所有拜访他的人，只能在会议室见面。

董耀会说开始准备徒步考察长城，最困难的事儿就是读书。今天，谈起那段读书、查找长城资料的经历，他依然说深感痛苦。以往他读的书，都是文学作品，读书是自得其乐，是一种流连忘返。读史书，查找长城史料，对他们来说简直是一件要命的事。文学青年看历史，那感觉要比文学枯燥许多倍。

文学创作只要喜欢就可以做，最多只是成绩好点差点。历史研究的门槛就高很多了。历史的根是各种文献，要在纷繁复杂甚至是自相矛盾的史料中找出线索，并且要抓住重点整合这些资料。

初涉历史，董耀会的感受是"蜀道难，难于上青天"。他说，长这么大从来没干过如此枯燥无味的事情。从读史籍开始，他的生活就进入了枯燥的状态。他说，开始的时候，只要一拿起史书就感到身心俱疲。

上学的时候，正是"文化大革命"时期，董耀会从来没有上过历史课。对中国历史，他缺乏最基本的相关知识。他告诉过我，当时甚至对秦代和汉代哪个排在前面，都完全没有概念，繁体字更是基本不认识。

他发现，以前把为徒步长城做准备想得太简单了。想找相关史料，他必须先补好基本的历史课，更要读历史文献。这些书图书馆都没有，想购买历史和地理方面的书籍，也是无处可买。

他初中的语文老师齐庆昌，是北京大学历史系的毕业生。他去老师家借书，老师看到自己的学生突然对历史感兴趣，喜出望外。他把自己的藏书都拿出来借给他们，还请北京的朋友们帮着借书。

董耀会他们对长城的知识了解得越来越多了。长城自从春秋战国时期出现之后到明朝，时间跨越了两千年之久，很多朝代都进行了不同的修建，并且不是自始至终一条线地修长城，而是有不同的地点、不同的走向。他们三人计划要徒步考察的是明代长城，所以把读史书的重点锁定在了明代。

为了节省宝贵的时间，他们经常结伴坐夜班的火车。早晨到达北京后，就直接赶到北京图书馆查阅资料。为了找到更多更全面的长城资料，一直找到了国家文物局的专家罗哲文。

去找罗哲文帮忙并提供支持，是秦皇岛市文化局王岳辰副局长帮助联系的。王岳辰是董耀会的文学启蒙者，他上高中喜欢文学的时候，这位副局长刚从"牛棚"回来。

第一次拜访罗哲文，是在1983年的夏天。当时，罗哲文在家里的书房看着董耀会和吴德玉两个年轻人，听着他们的徒步长城计划，心里的一股激情立刻被点燃了。

他沉思片刻，慢慢

图一六　董耀会和恩师罗哲文

地站了起来，走到了里屋。一会儿他拿着一瓶酒出来了，倒了三杯，要和两个年轻人一起对饮。

"喝酒吗？"罗哲文眼中闪烁着难掩的激动。

多少年之后，董耀会仍然清晰地记得那瓶酒的商标是"华灯"。在那个商品物资匮乏的时代，酒是要凭票供应的，一个月也只能买一瓶。罗哲文面对两个初次见面的无名晚辈，却要和他们喝酒庆贺，可见当时他听了徒步长城的事有多么振奋！

或许，徒步长城也曾是他的一个梦想。罗哲文帮助联系了北京图书馆（现在的国家图书馆），使他们得以看到一些只对高级职称读者开放的文献。

去北京查资料，为了省钱他们每人每天只吃两个随身带的馒头，晚上也不住旅馆，而是去住西四的一个澡堂子。

要等到晚上九点半澡堂对外关门后才能入住，每人每晚只需要 1 元钱，还可以洗热水澡。在可以容纳 100 多人的大堂里，潮湿的气味很重。查资料累了一天，洗个热水澡之后他们睡得很美。

出发在即

1984 年春节后的一天，董耀会将他从报纸上看到的一个消息告诉了两个伙伴：近期有外国人向中国政府申请徒步中国长城。他对两个伙伴郑重地说："在万里长城上留下第一行完整足迹的，应该是我们。"

最终，经过商议，他们把出发的具体日子确定了下来：1984 年 5 月 4 日，五四青年节。

"五"字对董耀会来说，有着特殊的缘分。他被送到养父母家就是"五四"前一天，他参加工作是"五四"后第五天，他的结婚纪念日也是"五四"。现在，创造历史的长城徒步考察，也确定在这一天开始。

这个富有朝气的节日，或许也可以从另一个侧面解释，为什么他的生命永远充满了年轻人的朝气。

1984 年 4 月 2 日，董耀会和吴德玉又一次结伴坐夜班的火车到了北京，继续查阅文献。这已经是第七次到北京图书馆查资料，也是资料准备计划中的最后一次。之前，他们已经查阅了《明史》《明实录》《边政考》《九边图说》和《皇明纪事本末》等史料。

大量的阅读，使他们对明长城的历史已经了然于胸。

这一次北京之行，不小心出了一次"安全事故"。傍晚，在北京图书馆外边的一个小饭馆吃饭时，吴德玉突然发现身上带的200块钱丢了。这些钱本来是计划买指北针、防水手电等必要的装备用的。

董耀会下意识地摸摸口袋，没有带钱。自从确定下来徒步长城计划，三个人的钱，就已经是集中管理、统一使用了。为了积攒经费，董耀会利用向山里运送电线杆等施工材料空车返回的机会，从山里向外拉木材卖。挣的钱刨去本钱，他和运输公司的司机分，一趟下来每人能挣50元左右。

那个时候，董耀会是三级工，每月的工资46.8元。工资要全部交给妻子，安排家里的生活。妻子在百货公司上班，工资低一些，每月仅有35.5元，开了工资还要给娘家8元，帮助娘家生活。吴德玉没有结婚，家里也不指望他的钱，所以工资基本上都投入进来。

两个人有些尴尬地从小饭馆走出来，没有办法只好打电话向罗哲文老师求援。罗哲文听了他们的遭遇，说了句"你们来我家吧"。到了罗老师家，罗老师早已经准备好了饭菜，还特地让儿子罗扬买了一只烧鸡。吃完饭，罗老师拿出200元钱交给了他们。董耀会后来回忆说："那时候在北京吃一碗面是0.25元，现在至少要25元，两者相差100倍。当时的200元至少相当于现在的20000元。"

自从决定了要走长城，董耀会就开始去认识长城；自从走完了长城，董耀会就开始爱上了长城。他对长城的这种热爱，更准确地说是挚爱，是真正的爱。

1984年5月4日，是"华夏子"徒步考察长城出发的日子。通往成功的道路不止一条，只要你决定了走的方向，接下来就要考验你的智慧、力量和韧性了。

出发在即，依然是困难重重。任何事情到了最后的关头如果没有做好，前边的努力都很可能会功亏一篑。董耀会三人，出发前还会有怎样未知的困难？他们准备好迎接这些困难了吗？

第五章　启航老龙头

出发的日期确定之后，还需要做很多的事。首先是家人的理解和支持，其次是单位的认可和同意，还有文化等部门的支持和帮助。

徒步考察长城的事非同一般，在某些世俗观念里还有些"不务正业"的意味。传统的东方文化理念崇尚的是平安、普通和稳定的生活，而探险等行为和思想，都被归入了"冒尖"和"出风头"等贬义范畴，更有甚者评价为"神经病"。

困难的大小，有时还真取决于当事人的立场和态度。面对同样的困难，有人退缩，

图一七　这张照片虽然效果不好却很有意义。这是董耀会出发前晚的全家合影。铁制的沙发、床和落地灯，都是结婚前董耀会自己做的。床上放着他们出发时使用的背包，吴德玉的已经拿走了，张宝忠的已经用不上了

有人勇往直前。再大的困难，在创造历史的宏大计划面前都不足畏惧。

董耀会是三个人的组织者，他的想法更理性。

他建议，对于需要做的事要分清轻重缓急，有计划、有策略地去做。对于家人要尽早说明，让亲人有一个足够的接受过程，更快地化解矛盾和误会。对于单位就要尽可能地晚一些再说，防止中间过多的议论，影响本来可以争取到的理解和支持。同时也可以避免各种负面的言论影响自己的意志和信心。

家人的支持

董耀会先行动了，他早早地和新婚一年多的妻子交了底。妻子刘玉倩，比他小一岁。俩人的父亲是电业局的同事，两家住在同一个家属区。刘家在前排，董家在后排，属于名副其实的邻居。他们从小学到高中都在一个学校读书，只是相差一个年级。

对于妻子，他没有理由隐瞒，只是说得轻描淡写一些而已。妻子听了丈夫的计划之后表情平淡，没有惊讶，也没有明确反对。董耀会心里知道妻子是不会反对的，即使有再多的不情愿，最后也会支持他。

他了解妻子的性格，他和妻子从小一起长大。董耀会19岁、刘玉倩18岁的时候，两个年轻人自然而又自由地坠入爱河，开始了地下恋情。18岁正是可爱、纯洁的年龄，倾心于他的少女带给他无限的动力。

董耀会和妻子于1981年"五四"青年节结婚，第二年就有了可爱的女儿董瑾。一个美满的小家庭，让邻居们羡慕不已。妻子是这个家的灵魂，上要照顾婆婆，下要抚养孩子。还有丈夫，在她眼里也是一个需要照顾的大男孩。

其实，聪明的妻子很早就看出了端倪，觉得丈夫可能要做什么大事。他总是在看历史书，小说也不写了。她一直是他小说的第一个读者，他发表的文学作品，很多都是妻子帮着誊抄文稿。丈夫经常和朋友们谈长城，总是去爬山、爬长城……

妻子的想法和他预料的差不多，没有说支持，可也没有表示反对。这期间也有过情绪上的波动，面对比她更倔强的丈夫，温柔善良的她最后也只能选择妥协让步。其实，说妥协并不准确，根本上还是爱和理解。

出发前的4月份，妻子的话更少了，她把更多的心思用在了厨房里，经常盯着一个地方出神，神情忧郁。她在心里不断地祈祷：让那个分别的日子晚一些到来，再晚一些到来吧。

后来，妻子谈起当初支持丈夫的决定时，非常平静地说："我没办法，这个世界上只有我最了解他。即使我不同意，他也要去。我只能支持他，不能让他带着那么重的心理负担走。那些日子，我的心天天揪扯着疼，我实在是不想让他去。"

有段时间，妻子心情异常苦闷，带着孩子回娘家住了几天，等董耀会想要去接她时，她却自己回来了。她对丈夫说："我都想通了，不拖你后腿儿，你就好好准备吧。"

她心里非常清楚，丈夫最希望得到她的理解和支持，他曾经给她讲过徐霞客的故事，徐霞客的成功离不开有一个心境高远的母亲和一个贤惠的妻子。所以，董耀会的妻子最后下决心全力支持他，为了他认准的事业，再多的委屈自己也能去承受。

对于妻子的支持和矛盾的心理，董耀会心里一清二楚。我问过他，你能怎么报答妻子的支持？他说了四个字"无以回报"。

妻子对他预计两年、长达万里的野外苦旅，以及荒山野岭可能遇到的各种危险，都充满了担心。对有可能发生的意外，她不愿想，也不敢想。

1983 年 10 月，董耀会曾经有过一次工伤，那次是因为肋骨受伤住院。妻子日夜不离地照顾他，一直到出院，人也瘦了好几圈。出院之后，妻子更是体贴入微，每天都会给丈夫一块巧克力，让他多补充一点营养。

妻子的态度，更让他的决心坚定了几分。不仅是为了自己，也为了善良的妻子，还有需要父爱的女儿，还有需要他继续孝敬和养老的母亲。他的责任重大，他必须胜利归来。他给自己设定了最低要求——要活着回来。

除了妻子，母亲的态度也让他陷入矛盾之中。离出发时间还有半年的时候，有一天，他用试探的口气对母亲说了打算走长城的想法。没想到刚说了几句，就被母亲打断了："你别说啦，先给我去上班！"

母亲是一个普通的家庭妇女，没有文化。董耀会一岁多进了董家，母子结下一生的缘分，儿子就是她生活的全部。几年前，丈夫去世之后，儿子更是她生活的唯一寄托。

老人有了满意的儿媳，还有了可爱的小孙女儿，加上孝顺的儿子，一家人和和美美，安定而温馨。对于一个失去了老伴的老人而言，最担心的就是打破目前平静的生活。

董耀会预料到了母亲的态度，试探之后就不再多说。起码他先让母亲有了心理准备，后边的事再慢慢说吧。

他的两个伙伴，不出意料地在家人面前都遇到了较大的阻力。吴德玉坚持了下来，终于成功了。起初，家人听他说走长城的事，分成了两派。弟弟虽然支持他，却是少数派。父母的看法和董耀会的母亲基本一致，走长城结果难料，不仅可能丢了工作，万里之遥的路上必然存在的险境更让他们担忧。吴德玉丝毫不妥协的态度，还有对徒步长城安全性的耐心解释，加之爱子心切，让父母勉强同意了。

图一八　1984年5月4日出发那天张宝忠一直将董耀会、吴德玉送到角山

张宝忠则选择了妥协。在父母和妻子的激烈反对下，张宝忠先是迟疑了，接着退缩了，他无力再坚持。对此，董耀会虽然生气，但也无可奈何。这次妥协，彻底改变了张宝忠的人生之路。

评价张宝忠在关键时刻的退出时，董耀会说："张宝忠是一个好人，在面对二选一的两难选择时，一个好人会选择委屈自己。张宝忠就是这样，作出了委屈自己的妥协。"人这一辈子有些看着好像只是一次妥协，但结果很可能是妥协了一辈子。

张宝忠的退出，让三个人的"华夏子"团队变成了孤寂的两个人。少了一个伙伴，路上凭空多了许多不确定性和危险、困难。还没出发，铁三角先倒塌了一条边，怎么办？剩下的两个人，如何面对？

单位的冷漠

董耀会和吴德玉，决定按照原计划出发。徒步长城过了家属的一关，接下来还有单位这一关。

还不知会遇到什么阻碍！

阻碍再多也要攻克，这就是他的性格。

董耀会先找到了局长，又去找了党委书记。领导明确表示，单位不可能同意他带着工资去走长城。局长让他第二天去问劳资科的意见，结果劳资科答复说，电业局不会给开介绍信，更不会给他开工资。

董耀会还是给单位正式打了报告，内容很简略，说明了为什么他要去徒步考察长城，然后提出了三个方案：一是带着每月40多元的基本工资走，表示单位支持；二是停薪留职，即走回来之前保留工职；三是如果前两条不行，愿意辞职。

对这位勤于思而敏于行的小伙子，单位按照第二方案批准了他的报告。双方签订了停薪留职协议，协议的条款是格式化内容：在徒步长城期间，不升级、不享受任何津贴、补贴和劳动福利待遇；途中因病、伤残不适合本职工作，按退职规定办理。

董耀会对这个结果还满意，甚至有些欣欣然。后来他在很多的场合都表示理解单位的意见。考察长城毕竟不是电业局的本职，单位领导没有强硬地执行更无情的第三方案，没有把事儿做绝，已经是非常不错的结果了。

他的这种宽容的态度，让我对他更多了几分敬意。特别是在徒步考察成功之后，被社会敬为英雄人物，受到中央领导接见，得到媒体广泛宣传，但他对当年单位的处理意见从来没有攻击评判过。

他从没有这样做，他对原单位心怀感恩之心。

单位的介绍信没办法拿到，只能另外去想办法。董耀会又一次经历了好事多磨的心理考验。从文化局到总工会，从军分区到团市委，有关的部门都去跑了一趟。在各部门遇到了各种的表情，有敬佩，也有嘲笑，有惊讶，也有不屑。得到的答复基本都是千篇一律的官僚话："把材料放下吧。"

再去问结果时，听到的也是不痛不痒的套话："上午领导不在，下午再来吧。""今天还没有研究，明天再来吧。"

开介绍信耗费了一个月的时间。后来，董耀会一针见血地评价说："那时行政部门的官僚主义像一堵橡皮墙，撞几下过不去，不过也撞不死你。"困难没有让他们消极等待，他们相信路总会有的。

终于，此事在秦皇岛市文联出现了柳暗花明的转机。主席罗进梦是一位作曲家，在 1978 年市文联刚恢复时担任秘书长。董耀会是文联最年轻的作者，他们很熟悉。刚出差回来的罗主席，听了他们走长城的计划，连声称赞。

副主席郭菁是一位画家，也兴奋地站了起来，拍着董耀会的肩膀说："真了不起，要徒步考察长城，壮举啊！"

现在山海关长城博物馆展出的他们从"天下第一关"出发的照片中，站在董耀会背后的就是郭菁。

文联痛快地开了介绍信，而且开了两封。罗进梦对董耀会说："开两封，留一封备用吧。走这么远的路，万一丢了或坏了，你们上哪儿去补开呀！"意外的收获，让董耀会和吴德玉长出了一口气。

有了第一封介绍信，先前曾经找过的那些部门也都给开了介绍信。

两位母亲的牵挂

分别的时刻最终还是到来了。1984 年 5 月 1 日，离出发只有三天了。晚上 10 点多，母亲房间里的灯依然亮着。最近几天，母亲总是睡得很晚。自从他第一次向母亲说出走长城的想法后，母子俩还没有再谈过此事。

董耀会怕再说会让母亲生气伤心。他一直纳闷，爱唠叨的母亲怎么对他走长城的事一直不言不语呢？

他终于主动走进了母亲的房间，他想再解释解释走长城的事，说说自己精心的准备，解释一下路途并没有想象的那么可怕，安慰安慰老人家，让她放宽心。

那个晚上，母亲没有说长城的事，他也始终没有提及。他和母亲一直聊着其他话题。母亲的笑容依旧，但明显多了一丝僵硬。

后来，他对那个晚上的事自责不已。他觉得母亲只字不提，是老人家知道儿子定了的事谁也拦不住。他应该和母亲说一说，解释一下路途是安全的，让母亲少一些担心。

其实，在局外人看来，娘儿俩那几个晚上都不提长城的事儿，反而是最好的选择。俗语道，儿行千里母担忧，何况这是万里之遥。如果一个人先说了，另一个人必然痛苦，然后就是两个人一起痛苦。

所以，他母亲在这一点上的做法很明智。她之所以避而不谈，内心的原因和想法应该是这样的：既然拦不住你，就让你自由地走吧；没有负担地走，平安地回来。而且，她应该也相信，行事严谨、做了长期准备的儿子，一定有能力面对长城路上的风险。

另外，董耀会走完长城回到家里才知道，那一晚母亲的淡定，还有一个谁也不知道的原因。就是那天的白天，他母亲戴了一辈子的一个翡翠镯子碎了，是一个男孩子骑自行车，从旁边撞在了母亲的胳膊上。

男孩子连车带人摔了，他母亲心爱的翡翠手镯碎成了好几半。男孩子很害怕，母亲说没事的，你没摔着就好。母亲把碎了的镯子捡起来，这几天一直忐忑的心，一下子放下了。母亲相信，她心爱的镯子为儿子挡了灾祸，儿子去考察长城，一定会平安归来。只要能为儿子挡灾，老人连命都可以舍出去。

第二天，5月2日，一件让董耀会始料不及的事发生了。

他亲生母亲听说他要去走长城，专门从天津赶了过来。他和生母离别的时间太久了。给了他生命的那个女人，在他的心里只是一个概念。当初过继之后，母子就再没有见过面。董耀会结婚之前，他一奶同胞的哥哥钱永生，现名黄鹤举来找过他。

哥哥说："妈知道我来找你，说找到你给她发电报，她马上过来看你。"

董耀会却说："还是不要来吧。"哥哥以为他心存怨气。

董耀会说："我妈没有别的亲人，把我养大了，全靠我活着呢。她如果知道我和你们有了联系，一定很伤心。"

两兄弟约定好，只要耀会的养母还在世一天，

图一九　生母和三个儿子。右起董耀会、哥哥黄鹤举、弟弟黄志勇

今后大家就先别联系了。哥哥表示理解,告诉他母亲改嫁后又有了一个妹妹、一个弟弟。

妹妹、弟弟要来认一下二哥,当哥哥的没法拒绝。他答应了,但附加了一个条件,只见一次。后来,兄妹二人一直严格地遵守着和董耀会的这个约定。

黄鹤举听说弟弟要去走长城,犹豫再三还是告诉了母亲,并陪着母亲来看弟弟。母亲的心情也可以理解,如果不见一面,万一儿子有个意外,做母亲的就要悔恨一生了。

那天上午 10 点 30 分,在董耀会老姨家他见到了生母。生母拉着他的手,流着眼泪不断地问他:"为什么要冒险去走长城?""能不能不去?"他坚定地摇摇头,他的情绪毫无波动。

生母不顾路途劳累,坚持亲自来探望,怀着一丝希望劝他放弃风险之旅,更是怀着更多的关爱来送行。这让他即将开始的寂寞旅程,多了一份温暖和鼓励。

踏上征程之前,那是一种怎样的充满伤感的分别?养母和生母,妻子和女儿,四个女人都维系于他一个人的生命安全上。

万里之遥,千山万壑,雨雪风暴,严寒酷暑,蛇狼野兽,疾病伤痛,到底会有多少困难,到底会有多大的风险在等待着他们?

徒步考察长城的时间,原计划大约两年。在走之前,他为家里预备了足够三年用的煤,把煤块和煤面分开来,一起堆砌好。之所以准备三年的用量,是怕遇到什么意外,因此留出了足够的余量时间。

"我在家里把能干的活都干了,自行车也拆了重新保养一遍,该上油的地方都上了油。"董耀会回忆这些时的表情轻松自如,没有丝毫的忧郁。

"当时,我其实在心里早就有思想准备。"他说,接着又随意地加了一句:"走不完肯定不会回来。"语气虽然听着轻松,但他眼神中一闪而过的那缕豪情,让我心里一震。

今天,他可以轻松地回忆过去。当初那无情的岁月风刀、当时的悲壮以及无法消除的凄凉,肯定折磨了他们许久。如果设身处地想一想他们当初的困难境况,想一想他们内心无法抑制的热血冲动,谁都会情不自禁地产生对一个时代英雄的崇敬。

董耀会的一首诗形象地展示了他渴望精彩生活的强烈愿望:

> 我是风筝 / 我有一颗不安静的心 / 我渴望蓝天 / 和天空上点缀的白云 / 我是一根风筝线 / 那么的纤细柔软 / 像一缕银色茧丝 / 浓缩了我万般柔情

五四启航日

1984年5月4日，农历甲子年四月初四，星期五。

这一天，对于董耀会来说，终生难忘。前一天夜里，淅淅沥沥的小雨一直持续到凌晨才停，太阳出来时，湛蓝的天空一尘不染。

这一天，董耀会和吴德玉将出发的时间定在了7点半。

早晨不到5点，几个从小一起长大的伙伴就过来为他们送行。一包花生米，几根黄瓜，几个西红柿，两瓶白酒，这就是当初伙伴们的简单饯行宴。

围坐在桌子旁，大家只是默默地端着酒杯，很少有人说话，只是时不时地互相碰一下酒杯，然后喝上一口酒。千言万语在心底徘徊，涌到了嘴边却不知如何开口。沉默，其实那种充满默契的沉默就是最浓重的祝福。

6点半的时候，董耀会看了看表，深吸了一口气，语气有些低沉地对大家说："就到这儿吧，等我和德玉从嘉峪关回来，咱们再喝个一醉方休。"

董耀会吃过妻子刘玉倩做的早饭，在门口和亲人以及朋友们一一告别。妻子要去山海关送他们，他没有同意。看着送行的朋友们，看着站在人群后边的妻子，妻子也远远地凝视着他，怀里抱着女儿。

妻子的眼泪淌了出来，懂事的女儿用稚嫩的小手帮妈妈擦着泪水。妻子没有走到前边和他道别，怕无法控制的情感影响了他。

董耀会心潮涌动，但他极力克制着。朋友们握手道别时，他也是用力点一点头，

图二〇 董耀会、吴德玉出发。面对万里征程，他们信心十足

尽可能地少说话，他怕话一多了，就无法控制这个压抑的分别场面了。

在他上车前的一瞬间，母亲上前跨了一步，猛地抓住他的胳膊。母亲凝望着辛苦养育20多年的儿子，感慨万千。在她心里有着一个母亲对儿子绝对的不舍，也有着最多的平安祝愿。

老人的眼里没有眼泪，岁月的沧桑和磨砺让她内心已经足够坚强。她更懂得在众人面前，如何表达对儿子勇敢壮举的全力支持。

最终，老人用了一种特殊的方式表达她复杂的心情：她猛地张开双臂抱住了即将远行的儿子！

母亲没有哭，她一直在强忍着。看着母亲红红的双眼，董耀会知道，她肯定一夜没睡，肯定一直在流泪。

对于那个时代含蓄的中国人来说，拥抱，在一生中极少出现。那是在生命和生活中特别的时刻，才被国人不由自主地迸发式地使用。

这一天，老人就是用这种方式无言地表达了内心最强烈的留恋。同时，或许也是老人用这种方式表达另一种不能言明的用意：万一儿子出现了不幸，临行的这个宝贵的拥抱就是她余生最后的一丝安慰和回忆了。

那一刻，董耀会猛然领悟了母亲这个突然的拥抱所蕴含的千钧般沉重的心情。他也紧紧地拥抱了母亲，然后松开母亲，猛地转身，头也不回地走向为他送行的汽车。

我采访董耀会的过程中，在他的眼睛里始终能感受到一种坚毅。只有在谈到与他母亲和妻儿的离别时，即使过去很久了，他的眼神里流露的依然是内心的惶恐与不安。

我相信，出发的那一刻，他肯定是百感交集。他的离去，不仅是自己走上一条充满凶险的长城探索路，更让他揪心般痛楚的是，他还让爱他至深的亲人从此日夜牵挂，夜不成寐。

他是一个无情的人吗？他是一个没有责任心的丈夫、父亲和儿子吗？面对至亲，他哪一个舍得如此别离？但是，宏大的理想，对未来人生的憧憬和期许，让他暗下决心，一定要成功！一定要安全地回来，回来加倍补偿爱他的亲人们。

7点30分，董耀会和吴德玉一起到达了徒步长城的起点——山海关老龙头。

这一天的老龙头，春光明媚，万里晴空。

那时的老龙头长城还没有修复，依然是八国联军炮火破坏后的入海石城废墟。高高的墙台上，耸立着海军的雷达。这里是兵营，不能搞大规模的欢送仪式，只有很少的一些好朋友。

欢送仪式，将在离老龙头不远的山海关天下第一关城楼前举行。

在此之前的几天，海军驻秦皇岛办事处政治部沃志湘主任，陪同他们来过一趟老龙头。沃主任清楚地记得，董耀会捡起半块长城砖，郑重地在海边湿湿的沙滩上写下了一行誓言："老龙头，我一定会回来看你。"很快，海浪冲过来，将那行字冲掉了。他心里觉得自己的誓言融入了大海之中。

他相信，大海也在为他送行，为他祝福。

此刻的清晨，海边的废墟上，站满了前来送别的海军官兵。一名海军士兵郑重地为两人斟酒、敬酒。沃志湘主任告诉董耀会，已经安排海军医院的医生定期到家里去看望他的母亲，请他放心。

秦皇岛市文联的作家奚学瑶来了！他和上小学的儿子奚溱，一起给两位壮士倒满一杯酒，自己也斟满一杯，然后和大家一起举杯。他豪爽地大声说："来！为我们的'华夏子'壮行！"

平静的大海，微微的波浪，静静的长城，还有湛蓝的天空，一起见证了徒步的长城英雄诞生的时刻。

终于出发了，终于踏上历史的征途。两个人向着未知的前方，向着万里之外的终点嘉峪关，迈出了历史性的第一步！万事开头难。他们凭借着满腔的热情和充分的准备，也化解了所有的阻力，终于成功地出发了。他们迈开双腿，开始去创造一个属于自己的崭新历史。

1984年5月4日，天下第一关也刻下了这个特殊的日子。

两个年轻人，将从这里踏上万里征程，一路向西再向西，一直跋涉到终点，拥抱嘉峪关。

秦皇岛市政府、总工会等单位联合，在山海关举行了简单而隆重的欢送仪式。副市长崔致中代表市政府莅临现场。之前董耀会到市政府找他辞行时，他表示一定要到山海关为他们壮行。

董耀会的同事们也来了，师傅、师兄弟们结伴都来了，一起送他。男人之间的

图二一　董耀会、吴德玉从山海关天下第一关出发（前排右起：王岳辰、董耀会、张立辉、崔致中、吴德玉）

交朋友叫兄弟,这帮师兄弟在一起摸爬滚打了近10年的时间。27岁的董耀会,有文化,有胆识,很受领导重视。兄弟们对当时看来前途很好的他停薪留职走长城,都很不理解。

在天下第一关欢送仪式现场,《中国青年报》《河北日报》和《秦皇岛日报》的记者也悉数到场,对"华夏子"进行了现场采访。"华夏子"徒步考察长城的消息,最早就是在这些报纸上发布的,经过全国各地报纸转载之后,走长城的壮举传遍了中华大地。

《中国青年报》的记者幸运地见证了这个历史时刻。恰好这位记者在前一天到秦皇岛采访,当时的团市委书记菅瑞亭告诉他一个新闻:两个青年人,第二天就要开始徒步考察长城了。这位记者听后，兴奋不已，马上借了一辆自行车，一路打听找到了董耀会的家里。

那时董耀会没在家，记者留下了纸条，说自己先不回北京了，第二天要到送行现场采访，并在报纸上发布消息。5月4日上午，在体育场举办了"五四"青年节纪念大会。《中国青年报》的记者建议，安排他们从大会出发，结果没有办成。

那天，天下第一关城楼上的游人，自发地排起长队和他们握手告别。

山海关区区长张立辉大姐，紧紧握着他们的手，表情严肃而郑重地说："一定要注意安全，家里的老人、老婆和孩子都等着你们安全回来。"

秦皇岛军分区司令和政委一起特批了秦皇岛境内的五万分之一的军用地图，供他们路上使用。

他们如同出征的战士，走向了迎接他们的特殊"战场"。

董耀会和吴德玉告别大海，踏出了历史性的一步。这一走凶吉难测，生当其时，但或许也死当其时。

成者王侯败者寇。成功了，他们是壮士，豪情感动群山与大海。如果失败了，路上若真遇不测，不幸献出了年轻的生命，谁会站出来主持道义给他们以公正、客观的评价和荣誉？又有谁会力排众议，追认他们为爱国的烈士呢？他们当时也没有想过这些。

在那个年代，他们的行动属于另类。若真的死在了路上，壮举或许也只是一个笑话了。

第六章　燕山风雨苦与乐

在采访董耀会的时候，我起初总是想听到他讲徒步长城的经历。我问："走长城有什么最难忘的事？让你感到最大的困难是什么？"回答我的提问，他总是那么轻描淡写。

我甚至突然感觉和他在一起时，自己的心底总有一种莫名的孤独感。起初，我对这种孤独感有些迷惑，后来又突然醒悟了，我是在为他的孤独而孤独。

他和任何人在一起的时候，都不会习惯性地高谈阔论。他很安静，显得孤独。这或许来自他徒步长城的特殊经历，来自他流的那些汗，吃的那些苦，包括死神的数次考验。他的孤独，或许正是那尝遍苦楚、历尽艰辛的漫长苦旅对他性格的深度熏染吧。

他只有遇到愿意聊天交流的人，才会放开心胸自由地大说大笑，但这样的时候很少。绝大部分时候，他依然是沉默寡言，孤寂之中若有所思。或是静静地坐着，一副很麻木的样子。

走长城，是一件让他铭刻进灵魂深处的无法言表的吃大苦的事儿。所以结束之后的很多年，他都不再对人讲述那段经历。我能理解他这种特殊的心情，那种回忆真的是一种精神的二次折磨，如同心灵再次走入炼狱。

这种心情，或许正是"苦不堪言"所诞生的真实情境。

他是一个不怕吃苦的人，从老龙头出发到嘉峪关终点的漫漫征途，没有丝毫畏怯，心里始终装着那个遥远的终点，对走完长城充满了信心。我问他，每走完一天的路程，是不是就觉得自己向美丽的终点靠近了一大步？他说，从来不想这些没用的。

当初准备了将近两年的长城徒步创举，我问他，终于要出发了，第一天在路上是不是有些百感交集？他坦然露出笑容，轻声说道："真的迈出了第一步，心里反而轻松下来了。"

减负和加水

万事开头难,从老龙头到三道关这段长城,董耀会已经走过很多次了,非常熟悉,因此第一天没有遇到什么困难。但接下来的行程,还是让他们体会到了野外生存的凶险和艰难。

秦皇岛到北京的这段长城,是"华夏子"徒步长城第一阶段的重点,也是最难走的一段。长城修筑在险峻的燕山上,缔造了一种无与伦比的雄伟气势和壮丽风姿。

虽然这里的山并不很高,一般海拔只有200多米,但却险峻无比。爬在陡峭的山崖上,令人胆战心惊。时刻感觉稍不留神,真的会从悬崖上坠落下去。

野外的风景真的异常秀美,溪水的潺潺之声如悦耳丝竹,头顶的云朵像绒绒的白羊毛,看着都感觉柔柔的、暖暖的。董耀会说,那里的美用山清水秀四个字形容,最贴切了。

5月,燕山进入了初夏季节,山上茂密的树林和草丛,完全遮蔽了脚下的路。其实,野外的山上根本就没有路,必须沿着长城走,经常要爬山登城,然后寻路下山。

美丽雄伟的长城,在图片上看非常赏心悦目。一旦真正走上去,却是险象环生。展露的处处是凶险,随时都可能面临生死考验。远处看着美丽迷人的燕山,随时有着狰狞恐怖的一面。

初夏的阳光异常毒辣,没有路的脚下更需要处处谨慎小心。山势陡峭,爬山的时候必须手脚并用,还要时时提防不要滚下坡去。背负着几十斤重的背包,每爬一步都要耗费很大的

图二二 徒步初期,《秦皇岛日报》记者孙志升(中)陪同他们走了一周

体力。

出发前，他们也设想过很多可能出现的困难：可能遇到很多的悬崖，也可能遇到蛇与野兽……他们准备了过多的东西，包括换洗的衣服、雨具、登山绳索、丈量用的皮尺，还有对付蛇和野兽的刀具等。负重过度，爬一段山就累得汗流满面，几乎喘不上气来。

徒步的初期还有一个伙伴，《秦皇岛日报》的记者孙志升。他一直是他们的铁杆支持者，对董耀会来说可谓亦师亦友。从老龙头开始陪着他们走了一个星期，孙志升对路途的艰辛和危险，有着他人没有过的切身体会。一周之后，他告别了还要继续前行的兄弟两人。第二年的9月24日，孙志升专程赶到终点嘉峪关去迎接他们。

孙志升的回忆，生动而真实地描绘了长城徒步的情景："一开始，我没有想到会那么难。我们这里的山，看上去并不高，走到近前，却陡峭得很。以我的体力，爬一段山，就累得要命，四肢酸痛，喘不上气，浑身汗渍得黏腻腻的。在山上，我只好爬在他们后头，遇到难爬的地方就绕过去。当时我想，就这么爬呀，从山海关爬到嘉峪关，不可想象。临别时，我站在山坡上，默默地祈祷：祝他们俩一路顺风。"

多年之后，孙志升在回忆这段经历时再次表述了他当时的感受："这不仅是对体力的考验，也是对意志的考验，在峻峭的山上常常不得不手脚并用地爬时，我除了对先人们修筑长城所付出的艰辛表示惊叹外，还能说些什么呢？有时，孤单单地站在四周无人的山岭之巅，环顾寂静的四周，一丝胆怯会从心头升起。当看到脚下的长城，在延续不断地伸向遥远的天边，又会产生'一声呐喊，千里呼应'的感觉，孤独和胆怯便会跑开。"

吴德玉在回忆当初的情景时说，最初的一个星期，他们每人背一个大包，实在是沉重。一旦登山，很快就汗水淋漓，口干舌燥。每天带的水很有限，喝完了，就要到处找水。

如果下山到老乡家里取水，往返一趟需要走十多里的山路。因此，即使渴得要命，也都尽量忍着。后来，为了解决喝水的问题，除了带的两个军用水壶外，还要背一个装满水的塑料桶。

我问过董耀会，最渴的时候是一种什么状态？他说："就像鱼离开了水之后，张着嘴喘息的样子。"

背上了足够的水，解决了渴的问题，也增加了负重。况且，在烈日之下跋涉，有多少水也谈不上足够。

炎热的山上，本应少穿衣服，但是山上没有路，到处都是荆棘，如果不穿长的衣裤，皮肤就会被荆棘划伤。为了防止毒虫和蛇叮咬，他们穿的是高腰胶鞋。这样的装束，加上预备的水和背负的其他物品，在山路上艰难地爬行，其苦累程度可想而知。他们身上贴身的衣服总是被汗水湿透，干了湿，湿了又干，如此反复多次，汗液中的盐渍一层层留在内衣上。

下山到达驻地时，再累也顾不上休息，甚至顾不上洗漱和换衣服，他们马上就开始整理一天的记录。

徒步考察和坐在书斋里研究长城，有着根本的不同。虽然先前积累了很多的徒步和爬山经验，但是和实战比较，仍然显得准备不足。

为了减轻身上的重量，保存有限的体力，保证一天工作的顺利完成，他们只能一边走一边甩东西减负，把暂时不用的东西放到老乡家，或委托人捎回秦皇岛，尽可能地轻装上路。

放弃了必备的衣服，他们只剩一条换洗的内裤。衣服经常不能及时换洗，身上奇痒难耐，衣服的缝隙里都滋生了虱子。这种寄生在人体上的寄生虫不仅吸血，还有传播很多人畜疾病的危害。

"华夏子"确定了一个制度，每天早晨出发，直到在山上吃自带的午饭，中间不许因为累了坐下休息，下午亦如此。董耀会说："在汗似乎已流尽，再往外流出来的就是血的感觉时，真的不敢坐下。坐一次，就想坐两次、三次。若干次之后，坚持不住就会想提前下山。今天早下山，明天早下山，若干时日之后，很可能就该打道回府了。我们当时只有一个信念，就是不停地往前走，往前走。"

每天都要看很多遍地图，在董耀会看来地图上面静止的长城，如同白发老人脸上暴起的一条长长的青筋。其实，那就是一条深色的血脉，时时刻刻都在流动着，不仅给他们指引着攀爬的方向，更给予他们前进的动力。

在险峻的燕山上每天跋涉，苦累可以忍耐着挺过去，但燕山的凶险，他们回忆起来仍然心有余悸。

他们必须冒险，攀爬那些本地山民都很少爬的悬崖峭壁。一次，董耀会脚下的山石突然松动滑落，如果不是他迅速躲避，可能就要出师未捷身先死了。捡了一条命，代价是他的胳膊被擦掉一大块儿皮，汗水滴在伤口上，疼得他直咬牙。

吴德玉也有一次遇险，他在山口遇到大风，险些被刮到悬崖下。他回忆时仍然感到后怕不已："要不是当时我抱住了一块大石头，要不是后来风小了点，我肯定是呜呼哀哉了。"

有一次，爬一段悬崖，向导告诉他们前不久刚刚有一个采药人在那里不幸丧命。他们没有退缩，既然祖先能把长城修到那里，他们就能走过去。

他们每天都住在老乡家，也经常是和房东全家不分男女老少睡在一个大炕上。这样的情形开始很不习惯，慢慢也就习以为常了。人可以适应任何生活，或者说没有人不能适应的生活。

"逗狮会"

吴德玉讲了一个堪称经典的故事，他称为"逗狮会"。起初，我很纳闷，实在想不出这跟徒步长城有什么关系。原来，他说的不是"逗狮会"，而是斗虱会，这是诗人吴德玉对徒步苦旅一个充满诗意的乐观比喻。

有一天，天下大雨无法按计划行进，他们只好在老乡家里多住一天。整理完了资料，都感觉身上痒得难以忍受，于是，两个人索性脱下衣服，一起抓起了虱子。碾虱子，用手指捏不行，要把虱子放在两个拇指的指甲中间，使劲地挤压。

董耀会忽然想起了古书上有斗蚂蚁的记载，就把军用地图反过来，

图二三　1995年，董耀会、吴德玉徒步考察长城10年后在山海关

在炕上铺好。然后，他和吴德玉每人从身上捏出一只肥大的虱子，摆到地图上，想让它们互斗。用这种独特的方式苦中寻乐，多少可以消解他们身心的疲惫。

两个虱子并不懂得他们的"良苦用心"，开始时无动于衷。俩人就每人拿着一个小草棍，小心翼翼地拨拉着虱子，给它们打气加油，其实那是一种教唆和起哄。

受惊的虱子更不动了，一场空前绝后的"斗虱会"最终没有成功。不过，其中的过程仍然让他们享用了很长时间。他们的乐观态度，孙志升深有体会。他回忆说："我和董耀会走过一段长城之后，又和他有过较多的交往，我在他身上发现了一种精神，一种向上的精神。他之所以能够走完长城，并取得丰硕的考察成果，这与他那种向上的精神是分不开的。"

孙志升所说的那种精神，是一种英雄主义情结，一种不甘平庸、乐观向上、砥砺奋进的精神。这种精神激励着奋斗者，让奋斗者拥有百折不挠的超人意志和必胜的信心。

多年之后，在一次给大学生讲座时，有学生问董耀会508天走长城，这么艰难的事，他是怎么下的决心？他没有直接回答，而是先问大家："1天的长城，谁能走得了？"大家都举起手来。他接着又问："508天的长城，谁能走得了？"结果没有人举手。

他对学生们说了他的理解："508天，不过是1天的508次重复。应该说1天能走，508天就能走。"

如果用这样的思维方式，任何一个普通人都可以完成这个壮举。他的逻辑或许并不严谨，他的目的是用这种比喻，鼓励大学生发掘自己的潜力。绝大多数学生仍然表示，坚持一天可以，两天可以，十天或许也可以，五百多天就太难了。

学生们的想法完全可以理解，如果没有一个远大的目标，特别是如果没有一种强大而持久的精神动力，普通的人也许三天都无法坚持，体力好的人也不过仅能坚持一周而已。

设身处地想一想，偶尔爬一次山，走一天下来，酸痛的双腿都需要休息好几天才能缓解。如果不是为了锻炼身体，或者为了欣赏美丽的风景，谁又会经常去爬山呢？

坚持不懈地做一件事，根本的原因不是体力，更不是耐力的事，而是一种精神，一种不达目标永不放弃的超人精神。其实，愚公移山的故事讲的也是同一个道理。

迷路走悬崖

长城附近有很多的小山村，村民的观念比较落后，没有什么保护长城的意识。一天，刚进一个山村村口，一只狗就朝他们狂叫。董耀会弯腰去捡一块砖，竟然发现是碎的长城砖。狗已经被他的动作吓跑了，手里的砖却让他感慨不已。

这个山村低矮破旧的房屋和院墙，大量而随意地使用长城砖。长城就在他们的身边，日夜相伴，祖辈相传。

在这些贫困村民眼中，长城不能给他们带来任何的利益，只有垒墙砌屋还能有点用处。至于历史文化价值，他们更是毫无意识。这道老墙对他们来说太司空见惯了，他们也早已经对其麻木不仁了。

面对朴实的山里人，他又能说什么呢，又能责备他们什么呢？

在那个年代，各级政府整体上都没有保护长城的意识。董耀会的家乡山海关长城的很多地段，就是大炼钢铁时被拆毁的，建了"小钢炉"。

长城的破坏，除自然风雨的损毁，就是人为造成的破坏——中国式的"自毁长城"。正因如此，徒步长城才更有意义，告诉大众长城到底是什么样的状况，长城可能在几代人之后消失。

徒步长城的时候，由于地形不熟难免在山上迷路。为了解决迷路的问题，他们每天都要找一位当地的老乡做向导。陪他们走一天，然后和他们住一个晚上。有了向导引路，路上顺利多了。

有一天，他们没有找到向导。在地图上查看，发现两个山村的距离并不远，于是就有些大意了。

董耀会对吴德玉说："这段长城也就十几里长，我一个人走，把考察情况记下来，你抄近道先去那边的村子联系，然后抓紧时间把积压的资料整理出来。"吴德玉答应着，从另一条窄小的山路下山去了。

沿着长城考察，在一人多高的灌木丛和槐树林里交替穿行。这一段长城自然剥蚀而显得非常残破，加上人为破坏，只有一条凸起的灰白色的残垣展露着岁月的沧桑。

在太阳将要西斜的时候，董耀会根据爬山的经验判断，他必须要下山了，否则等天黑了再下山非常危险。山上的小路让他有些迷茫，山形阻挡了视线，无法远望和判断每一条山路的最终走向,他最后选择了一条山路往山下走。

走过一个布满巨大卵石的山沟,眼前是一个陡峭的悬崖,他艰难地爬了上去。刚站稳身子,他却猛然发现这个悬崖的后边竟是一条深谷,两边的峭壁刀削一般矗立着,有数十丈高。他不由得倒吸一口凉气,如果刚才不小心,很可能就掉了下去。

没办法,他只好原路返回,终于又找到一条好走的山路。但是,在这条路上走了半天,也没有绕出那片树林。

看看太阳,发现已经压山顶了。此时的他终于醒悟过来,自己迷路了。虽然能够根据太阳的位置辨明大致的方向,但哪一条小路才能顺利下山到达那个要住宿的山村,他无法确定。

山路曲曲弯弯,根据山形随时变化走向。他这个不熟悉地形的人,望着山下的村庄,却总是走冤枉路。

董耀会在山上着急地寻找正确下山路的时候,吴德玉也急坏了。他到村子安排好,下午做完手头的事儿,就上山去接应董耀会。结果,在山上转了半天,也没有碰到。下午四五点的时候,他急得直冒汗,如果天黑前不能找到董耀会,那他就只能在山上露宿了。

他小跑着返回村里,找到房东老乡,说同伴可能在山上迷路了。于是,老乡陪他上山去找。

这时,天已经黑下来了,身边是十几丈深的山沟,黑黢黢的看不到底。老乡对这一带的山形非常熟悉,他带着吴德玉翻过一道山梁,让他边走边喊。

他的喊声在山谷中回响着:"耀会——"

董耀会听到了,马上喊着回应:"德玉——"

老乡告诉董耀会别动,等着他们。因为他选择的路不对,有很大的危险。再次汇合时,兄弟俩高兴得几乎跳起来。老乡在一边儿看着他们俩,忍不住扑哧一声笑了:"其实你们俩只隔了一条山沟,你们这样来来回回地瞎绕,绕到天明也绕不出来呀。"

山中的两只狼

长城盘旋蜿蜒于险峻的燕山之巅,远离村庄的荒山野岭经常有野兽出没。对他们的安全造成威胁的不只是野兽，还有农村的狗。

吴德玉在出发不久挨过一次狗咬。他正往前走着，一条狗悄悄地从后面扑上来照着他的腿咬了一口。幸亏他穿着长裤，手里还有一条棍子，只是被狗牙划破了一条并不深的口子。

真是应了那句话，咬人的狗不叫。吴德玉说："它之所以不叫，是在考虑从哪里下嘴咬你。"以后他们凡是进村碰上低着头、盯着人不叫的狗，都格外小心。那时，大众还不太注意狂犬病的事。

图二四　吴德玉与董耀会（右）在长城前

这一天，他们计划考察葫芦峪长城，然后到附近的陈家堡住宿。出发前找到了村支书杨大叔，想让他帮忙找个向导带路。没想到，杨大叔和村治保主任刘克义都说这条路太凶险，劝他们不要走。但是，考察长城却不能丢下这一段。

杨大叔有点生气地说："这条道很少有人走。今年春天有个小伙子，进葫芦峪砍柴，结果被两条大狼围住。那个小伙子被吓得尿裤子了，幸亏有乡亲碰到，这才赶跑了狼，给他解围救了一命。现在那条沟，常年都没有人去。"

刘主任也劝他们："去年水石浒有一个叫魏景山的，他们父子都是猎手，他爹还是个神枪手。父子在山上碰见了一只老虎，他爹身上被老虎抓了好几处伤，最后用猎枪把老虎打伤了。老虎个头小，胆子也小，最后被吓跑了。"

听着他们的劝说，董耀会明白这是为了保障他们的人身安全。但是如果绕道走过去，就不能完成"在长城上留下一条完整的足迹"这个目标了。

董耀会耐心地解释道："大叔，我没想别的，也相信您。我只是想，我们是来考察长城的，不能丢下葫芦峪这一段。"

"哦……是这样啊。"杨大叔听了，气马上消了。他重新打量了一下这两个年轻人，为了保障安全，他决定和刘主任亲自去，一起做他们的向导。

董耀会有些过意不去，说："您老这么大岁数了，还是让年轻人去吧。"

杨大叔说："那可不行，不亲自把你们送到下一个村子，我可不放心。"然后，杨大叔带上镰刀，刘主任背上一杆猎枪，陪他们一起出发了。

山高路险沟深，丛林茂密阴森，确实是适合野兽出没生存的地方。一整天，他们几乎都被淹没在丛林里，基本是"披荆斩棘"所形容的真实状况。有一段路就是顺着乱石沟走的，一步步艰难地走下山来。过了好长一段时间，才从乱石堆里爬了出来。

这时候，走在最后的杨大叔猛地喊了一声："喂！你们看！"

他们转过身，顺着杨大叔手指的方向望去，看到东边刚刚走过的长城高墙上边，赫然站着两只狼。

他们注视着那两只狼，狼也看着他们。

杨大叔安慰大家说："看咱们人多，狼不敢下来。"果然，又僵持了一会儿，两只狼退走了。

徒步长城，最大的问题是安全。"安全"这个词，也是董耀会后来谈起长城经常说的话题。他说："古人修建长城，追求的就是生活的安全。最能获得多数人支持的就是安全，因为每个人都需要安全。"

感动一位母亲

"华夏子"最初是三个人，出发前张宝忠退出了。后来，张元华的加入让"华夏子"重组三人团，这让董耀会非常高兴。他形象地总结说："走了一个张，又来了一个张。"

两个青年走长城的消息，因为《中国青年报》的率先报道而传遍全国。长春东北光学仪器厂的青年工人张元华，看到报纸上的消息，写信表示愿意加入"华夏子"的队伍。

收到张元华的信后，正感觉势单力薄的董耀会，马上写了回信。盼望他早日出发，加入"华夏子"团队。

元华很快回信了，说他马上从长春赶过来会合。盼了半个多月，却没有见到元华的影子。收到元华来信，被告知他的父母不同意他走长城。

元华的父母原是部队的高级干部，当时已经转业到地方任职，他们舍不得让儿子长途奔波去冒险。

图二五　张元华（左）加入长城考察中（右为董耀会）

董耀会不想失去这个志同道合的盟友，给张元华的母亲写了一封信。那封信他写得情真意切："在您的儿子张开追求理想的翅膀，要奋力冲飞之时，您两位把青春、把人生最美好的时光献给军营的老同志，真的忍心去折断他的翅膀吗？我敢肯定地说，你们出于爱而给元华造成这种伤痛，对元华而言，将是用一生的时间都难以痊愈的。"他还在信中介绍了自己的家庭，包括妻子和母亲的支持。

张元华的母亲看到信后哭了，张元华自己也哭了。最后，张元华终于说服了父母，启程了。

董耀会和吴德玉在北京的平谷一起迎接张元华。他是个身高一米八〇的小伙子，不仅英俊聪明，性格也很开朗。

张元华是个摄影爱好者，随身带来了两架高级相机，还配有全套的长焦、广角镜头。这恰好是他们缺少的装备。有了张元华的装备和摄影才华，他们就能拍摄更好的图片资料了。

创造历史的三人"华夏子"团队，终于再次凑齐了兵马。

为了欢迎张元华的加入，他们买来一瓶白酒庆贺。英雄相会，千杯不醉，三个人一直畅快地聊到了深夜。

其实，出发不久孙志升就写信说，柳江煤矿的文学爱好者朱海明和两个朋友，也想加入"华夏子"。

董耀会高兴地说，太好了！两个人有很多事忙不过来，太缺人手了。真希望他们快点来，结果却让董耀会他俩非常失望。孙志升说，对方说不来了，好像要自己单独走。

2008年，事隔20多年后，朱海明又联系到了董耀会。俩人喝酒说起这段经历，朱海明后悔不迭。他们1983年开始计划徒步长城，从山海关走到嘉峪关，看看长城到底有多长。还找单位商量请假的事，单位不同意，他就把这事放下了。后来，看到董耀会走长城的消息，他又动了心思。

三个人中的一人却不同意："走长城，我比他们想到的早，凭啥跟他们去。"另外两个人也觉得有道理，于是决定自己单独走。开始了雄心勃勃的准备，只是困难太多，没过多长时间就没了后劲。

朱海明说，自己挺后悔的，后来还埋怨过那位朋友。他说："其实，埋怨人家也不对，还是自己不坚定，如果豁出去追上你们不就行了吗？还是埋怨自己吧。"

很多人都是这样，有一个好的想法突然冒出来之后，并没有进行深入而充分的准备，特别是意志方面。脚踏实地和永不言弃，这是董耀会能获得成功的根本保证。他讨厌投机取巧，反对钻空子办事的做法。

接触董耀会的这几年，听他说过好几次"出来混总要还的"。这句话大家都耳熟能详，但很少有人能在生活中铭记着。

兄弟同心

中国有句俗语"三个臭皮匠，顶个诸葛亮"。三个壮士，怎么也比三个臭皮匠强一些吧。没想到，他却反问我："三个臭皮匠，真的能顶个诸葛亮吗？"

不等我回答，他又接着说："三个臭皮匠，如果好好干活儿，顶多顶个大臭皮匠。不好好干活儿，连一个臭皮匠都顶不了，顶个诸葛亮是不可能的。"

看着我一脸的茫然，他大笑说："我们不是三个臭皮匠，我们是三国里的刘、关、张三兄弟。"

不管怎么说，三人为众，同心协力才能凝聚更大的合力。作为一个团队，还要分工负责。董耀会负责全面计划和行程安排，他还对经过的村庄进行调查，了解当地民情。

每天到达住宿地，稍加洗漱之后，董耀会一个人到街里村外转一转，碰上了老乡就随便聊上几句，问问村里的情况。吃过晚饭，还要和房东、负责接待的村干部座谈，详细了解村庄的历史以及过去和现在发生的一些大事。

在他看来，长城的实地考察是这次徒步考察行动的核心，沿线的民风民俗以及百姓的生存状况、村庄政治经济情况也同样重要，需要深入细致地调查。

今天我们再回头看这种认真的田野调查，就发现了他的全局观念和前瞻性。这种调查记录，对于他后来的长城研究很有帮助。

三人中，吴德玉的分工是记录长城的现状。出发的时候就有明确计划，考察结束后写一本专著，吴德玉记录的长城现状无疑是第一手资料。

吴德玉更浪漫，他走长城的初衷是写诗。通过走长城，游览壮美的山河风景，获得更多的创作灵感，写出更高水平的诗歌作品。

现在，做这些十分枯燥的长城现状记录，开始他还有耐心，日复一日，天天如此，就难免产生了厌烦情绪。董耀会尽量帮着他一起整理。

记笔记就需要笔，一根小小的笔在野外经常丢失。最后，他们不再准备成品笔了，买一些圆珠笔芯带上，需要的时候用半张纸卷起笔芯用。或者找一根空心的小木棍儿，将笔芯插进去，就是一只很有特色的笔。

张元华的分工是拍摄照片。这对于他来说并不难，难的是他的摄影爱好和行程发生矛盾时，如何调解？摄影的人都知道，等光线是很重要的事儿。但对于走长城来说，每天都有固定的计划要完成，只能赶上什么拍什么，想等也不能等。

三个小伙子，个性不同，兴趣也不同。三个人做一件事的时候，如果协调得好，能够事半功倍，如果发生了矛盾，必然影响进度。

长时间地每天 24 小时在一起，出现矛盾非常正常。何况即使一个人做一件事，时间一长也会产生厌烦心理。现在是三个人做一件事，如果经常有矛盾，积累起来互相之间的对抗情绪就会加大。

董耀会关注的是整体，特别是每天的计划能否顺利完成。走到长城关口和关城，以及险要地段，他希望多停下来一会儿，等考察全面之后再往前走。张元华则是想找风景好的地方，多拍一些照片。吴德玉见到山水秀美、风景雄伟的地方，总想多停一会儿，从美丽的风景中尽可能多地获得诗歌创作的素材和灵感。

"华夏子"三兄弟团队，还能够互相包容谦让多久？

雨中露宿

徒步过程中，多少次，他们在滂沱大雨中淋一夜的雨。

1984年8月20日，他们从怀柔的慕田峪出发，考察箭扣长城。

那一天，山上晴空万里，山中薄雾缭绕。湛蓝的天，灰色的林木，时隐时现的长城，山腰飘移的白色雾团，难得一见的壮美景色，让三人沉醉其中，流连忘返。

特别是痴迷写诗的吴德玉，还有爱好摄影的张元华，比董耀会兴奋好几倍。张元华眉开眼笑，激动地说："真是太美了，我得多拍一点照片！"他架上相机，追随着飘移的白色雾团，变换着角度，不停地按下快门。后来元华在箭扣长城拍的一张照片，被《集邮》杂志等多家媒体用作了封面。

董耀会比他们更理智一些，对山里的气候变化也更有经验，他对沉醉于美景的哥儿俩提醒说："夏天的天气，像小孩的脸，说变就变。今天有雾，又这么闷，说不定什么时候就会下雨，我们必须提前下山。"

哥儿俩虽然嘴上答应着，美景的吸引力还是让他们流连难舍，欲罢不能。眼看太阳西斜了，吴德玉也开始催促张元华。董耀会则有点同情地说："这样好的景色，一百年也难遇，就让他多抢拍几张吧。"

最后，他看时间再也不能耽误了，才果断地朝元华喊道："元华！天要黑下来了，走吧。"元华这才依依不舍地收起相机。

三人决定离开长城，抄近道下山，这样才能赶在天黑前到达住宿的村子。董耀会疏忽了，只想到可能下雨，没有考虑到如果下雨的话，乌云一来，天肯定要比平时黑得早。

果然，天提前近一个小时就黑下来了。

昏暗中，山路看不清了，他们就深一脚浅一脚地摸索着往前走。最后，小路也看不到了。上山容易下山难，他们只能弯着腰，沿着很陡的山坡往下走，小心地一步一步试探着挪动脚步。

伴随着山风，山雨很快就下起来。离开长城的他们无法到敌楼里避雨，只能继续在雨夜中下山。他们很可能会跌落山谷。

三个人只好就近找到一块平坦的地方站下来，在风雨中坚持着，这时他们感觉又困、又累、又冷。他们挤在一起，用身体互相温暖着。

张元华提醒说："雨衣上有雨水流下来，接住可以喝。"于是三个人就各自找雨水滴落的地方接水喝。

此时，吴德玉又惊喜地发现自己衣兜里还有两个野梨，是白天在树上顺手摘的，一直没舍得吃。他把梨掏出来，递给了董耀会，董耀会又递给了张元华，张元华又把梨转回给吴德玉。每人每次都轻轻地咬一小口，两只梨传递了好几圈，才最后吃完。

山雨的考验到后半夜终于结束了，风也小了。在他们开始发困、昏昏欲睡的时候，突然张元华有些惊恐地叫了一声："看！那边有两个小蓝点，飘过来了。"

不远处果然有两个蓝色光点，慢慢向他们这里飘移着。

吴德玉说："好像是狼的眼睛。"其实，他们都没有在黑夜里见过狼的眼睛。董耀会镇定地安慰说："不要怕，狼来了也不敢发动进攻。"情急之中，张元华忽然想到了相机，他拿出闪光灯装在相机上。真是有什么大野兽来了，闪几下或许能把对方吓跑。

还好，那一夜相安无事。他们都没敢合眼入睡，背靠着背坐在一块只有两三平方米的石头上。

天亮了，他们庆幸前一天晚上没有冒险前行，因为前面就是悬崖。后来，箭扣这个地方来的人多了，每年都有摔伤甚至摔死的户外活动者。

第七章 北京的收获

到达北京之前，他们在农村意外发现了一张两天前的《北京晚报》，1984年7月5日的头版头条是一篇有关长城的文章，题为《北京晚报、八达岭特区办事处等联合举办"爱我中华，修我长城"社会赞助活动》。

走到北京之后，他们从八达岭进城，计划在北京停留几天，争取得到更多人的支持。到了北京，董耀会就马上给北京晚报社的苏文洋打了电话。苏文洋听到他的声音，高兴极了："终于有你们的消息了，我一直发愁联系不上你们，我们一块儿见个面吧。"

9月1日下午2点，三个人赶到报社。苏文洋听说他们到了，急急忙忙地跑过来和他们握手，打着招呼。然后他抱歉地说，今天没空和他们聊了，他要赶到中南海去取邓小平同志的"爱我中华，修我长城"题词。

听到这个消息，董耀会也很高兴。后来我问他，那时是不是预感到一场轰轰烈烈的活动将在全国展开。他笑着回答："没有，一点儿也没有。我只是高兴，从心底里高兴。"

第二天，他们三人重新到北京晚报社的时候，受到苏文洋的热情接待。苏文洋高兴地说："早在报纸上看到你们的消息了，中国就缺你们这样的，长城就缺你们这样的。早就想联系你们，但苦于跟你们联系不上。给你们单位打电话，也联系不上你们。"

苏文洋告诉他们，《北京晚报》发起的"爱我中华，修我长城"公开募捐，最先得到了中央领导人习仲勋的热情题词。习仲勋那时是政治局委员、中央书记处书记，他的题词代表着中央的态度。

后来，八达岭特区办事处仅在20天内就收到70万元的赞助款。前一天，邓小平同志又亲自题了词。苏文洋详细地采访，持续了两个多小时。最后，邓小平同志问还有什么困难需要他帮忙？

他们都说没有。他们不愿意麻烦人，这是中国人的老传统。中国文化的核心之一是"做人"，即"修身"。今天看来，董耀会的成功不仅在于他的毅力，在很大程度上要归因于他做人的成功。

《北京晚报》的报道，在当时就是对他们最大的帮助和声援。

杨联康

在北京晚报社拜访时，董耀会还收获了一个意外的惊喜。苏文洋和他们说话的时候，有一个瘦高个的中年男子走了进来，苏文洋马上介绍说："这位就是走过长江、黄河的杨联康。"

董耀会一听，大喜过望。没有想到，能在这里和杨联康巧遇。

杨联康握住董耀会的手说："早闻你们走长城的壮举，在京城相会，幸甚幸甚！"临走时，杨联康还留下了自己家的地址，邀请他们到家里去做客。

第二天，三人按照地址去拜访了杨联康。杨联康住的西城区罗圈胡同很难找，三个人一路不停地打听，终于找到了杨联康家的两间小平房。

杨联康给他们每人冲了一杯咖啡。

这是一个很普通的家，地上堆满了书和资料，无法落脚。杨联康和他母亲同住。长期不幸的遭遇，他一直没有结婚，仍然孤身一人。

他们和杨联康的交流，可以说是那个开放时代英雄之间的思想碰撞。杨联康的肯定和鼓励，让他们感到振奋。这次英雄心灵间的交流，为他们补充了精神力量。

这种时代英雄所独有的超强精神动力，是其他人无法给予的。这次面对面的拜访，杨联

图二六　"华夏子"三人与杨联康在屋前合影（左起：张元华、杨联康、吴德玉、董耀会）

康清贫的状况也极大地震撼了董耀会，让他终生难忘。后来出版的诗集《望断悲风》，收录了他专门为杨联康写的一首诗。这首名为《杨联康》的诗写道：

　　上帝用名利的餐刀
　　顶着你的肚子
　　一切都
　　赤裸裸地摆在面前
　　没有妻子儿女
　　梦幻飞天
　　没有彩电空调
　　独守满屋发霉的书过年
　　杨联康，杨联康
　　你何不坐上一辆公共车
　　驶进平庸的空间

他的诗句所构建的粗粝意境，展现了杨联康的境遇。

对于英雄主义者来说，走入平庸是对人格的侮辱，不停地创造奇迹才是英雄的追求。这是董耀会正在做的事，也是杨联康已经做过，而且还要继续做的事。

鼓励和资助

在北京停留休整这段时间，他们还拜访了多位名人。拜访剧作家吴祖光的时候，他正在家里接待记者朋友。看到他们走进来，吴祖光对那个朋友说："你先等等，我先和这几位说说话。"

吴祖光快人快语，热情地握住董耀会的手说："'华夏子'走长城，前无古人，后无来者。好样的！你们有这样的勇气，令人钦佩。"不知不觉一聊就是一个多小时，他突然想起还有别人在等着。董耀会起身告辞，提出希望吴老给题个词。吴老爽快地答应了，提笔写下一句"把长城踩在脚下"。

董耀会不太喜欢这句话，但出于礼貌没说什么。他理解吴老的真实含义并非贬低长城，而是鼓励他们克服长城路上的困难。他知道这是作家在用文学的独特语言，为他们竖起大拇指。

他们还见到了吴老的爱人新凤霞，她演的评剧《花为媒》闻名全国，当时身体状况欠佳的新凤霞，关心地询问他们在山上吃什么，住在哪儿，生病了又怎么办。

最后，吴老拿出刚出版的《新凤霞自传》送给他们每人一本。他还代妻子，在书上写了热情的赠言。

后来，三人又接连拜访了金紫光等。金紫光是一位延安时期的老革命，离休前担任国家文物局副局长。他们得到金紫光代表延安文艺研究会捐赠给他们的价值600多元的三身羽绒衣裤。另外，从金紫光那里，他们还意外获得了参加"爱我中华，修我长城"八达岭长城修复竣工典礼的邀请。

董耀会还特意去拜访了一个人，他就是国家经济体制改革委员会党组成员、副主任童大林。童大林也是一位老革命，1934年参加抗日救亡运动，1938年到达革命圣地延安。他担任过中共中央宣传部秘书长、中国科学院副秘书长、国家科委副主任，这个时候正在参与拟订全国经济体制改革的总体设计方案，筹划和指导全国经济体制改革。

童大林为促进我国经济体制改革、确立中国社会主义市场经济作出过贡献，最有代表性的谏言是"松绑放权"。董耀会和童大林见面的地点是在中南海，秘书在大门口接他。童大林的办公室并不是很大，但写字台很大，上面堆满了文件和材料。见到这位改革开放叱咤风云的战将，董耀会很开心。

我问过他，为什么要去拜访童大林？他说，想把一路看到的农村情况，包括多种经营、山区经济等，都讲给童大林听。童大林问他，在河北的农村吃什么，到了北京的农村吃什么？他也都做了回答。

图二七　1984年7月13日，张元华（左一）从长春赶来，在北京平谷加入"华夏子"，开展长城徒步考察

听了他的这几句话，我突然感觉他后来的成功绝非偶然。一个普通的青年工人，思考之深之广，远远超出常人。董耀会后来在2016年提出富有前瞻性的"长城文化经济带"建设的概念，引起了国务院有关部门的重视。

国务院发展研究中心《经济要参》期刊，专门为董耀会开辟了"长城文化经济带研究"专栏。这本刊物是国务院的智库平台，依托经济学家和公共政策研究专家队伍，以及国务院各部委决策研究力量，全面系统地展现国务院智囊机构的高端成果，为决策的科学化、民主化提供政策咨询服务。

童大林让秘书给董耀会找了三张参观中南海的票。第二天，"华夏子"三人参观了中南海毛主席和周总理的故居。

肖华之问

1984年9月17日，"爱我中华，修我长城"社会赞助第一、二期工程的竣工典礼在八达岭举行。中央书记处书记、中宣部部长邓力群，全国政协副主席、开国上将肖华等党和国家领导人出席了典礼。

董耀会三人也应邀一起参加了这个活动。

八达岭长城修复工程是一个奇迹，工程技术人员顶烈日、冒酷暑、爬山涉险，只用4天时间就完成了实测，12天就完成了全部设计图纸。这期间，施工方已经开始进入现场，做好准备。

施工开始之后，千余名施工人员，每天从清晨6点一直奋战到夜晚。往长城上运料非常艰苦，运料工人三班倒，昼夜不停地背砖运石。十几万块城砖、数千立方米的巨石以及上千吨的灰沙，不到20天时间全部运到了海拔800多米的施工现场。

长城修复第一、二期工程自1984年7月28日开工，原计划11月中旬完工，到9月17日就提前竣工了。

在典礼上，时任中央书记处书记、中宣部部长邓力群说："北京市在'爱我中华，修我长城'的事情上起了一个很好的带头作用。我们这些人有一个希望，凡是长城沿线的各省、直辖市、自治区，都能够陆陆续续地开始保护，一步一步地进行下去，一代人一代人地进行下去。"

开幕式结束后，邓力群、肖华等领导同志接见了走长城的三个年轻人。董耀会对肖华的认识，印象深刻的是他创作的《长征组歌》。上小学的时候，董耀会和同学们一起穿着红军的衣服，演出过其中的一段。

肖华这个曾经的"娃娃司令"，竖起大拇指对董耀会说："了不起，了不起！你们再走西线，到了陕西、甘肃，如果遇到什么事就去找部队，就说是我让你们去的，他们会尽力帮助你们的。"1983年6月，肖华刚从兰州军区第一政委、党委第一书记，甘肃省委书记的任上调到中央。

肖华还激励和鞭策他们说："如果你们不能坚持走下来的话，愧对的就不仅是江东父老！走完长城，我在北京给你们接风洗尘。"

董耀会感到十分遗憾，肖华没能等到他们胜利的那一天。他在第二年的8月12日不幸病逝，那时离"华夏子"走到终点嘉峪关只有40天的时间了。

邓力群也对他们的行动大加称赞，两位领导人为他们题了词。邓力群题词"祝你们长征万里成功"，肖华的题词是"不到长城非好汉"。

董耀会回忆起那天的情景，肖华不经意的一句问话，让他记忆特别深刻。

肖华非常郑重地问："为什么从秦始皇到朱元璋，都修长城？当时，不修长城行不行？"董耀会有些迟疑地说了句"不行"，肖华马上问："为什么不行？"那时的董耀会，兴奋点都在长城的历史和走向上，从来没有考虑过这些。

于是，这个问题让他思考了30年，被他称为"肖华之问"。

中国古代为什么持续两千多年修建长城？长城在中国古代的历史作用是什么？以人类文明的视角，解读长城所代表的中华文明对人类文明发展的价值和意义是什么？

"肖华之问"不仅使他成熟了一步，也成长了一大步。他后来的长城研究，因此实现了一次大的跨越。

结束了在北京的拜访，带着众人的鼓励和祝愿，他们又信心十足地踏上了并不轻松的万里长征。英雄之路总是遥远的，也总是充满了艰难与凶险。从北京向西，等待他们的是近在眼前的塞外寒冬。

第八章 雪原上的苍凉

原来计划在北京休整几天，因为有很多事要做，最终他们也没能够真正得到休息。每一天，行程都排得满满当当。董耀会和吴德玉还去了图书馆，起早贪黑地忙着查了好几天资料。因为他们出发之后，发觉有很多的资料需要补充。

告别北京时，三个人都感到比走长城还累。

张元华更是满脸的倦容，他心里很不舒服。按照他的意见，北京根本没有必要停留，至少也不需要停留这么长的时间。这一次董耀会格外坚决，否定了张元华的意见。

"磨刀不误砍柴工"，北京的很多收获说明，坚持在北京停留的做法是对的。张元华对此不以为然，认为董耀会的做法太过于世俗。他们的关系，由此产生了裂隙。

评论与张元华思维方式、做事方法的冲突时，董耀会说："元华是一个心灵非常干净的人，说话从来都是心对着嘴，嘴对着心。他是一个从来不做不符合自己道德认知的事儿的人。"他接着说："我做不到这一点，我的很多行为即便不是不道德，也是很世俗的。"

从北京继续向西，明长城分成了内长城和外长城两条线。他们计划是先走外长城，一直到达外长城的终点，然后折返向东，沿着内长城到北京区域内。内外长城都考察完成后，再坐车回到偏关，继续向西沿着长城线考察。

走外长城过了山西大同，向西就是左云县，在那里因为长城遭到破坏，董耀会暴怒了一次。

在左云三屯的摩天岭一带，他目睹了长城被推土机撕扯重创的惨状。当时，八台子村以东建了一个砖窑，为了将长城内外的平地合成一个，村支书指挥推土机，推毁了一段60米的明长城。

那天，走到八台子，面对眼前长城正在淌血的巨大伤口，董耀会马上冲过去阻止。村民甚至村干部们，并没有听从他的意见，反而怪他们多管闲事。

图二八　2003 年 10 月在山西山阴县考察长城

于是，他们马不停蹄地找到三屯乡，又搭坐拖拉机，一路颠簸直奔左云县政府。最后，董耀会用一部手摇电话机，直接向雁北地委书记白兴华反映八台子村破坏长城的行为。

白书记批示，在八台子开一个长城保护现场会。后来《光明日报》、中央人民广播电台都报道了消息，中央媒体给予曝光，通过在八台子村的教训，制止了更多破坏长城事件的发生。

最后的处理结果，对一次拆毁 60 多米长城的破坏者给予严肃处理，处理的方式是"党内警告处分，罚款 200 元"。

从那个时候起，在徒步长城还没有结束的路上，将来继续为长城工作的强烈愿望和决心，在他心底弥漫开来。

28 年之后的 2012 年 7 月 16 日，"大同长城论坛"在左云县举办。董耀会发言时，再次提起八台子村往事的时候，会场中有一个人满是愧疚和自责，他就是当时的三屯乡乡长王森。董耀会的话一字一句地敲打在他心上，波澜起伏的心绪让他现场写了一首诗《那双脚》，作为对当年破坏长城事件的一份特殊检讨，向大家表示深切的歉意：

二十八年前你的一双脚
踢翻了我的推土机
另一只脚踩着砖机饥饿的嘴
喝令吐出已吞食的长城

那时候我在上司的鞭梢下撤退
一头雾水半含不甘
暗怨那个手摇电话
把一个乡镇企业摇塌

而今我才真正读懂你的伟大
我愿将迟到的悔过
喊破胸膛
震醒万里荒野的一草一木
我愿以我的诗歌
填补那流泪的豁口
更愿化作一块新时代的墙砖
砌在海基线上
期待那双民族的铁脚踏上东海新的长城

王森说，当年恰好是乡镇企业红火的时期，三屯乡开办了石料厂、木器厂、砖厂和煤矿。乡和村合办的八台子砖厂就是从长城上取土。那时大家都没有保护长城的意识，当董耀会阻止他们时，大家都不以为然，还指责他一个电话就把一个乡镇企业给摇塌了。

写诗时，王森已是左云县委党校校长。他从当初不理解长城保护的乡长，转化为一位呼吁长城保护的志愿者。

董耀会的行动，保存下了摩天岭长城。这件事在雁北地区产生了极大的震动。从此干部、群众都知道了长城是文物，绝对不能破坏。他的一次震怒，使当地的长城都得以保存下来。对于左云和大同长城来说，他不仅是保护长城的"怒目金刚"，更是长城的"保护神"。

村民和干部没有保护意识，令董耀会开始思考更深层次的原因。途中他们每天都要借住在老乡家，近距离接触了那些生活在长城脚下的农民。那里都是贫穷的山村，很多人过的日子根本称不上"生活"，他们的状态仅仅只是活着，而且活得异常艰难。

贫穷的生活导致无知，很多人为了摆脱贫穷，而对长城造成无知的破坏行为。如何才能更好地化解保护和开发的矛盾，需要他付出更多的精力和心血。长城需要他，长城脚下贫困的百姓更需要他。

图二九　吴德玉、董耀会（右）徒步考察长城，行至山西平鲁

单调枯燥的跋涉

在外长城考察时，三位跋涉在长城上的勇士，经历了万里征程上一次痛苦的考验。那段极度孤苦的心灵折磨，让他们铭记一生。

长城的旅程是漫长的、艰苦的。异常单调乏味的行走，不知不觉中造成了三个人持久的心理障碍。每个人的心境都极度低落，仿佛走入了情绪的死胡同。虽然之前在体力、资料等方面做了充足的准备，但这毕竟是长时间的野外活动。

他们没有想到，路途上遇到的困难，竟然不是身体而是心理方面的。

自然的寒冷苦痛可以忍受,可以坚持着熬过去。心灵上孤独的折磨,他们之前没有任何的思想准备,那种无处排解的孤寂心情的折磨,如同经受了一次沉痛的心灵炼狱之苦。

按照考察的计划,每天不停地走着,朝着目标艰难地跋涉。在冬天的原野上,荒无人烟的雪原上寂静而孤独地行走。

周围没有了熟悉的声音,没有了熟悉的亲人,没有了熟悉的城市喧闹。在荒野上,从一个起点走向一个暂时的终点,再从一个新的起点走向又一个暂时的终点。走,不停地走,这就是他们每天必须完成的功课。

在长城上行走,记录残破的一段段长城。这是自愿背负的使命,他们必须勇敢面对,他们必须精益求精。

单调而枯燥的生活,日复一日地持续着,持续着。开始还能坚持,一个月,三个月,半年之后,精神状态一度陷入一种无法描述的极度压抑中。

逐渐地,三个人之间连说话都不多了,谁也不理谁。再后来,就有意无意地拉开了距离,或者是分开往前走,中间的距离从几百米延长到几千米,再到十几千米,几十千米。

有的时候隔一两天见上一面。孤独中的他们每次见面,竟然麻木得没有了感觉。再次分开,各自重新投入孤独的荒野之旅。

当时,他们的心理已经处于不正常的状态,对同伴产生了严重的心理障碍,甚至有了对抗情绪。他们的心里渴望见到陌生人,见到人烟,看到正常生活的人和人群。

董耀会在三个人中最冷静和清醒,心里孤独的情绪更浓。他有意

图三〇　董耀会(左)和吴德玉在长城考察途中

识地努力把精力用到工作上，用冰冷的砖石化解心中无名的孤寂和烦闷。

分开之后，有时董耀会很惦念他俩。沿着长城走到半路上，他会下意识地坐在城墙上，忍不住往后边眺望。他在牵挂着两个同伴，两个结伴而行的兄弟。

他想知道，他们离他到底有多远？是否遇到了什么危险？

他很快又失望了，看不到一点儿他们的影子。在无比沉寂的山上，他有时心里突然奔涌起想哭的冲动。他暗暗鼓励自己：你不是一个普通人，你现在是肩负重任的人，而且是历史重任，你不能退缩，不能让人看到你的懦弱，你不能流泪，不能回头，不能失败，你必须坚定地走下去。

这段时间，吴德玉走得最累。他几乎每天都是在强迫自己：现在就要抬起右脚，再抬起左脚，看准方向往前走。走不动，那就爬上去！对，爬上去！爬上对面那个陡峭的悬崖，然后把你的头昂起来，你就会看到那轮太阳了。

去亲近太阳吧！勇敢地亲近太阳吧！吴德玉在诗里这样写道。孤独中的三个人并没有丧失信心，始终没有退缩。

除了寒冬里的孤独，他们还要经常忍受住宿时寒夜的考验。到了一个村子，最不愿面对的就是如何度过漫长的寒夜。

那时在百姓家里，低矮的窑洞里边不仅阴暗潮湿，而且经常没有多余的被子给他们用。贫穷的山村，很多人家里都是几个人盖一条破被子过夜。如果住到村委会的办公室，不仅被褥很薄，而且房子的墙缝还常常透进一股股冷风，本来可以温暖身体的土炕也是冰冷的。

经过几年的深入接触，我发现董耀会的性格中深藏着孤独的一面。这一点被他的光环所掩盖，一般人不太容易发现。我告诉了他这个感觉，他承认了这一点。他说："小的时候，家里就我一个孩子，母亲怕我在外边受到伤害，特别是担心有的孩子故意揭露我的身世。她不太愿意放我出去和别的小朋友们玩儿。"

为了留住他的心，他母亲给他买来小兔子、小松鼠，春天的时候也养小鸡、小鸭让他玩。他可以坐在炕上和小兔子玩儿半天不动地方。

他非常喜欢这些小动物，喜欢母亲带他去动物园。小时候很长一段时间，他想长大了当动物园里的动物饲养员。他觉得那很好玩儿，可以喂它们，可以天天和动物在一起，那样的生活无忧无虑。

图三一 "华夏子"三人在长城考察途中（左起：董耀会、吴德玉、张元华）

董耀会并不怕孤独，但徒步考察中的那种彻骨的孤独，却成为他永远抹不去的记忆。他更愿意将这段记忆封存在心底，让其在岁月中慢慢融解。

开始的时候，三个人是一个整体，出现矛盾的时候，其中的一个会主动让步，或者为其他两个人进行调解。短时间还好，时间一长，大家的耐性就渐渐消失殆尽了。

其实，想一想也真的很难为他们，不能求全责备。别说三个个性突出的小伙子，就是一对相爱的恋人，每天 24 小时在一起待上 500 多天，精神也难免会崩溃。单从这一点来说，三个人能坚持一起走下来，确实令人钦佩。

终于，某一天，董耀会完全熬过了那段难忘的心灵炼狱历程，最先超脱出来。他开始强烈地思念两个兄弟，并且感到不安和内疚。为了实现他倡议开始的这个徒步长城的壮举，两个兄弟义无反顾、心甘情愿地追随着他，一起经历旅途的劳苦，甘之如饴，从不言弃。

他们已经结伴踏过了千难万险、千山万水，他应该带着他们继续前行，胜利地走到终点。他应该带给他们更快乐、更值得回忆的行旅，而不是现在这样的孤独和折磨。

他抬头望了望湛蓝的天空，又向西看了看遥远的地平线，终点在那个方向。他转过身，向着后边眺望，希望能看见他的两个伙伴。他要放慢行进的速度，等德玉和元华赶上来，大家一起走。

"华夏子"是一个整体，他们必须在一起，不能再分开！一天也不再分开！他们从此携手并进，直到那个快乐的终点——嘉峪关。

不知等了多久，远处终于隐约出现了一个黑点，晃动着越来越近，一看步态就知道是张元华。董耀会一下子站了起来,他想冲着张元华喊一声,嗓子却嘶哑得发不出多大的声音。他只好耐心地、激动地等着张元华慢慢靠近。

三个人中,张元华背着摄影器材,因此他的负重最大。看着张元华一步步艰难地向他走近,再走近,所有的烦恼都从董耀会的心底瞬间飞散了,全身心鼓荡着亲人重逢般的激动,泪光闪烁中眼睛也多了一丝朦胧。

张元华停下来,茫然的眼神里有点发愣,他声音颤抖地问:"你在这儿等我?"董耀会笑了,冲着他重重地点点头:"我等好久了,你们怎么这么慢啊?"

张元华也笑了笑,心有灵犀地回答说:"自己一个人走,走不动。"那天晚上,俩人决定暂时不走了,等吴德玉赶到后,三个人再一起走。

那天直到天黑,吴德玉也没有出现。第二天俩人借了两辆自行车,返回去挨着村子找吴德玉。找到了吴德玉最后过夜的滑石堡,才知道他回偏关县城了。原来,吴德玉在村里发现每个老乡的家里都有一种陶罐,他知道那是汉代的物品。老乡对他说,这都是从地里挖出来的。

吴德玉收购了一些陶罐,送到偏关交给县博物馆。俩人又追到偏关,博物馆的刘忠信馆长说,他回秦皇岛了。董耀会安顿好元华,然后火速赶回秦皇岛,他要把吴德玉找回来。

"华夏子"是一个整体,谁也不能丢下,一个也不能少。事实上,吴德玉一回到家,马上就后悔了。他想回去找董耀会,可是不知道他们已经走到哪里了。一个人游荡在街头,心神不宁。不回去吧,徒步长城就这样半途而废了,又很不甘心。

当他看到风尘仆仆赶回来的董耀会,脸上满是惊喜地立刻迎了上去。两个人在故乡的街头互相拍了拍肩膀,相视而笑。

吴德玉归队了,兄弟毕竟还是兄弟。

2002年长城考察万里行,新华社记者屈维英在一篇报道中,记录了在偏关的采访。吴德玉收集的陶罐,总共有90多个,当时雇了一辆大车,把陶罐全部拉到了偏关县城,交给了当时县博物馆的馆长刘忠信。

刘忠信收下陶罐后,马上进行编号、登记,然后锁进偏关县城城楼顶层的库房里,然后就如同他的名字那样,忠诚地将这批珍贵的陶罐保护了长达17年。17年后刘忠信打开那个库房的门锁,望着那一个不少、完好如初的90多个陶罐,他紧紧握

图三二 考察途中，给长城空心敌楼重要的石刻制作拓片，吴德玉踩在董耀会的肩上工作

住吴德玉的手说："谢谢你！"

那次开小差之后，吴德玉再没有和他们分离。

再后来，他和董耀会一起在北京，担任中国长城学会主办的《万里长城》杂志主编、《中国长城博物馆》副主编。

经过这次风波，董耀会更成熟了。他更像一个镇定自若、意志坚定的指挥官，率领"华夏子"团队结伴前行。

冰天雪地

20世纪80年代初，绝大多数人还非常贫穷。长城沿线都位于自然条件很差的地区，情况更糟。冬天的山村属于农闲季节，村民一般只吃两顿饭，而且以稀饭为主。这比前几年好得多了，已经开始包产到户了。之前生产队集体经济时期，更是不行。

生产队分大队和小队，生产大队管辖小队。但小队是独立核算单位。每个农民都是生产队的"社员"。生产队设有队长、副队长，还有会计和出纳。社员由生产队统一安排干活儿，报酬是每天给农民记"工分"。一个能干的男劳力，工分最高为12分，一般的男劳力定为9~11分；能干的女劳力为7~9分，一般女劳力为6~7分。

工分值多少钱，要看最后的收成。农闲的时候，要参加修水利等农田基本建设。大家没少受累，但就是很穷，家家都吃不饱。一辈子仿佛都是为了吃口饱饭而疲于奔命。吃饭活着似乎是活着的终极目标。

21世纪的中国，生活已经发生巨大变化，年轻人无法想象那个时候农村的贫穷状况，特别是深山区的村庄。

走山西的内、外长城时，正好是冬季。越走天气越冷，而且塞外的冬天更加寒冷。塞外的寒风，吹到脸上有一种特殊的疼痛感，如同锋利的刀子从皮肤扎进皮肉里。

还好，农村人都很厚道实在，没有让他们三个年轻人饿肚子。但是全素的食物，没有足够的热量补充，就显得更冷了。明朝边塞诗人尹耕在《修边谣》中描述了塞北的寒冷景况："边墙上头多冻雀，侵晓霜明星渐落。"很多守边的将领也在奏章中形容塞外是一个极度苦寒之地。

在零下20摄氏度甚至零下30摄氏度的寒冷中，一走就是一天，这是我们今天大部分人无法体会的经历。塞外的大雪，也让他们领教了另一种艰辛和危险。

最先落到地上的雪很快融化了，马上又冻成了冰，随后的雪花落下来，一层层覆盖着，越积越深。踩到积雪上，咯吱咯吱地响。雪黏在脚上，融化后也冻成了冰坨。拖着沉重的鞋，一步步挪动着。厚厚的积雪，加上脚上的冰坨，走起来很费力。后来回忆时，他们总是开玩笑地说："我们穿的才是真正的冰鞋呢！"

董耀会走在最前边，另外俩人紧随其后。刚转过一道山梁，董耀会突然在雪原上消失了。吴德玉一下子就急了，他把双手搭成喇叭状，放在嘴边大声喊着："耀会——"声音在山谷里回荡着，但没有人回应。

找了半天，张元华终于发现董耀会正从一个大雪窝子里露出身来，像蚂蚁一样顽强而缓慢地往高处爬着。

张元华惊喜地对吴德玉说："耀会在这儿呢！"

他们赶忙朝董耀会跑过去，没走几步，张元华一脚踩空，整个人骨碌碌地顺着雪坡滚了下去，溅起一串不大不小的雪浪。最后，他也掉进了一个很深的大雪窝子里。

继续艰难地跋涉在塞外的雪原上，冰凉刺骨的风雪和同样冷酷的荒野，每天都考验着他们的意志和耐力。在野外，脸被冻得又红又紫，手和脸被风吹得裂开了血口子，脚上也冻得有了血口子。

走雪地的时候，如果有雪灌进了鞋里，他们就习惯性地坐下来，脱下鞋子想把雪倒出来，雪化在里边肯定冰冷难受。

结果，还没等雪倒出来，已经湿透的袜子就和脚冻在了一起。所以，后来即使灌进再多的雪，也不脱鞋倒雪了。继续往前走，直到住到农户家里再最后脱下湿袜子、湿鞋。

冬天的考察路上无法带饭，只能带点干馍或炒米，也不能带水。一天只能有早晚两餐，中午实在饿了，就嚼一口干馍抓一把炒米，再抓一把雪吃下去。

有一次，他们再次遇险，而且亲身体会了塞外独特的风雪奇景"白毛乎乎"。

漫天的大风，卷起漫天的雪屑。

零下20多摄氏度，雪不会冻成平板一块，盖在地上的雪是分层次的，最底层结成了冰，粘连在大地上。中间一层保持松软状态，如同铺在被子里的一层棉絮，柔软但未消融，仍是飘落时那样新鲜。

表面的那一层被风化成雪沫，风一吹，雪沫被刮起来，像石灰粉一样呼呼地飘荡，有如烟尘，远远望去，大地上好像飘起了一层白毛，难怪当地人称之为"白毛乎乎"。

三个人小心地在雪地上缓步走着。寒风迎面吹来，像冰冷的刀片削割在脸上。寒风很快穿透了厚厚的羽绒服，风冷得好像直接钻进了骨头里。顶着风雪，走得很艰难。跋涉一天，到了宿营地的老乡家，三个人第一件事不是洗脸、吃饭或休息，而是互相帮忙，先脱掉沉重的冰鞋。

冻了的脚，脱下鞋后不能马上用热水洗，否则脚会再次受伤。必须先用雪搓，等到血液循环通畅之后，再用热水洗。董耀会先到屋外弄来一脸盆雪，让张元华把脚放进去，他帮他用雪搓脚。冰凉僵硬的脚慢慢暖了过来，麻痛的感觉也逐渐消失了。

接着董耀会又帮吴德玉搓脚，吴德玉却坚持自己做，他把脚放进雪盆里，用手慢慢搓着。诗人气质的吴德玉，因为一天过度的疲惫而伤感，眼泪忍不住掉了下来。但他马上擦掉，不想让伙伴看见他流泪。

腊八雁门关

高原上的旅程，除了寒冷和冰雪，粗糙而单调的饮食也让他们印象深刻，住在老乡家吃不上饭的时候基本没有，几十天见不到油荤却是常见的事儿。

老乡的家里除了主食不够吃，菜也极其简单。严格地说，那并不是吃菜，只能算是咸菜汤。

家家户户都有一口大缸，开春儿的时候，把几棵菜泡进去，加上盐做成咸菜。平常的日子，就从缸里舀出咸菜汤吃莜面饸饹，代替吃菜。如果缸里的汤少了，就往里边加水，再加些盐。

图三三　雁门关前（左起：吴德玉、董耀会、张元华）

生活艰苦，山村人的家里很难见到一点油腥的饭食。山里农民还有一种主要的食物，就是土豆。煮小米饭的时候，米并不多，而是加很多的土豆。

单调乏味的饭食，加上路途劳累，其间的辛苦可想而知。吃苦对于董耀会来说是小菜一碟，吴德玉也能够适应。而对于从小生活条件比较好的张元华来说，就有些考验了。

不过，问起三个人谁最能吃苦，董耀会说是张元华。元华出身于高干家庭，从来没有吃过苦，所以他的感受会更艰难。

1985年的1月28日，农历的腊月初八，他们到达雁门关。那天的天气特别冷，狂风中雪花纷飞，天空昏暗而阴沉。

雁门关位于山西代县以北20千米的雁门山中，雁门山古称句注山。雁门关素来以险著称，有"天下九塞，雁门为首"之说，"西抵宁武、偏关，东连紫荆关、倒马关，北据塞外高原，南屏京畿防务"，与宁武关、偏头关合称内长城的"外三关"。

房东大嫂给他们做了腊八粥。腊月初八是佛祖释迦牟尼的成道日，这一天，佛教信徒要做红粥供佛，后来就演变为一个民间的习俗。

雁门关的腊八粥，并不是董耀会家乡的样子。在冀东包括河北很多地方都是做稀粥，主料包括小米、红豆、绿豆和红枣等八种食材。能吃上腊八粥，对馋坏了的"华夏子"是很好的犒赏。

雁门关的腊八粥并不是粥，更像是蒸干饭。吃的时候用铲子铲出一块，放到碗里用筷子夹着吃。里边的主料是黄米、芸豆和大枣，所以做出来的"粥"是红色的，当地人称为红粥。

腊八粥很好吃，董耀会连着吃了三碗。后来，他曾多次到雁门关，有一次还特意在腊八的时候去吃腊八粥，只是再也吃不出当时那种又香又甜的感觉了。

那家的老乡，还一直记得寒冬腊月来考察的三个年轻人。后来雁门关景区改造，雁门关村的老房子拆了很多，据说董耀会住过的房东家的房子还保留着。

除夕平型关

过了雁门关，向东就到了平型关。董耀会一行走长城唯一的农历新年，就是在平型关过的。

中央电视台的春晚导演组，早在10月份就联系秦皇岛市委宣传部，要请董耀会他们上春晚。宣传部派人找到了吴德玉的父亲，等吴德玉给家里打电话时，父亲告诉了他这件大好事。

三个人认真地讨论了这件事。起初，董耀会的意见是参加春晚，

图三四　"华夏子"三人到达平型关（左起：吴德玉、张元华、董耀会）

这样可以扩大影响，对路上争取更多支持、减少困难很有帮助。张元华却坚决不同意耀会的意见，他认为这种炒作很不好，走长城就应该踏踏实实地走。

董耀会心里虽然很不情愿，但还是同意了张元华的意见。

后来回忆这段经历时他说，当时内心很纠结，决定不参加春晚之后，很长的一段时间都处在一种后悔的状态。他们回绝了中央电视台的邀请，回绝了一次在全国人民面前亮相的机会。

我问董耀会，现在想一想当时的决定正确吗？他的回答很含糊，他说："也谈不上正确，或不正确。"我又问他为什么，他说："不论做什么事都没有绝对的正确，也没有绝对的不正确。任何事情的抉择都是双刃剑，既有好的一面，又有不好的一面，不能光看好的一面。你选择了，又大致符合你心底的愿望，就可以了。"

其实，那个时候参加春晚意义很大，而且会超过在北京停留时的收获。一是在春晚宣传长城保护，其影响力是全国性的；二是可以给后面的行程带来更多的帮助。当时或许董耀会更多地考虑的是三个人的团结，在北京停留已经让张元华有意见了，如果再执意去参加春晚，肯定会让张元华产生更多的负面情绪，从而影响考察行程。

没有去参加春晚，他们在平型关过了年。平型关，设于两山之间缓坡地带的一座小关城。据当地百姓介绍，关门城台上原来有一座三开间的单层城门楼。城门楼和关门在1939年被洪水冲毁，1962年重建了关门。

平型关北面的恒山和南面的五台山，海拔都超过1500米，巍然高峙，两山之间是一条不太宽阔的地堑式低地。1937年9月25日，八路军115师在师长林彪的率领下，冒着大雨行军，布置伏击阵地，最后全歼日军板垣师团的一个运输队，缴获大批物资。

这是中国抗战初期的胜仗，史称平型关大捷。董耀会说："1万多日本军队，可以占领东三省，16万东北军溃退关里。八路军在当时打破日本侵略军不可战胜的神话，这本身就是一个巨大的胜利。"

走到平型关的第二天是农历的除夕，这个春节他们在平型关村支书梁小白大叔家里度过。那时平型关很穷，百姓的日子仍然非常苦。

平型关过年并没有秦皇岛那么热闹，而是家家忙着磨豆腐。豆腐和黏黄米面做的糕，是这里过年最好的食品。

图三五　徒步考察长城的除夕在山西平型关梁小白家过年

平常谁家娶媳妇，才能吃上豆腐和糕。村支书梁大叔的热情招待，让他们过了一个热闹的春节。梁大叔让大婶给他们准备了简单的下酒菜，一盘拌青萝卜，一盘白菜，一盘豆腐，一盘肉片炒菜。肉是陈肉，还是肥肉多瘦肉少。饭是油炸面食，有点像油饼，先是用手揪成面疙瘩，然后拍扁了用油炸。

梁大叔亲自给他们斟满了酒："来，小伙子们，咱们连干三盅。"

然后，大叔又为酒菜的简单表达了歉意："在俺这里过年，俺应该杀头猪，好好招待你们。可是老天爷不给脸，你大婶喂了一头猪，秋天得瘟病死了。"

大叔的一番话，说得他们心里热乎乎的。虽然没有大鱼大肉，大叔一家人的淳朴和热情让他们这个年过得也很高兴。

每逢佳节倍思亲，更何况他们是长期在野外。平常时间紧迫，难得抽空给家里写信。在这个特殊的除夕夜，董耀会脑海里一直萦绕不去的是坐在一起吃年夜饭、唯独缺他一人的家人。

他一直克制着想家的念头，子夜时分，在吴德玉、张元华跟梁大叔一起熬夜守岁的时候，他走出去在村里溜达了一圈。

星光下，他望着东方家乡的方向，一股股伤感在心底奔涌着。"出不入兮往不反，平原忽兮路超远"，他吟诵着屈原《楚辞》里的诗句，最终还是忍不住无声地流泪了。

董耀会回忆说，他也不知道那时的泪水怎么就流了出来，心中的郁闷和对家人的强烈思念，许多情绪汇聚到一起，再也无法抑制。接下来蹲到地上，哭得一塌糊涂。等哭完了，心情才感觉好了很多，不再那么压抑。

其实，那时家里的情况，比他们出发前预计的要好很多。他们出发之后，态度冷漠的电业局，因为媒体的报道而有所转变。他们到北京之后得到中央领导的接见更推动了单位认识的提高。

电业局的工会主席，经常代表电业局到董耀会家里慰问。不仅带去很多物品，也经常给一些钱款补助。这让董耀会的妻子、母亲倍感欣慰。他母亲病了，电业局也负责免费医疗。

知道这些情况后，他对自己的单位充满感激。

元宵五台山

董耀会多次谈到，自己做长城的事是受内心的指引的。特别是长城保护方面，他说现在做的一切，都只为心之所安。

我觉得他的表现，更像一种对信仰的追求，一切都是缘。如果说长城是一个神，他就是一个神的使者。

在平型关过年之后，一直向东跋涉，到达了河北阜平县的龙泉关。五台山距离龙泉关很近，考察完龙泉关之后，一行三人到五台山访问了佛教圣地。

1985年3月5日，农历元宵节的前一天，他们到达五台山中心的台怀镇。安排好住处，又到镇政府食堂每人吃了两个凉馒头，就结伴去登五台山的菩萨顶。

第二天，元宵节，又到了显通寺。

他们还特地去了南山寺，准备拜访年近八旬的通圆女法师。通圆法师毕业于北京师范大学。

最终，没能如愿见到通圆法师。他说明了来意，但被门口的尼姑温和地挡了驾："阿弥陀佛。施主，实在对不起了。法师病了，刚打完针，实在对不起。"

尼姑一直将董耀会和吴德玉送到院门口。

之所以坚持去五台山，并不是单纯游览佛教风景，董耀会是希望通过和佛教人士的交流，对佛教思想文化有一个更深入和更直接的了解。在他看来，佛教与中国文化的关系非常密切，佛教文化已经融入中国文化中，成为其中的组成部分。

佛教作为历史上长城内外民族共同的信仰，对于将来更深入地研究长城，也具有理论和文化参考价值。

在阜平县城的时候，他们还遇到了一位年轻的童话作家杨群。

那天，他们到达阜平县城，住在了县城招待所。吴德玉吃完早饭后，去邮局寄东西，恰好碰上了背着行囊的杨群。杨群听吴德玉说从秦皇岛来，一下子就猜到了是"华夏子"。

杨群从山东大学中文系毕业，毕业前写了一本童话集，毕业后进了中国少年儿童出版社。他是个热血青年，前一年骑着自行车到了深圳。这次从山西到陕西旅行，主要是在黄河流域调查图书市场。

吴德玉带他到招待所见了董耀会和张元华，大家一见如故。杨群改变了自己的计划，跟着他们一起进山。

此后，他们一起生活了三天。走一路聊一路，谈长城，谈尼采、康德，乐此不疲，彼此视为知己。

董耀会说，很怀念当时追求理想的情景。现在，朋友们一起聚会时，再也不像他们当时那样了。年轻人对这些东西，好像都没有兴趣。他们没有读过这些书，甚至都不知道这些人。这种浮躁是时代进步了，还是对那个年代枯燥生活的反叛呢？

第九章　挺进大西北

走完了内长城，从北京再返回偏关时冬天已经过去。春天降临了黄土高原，给苍凉的高原带来一片片绿色，这里也迎来远途跋涉而来的三位勇士。

寒冬季节跋涉是整个徒步长城路上异常艰难的一段经历。他们跨越这个寒冬，在春天温煦的阳光里，继续着胜利在望的跋涉。

跨过了黄河，就进入了大西北，进入了黄土高原。

偏关就在黄河的岸边，长城经偏关向南，过河曲在保德向西跨越了黄河。长城和黄河交汇的地方是老牛湾，这是长城告别大海之后，第一次和黄河握手。明代成化三年（1467年），在老牛湾这里建立了一座军事城堡。

长城考察路上第一次见到黄河，他们真的很想畅游一次，可惜季节不对。董耀会率先跑到黄河岸边，用手捧起河水，贪婪地大口喝起来。浑浊的黄河水，给他的感觉却是那样甘甜，徒步长城将近一年，已经熬过了最艰难的岁月。

高原和沙漠

渡过黄河，进入陕北地区，感受了黄土高原的雄浑和苍凉。一种古老岁月的沧桑，从天空播撒下来，一直弥散到远方无边的天际。这种浓重的沧桑意蕴，正如他们每天与之对话的黄土高原上的残破长城。

地处黄土高原，就地取材而建的长城，全是黄土夯筑，很少能看到砖石。夯土墙体和

图三六　在沙漠中行进，照片中的人是吴德玉

墩台，大部分的城墙已经倒塌。当地的百姓为了走路方便，直接把长城的墙基当作现成的道路。这样的状况，已经持续很多很多年了，让他们心痛又无可奈何。

陕北与内蒙古之间的这段长城，处于黄土和沙漠之间，修建在毛乌素沙漠的边缘。后来沙漠不断侵袭扩张，有的长城已经处于沙漠之中。因此，他们只能深入沙漠。

到达毛乌素沙漠时，正是酷热难挨的夏季，白天的最高气温有时达到40多摄氏度。沙子被太阳整天晒烤着，摸上去滚烫。人站在沙漠里，还要忍受扑面而来的热风热浪。

面对困难，他们必须勇往直前，不能退缩。

为了顺利完成这一段考察任务，董耀会决定尽量多带些水，补充在沙漠里考察时水的大量消耗。每人背一个能装5千克水的塑料桶，他和吴德玉带上笔记本，张元华带上相机。每次进入沙漠考察，最多只能停留一个白天，傍晚必须返回有水源的驻地休整。

那段时间的沙漠考察，让他们彻底体会到了水的宝贵。

长城在沙漠里边并不远，按照正常行走速度，一天之内可以往返。关键是酷热的环境，艰难的沙漠之路，陡增了行进的难度。

沙漠的表面被太阳暴晒而变得滚烫，两只脚一踩上去，热度很快就穿透了胶鞋底，脚心马上被烫得生疼。到了中午，沙子的温度更高了，一只脚踩上去，就必须马上抬起来，否则就像踩到炭火上那么烫。

他们只好加快行走速度，走快了又会出更多的汗，喝更多的水。同时，头顶还有一个火热炙烤的太阳与脚底滚烫的沙子上下夹攻，烤得嗓子眼儿里往外冒火。

水是宝贵的，只有携带的那么多。不断流淌的汗水，还是让他们经常感到焦渴得难以忍受。

走一段路，就要停下来喝水。每人5千克水看起来很多，到了沙漠里，再多5千克水也觉得不够。为了节约水，他们都努力地忍着不喝，喝的时候每次也尽量少喝。喝水不指望着能解渴，只求最低限度地保障生命的需要。

除了脚下滚烫的沙子，还要面对飞沙的折磨。有时，沙漠里也会有大风刮过，沙子被风吹起来飘到半空，常常迷了人的双眼。恼人的风沙，又增加了路上的艰辛。

董耀会艰难地走在前边，张元华紧随其后，最后边是吴德玉。他们一起坚持着往前跋涉，沙漠里只有他们三人脚踩沙窝的单调而寂寞的沙沙声。风大的时候，灌得满嘴是沙子。晚上住下来之后，虽然使劲地漱口，但只要上下牙碰到一起，还是会感到有沙子。

张元华习惯了东北的凉爽和冰冷，很不习惯这样的太阳暴晒，强烈的紫外线让他感到头疼。他的脸上已经爆过两次皮，脸也晒得红通通的。后来，元华落下了紫外线过敏的毛病，只要是强烈日光照射之后，皮肤就起反应。

吴德玉也很不习惯在沙漠里艰难跋涉，平时走路平稳斯文的他，此时却是两条腿一撇一撇艰难地挪着步子。有飞沙走石遮天蔽日的时候，德玉索性摘下帽子，冲着天空像狼嚎一样地喊起来。德玉的脚上裂了很多的口子，每走一步都钻心地疼。

他们在毛乌素沙漠的边缘，沿着和黄土高原的交界地段走了大约一个月的时间。这段长城属于榆林镇，是明代长城九镇之一。榆林镇以北5千米的山顶，有万里长城最大的一座城台，即镇北台。站在台顶四望，可以俯瞰周围数十里的风景。往北是望不到边的金色沙海，以及好似在沙海里游动出没的残长城，往南则是遍地的绿色。

进入河西走廊

在宁夏，他们第二次见到了黄河，一起下黄河游泳，刚游了十几米远，就感觉到了水急浪大。德玉还想往里游，三个人中他的水性最好。董耀会还是断然地把他喊了回来。

他们从石嘴山市沿着贺兰山南下，过了三关口，经过中宁、中卫，然后沿着腾格里沙漠边缘一路考察下去，最后进入甘肃境内。这段路走得很轻松，路平，天气也好。

甘肃镇长城基本沿着河

图三七　徒步考察长城后的 2002 年 6 月，董耀会在甘肃酒泉考察长城

西走廊北侧的龙首、合黎等山脉，向西蜿蜒前行，直达嘉峪关。河西走廊东西长达 1000 千米，南北最宽的地方只有 100 千米，自古就是中原王朝通往新疆地区的交通要道。在汉朝，长城则是河西走廊上丝绸之路的忠诚卫士。

汉朝在甘肃段的黄河上总共修建了 13 个渡口，他们走的就是其中之一的景泰县索桥渡口，这是丝绸之路北路的一个渡口。一路徒步长城，最好走的一段就是甘肃的河西走廊。

正是西瓜熟了的时候，每天都经过西瓜地，在地里老乡让他们随便吃西瓜。沿着河西走廊，走过银武威、金张掖，离万里长城嘉峪关已经越来越近了。

嘉峪关位于甘肃省的西北部，处于河西走廊的中段，酒泉绿洲的西部边缘，介于文殊山和黑山之间。

明朝洪武五年（1372 年），征虏大将军冯胜在平定河西之后，修建了嘉峪关。这座雄关，东连酒泉，西接玉门，北靠黑山，南临祁连。

金秋季节，湛蓝的天空下，他们终于踏入了嘉峪关地区。西北的清风，无声地吹过，如轻歌曼舞，欢迎这三位从群山和沙漠得胜而归的勇士。

嘉峪关一带虽是戈壁滩，却没有沙漠那么荒凉。一片片绿洲随处可见，路上他们还能美美地吃到哈密瓜和白兰瓜。

拥抱嘉峪关

离嘉峪关近了，就是接近了成功。成功需要用时间和痛苦来交换，这句话说得很准确。1985 年 9 月 24 日，农历八月初十，星期二。这天，他们一早就出发了，大约走了两个小时后，董耀会指着远处对吴德玉和张元华兴奋地喊道："看！嘉峪关！"

"是吗？"张元华张大嘴巴，翘首眺望着。

吴德玉则猛地跳起来，他一下子拥抱住董耀会，然后伸出一只胳膊。张元华心有灵犀地靠了过来，三个人紧紧地拥抱在一起。

这是他们提前的庆祝，冲刺终点之前提前享受成功喜悦的时刻，顿时忘记了所有的疲劳。1985 年 9 月 24 日，这一天是张元华的 30 岁生日。在这一天到达嘉峪关，是董耀会的特别提议。这也是他们送给张元华的一份特殊的生日礼物。

到了嘉峪关城下，后来担任甘肃省文物局局长的杨惠福，当时是嘉峪关文物保护管理所副所长，早早地就到嘉峪关城门外等着迎接徒步长城的英雄。秦皇岛市政府、总工会、军分区、团市委专程派来一个由 13 人组成的代表团迎接他们。嘉峪关已经做好了欢迎的准备。杨惠福陪他们登上了嘉峪关的城楼。

"我们终于走遍了长城！"走进了嘉峪关，张元华摸着城墙激动地说。说完之后，已经是泪流满面。

图三八 "华夏子"徒步考察到达嘉峪关（左起：吴德玉、董耀会、张元华）

嘉峪关市委副书记孙一峰主持欢迎仪式，中央电视台、中央人民广播电台、《工人日报》的记者，以及秦皇岛代表团，大家共同为胜利完成徒步长城的壮士们举行欢迎会。

大家谁也没想到，在欢迎会上董耀会发言时突然说："秦皇岛来了这么多人接我们，要花多少钱呀！这钱要用在我们考察上，收获一定会更大。"

他过于直爽和不近人情的大实话，让一路劳顿而来、兴奋不已的秦皇岛各界领导有点尴尬。

过了嘉峪关，城墙又继续向南延伸了 6.5 千米，连接着讨赖河边的一座墩台。他们稍作休息，又重新背上背包，走完了这最后一段征程。讨赖河边，张元华高举着国旗走在最前边，吴德玉手里高擎着"华夏子"队旗。"华夏子"三人充满豪情地走向长城的终点——讨赖河边的长城第一墩台。

第一墩矗立在讨赖河大峡谷北岸约 56 米高的悬崖绝壁顶端，古称"讨赖墩"。站在沙丘上远眺，峡谷的西面是浩瀚的大漠，南面是祁连雪山，北面连着嘉峪关。

他们从秦皇岛老龙头出发，经历了多少风雨，忍受了多少寒夜，那险峻的群山，冰冷的高原，刺骨的雪地，酷热的沙漠，还有那段刻骨铭心的孤独。

508 个日日夜夜，他们在长征路上磨炼，在山野中奔走。今天，金秋的讨赖河边，他们站在了终点！

到达了嘉峪关，徒步长城的历史性壮举并没有结束。返回秦皇岛稍作休整，1985年10月16日，三位长城壮士再次出发，从鸭绿江边的丹东一路向西，又考察了明代长城的辽东镇。有了前边的经验，明长城辽东段的考察虽然依旧艰苦，但整个过程顺利了很多。整个行程都是在辽宁省，至12月14日返回秦皇岛。徒步考察山海关至辽宁省丹东市鸭绿江边长城的时间，不包括在508天之中。

考察辽东镇长城时，辽宁省副省长白立忱给予了很大支持，通知长城沿线各地帮助他们。

白立忱是回族人，见过董耀会的第二年，调任宁夏回族自治区党委副书记、自治区人民政府主席。董耀会后来在宁夏做长城的事，白立忱都是大力支持。他于1998年开始担任全国政协副主席，仍然多次参加中国长城学会的活动。

董耀会的长城事业，很多支持者都是他徒步长城时结识的人脉。走完辽东镇长城，终于实现了愿望：代表中国人，第一个在长城上留下一行完整的足迹。那一刻，历史的铁笔在长城史上郑重地刻上了他们的名字！他们创造的是一页真正的历史，这一页历史记录前无古人。

他曾经用一句话概括走完长城的自己："长城点亮了我的生命！"是的，长城点亮了他的生命。他的壮举和超人的毅力，同样也点亮了很多人的心灵，激励他们开启自己新的征程。

为徒步长城准备了两年时间，包括体力准备和知识准备，这些充足的准备是他们成功的保证。单纯的探险，虽然同样可以成功，但那仅是一次或几次，不能升华为长久的事业。董耀会则不同，他从徒步长城到长城研究，再到长城保护和宣传，始终围绕着"长城"一个主题。

对于年轻人来说，理想可以有很多，坚持到最后的或许只能有一个。

坚定了一个目标，就要有决心、毅力和行动。毕竟一个追求如同万里长征，会有万里之遥，如果走了几百里就想着退却，是不可能胜利到达终点的。

徒步长城是他们人生的转折点。之后，他们身上始终闪耀着探险者和长城英雄的光芒。董耀会对此评价很低调，他说："人生很有限，只能做自己认为对的事。"

第一〇章　英雄回首

英雄回首是超脱、踏实，这是我采访过程中对董耀会的感受。每次和朋友聚会唱歌时，他必唱的保留曲目是《爱拼才会赢》。特别是那句歌词"三分天注定，七分靠打拼，爱拼才会赢"，他唱得声情并茂，感染力极强。

这句歌词是对他一生的阐释，他有着常人没有的最真实体验。

我问过他："别人都说你命好，你相信命运吗？"他说："相信。"然后又用既标准又入味的闽南语唱了一句"爱拼才会赢"。这是我第一次听他唱歌，他喜欢的歌词还有一句，是"没有人可以随随便便成功"。

人们都说量积累到一定的程度就实现了质变，从工人成长为专家，他质变的节点在什么地方？或许，根本就没有质变的那一刻，质变在每一天、每一件事的过程中悄然进行。

我问他："你觉得自己命运的十字路口，在哪个时间节点？"

他想都没想，说："命运没有十字路口。"

我又问他："为什么？"他说："命运是指事物由定数与变数组合之后，形成无数维度的一种模式，怎么会有十字路口？"

看我依然是没有接受他的观点，他继续说："命运不是平面的，也不是三维的，怎么会有十字路口？"他拿着手机的手，往上抬了抬，说："就如同手机信号，电磁波只有'有或没有''强或弱'，不会有十字路口的。"他最后又强调一句："命运比电磁波的维度还要多，还要复杂，命运没有十字路口。"

命运没有十字路口，人生或事业无疑是有十字路口的。每当他走到这样的十字路口，都会保持比较清醒的头脑，这一点非常难得。

"三不"宣言

董耀会是一个做事特别有韧性的人，执着于长城事业近40年就是最好的证明。

虽然经历坎坷与曲折，但终于一步步走向成功，一层层垒砌成一座理想之塔，其心志和毅力确实令人仰慕和敬佩。

徒步长城取得了成功，谁也不知道他们以后的路会怎么走。在胜利的巅峰，普通的人会欣喜若狂，而智者和有远大抱负的人不仅不会喜形于色，反而会愈加冷静，董耀会就属于典型的后者。

我曾经听过董耀会对《龟兔赛跑》寓言故事的新解读。传统的解读是批评那只兔子的骄傲，他则认为，兔子的错误不在于它的骄傲，更不在于兔子的睡觉。他认为，兔子的错误在于选错了比赛对象。兔子和乌龟赛跑，不睡觉还能干什么？闲着没事儿，它和乌龟赛什么跑？即使赢了乌龟又怎么样？兔子光荣吗？！

要做一只奔跑的兔子，为自己能奔跑而骄傲的兔子。往下的路怎么走，他想好了，他要像兔子那样奔跑，又要像小乌龟那样坚持不懈。他们走到终点嘉峪关后，没有像人们想象的那样兴奋。在人们面前也没有本该呈现的英雄形象，而是异常冷静，冷静得看起来有些麻木，这让很多人疑惑不解。

曾经陪同他们走了第一程的孙志升，在后来回忆时给出了答案。当时他也很纳闷，认为董耀会心理上有一种莫名的抵触，不愿和人交流、分享成功的喜悦。孙志升也到嘉峪关去迎接董耀会，晚上在外散步的时候，孙志升问他为什么看着并不高兴，也不激动。

董耀会没想到孙志升会这样问，他自己并没有觉得自己的状态有什么不对的地方。他对孙志升说："我挺兴奋啊。徒步长城终于完成了，我在考虑下一步怎么办。"他们成功了，胜利了，在考虑怎么做最好的自己。

从山海关到嘉峪关，漫漫征途胜利结束了，长期紧张的心情猛然放松了，理智的董耀会没有像普通人那样兴奋、激动，他内心反而有了一种无以言表的不安。这种不安来自大家都称他们为英雄，他自己也不由自主地产生一种飘飘然的感觉。

成功了，他没有了过去那种天天要往前走的充实、真实和舒畅，他心底不由得涌出一股忧虑。自己的未来，今后的路方向在哪里？他感觉自己有些迷茫了。他的担忧不无道理，历史上探险类的英雄，人生最终走向失败的例子很多。很多人出了名之后，自我膨胀甚至迷失自己。

完成徒步长城，他只是实现了人生目标的第一步，或者说他拥有了一个好的起点。他不能停留在这个美丽的起点,必须从这个起点再次跃进,跨越到一个新的高度。新的领域才是他最终展翅翱翔的蓝天,是他跃马奔驰的大草原。

在嘉峪关,有记者采访时问他:"你能不能用最简单的话,概括一下你们这508天?"

董耀会笑了笑,幽默地答道:"往前走!"随即,他又挥了挥拳头,补充了两个字:"前进!"

记者感叹说:"一直往前走!"他笑着,开玩笑说:"也拐弯啊。"

"前进,也拐弯。"这不仅是他对全部征途的概括,也是对自己人生的概括。几十年来,他就是这么在长城之路上拐来拐去地前进着,不停地前进着。

走完长城之后,他宣布了语惊四座的"三不",后来被称为董耀会的"三不主义"。他们和迎接的领导一起坐火车赶赴北京,要在北京的汇报会上介绍自己的事迹,他们还可能得到许多的荣誉。北京汇报会举办得非常隆重,这是一次更大范围、更高级别的欢迎会,也是一次为英雄举办的庆功会。

社会各界对他们推崇备至,他们完全有资格受到这种高规格的英雄礼遇。向董耀会一行致敬,是向长城致敬,向改革开放以来奋勇向上的精神致敬。

参加北京汇报会的领导,有全国人大常委会副委员长严济慈、黄华,全国政协副主席钱昌照,老前辈王定国、魏传统、杨国宇,著名学者侯仁之、罗哲文,以及文化部、团中央、中华全国总工会的领导,首都的部分新闻单位的记者。

董耀会代表"华夏子"汇报了徒步考察长城的情况。大家谁也没想到,在汇报即将结束的时候,他竟然宣布了震惊会场的

图三九　有关领导同志宴请徒步考察长城后的"华夏子"(左起:严济慈、吴德玉、黄华、张元华、杨国宇、董耀会)

"三不"。

他对大家说，他们在此后一段相当长的时间内，不再接受任何记者采访，不在任何场合作报告，不要任何荣誉称号。

"三不"宣言让在场的人们惊讶不已。人一旦成名，就意味着拿到了跻身精英群体的通行证。他们成名了，拿到了这张通行证，却又亲手撕毁了它。这个做法，超越了一般人的判断和理解。

宣布"三不"，并非心血来潮之举。他是经过深思熟虑之后作出的决定，也是和吴德玉、张元华商量好的决定。兄弟三人的认识高度一致，躲开人们的蜂拥，远离被一般人视为求之不得的殊荣。

后来，他对这个决定做了一个详细而明确的解释："提出这'三不'是想让自己回归平淡，想继续保持一个平常、安静的外部环境，保证我们如从前一样，从容地继续走自己的路，而不是变成另外一个人。我的初衷并不是贪图虚名、地位，一时的安逸和快乐。如果只是为了获取这些，我们用不着付出那么大，甚至冒生命危险去走长城。"

董耀会在不同的场合多次谈过自己当时回归平淡的想法："当时正处在一个十字路口，人都是有惰性的，如果我们顺着舆论的导向走下去，很有可能走偏了。将长城考察，变成了一块敲门砖，这不是我的初衷，不是我们历尽千辛万苦要达到的目标。我的愿望还没有实现，我的母亲、妻子和女儿还等着我回去做一个称职的儿子、丈夫和父亲，也就是说还有许多普通平淡的日子在等着我。当时我的脑海里也只有'回归平淡'这四个字。我要回去，如果做不到这一点，我知道我将会终生痛苦。"

现在看来，这个"三不"宣言虽然明智，但从长远角度考虑，还是有一点矫枉过正的意味。一个轰动全国而且世界闻名的人类第一次徒步长城的壮举，最终竟然没有获得任何的荣誉，这其中究竟出了什么问题？类似的疑问，还真不是没有。

"三不"显得非常令人费解。三个普通的工人，自学成才，不惧万里苦难和生命危险，顽强地走了508天，创造了历史。那个时代，中国在改革之路上探索前进，特别需要英雄人物来激励大众的奋斗精神和献身精神，例如他们出发的前一年，国家表彰了身残志坚、自学成才的模范人物张海迪。三人不是想要通过徒步长城改变自己的命运吗？机会来了怎么又退缩了呢？

或许，"三不"在当时应该再折中一下。国家给的荣誉应该接受，报告会也应该在全国举办几场，记者的采访也应该安排几次。这些可以限定一个时间，比如三个月，然后再宣布"三不"，这样做更合理，更能为今后的路做更多的铺垫。

面对荣誉是不是想太多了？或许是铺天盖地的记者采访，让他们应接不暇，怕失去自我，担心无法把握自己未来的方向，忧虑今天的荣耀将会变成明天前进的障碍。我们小时候接受的教育是"谦虚使人进步，骄傲使人落后"。

董耀会说，他们的回归平淡并不是谦虚，更不是甘于寂寞。我理解他是一个永远也不会甘于寂寞的人，之所以选择回避，选择回归是想让自己平静地、无干扰地朝着更远大的目标奋进。

不管怎么说，人在成名后，善于把握自己是一个很了不起的做法。这种坚韧果断的有点偏执的性格，才最终成就了一个披荆斩棘、毫不退缩的长城之子。

董耀会是20世纪80年代那个英雄时代诞生的众多英雄中的一员。命运之神虽然不会眷顾每一个人，但一定会考验每一个人。除降生在显贵之家的人，绝大多数的芸芸众生都要在命运长河中漂流。何时上岸拥有一处天地，还需要个人的心志和胆气。

无疑，董耀会是那个时代成长、成熟、成功的一位真英雄。

《明长城考实》

这是董耀会的第一本专著。写这本书的时候，他和吴德玉的身份还是工人。徒步考察长城出发前，董耀会提出要写这本考察报告。当时，很少有人相信他们能做到。

理想能不能实现，要看你有没有化理想为行动的能力。2016年11月的一天，他专程赶到石家庄，就任河北地质大学长城研究院的首任院长，此时他已经是著作等身。

那天，一位年轻的老师专门找到了董耀会，请他在一本20世纪80年代出版的《明长城考实》上签名。这位老师有些兴奋地说，这是前几天在网上好不容易拍到手的。

我有点好奇地问："多少钱拍到的？"

他答道："620元。"

这个高价让我都有些惊讶。30年前出的书，当时5.3元一本，今天还有人读，

图四〇　1986年徒步考察长城之后，写作《明长城考实》

在网上拍到了620元，而且难觅其踪，这足以说明社会对这本书的高度认同。

董耀会的长城学术生涯，是从这本书的写作开始的。不对，应该是从他们启程开始。有时我想，应该详细地记述一下他研究长城的学术历程，为他梳理出一条清晰的学术脉络。从《明长城考实》到他在北京大学时提出长城学，再到总主编《中国长城志》。他做的这一切，无一例外都是具有历史开创性的。

1985年底，结束了辽东镇明长城徒步考察，张元华按照他当初说过的打算，真的回到了长春做工人去了。

董耀会多次提起，这是一件令他一生都遗憾的事。后来，他还曾努力让张元华回归长城，只是都没有如愿。人各有各的活法，别人也没必要评论什么。

张元华回到长春，曾经举办过长城图片展览，在当地引起了轰动。此后，他就很快淡出了人们的视线。徒步长城，对他而言仅是一段特殊历程。

送走了张元华，董耀会和吴德玉并没有休息，紧张有序地开始撰写明长城考察的学术专著。

写作之前，他们首先完成了一项报恩"工程"，就是写信。

给在徒步长城路上为他们提供住宿、吃饭、带路的人写了800多封报平安的感谢信。后来，董耀会考察长城沿线的时候，仍然会抽空拜访当初接待过他们的村民，与他们一起喝酒、聊天、叙旧。

写作期间，他们几乎切断了所有的社会联系。

秦皇岛市文化局为他俩找到了一个安静的地方，秦皇岛最早的电影院——道南礼堂。这个电影院已经废弃多年，前厅的几间平房早已凌乱不堪。窗户上钉着旧纸板，玻璃早就没有了。屋里黑乎乎的，破旧的写字台和木椅的边缘都长出了霉斑，地上落了一层厚厚的灰尘。

玻璃窗修好了，屋子也刷了，两个人一起收拾了两天时间。从1986年的1月到10月，他们如同闭关修行的僧侣，默默地隐身于此，终于完成《明长城考实》这部学术著作。

《明长城考实》是和徒步考察长城同样具有里程碑意义的著作。这是一部有史以来第一次分地段，完整地、全面地、系统地介绍明长城的书。利用大量文献资料，同时结合第一手实地考察资料写成，突破了过去研究长城"以史写史"和"以书成书"的传统方法，是一次真正的全面创新专著。

后来江苏凤凰科学技术出版社再版了这本书。最初以为如此专业的书，不会有太多的读者。没想到第一次印刷，仅仅十几天就售罄。半年之内，连续印刷了三次。

李纯和董耀会一起用了10年时间编纂《中国长城志》。他是再版的《明长城考实》的责任编辑，他说："这本书之所以有如此持久的生命力，一是因为这本书的价值高，二是因为董耀会在核心读者群中的地位与声誉高。"

专家学者的评价

罗哲文在《明长城考实》序言中，称赞此书是一部"徒步考察长城的首创之作"，并高度评价这本书"将是这一个年代关于万里长城的忠实记录，成为一个时代的真实史料，传之后世而无愧"，"对目前的长城保护宣传和调查研究、弘扬中华民族文化、历史教学等均有作用，有较大的推广前景和社会效益"。

全国人大常委会副委员长、历史学家周谷城，形象地赞誉这本著作为"用脚走出来的历史著作"。周谷城也是一位始终支持董耀会的前辈，他为《明长城考实》题写了书名。

周谷城对董耀会寄予厚望，又特别为他写了一个条幅"由博返约"，提醒他的长城研究要走向更深入。这个条幅，他一直挂在家中，时时谨记老前辈的嘱托和激励。他调入北京的时候，秦皇岛档案馆将这幅题词收为馆藏。

《明长城考实》手稿完成之后，在著作出版方面还有一个值得记述的小故事。一般情况下，出版社都要考虑发行销售情况，如果预计效益不好，就很难出版。河北省政协文史办公室认定这是一本学术性很高的专著，很快将其列入次年的出版资助计划。

秦皇岛市委书记白芸生得知省政协要帮忙出版《明长城考实》，提出"华夏子"走长城行动在全国范围内为我市赢得了极大的荣誉，我们有责任帮助此书的出版。

白芸生找到市政协主席赵铭，提出"我和二熊同志意见，此书可以市政协的名义编辑，先印刷一万或两万册，出版后由我市买回出售。所花之钱由市里拿"。顾二熊时任秦皇岛市市长，后来继任市委书记。

这个时候，政协文史办的主任是沈树武，就是那位在工厂劳动改造时指导董耀会写小说的老师。另外两位是姚广连、刘镇琦，在机关都是称官职，只有董耀会称这三位为沈老师、姚老师、刘老师。

我发现董耀会交友有一个特点，年轻的时候愿意与年长的人交往。现在岁数大了，又变成愿意与年轻人交往了。这三位老师是《明长城考实》的编辑，都年长于董耀会。

有人评价他的成功是他的命好，在很多关键的节点，都有贵人相助。对此他也表示很赞成，但我看，一个人的上进心，他的努力更为重要。老天对谁都是公平的，没有绝对的"命好"或"命不好"。况且，中国还有一句老话，叫作"命运无常"。

董耀会的"好运"是通过徒步长城的万里征程赢取来的。如果没有这次的壮举和成就，如果他还是一个普通的电业局工人，再多的伯乐也很难将欣赏的目光集中到他身上。

在采访过程中，很多人都提到《明长城考实》，我专门到国家图书馆去借过这本书。结果被告知，此书是馆藏书，按规定不能外借，只能在图书馆里阅读。

这本书问世至今，始终在长城领域拥有不可替代的地位，成为长城研究不可或缺的参考著作。今天谈论董耀会长城研究的学术与思想，多数人对他的《明长城考实》并不陌生。

当时的学术界，一些知名学者均对此书有过高度评价。秦皇岛市科委曾邀请北京的学者专家对《明长城考实》进行书面评审，得到了他们一致的高度评价。

北京大学地理系教授、董耀会的恩师侯仁之，这样评价此书："根据全线的实地考察，并结合文献资料所完成的一部关于明代万里长城的专著，为研究明代长城作出了新贡献。"

中国建筑史专家、北京建筑工程学院教授臧尔忠认为,此书"对长城学的学术研究,起到了开创作用"。

北京大学地理系教授胡兆量,是董耀会在北大地理系学习时的系主任,称赞此书是"国内第一部对明长城实地考察的成果"。

国家文物局古建筑专家朱希元,充分肯定这本书对"今后弘扬民族文化,进行爱国主义教育均有重要作用"。

北京大学历史系教授、明史专家许大龄,对董耀会帮助很大。他在北大拼命地读书,就得益于许大龄先生的教诲。许大龄认为此书"具有开创性,在国际上或者国内都是难得的"。

北京大学历史系教授张传玺,称赞此书的出版具有三个重大意义:"一、对推动古长城的学术研究起重大作用;二、对国家各级政府保护各地的长城有重大的作用,对青少年进行爱国主义教育亦有作用;三、对各有关地区发展旅游业很有价值。"

我在采访北京大学韩光辉教授时,请教他如何看待这些前辈对《明长城考实》的评价。韩光辉说:"一部学术著作,能得到这么多大师级的学者如此之高的评价,非常难得。我非常了解董耀会,他做什么事,都是肯下苦功夫。下功夫是做学问的根本,现在很多人做学问不细心,不下功夫。如果不下真功夫,他写不出来30多年后还一书难求的著作。"

第二部分
长城的召唤（1986—1995 年）

董耀会在河北地质大学长城研究院，多次对年轻人说过："你们肯定行，因为你们比我的基础强多了。你们多数人都是博士，我连最起码的大学文凭都没有，我在北大属于进修。"他常用这一点，来增强年轻教师的信心。

到北京大学读书，参与中国长城学会筹备并成为负责学术的副秘书长。这个阶段，他完成了从一名工人向学者的转变。他身上始终保留着工人脚踏实地的品质，即便成为学者亦如此。

现在学术界也很浮躁，这还不是个别人的事，而是一个社会问题。在整个社会都躁动的时候，大学等科研院所愿意坐冷板凳研究学问的人自然就少了。董耀会在喧哗与骚动的社会环境下，做的研究一直强调要直接服务于社会，而不是为了发表。

第一章 北京大学读书

到北京大学学习，机缘来自徒步长城之后。在北京汇报会上宣布"三不"的那一天，董耀会的诚实直率深深打动了黄华和侯仁之两位前辈。汇报会结束后，在为他们举办的接风宴上，黄华副委员长指着董耀会，对他在燕京大学读书时的同班同学、历史地理学家侯仁之笑着说："培养一下吧。"

侯先生会意地一笑，非常爽快地答应了："好啊！"

两位伯乐的简单对话，成为董耀会继续长城事业的一个新起点。侯仁之是中国"申遗"第一人，曾以全国政协委员的身份起草《建议我政府尽早参加提案》，然后联合阳含熙、郑孝燮、罗哲文三位政协委员签名，在1985年4月召开的第六届全国政协第三次会议上正式提出，并获通过。

1985年12月12日，中国正式成为《保护世界文化和自然遗产公约》缔约国。1987年底，长城、明清皇宫（北京故宫，沈阳故宫）、莫高窟、秦始皇陵及兵马俑坑、泰山、周口店北京人遗址被联合国教科文组

图四一　1987年董耀会进北京大学进修，十年后被北大聘为客座教授

织列入《世界遗产名录》，成为我国第一批入选的世界遗产。

老前辈们喜欢年轻人朴实的品质。董耀会是一个行者，他身上却还有另一个特点，就是动静自如。他能坐得住，专心地做学问，他也能下得去，不辞辛苦地到野外考察。双重的表现，双重的收获，或许这与他当工人和做学者的双重身份经历有关。

北大新生

董耀会依然保持了头脑的清醒，知道自己的远大目标，更明白自己的不足。当时，国内的长城研究水平与社会需求之间存在巨大的差距。不论是历史角度，还是文化角度，研究工作都需要进一步加强。长城研究的远景和差距，让他感到责任重大。

那时候，国内的旅游业开始兴起，长城作为文化旅游资源，更需要加强旅游开发方面的专题研究。对于他来说，长城的研究包含了历史、文化、旅游等多方面。

他知道，如果开始对长城的全方位深入研究，就必须系统地学习中国历史、考古、地理和文化等方面的知识。没有这些知识的储备，还是像以前那种业余时间的自学，很难取得较大的进步和成绩。最终，他决定到大学深造，为今后的研究打下扎实的基础。

黄华副委员长是原燕京大学的学生，也是北京大学校友会的名誉会长。他亲自写了推荐信，介绍董耀会和吴德玉进北大进修。

在徒步长城之前，曾多次帮助过他们的罗哲文，也欣然提笔写了推荐信。侯仁之也非常赞赏他们，为他们进入北大进修给学校打了报告。北京大学向徒步长城的壮士和英雄，敞开了自由、宽容的怀抱。

从此，彻底改变了董耀会的人生轨迹。到北大读书，无疑是他最珍视的经历。在名师如林、学术氛围浓厚的北大校园里，他的眼界由此大为开阔。

1987年春节后，董耀会到北大报到的时候，我也刚入北大读书半年。当时，我们这些被社会誉为"天之骄子"的大学生，从小到大受的教育就是考试再考试，目标就是考一个好的大学。考分的高低成为衡量一个学生是否优秀的唯一标准。我对传统的应试教育厌倦到了极点，于是本科毕业后下决心不再读硕士、博士。

董耀会很幸运，他的人文情怀、修养、原创精神，以及他对事业执着不悔的追求，都不曾受到应试教育的磨损和扼杀。我们上学时，满脑子都是标准答案。但在他的大脑中，根本没有标准答案的概念。或许，这也是他后来能够取得更多成就的一个原因。

在北大读书时，他把母亲和妻子、女儿也一起接到了北京。董耀会说，他走了近两年的长城，现在到北京读书，不能再次抛家舍业了。在北大东门外不远的地方租了两间平房，一家人在那个不大的农家院里度过了一段难忘的时光。让董耀会感到欣慰的是，那段时间他又可以像从前那样每天陪伴家人了。

傍晚的时候，一家人悠闲地在未名湖畔散步。周日带着家人去圆明园玩儿，夏天在福海里游泳，那时圆明园还没有收门票。

他幸福，他知足，他的母亲更是满足。

刚到北京时，他带母亲去天安门。母亲看着毛主席像流泪了，她说这辈子没想

图四二　2001年12月，恩师侯仁之90岁寿辰，董耀会和恩师及其他弟子合影，其中就有当年同在小院喝酒、聊天的师长同学（后排左起：董耀会、司徒尚纪、陈晓田、高松凡、唐晓峰、李孝聪、韩光辉）

到能来天安门。去动物园，看着老虎，他母亲笑了，她说这辈子没想到能看见真老虎。去故宫，母亲走了一天也没觉得累，她说这辈子没想到能进皇上住的宫殿。

那天，去全聚德吃烤鸭。他母亲嫌太贵，葱姜料每份0.2元，她说两毛钱能买一捆葱了。烤鸭10块钱一只，她听说可以要半只，就坚持让要半只。董耀会要了一只，让服务员分两次上。他告诉母亲，人家是买一份送一份。

母亲本来过惯了大手大脚的日子，董耀会父亲没了后，特别是儿子走长城之后，老人家过日子变得非常简朴，处处都是能省一点儿就省一点儿。

董耀会住的这个小院儿，也成了年轻人聚会的场所。董耀会在北大的时候，北京大学的韩光辉教授正随侯先生读博。他告诉我，常去董耀会租住的农家小院儿，院落共四间房，他家和房东各住两间。董耀会夫妻住一间房，他老母亲带着孙女儿董瑾住另一间。

除了韩光辉，于希贤和刘华祝等年轻教师，也常来这个小院儿。还有李孝聪、武弘麟、高松凡、李并成、伍旭升等，只要有时间也来这个幽静的小院儿聊天、喝茶、喝酒，当时他们都在跟侯先生读硕士。

大家印象很深，院子里有一口井，打上来的井水极清澈，沏泡出来的茶带着甘甜。院子里种着花，还有几垄青菜。所有的玻璃窗上，都贴着董耀会妻子剪的窗花。

董耀会后来长城事业的发展，除了老师这些师兄弟对他帮助也很大。任何人和任何事的成功，都不可能仅靠个人单枪匹马的奋斗，都需要别人在各方面助你一臂之力。除了北大的朋友，也有清华的朋友来。他妻子告诉我，位于圆明园小南园的这个小院儿离清华大学更近，一家人常到清华大学的食堂去吃饭。

董耀会对他身边的年轻人说："人家为什么愿意帮助你？一定是你的做人和做事，得到了朋友们发自内心的认可和赞许。"

"读架"的人

在北大进修期间，董耀会下功夫最大的就是读书。后来，他谈到当时读书的记忆，用了一个很准确也很特别的词"填鸭"。他到了北大，侯先生第一次见面，给他们提出了"少听课，多读书"。来北大就是要听课的，开始董耀会并不太理解先生的良苦用心。

他经常去许大龄教授家，许先生是桃李满天下的明清史大家，也给董耀会提出了读书的问题。而且给了他一个特殊的建议"读架"，即按照图书馆历史类书籍的排列顺序，将明代的书一本一本地读，大部分书哪怕只是浏览一下也好。

许大龄先生这一招，是为他量身定制的一个特效的快速读书法。

在教师阅览室里，董耀会以每 3～5 秒读一页的速度在看书。他翻书的状态，常引起其他老师的注意。北大的老师没见过这样读书的人，而且一读就是一天，第二天照旧如此。大家一定会觉得，这个人很不可思议。

董耀会没有受过系统的高等教育，也没有系统地学过历史。这种办法可以帮他走捷径，尽快使他对明代历史研究有一个系统的认识。这种填鸭的方式，可以快速地"吃胖"。他称这样的读书为补课，他说自己这一辈子始终在补课。

进修期间，他除了可以和普通北大学生一样，同去图书馆，还可以去教师阅览室。20 世纪 80 年代的北大学生关注自我生存与发展，他们希望通过个人的努力与奋斗，成为成功者。

在这一点上，他和被视为"天之骄子"的北大学生没有区别。有区别的地方是他对事业的追求，他已经从走长城时的改变自我，成长为追求事业。越走近长城，他就越发现当时学术界对长城的认识还很不够，研究成果更是极其匮乏。至于让他牵挂的长城保护，更亟须从制度的层面加强研究。

未来的路，一条艰辛而光荣的长城研究和保护之路，从北大未名湖畔开启了。在北大学习和研究并举，他没有北大学生那么多的业余爱好，他要为此后的长城研究、保护、宣传等打下基础。

他的心里也有过要继续文学创作、诗歌创作的诱惑，但他很理智地选择了长城，因为他对长城的专注超越了一切。

董耀会在北大如饥似渴地读书，恨不得一天 24 小时都用上，更恨不得一个小时能发挥两三个小时的效果。

学习的过程虽然辛苦劳累，但他感到异常地充实与满足。

他努力着，全身心地努力着，修炼着，补充和积累着一个学者需要具备的知识，锻炼着坚毅的心志。他渴望早日重回原野大地，重回长城的怀抱。在他心中，长城时时在向他召唤。

现实已经让董耀会心痛，未来更让他心忧。徒步长城的路上，长城遭受破坏的地段和到处无人管理的状态，让他忧心如焚，一段段长城刻在他的脑海中，好像一双双无助的、渴望的眼神在注视着他。他只有尽早完成学习，才能站得更高，走得更远。

《长城万里行》

在北大期间，董耀会还挤出时间写了一本关于长城的科普著作，这就是《长城万里行》。

这是他写长城科普书的开始，侯先生对他写这本书很支持。他对董耀会说："我们现在学校的评价体系、评价标准，都要求成果的学术性高，不在乎成果对社会的科学发展贡献大小，扼杀了学者写科普书的积极性。"

董耀会追求的是普及长城知识，而不是执着于追求功利。所以他能静下心来，做好这件事。对于这一点，侯先生赞赏有加。

对于《长城万里行》的写作，董耀会用功很深。他修改书稿的时候，出版社催过他好几次。但他不急着交稿，坚持静下心来认真润色修改。他要尽力保证质量。侯先生翻看了一部分稿件后，也叮嘱他要写得通俗一点儿，可读性强一些。

过去的长城史资料，多是文言文。后来的长城著作也多注重学术性，而忽略可读性。《长城万里行》注重了可读性、知识性和趣味性，而不是呆板、枯燥地以史讲史，他要尽量把历史知识写活。

他为这本书确定了两个必须突出的特点，一是历史准确，二是通俗易懂。做到了这些，才能不辜负侯先生，老先生太渴望有一本通俗易懂的长城科普书了。

北京大学历史地理研究室的于希贤教授，为这本书写了序。此书系统地介绍了长城的历史和现状，详尽记述了长城各个地段以及关口的地理位置、建筑特点。为了增加可读性和趣味性，他还结合发生在长城沿线关口和古镇的历史事件，对城镇、古迹和风土人情进行了通俗的叙述。

他这本雅俗共赏的专著，成为当时一部独特的介绍长城知识的权威之作。后来在出版学术著作的同时，他一直坚持写长城知识科普书。已经功成名就，还愿意在这方面下很大的功夫。他的做法，展示的是一个专家学者的品格和对大众负责的良知。

他的书，我都读过。好几本书，都读了很多遍。他的创作理念是让书好看，却绝不追求惊世骇俗。他要让读者在阅读享受中形成自己的独特思考，在潜移默化中增强对长城的认知。

有人可能会不解地问，他为什么会投入这么大的力量做长城知识普及？其实，了解他的人都知道原因很简单，答案只有一个字"爱"。他非常爱长城、爱孩子们，他投入长城科普是这种爱的体现，他要让保护长城的事业后继有人。

对偏见的态度

有的观点认为，长城是"闭关锁国"的象征，是造成中国在近代落后的原因之一。董耀会在很多的场合，对持这种认识的偏见进行过批驳。

中央电视台在 1988 年 6 月 16 日首播了一部电视纪录片，认为长城是保守封闭的象征。这部政论性的纪录片受到观众的极大关注，引发了全社会对历史、文化和现状的很多思考。

图四三　董耀会经常讲：长城是中华民族融合的纽带

董耀会也参与了讨论，客观地指出作者并不熟悉长城历史，对长城的评价是错误的。

他认为，这种说法仅看到了长城表象的一面，其实长城还有开放性的另一面。不开放要关口干什么？长城千万座关隘联通了长城内外。长城增加了游牧民族对中原地区农耕民族南侵掳掠的战争成本。因此绝大多数的长城地段没有发生过战争，即使偶尔有过战事的地方，绝大多数时间也是和平状态。

在和平时期，长城的关隘成为农耕民族和游牧民族互市贸易的渠道。中原地区的百姓以丝绸、茶叶、盐巴换取皮毛、牛羊，而游牧民族也通过互市贸易换取粮食、铁器和珠宝。因此，"茶马互市"成为两个不同地域、不同生产生活方式民族之间互利互助的机制。

在热烈讨论中国未来发展的声音中，他的"长城是民族融合的纽带"的观点被淹没了。后来董耀会所持的观点开始被人关注。《光明日报》向他约稿，这个时候无疑是他发声的最好时机。

他却选择了沉默，他认为电视片的撰稿人都是文学专业出身，对长城历史基本属于外行。只是想拿长城做一个形象的比喻，拿长城说事而已，并非长城的学术探讨。如果说有错，也是错误地举了长城这个例子。

撰稿人之一的王鲁湘，后来成为他的朋友。通过长城，他认识了很多频率相同的朋友。有些频率不同的人，也渐渐地和他走到了一个频率上。王鲁湘就是如此，他经常在各种场合宣传长城对于一个农耕民族的意义。

董耀会认同长城在中华民族发展过程中的正面作用，同时他也承认有其负面影响。这很正常，任何事物都有其两面性。他自己曾经说过："一个研究者和研究对象之间应该保持有一定的距离，这样他的研究成果才能更接近于客观。我和长城之间的感情过深，我的书中有一些对长城的过度赞誉，对其价值进行过度解读的情况是肯定有的。就如同面对一个恋人时，对她很小的一个举动，一个表情都会赋予很多的意义一样。"

我问过他："批评长城的观点，你能接受吗？"他说："很多人都这样问过，我能够接受。就如同我的父亲有缺点有毛病，别人批评他，我能够接受一样。"他稍微停顿了一下，又说："但最好别在我面前指着他的鼻子，这与批评内容的对错无关，是感情的问题。"

国内外学者普遍认为，长城区域作为农牧交错的过渡地带，对中国历史产生过重要的影响。拉铁摩尔曾说："长城一带既是中国辽阔边疆的缩影，也是反映中国历史的视窗。"

长城的修建，不仅抵御了北方游牧民族的侵扰，还促进了北部边疆地区的经济发展。农耕政权在北部边疆产生的影响，大多是与以长城为核心的边防建设密切联系在一起的。

长城是农耕文明在边疆地区赖以存在的基础，也是进行边防建设的根基。孙中山对长城给予很高的评价："始皇虽无道，而长城之有功于后世，实与大禹之治水等。由今观之，倘无长城之捍卫，则中国之亡于北狄，不待宋明而在楚汉之时代矣。"

对于长城的评价，也有负面的。例如，鲁迅在《长城》一文中写道："从来不过徒然役死许多工人而已，胡人何尝挡得住。"还有伏尔泰的评价，也很尖刻："中国在我们基督纪元之前两百年，就建筑了长城，但它并没有挡住鞑靼人的入侵。中国的长城是恐惧的纪念碑，埃及的金字塔是空虚和迷信的纪念碑。它们证明的是这个民族的极大耐力，而不是卓越才智。"

名人的言论并不都是真理，有失偏颇或许是另有原因，对此我们不必苛求，更不必红着脸去挞伐一番，真理总会被大众知晓并接受的。

长城所经之处，为了构筑和护卫长城所采取的一系列措施，大大刺激了边地经济。数以百万的屯垦军民，带着中原的先进生产工具、技术和经营方式，披荆斩棘，艰苦开拓，在边疆建立起新的农耕经济区。

修建长城与否，在中国历史上发生过多次争论，最终结果选择了更有效、成本更低的长城。不仅古人如此选择，学者黄仁宇和吴思，都曾以明代为例核算过修建长城的综合成本。

吴思认为，修建 1 英里长城需要白银 7542 两，如果是军队出征，8 万人马一年要耗费白银 979 万两，这笔巨资可以修建 1300 英里长城。对于修建长城，董耀会也认为，那是"没有办法的办法"，是爱好和平的群体的无奈选择。

关于长城的历史作用，董耀会认为长城并非万能，其发挥作用是有条件的。在他看来，一种"有备则制人，无备则制于人"的战略防御设施，在不同历史时期的不同政治家、军事家手中发挥着不同的作用。

长城常规性的作用是防御游牧小部落的小规模侵扰。对于游牧人来说，长城确实难以翻越，从而大大降低了中原地区被劫掠破坏的可能性。如果游牧民族有了发动全面战争的意图，那么长城的"神盾"作用就很难发挥了。在通常情况下，游牧人仅满足于偶尔的打劫，绝大多数时候并不羡慕中原定居民族的富裕和政权。

董耀会认为，当时王朝的政治状况，也是决定长城作用的一个方面。长城挽救不了任何腐朽没落王朝的覆灭。

长城虽是一道坚固的防御工事，但能否在战争中发挥应有的威力，首先是由人来决定的，人是战争的第一因素。再好的武器，也要靠人来掌握和使用，再好的防御工事，也要靠人来把守。

长城对于维护边疆安全和社会稳定的作用大小，主要取决于修建方的社会政治状况。修建方社会稳定、政治清明时期作用就大，社会动荡、政治腐败时期作用就小。

如果国家强盛、政治稳定、军事力量强大，有足以战胜敌人的实力，长城才能发挥正常的防御作用。若朝廷腐败、国力不支，有长城也无法阻挡游牧人的千军万马。

汉王朝在战胜匈奴之后，对是否需要继续修建长城发生过一场争论。焦点是已经打败匈奴，修长城还有没有意义。最后，坚持"居安思危""防患未然"观点的主修派取得了胜利。汉长城之所以起作用，主要原因是国家政治稳定和经济繁荣。

在这一点上，明长城的表现更为突出。洪武至宣德年间是明朝政治比较清明的时期，经济发展也很快，国家实力逐步恢复强大，长城地区的形势一直比较稳定。到了正统年间，随着明英宗宠信宦官王振，开启宦官乱政的先例，直接导致"土木之变"惨败。此后，长城的作用大打折扣，蒙古瓦剌部多次突破长城防线，南下劫掠，直到将英宗抓走并围困京城。

明朝嘉靖年间，贪官横行，社会混乱。长城沿线也是战火连年不断，军队败多胜少。隆庆至万历的前十年间，内阁首辅张居正整饬朝纲，巩固国防。通过推行一条鞭法，使已经衰败的明王朝复兴重生。这个时期的长城，不但有效阻挡了蒙古骑兵，还促成双方开展互市贸易，推动了内外的经济繁荣。

不读研究生

山海关长城博物馆里有两张董耀会的照片。一张是他和吴德玉 1984 年 5 月 4 日从山海关出发时的照片,另一张是 1998 年 6 月 28 日,他陪同时任美国总统克林顿访华期间参观长城的照片。

我看着两张相差 14 年的照片,感觉 27 岁的董耀会,比 41 岁的时候显得还老。陪同的博物馆张伟馆长笑着告诉我,很多人都这么说。

世上的事,很多说不清楚。董耀会越来越年轻,就是这种情况。

他属于少年老成型的人。18 岁刚上班的时候,进山里施工,晚上住在老乡家。煤油灯下做手工的大娘问他:"多大啦?"他没有回答,而是让大娘猜猜。大娘说:"四十来岁?"他听了,笑着说:"差不多吧。"

年龄早熟,学业晚成。进北大的时候已经 30 岁了,1988 年侯仁之先生曾建议他考硕士研究生。侯先生是中国历史地理学开宗立派的宗师,看上了这个年轻人的才华和踏实,希望他继续深造。

董耀会经过再三权衡,还是没有走读研这条路。

我有点疑惑地问他:"为什么?"

他坦诚地说:"没信心,首先是对英语没信心。"

还有一个原因,那年他已经 32 岁。以他的基础,考研至少要准备三年,他就 35 岁了。就算考上了,读完三年硕士已经 38 岁了。人要扬长避短,走这条路,他觉得不能发挥自己的长处。

后来的事实证明,他的选择是睿智的。如果读硕士 38 岁仅是毕业,而这个年龄没读硕士的他,已经成为长城专家。他的长城研究成就,跨入了一个全新的收获期。1990 年他和罗哲文共同提出创立"长城学"。

在 1991 年到 1993 年,又发表了许多有关长城的理论探索性文章,标志着他对长城的全方位研究踏入了丰收的金秋季节。长城理论研究、长城学研究的一个重点领域是民族问题。

从长城研究中的民族问题入手,扩展到民族史学的研究广度;从长城历史对长城研究的重要性,升级到倡议创建长城历史研究"认识体系";从史学理论的高度,发展到涉猎长城研究中存在的众多课题。在长城理论研究领域，董耀会不仅是一个优秀的学者，还是一个优秀的学术组织者。在这一点上，他无私的内心有一种为他人作嫁衣的奉献精神。

作为北京大学的客座研究员，他经常要为研究生作报告。2015年我去北大听了一场他的报告，重点讲了长城在构建农牧交错地带秩序方面的作用。董耀会《瓦合集——长城研究文论》出版，国家文物局原局长、时任中国长城学会副会长张文彬为这本书作了题为《一本特点鲜明的书》的序，写道："他将《瓦合集——长城研究文论》书稿交给我时，就是我去北京大学开会，他去给北大研究生上课，我们在北大校园匆匆见了一面。耀会同志被社会誉称为'长城之子'是对他所取得令人瞩目成就的肯定。社会对他的评价很多，有的说他是长城研究学者，有的说他是长城保护专家，有的说他是社会活动家。但他对自己的评价是两句话'长城研究的爱好者，长城保护的志愿者'。我很欣赏他的这个态度，也相信他能锲而不舍地继续做下去，一定会将更好的成果贡献给社会。"

毫无疑问，董耀会做学问的根基，来自他的特殊经历，包括考察长城和在北大的学习。他走过的路都是他成长的养分，虽然很多事他未必还记得。

他那种多维度的学术眼光，可以从不同层面、不同视角切入进去，并进行全方位的学术审视。这与他在北京大学获得的学术研究之科学方法有密切的关系。在北大的学习和研究，让他获得了事业起飞的长期动力；北大导师们的引领，让他具备了事业收获的深厚根基。

第二章　事业起承

董耀会的经历，是一个典型的励志故事。特别是对于年轻人来说，他的成功之路很励志。

我问他："你从担任（中国长城）学会副秘书长开始，再到秘书长、副会长、常务副会长，前后做了30年之久，你自己怎么评价这段历程？"他很平静地说："这是力不从心的30年，别人会觉得我挺好，每天挺高兴的，实际上我做得很累。"

大家都知道董耀会精力充沛，仿佛有永远使不完的劲儿。而且精神总是那么饱满，仿佛从来没有情绪低落的时候。

我追问道："是因为工人出身，起点低才会感觉累吗？"他说："或许有些关系吧，但还不是主要原因。"

我问："那是因为什么呢？"

他解释说："做的事儿都太大，都是大到让人时常感到力不从心的程度，所以才会累。"停顿了一下，他坦然一笑，说："自己的路是自己选择的，没必要叫苦叫累。"

参与筹备学会

1987年6月25日，中国长城学会正式成立。董耀会是见证人，也是参与者。中国长城学会正式成立的那天晚上，中央电视台《新闻联播》发了消息，电视画面中有习仲勋、黄华、侯仁之等领导和前辈们的镜头，最后还有董耀会的一个很大的特写。

这时，北大的同学们才知道，他以前读书忙得恨不得住到图书馆里，最近这段时间图书馆竟然看不到他的身影的原因。

董耀会在《新闻联播》中的特写镜头，他母亲也看到了。老人心中高兴，但嘴上却埋怨了儿子一句："咋不理理发呀？也不知道刮刮胡子。"

然后，母亲又对儿子说了一句俗语："人怕出名，猪怕壮。"

母亲很明事理，常用她自己的语言说出朴素而真切的体悟。董耀会后来婉拒了中央电视台《百家讲坛》的邀请,这应该有他母亲朴实的思维模式影响。

作为母亲,当然希望儿子有出息,但她更希望他过一种安静平和的日子。董耀会说,母亲常说的一句话是"平安是福"。

此后,他始终默默地投入学会的工作之中,毫不张扬。

中国长城学会是"爱我中华,修我长城"活动的产物,1984年开始的全国性的保护长城社会热潮,成为学会诞生的历史背景。当时,社会对文化的保护意识十分淡漠,长城的保护工作非常薄弱。

1985年下半年中国长城学会正式开始筹备,1986年12月27日,获得国家有关部门的批准。由习仲勋、黄华、马文瑞、王光英、杨静仁,以及王定国、杨国宇、魏传统、白介夫、罗哲文、侯仁之、夏国治等领导人和专家共同发起。

1987年6月25日,中国长城学会在人民大会堂正式成立。

学会的第一任名誉会长是习仲勋,第一任会长是国务院原副总理兼外交部部长、时任全国人大常委会副委员长的黄华。

董耀会回忆,在中国长城学会的筹备过程中,充分体现了老一辈工作者务实而严谨的作风。1986年底,学会筹备办公室的人,都希望尽快召开成立大会。这时候董耀会刚完成《明长城考实》,正准备到北京大学进修。

他住在翠微路海军招待所的中国长城学会筹备办公室,参与学会的筹备。一天

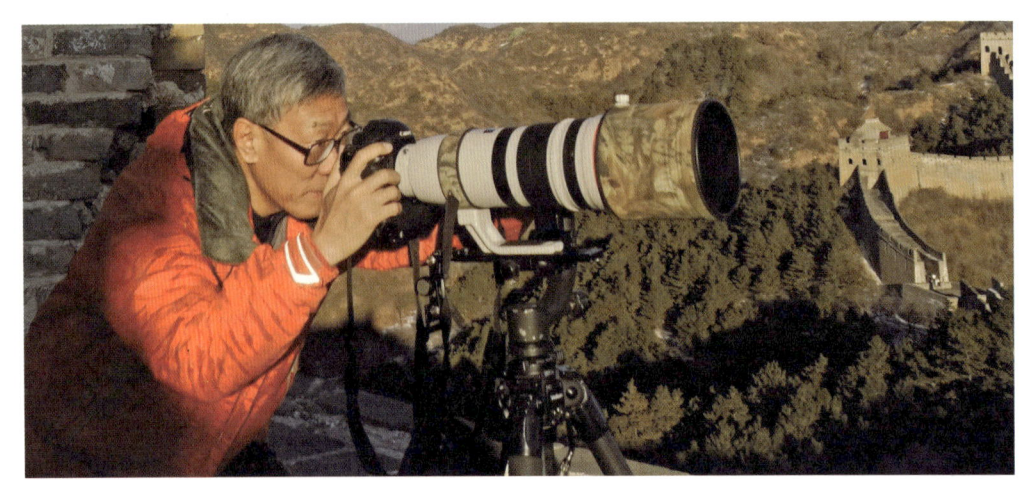

图四四　董耀会身上激情与冷静是那么和谐统一,他几十年来为长城付出了极大的精力

晚上，很晚才得到通知，要求筹备办公室的同志第二天上午九点半到人民大会堂的黄华办公室汇报工作。

这是他第一次，走进庄严肃穆的人民大会堂。

汇报开始之前，黄华先问了他去北大的安排。汇报结束之后，黄华对大家说，开一个成立大会很容易，但是成立之后都要做什么，必须认真研究好。

黄华说："中国长城学会成立后，要为长城的研究和保护做一些扎实而实际的事。小平同志的题词'爱我中华，修我长城'，已经把长城的工作提到了'爱我中华'的高度。"最后，黄华建议成立大会推迟到1987年6月下旬，筹备办公室重点研究成立之前做些什么和成立之后的工作计划。

中国长城学会在筹备期间主要做了两件事：一是支持国家地矿部遥感中心组织的长城遥感调查；二是联合河北等11省市电视台，共同拍摄了27集大型电视纪录片《万里长城》。

黄华会长抓得很紧。有一次，董耀会陪同地矿部遥感中心的曾朝铭主任到黄华会长的家里汇报，一直到中午12点还没有结束，他们提议先请黄华吃饭，下午再继续。

黄华却说，你们都别走了，就在我这里吃顿便饭吧。于是，他们又继续，不知不觉到了下午1点多。在黄华的老伴何理良再三催促下才暂停，一起在黄华家里吃了饭。

对于《万里长城》纪录片的拍摄，中国长城学会多次组织研究脚本，侯仁之、罗哲文等专家带着董耀会等年轻人一起，帮助编导们研究和修改文稿。在山西召开《万里长城》纪录片讨论会商议拍摄大纲时，黄华会长还亲自带领董耀会他们专程从北京赶过去参加。

《万里长城》获得1989年全国电视系列片特等奖，河北电视台的张晓雨是电视系列片《万里长城》的总撰稿和制片人。这件事的启动还有一个人不能忘记，他就是时任河北省广播电视厅厅长吴英才，片子拍不到一半的时候，他调任邢台市委副书记，后来任市政协主席。正是他的创意，才有了这部纪录片拍摄的启动。

在北京参与学会工作的同时，董耀会于1989年9月25日在家乡成立了秦皇岛市长城学会。秦皇岛市委书记顾二熊，市政协主席赵铭、副主席孙学海，市委宣传部，市文化局，市民政局等部门领导出席了成立大会。

大会选举董耀会为会长，选举齐庆昌、吴启昌、孙志升、吴德玉为副会长，吴德玉兼秘书长，康力为副秘书长。长城研究的老前辈郭述祖、王岳辰、郭继汾、康群被推举为顾问。

2001年，董耀会调到北京工作之后，秦皇岛市文化局安排热爱长城的郝三进研究员接任了会长，文物处处长闫乐耕为副会长。

背负重任

成立大会之后，黄华会长提出要多做长城研究、长城保护的实事，少搞花架子。名誉会长习仲勋也表示，他很赞成黄华的看法，一定要少搞花架子、多做实事，他还特别强调说："我们整个国家都需要这种精神。"

对两位前辈的忠告，董耀会在后来的工作中始终铭记在心。

他在学会最初的职务是理事，兼任侯仁之副会长的秘书。当时，他正跟着侯先生在北大学习，负责侯先生与学会的联系，同时参与学会的学术工作，筹备学会的学术刊物。

他虽属于小字辈，但"徒步长城第一人"的特殊声誉却是无人能够替代，这是前辈们最欣赏他的地方。年轻而充满活力的他，利用在北大学习的空余时间，将自己的热情奉献给学会，从来不计名利得失。

他的才学和组织能力很快显露出来，背负起越来越重的责任。他先是担任学会的副秘书长，继而又任常务副秘书长。1996年接任秘书长，后来又相继担任学会的副会长、常务副会长。

中国历史源远流长的"德"文化对董耀会影响很大。"道德"两字，主要特点是讲求"完美"。中国的古训讲"人无完人"，追求完美高尚的道德，却是令人向往的修为。在学会的工作中，许多年高德劭的老前辈的言传身教让他感动，他视他们为楷模，终身受益。

黄华会长热心支持长城的研究、宣传和保护各项工作，倾注了大量心血。黄华除了担任全国人大常委会副委员长，还担任其他几个民间组织的领导角色。繁忙的他，带头做实事，使学会从一开始就步入了正轨。他的高尚品德，他的工作热情，令董耀会视其为自己"一生的导师"。

董耀会在《深切怀念黄华会长》一文中，满怀深情地写道："黄老对我的一生影响巨大，可以说我的每一步成长都有黄老的心血。我能有机会在黄老的身边，长期从事长城工作，在黄老的关心下从一名工人成长为长城研究者，我无法用语言来表达对黄老的感激之情。每次站在长城上，都会想起陪黄老去长城时，他在风中飞扬起的白发。"

王定国是一位德高望重的老红军，老一辈革命家谢觉哉的夫人。中国长城学会成立之后，王定国担任了副会长兼秘书长，她提出并坚持"三不要"原则，即"不向国家要经费、要编制、要办公场所"。最后，王定国老人的家就成了学会筹备处的办公室。后来，中国长城学会成立后的第一处办公室，也在王老家的东黄城根的一处半地下室。这样既省钱，也方便王老到学会办公室来。

董耀会在中国长城学会这个长城研究和保护的新平台，一天天快速成长、成熟了起来。用年轻人的话说，他是一个对自己够狠的人。他妻子介绍说，董耀会年轻的时候读书都是读到夜里很晚，至今乐此不疲。很多时候，她睡醒一觉叫他一次。一晚上叫他好几次，他才会睡。

我问他，睡得那么少，白天不困吗？外线工危险性又那么大。他说："外线施工都是跑野外，汽车从单位出发到施工地，至少要跑一个多小时，来回就两个多小时。这个时间可以坐在车上睡觉。"现在他依然保持着这个习惯，坐上汽车不管路途长短，经常会眯上一觉。把睡觉的时间和坐车的时间置换出来，时间效率自然就提高很多。

董耀会找到了适合自己的路径，在这条路上一步步成长着。他在很多会议中都始终强调，学术是学会工作的命脉。这不仅是对学会的要求，更是他为自己树立的航标。

除了学术工作，张振秘书长还希望董耀会多参与一些学

图四五　黄华（右）是董耀会的伯乐，千里马常有而伯乐不常有

会的行政管理。长城工作应该怎么做？刚担任副秘书长的董耀会，向张振提出应该请长城沿线有关部门的领导开会研究一次。学会的根在基层，要听听基层的声音。

1991年5月22—23日，学会在北戴河举行中国长城学会长城工作研讨会。董耀会以副秘书长、《长城学刊》副主编的名义，主持了这个会议。长城沿线8个省（自治区、直辖市）的40余名代表参加了会议。

学会副会长罗哲文，学会秘书长张振，《长城学刊》主编、学会副秘书长朱希元，学会副秘书长、办公室主任刘玉礼等参加了会议。会议主题是如何进一步加强长城保护、维修、宣传和开发利用问题，同时还研究了学会将召开国际长城研讨会的有关事宜。

纪录片《望长城》

学会成立的初期，让董耀会难忘的还有一件事，就是参与拍摄大型纪录片《望长城》。

2017年第二期的《中华英才》杂志，要发表我和周描坤副社长合写的一篇报道《董耀会：万里长城之子》。周副社长要拍一张他的工作照，我们相约一起去了金山岭长城。

我建议他坐在城墙上，45度角仰望天空或是俯瞰山下，一副学者思考的样子应该很有派头。结果，他怎么摆拍都是一副拘束木讷的表情。周副社长笑着说，摆拍不可能拍出他的个性，最好还是跟着他自由抓拍。

董耀会参与过很多长城题材的电影和电视纪录片，最满意的是20世纪80年代末中央电视台拍的《望长城》，以及2012年开始策划拍摄的《长城：中国的故事》。

这两部大型纪录片，相隔20余年，堪称姊妹篇。

《望长城》由中国长城学会联合中国中央电视台、日本东京广播公司拍摄，1989年底启动，1990年1月24日在故宫午门正式开拍。

拍摄经费主要由日本方面提供，共计125万美元，日本东京广播公司（TBS）出资的目的是纪念公司成立40周年。资金分配非常明晰，中国长城学会提供学术支持、5万美元经费；日本提供6辆尼桑越野车，2辆中型面包车，这些车合计经费约20万美元，其余的100万美元则是拍摄和创作经费。

拍摄的过程虽然辛苦，但董耀会始终乐在其中。有一次，他和摄制组从金山岭下来回京，路过古北口的时候天气突然大变，乌云迅速弥漫了天空，眼看雷雨就要降临，大家赶忙停下车，火速准备拍摄机器。刚支好摄像机，瓢泼大雨就倾注而下。闪电一个紧接一个，滚雷也一个紧接一个在头顶炸开。

那一晚，所有摄制组的人都被大雨浇透，淋成了落汤鸡。但是，拍到了难得的好镜头，大家都兴奋极了。很晚才回到北京，大家又畅快淋漓地喝了个一醉方休。董耀会介绍说，这天在古北口拍的镜头被用在了片头。

这部纪录片，由中、日摄制组分别拍摄和制作。完成之后，在中、日两国同一时间播出。中国一方以《望长城》的片名在国内放映，日本一方则用《万里长城》的名字在日本播出。为了配合日本在东京举行《万里长城》首映式，中国长城学会在日本举办了"长城历史文化"展览。

很多年以后，日本方面的导演大野清司先生还能十分清晰地记得黄华对中国长城的经典解释："长城是中国人爱好和平的表现，长城是防御战争、限制战争的手段。"

图四六　2012年1月8日，大型人文纪录片《长城：中国的故事》签约仪式，纪录片初名《长城故事》，后改为《长城：中国的故事》

双方都创造了纪录片的最高收视率。据统计，世界上至少 5 亿人通过这个纪录片看到了长城的风采，中国仅港台地区就有 70 万户家庭收看了中央电视台的《望长城》，反响极为强烈。这个惊人的宣传效果让董耀会兴奋了很久。通过电视媒体扩大长城的影响力，成为他此后与电视台合作的一个内在动力。

《望长城》开创了中国纪录片的一个新时代。《望长城》用主持人串联的形式，观众跟随主持人认识长城的修建和历史变迁，从更广泛的范围反映长城的历史，以及长城区域的风俗民情。主持人焦建成从此成为董耀会的好朋友，他在很多事情上帮助过中国长城学会。

董耀会不喜欢应酬，在中国长城学会是有名的。他常常是宴会的缺席者，他的司机告诉我，他经常一天推掉几场饭局。最后还是他俩自己花钱在外面吃一碗面了事儿。

一个非政府组织的秘书长，应酬就是工作，不应酬这个秘书长怎么当呢？董耀会也有应酬，2013 年 6 月 26 日，我参加了一次他和原来《望长城》摄制组演职人员的聚会。虽然他不当秘书长已经十多年了，大家还是习惯地称他为秘书长。总导演刘效礼说，你是我们永远的秘书长。

那天，《望长城》原主创人员在纪录片播出 22 年后，相约再次聚首，一起再登金山岭。大家心情异常激动，见面一握住手就有说不完的话。

正巧，这天新影集团的纪录片《长城》摄制组也在金山岭长城拍摄。他们从下边向将军楼上走，《长城》摄制组则从上面往下走。两支队伍汇合在一起，大家又是一番激动。

55 岁的焦建成，当年大学刚毕业。总摄影韩金度，再聚时已经 70 多岁。总导演刘效礼将军，依然是一口浓重的山东口音。刘效礼指着董耀会说，就你一个人同时参加了 20 多年后的长城纪录片拍摄。董耀会笑着说，您也参加了，我们请您做顾问。

《望长城》导演崔屹平、音乐音响总设计王益平、摄影师徐海鹰都与董耀会保持着长期的联系。其中联系最多的是刘斌。拍《望长城》时刘斌在日本东京广播公司实习，他不仅担任日方《万里长城》翻译，还以导演助理的身份进入了摄制组。

后来在长城需要宣传的时候，刘斌一直支持董耀会。他非常尊敬这个老大哥，敬佩他从一个什么都没有，没有骄人的家庭，没有傲人的学历，全靠赤手空拳打出一片天地，一步一个脚印地走到了今天。

20年后的《长城：中国的故事》，成为董耀会投入精力很大的另一部大型纪录片。此时的他正在主持编纂《中国长城志》，百忙中依然答应作为首席专家参与创作。这部由凤凰出版传媒集团与中央新影集团联合拍摄的大型人文历史纪录片，共12集600分钟，2012年在山海关老龙头景区开机，历时三年拍摄完成。2015年10月19日，《长城：中国的故事》在中央电视台、北京电视台、上海东方电视台同时播出。

江苏凤凰电子音像出版社原社长、项目负责人谢小朋说："三个摄制组行程10万千米，跨越了11个省（自治区、直辖市），拍摄了2000多年历代修建的长城。视觉特效团队大量采用数字绘景技术，重现跨度2000多年的历史长度，3D技术展现了历代长城的原貌，讲述了70多个精彩的历史故事。"

谢小朋在《"长城"里的拖车记》中写道："本片顾问董耀会，曾在2012年率队驱车一万千米，对明代以前的长城进行实地考察；有时则要依靠自己，在车载导航仪和户外GPS引导下抵达终点；更多的是老办法，从网络和古籍中找到一丝线索，然后，一路操着蹩脚的方言乃至手势，向各族乡民、路人和牧羊人问路。"

谢社长记录了在内蒙古大青山，车被陷进地里，中国长城学会董耀会副会长、凤凰出版传媒集团黎雪副总经理、江苏凤凰电子音像出版社吴迅副社长和大家一起推车的经过。那次还有李纯和郑严，一路上主要是郑严开车。

现在，董耀会说他特别想拍一部以人为主题的《长城》纪录片。已经完成的几部大型纪录片，都是较为恢宏的

图四七　2012年10月16日，在山海关举办《长城：中国的故事》纪录片开机仪式

叙事，重点关注长城的时间和空间，对生活在这个时间和空间中的人却关注不够。

在不同的历史时期，现实中的人都是存在于当时的社会之中。他很想直接从一个非常细微的细节出发，从一个具体的人出发，从某一个事情或者一个情感出发，拍摄一部以人为核心、有整个故事脉络的纪录片。

通过微观的人与生活，尽可能地表现、还原一个时代的历史原貌和长城的另一种图景。这也是他在河北地质大学长城研究院成立大会上，呼吁长城研究要吸收人类学研究方法的原因。

第三章　长城学的开创

对长城研究而言，董耀会今天的研究成果应该是一个学术高峰。但是，他说自己并不是什么高峰，长城研究特别是长城学还处于初创阶段，根本也没有高峰可言。他说只想老老实实，做一个长城研究的爱好者。

从这样的话语中，可以感受到他的困惑、迷茫或某种意义上思想的挣扎。我问他怎么评价自己长城研究成果的地位，他说能成为长城研究的一个关键的节点，就是一件可望而不可即的事。他说："还任重道远。"他达到了学术研究的一个较高的境界，参与学术活动的内在动因，几乎与名利无关。他的学术成果关乎着个人发展，更关乎国家和民族的发展。

董耀会的研究起始于明长城，在长城的研究、保护、宣传和开发等方面都付出了心血，成为长城学研究领域的权威专家。今后的路，坚持这样地走下去，达到人生境界和长城事业的高峰，也是必然的结果。

董耀会是一个学术成果丰厚的人，长城的研究成果不是直接把理论套用在研究中，而是用脚走出来的。这并不意味着他的长城研究成果没有足够的理论价值。他不是学院派，对学院派却怀有敬意。

图四八　董耀会与合作的战友们在一起（左起：杨涛、周晓陆、曹大为、王子今、董耀会）

他的身边，经常围绕着一批志同道合、热心长城研究的大学教授和各级科研院所的专家学者。他多次谈到，他后来之所以能够主持"十二五"国家重点图书出版规划项目《中国长城志》的编纂，没有核心专家组于希贤、曹大为、王子今、赵世瑜、李鸿宾等北京大学、北京师范大学、中央民族大学的教授们鼎力支持，没有作者队伍李孝聪、毛佩琦、张玉坤、汤羽扬、向燕南、马保春等教授的热心参与，根本不可能顺利完成。

从另一个方面来说，这些大学的教授，为什么愿意几十年支持参与董耀会主导的长城研究事业呢？除去长城的因素外，他的人品和学术水平也是两个不可忽略的因素。

新学科"长城学"

董耀会是年轻时干过繁重体力活的人，所以他不怕吃苦。做学问是一件很耗体力的事，特别是做开创性的工作。"长城学"是一个全新的学科，这是罗哲文和董耀会共同提出来的。

有一次，我问他如何评价自己的学术成果。他不假思索地说："金玉其外，败絮其中。"我对他竟然用如此语言评价自己，感到很诧异。

这些话显然已经超出了谦虚范畴，甚至有些自毁声誉了。他见我疑惑不解的样子，就从书架拿下他的一本早年著作，递给我打开一看，里面改得很乱，红、黑、蓝各种颜色的字都有。

他说，今天来看，这些地方都是有错的，至少表达不准确。

我突然想到，第一次到他家里采访，看到书桌上翻扣着一本他的著作，当时我还有点怀疑他这个人是不是有点自恋。自己写的书，难道自己还没完没了地看？

原来，他并不是陶醉在自己的成就中，而是始终坚持自己挑自己的毛病。

董耀会郑重地对我说："你是学历史科班出身的，底子比我好，有兴趣的话，你就把我书里的错挑出来，出一本书吧。"

说完，他很认真地又补充了一句："真的，很有意思。"他用拇指和食指，比画了一个两三厘米的距离，说："可以出一本很厚的书。"

董耀会说，他自己有时是一个非常焦虑的人，甚至是处于一种全身心充满焦虑的状态。这种焦虑，可能是他对自己要求太严格了，做事太认真了，结果带来了副作用。

他说，当初在北大思考长城学的那段时间，就处于这种焦虑之中。他在思索，如果把长城学作为一门学科，把众多学科综合起来，一定会打开长城研究的局面。长期以来，国人一直有这样的偏见，认为长城没什么可研究的。长城就摆在那里，世人有目共睹，还研究什么呢？

事实上，长城作为一处庞大无比的不可移动文物，本身就有很丰富的历史内涵。认识长城，可以使我们了解历史，了解我们的民族史。一个民族，不知道自己的过去，如何来把握现在？何从谈起把握未来？长城这座伟大的建筑，已经有两千多年了，但我们对长城的研究反而掉以轻心，不予重视，这是多么不应该的事。

我们只有在研究领域重视起来，拿出更多的成果，让更多的人了解长城，才能增强国人保护长城的意识，才能使长城传之后世而无穷。当时，年轻的董耀会，把自己这些不成熟的想法跟王定国副会长谈了，她当即表态，同意把长城学的建立作为学会的工作重点。

下午，他又到罗哲文家里，把自己的想法全都说了出来。罗先生让董耀会先系统地写一个材料出来。他说干就干，马上开始动笔。

他从长城学的学科性质、特征、分类及方法论等方面加强研究。长城学概念的萌芽，在董耀会的心中很早就有了。写作《明长城考实》的过程，他一直在思考这件事。在北大的进修，让他对长城学的学科建设考虑得更加完善了。长城学的提出，以及此后他和罗哲文共同的开拓，这是董耀会在北大期间的一大收获。

《关于长城学的几个基本理论问题》很快就完成了，1988年由中国长城学会印发广泛征求意见，并在《文物春秋》1990年第1期上正式发表。这篇文章，就是长城学学科创立的开山之作。

论文包括了三个部分的内容：什么是长城学，长城学的研究范围，长城学的科学方法论，从三个不同的视角对长城学进行了全面而深入的阐述。

为什么要提出建立长城学？他认为，对长城的研究和考察，不仅涉及中国两千年的政治、经济、军事、民族、工程技术、文化艺术和中西交通等内容，而且涉及长城所在广大地域的地质、水文变化和生态等。

研究长城，突破了过去停留在文献研究考证、不做野外考察的状态，更主要是突破了仅局限于对长城本身的历史沿革、修建情况、遗址走向及现存情况的研究范围，把长城研究扩展到政治、经济、民族、交通、地理、文化等方面。

研究领域的不断扩大，研究人数的增加，客观上对长城的研究提出了更高的要求，即高度综合性的研究，这样才能更全面、正确地认识长城。因此，必须建立一套全新的长城研究理论。

董耀会说，这就是长城学提出和诞生的学术研究背景。

长城研究的实践，缺乏理论指导。他试图将长城学的架构尽可能清晰地勾画出来，从而可以指导长城研究走向更加系统化。他关于长城学的论述，基本集中于20世纪90年代初的几年，其中1991年是关键的一年。

完成了几篇有关长城学的论文之后，他放弃了在这个方向继续大踏步地往前走下去。我问他，为什么放慢了构建长城学的脚步？他说，当时认识到长城研究不论是队伍、成果，还是组织平台都与建立长城学有着太大差距。

他认识到条件的不成熟，一是没有足够多的长城研究者，二是没有足够多的长城学术研究成果。这两点是构建长城学的基础，董耀会决定从基础做起。

长城学术研讨

从担任学会副秘书长，负责学术工作之后，董耀会率领中国长城学会的学术研究走上快车道。他要为长城研究建立队伍，要推动更多的研究成果面世。

1990年，他提议并主持运作，计划在山海关举办首届中国长城学术研讨会。这是学会成立以来的第一个学术研讨会。会议从筹备到成功举办，都是他在负责执行。

春节去给侯先生拜年，他建议召开一次学术研讨会，侯先生完全支持。接着，他连夜写出了方案，第二天去看望黄华会长时，就提交了报告。

黄华会长批准了他的报告，答应亲自赴山海关全程参加这次学术研讨会。回到秦皇岛，他得到了市政协赵铭主席的支持，他又找到山海关区委书记吴洪林，商定学术研讨会由市政协和山海关区政府承办。

吴洪林和董耀会虽然年龄相差十多岁，但是俩人感情却很好。吴洪林于1989年5月从秦皇岛市民政局局长转任山海关区委书记，他和董耀会为山海关的发展做过多次长谈，形成一个共识，即山海关要走旅游发展之路才有未来。

在董耀会的支持下，吴洪林写了一篇指导山海关旅游定位的文章《山海关旅游业在经济发展中的导向地位》。从此之后，山海关始终都不断地强化旅游发展的导向地位。

1990年10月6日至9日，首届中国长城学术研讨会在山海关举办。黄华会长和杨国宇、白介夫、王定国、侯仁之、罗哲文等副会长参加。这次研讨会，在国家层面上推动了长城研究。从山海关层面上讲，开启了山海关旅游事业的新局面。秦皇岛市委书记白芸生、市长顾二熊、政协主席赵铭等出席了研讨会。

1992年8月，秦皇岛市政协和《长城学刊》编辑部联合编辑出版《山海关首届中国长城学术研讨会论文集》。文集汇集了学术论文27篇，除调查考证长城外，还广泛涉及政治、经济、民族、军事、地理、建筑，以及长城的修复、保护和开发长城旅游资源等诸多领域，说明长城研究正在不断走向纵深和综合。曹大为、艾冲、李鸿宾、李并成等几位当时的年轻作者，现在都已经成为长城研究领域的专家学者。

在采访过程中，我在秦皇岛市档案馆意外地发现了一个秘密。山海关这次学术研讨会和后来出论文集的经费，用的是董耀会第一本著作《明长城考实》国内外发行的售书款。

这一点，董耀会从来没有向我提起过。这笔钱本来可以作为他的长城研究，还有下一步出版成果的经费，支撑他的学术研究和考察。为长城做事，他总有一颗无私的心。

山海关学术会议举办之后，他相继在各大学又安排了学术活动。1991年5月18日，在北京大学举办长城研究座谈会，侯仁之到会与大家一起交流。会上董耀会作了题为《长城学发展的现状》的发言，对长城学进行了补充阐述。他认为，长城学作为二级学科应当归属于历史学，长城学主干理论是以历史学的方法为基础的。

针对长城学没有专业研究者，他认为这严重阻碍了长城学的进步。国内所有的科研院所和大专院校都没有长城研究室，更没有长城研究人员的编制。效益较好的长城景区和各地博物馆也没有专职的长城研究人员。

因此，他呼吁进一步完善长城学的理论体系，发挥长城学对于国家学科建设和学术研究的作用。只有这样，这个学科才能真正被社会接受，逐步发展成为一门有影响力的新学科。

此后不到两个月，1991年7月2日，又一次长城学术研究座谈会在中央民族学院（今中央民族大学）召开。这次座谈会是董耀会和王辅仁教授在前一年5月4日，一起参加北京大学建校92周年校庆时，两个人午饭后围着未名湖转圈聊天时转出来的。

他回忆当时的情景说："研究长城，常把长城内外的民族对立起来，因而增加了思考与长城相关的民族史学问题的难度。"他和王辅仁交流这个看法并提出组织座谈会时，得到了时任民族学院历史系主任王辅仁的支持。

王辅仁教授主持了这次学术座谈会，董耀会作了题为《长城研究工作离不开民族史学》的发言。首先，他谈了一个平等对待长城内外民族的观点。

他认为，考察历史上的民族关系，首先应该有客观公正的出发点。既不站在历史上某一民族的立场，也要摆脱自身民族身份的心理束缚。如果再高远一点，还可

图四九　董耀会在家乡老龙头海边。他希望开辟出一条国家长城旅游步道，游人可以从山海关走到嘉峪关

以站在非中国人的角度去研究长城。只有站在最高的理论之巅，才能取得立足世界的学术成就。

整体评价长城，肯定也有消极的一面。如果放到中华民族多元一体格局形成的发展过程中去看，长城的积极作用占主导地位。对这种主导地位进行定性和定量研究，是一项有待研究的课题。

同时，董耀会也表示，对于历代存在过汉民族压迫其他民族的现象不能回避，在长城研究中要实事求是地认识和阐述。

唐太宗是一位开明皇帝，十分重视民族关系，他说："自古皆贵中华，贱夷狄，朕独爱之如一。"但是，他也有很深的民族偏见："中国百姓是天下之根本，四夷之人，犹如枝叶。"因此，董耀会认为，长期的压迫性民族政策，妨碍了各民族的交流和沟通，也常常激发严重的民族矛盾。

对于长城代表保守和僵化的观点，董耀会态度鲜明地认为是不正确的。他常说，长城保护了丝绸之路的安全和畅通。中国历史上国力强盛的时期，经常采取开疆扩土的政策，具有开拓性特点。汉武帝武力征服匈奴的一系列战争，维护了汉朝疆域的扩展和中华民族的融合。这个时期由丝绸之路反映出来的开拓性和开放意识，不仅促进了今天中国版图内各民族之间的交流，而且连接了整个中亚和西亚，促进了中西文化的交流。

董耀会的长城研究还有一个特点，他自己总结说："今天我们认识长城，既不能站在长城里边看长城，也不能站在长城外边看长城，我们要站在长城上边看长城。"

他的这种认识，在很大程度上受北京师范大学白寿彝教授的影响。北师大曹大为教授说，晚年的白寿彝教授一般不太出来，但董耀会组织的学术活动，老先生常常是破例参加。

董耀会的学术成果，固然也有一些当时的政治特色，也是时代语境下的产物，但他能对一些认识进行自觉的反思，而且许多认识也能切中要害，非常难得。

其中，他对古代游牧民族及其文化几个错误判断的理性思考，就是很典型的案例。他认为，这些错误始终影响人们对历史上民族及民族关系的整体认识，在长城研究领域普遍存在。

董耀会说，影响最大的一个错误判断，是认为古代长城外面的游牧民族是落后的民族。游牧民族的落后性，决定了他们处在一个滞后的文明阶段，文明的不开化是他们的主要特征。这样的错误认识，至今还有存在。

游牧地区、游牧民族的经济收入相对低，这是事实。但经济类型单一的所谓落后，实际是发展不平衡的表现，是自然条件及其他各种环境所造成的差距。游牧地区与农耕地区的经济，不能放在一个标准上衡量。游牧与农耕是完全不同的两种经济类型，不能用落后或进步这种词汇评判，不能简单地说游牧比农耕落后或农耕比游牧先进。各地区、各民族的文化特殊性，没有先进与落后的分别。

董耀会的反思，进一步开拓了长城研究的视野。继续往深入研究一定会让我们对长城历史的认识，产生很多新的思维方式，对长城本身历史的研究将有飞跃性的帮助。

这也是他一直努力推动长城学科建设的目的。

1991年10月5日，北京师范大学也召开了一次长城学术研讨座谈会，董耀会作了题为《认识长城历史是长城研究的重要内容》的发言。座谈会的前一天，董耀会去了白寿彝先生家里，邀请他参加第二天的会。白先生对他说："搞历史研究是苦差事，搞长城研究更是苦差事，所以做长城研究要沉得下心去。"

会议开始前，赵光贤先生鼓励他说："板凳要坐十年冷，文章不写半句空。"这让董耀会感到兴奋的同时，觉得身上的长城研究使命感又重了很多。

他发言时强调，长城研究的成果太少了，成果之少难与长城的气势和深度匹配。其中的原因，学者们的专业分工过于细化，这妨碍了长城的研究，特别是长城史的研究，因此他希望有通才加盟，扩大长城研究的队伍，取得更多的成果。

在各朝代修建长城的目的方面，长城研究还存在着不足。即对于修建长城的真正动力、修建的自觉意图、追求的目的等，有关的研究成果还不能很好地给出合理解释，需要深入探讨。

长城的修建虽然有各种复杂因素，但有些时候也存在着盲目性，修建的客观效果和预期目的产生了矛盾。有的时期，为了解决某些问题而修建了长城，但是完成之后却产生负面效果，反而激化了长城内外的民族矛盾。

他还提出，认识长城的历史和地位，需要有一个前提，即消除过去政治功能对学术研究的影响。首先，开拓新的研究领域，挖掘以往没有关注的历史内容；其次，根据新材料特别是考古新发现，对以往的研究成果进行新的思考和研究，得出新的历史结论。

这样的观点，在当时很有超前意识。

此后，董耀会多次赴嘉峪关，协调促成了 1992 年 8 月 22 日举办的嘉峪关中国长城学术研讨会。黄华会长等又不顾路途遥远，亲自从北京赶到嘉峪关，全程参加了研讨会。研讨会的探讨和交流，激励了学者们继续深入长城研究。

谈到嘉峪关，董耀会说："孙一峰对嘉峪关的长城保护和利用是一个'功臣'。"他说的孙一峰，就是他们走长城到达嘉峪关时接待他们的市委副书记，后来任嘉峪关市市长，再后来调到甘肃省任省顾问委员会秘书长。

董耀会印象最深的是 1986 年 4 月，孙一峰带队来秦皇岛和北京。当时董耀会正在写作《明长城考实》，同时跑北京，参与中国长城学会的筹备。孙一峰给他打电话，提出请他帮助联系与秦皇岛市的山海关结成友好城市。

这是一件好事，董耀会找到秦皇岛市委书记白芸生和市长顾二熊，两位领导也很支持。4 月 14 日，孙一峰一行从北京来到秦皇岛。之前，他们先到北京去了国家文物局，汇报嘉峪关长城维修方案，为的是争取国家经费支持。

董耀会从秦皇岛火车站接上他们，直接到市委见了白芸生书记、刘任英副书记。下午又陪同他们到山海关，见了区委书记方宝枝、区长张立辉等。山海关的领导介绍了山海关、老龙头的维修情况及集资经验。第二天孙一峰一行，参观了天下第一关、孟姜女庙、老龙头长城复建工地。

4 月 17 日，董耀会陪他们乘火车回北京。18 日上午，在王定国东黄城根的家里见面，王老当时正在主持中国长城学会的筹备，任筹委会的副主任兼秘书长。

下午王老又带他们一起去看望魏传统老将军。魏老很高兴，指着孙一峰和董耀会说："今天的聚会很有意义，山海关的来了，嘉峪关的来了，我非常地高兴。"魏老和王老都是四川人，都有很重的四川口音。两个老红军，谈起河西走廊的一些地方和事情，非常有感情。孙一峰等人听不太清楚的，董耀会帮他作解释。

那天在魏老家吃的晚饭，大家一直聊到晚上 8 点多。孙一峰更多的还是谈修建嘉峪关城楼和长城的事，他们还带来了一些图纸。当然，20 世纪 80 年代的修长城，并不是中华人民共和国成立后的第一次，但与此前相比确实是规模最大的一次。

董耀会在嘉峪关有很多的老朋友，路志龙、薛长年等都是他去嘉峪关必见的人。1985年徒步走到嘉峪关时，路志龙任市政府秘书长，后来任副市长、常务副市长、市政协主席，他们一直保持着联系。薛长年当时任市政府副秘书长，后来任市政协副主席。他们早退休了，却一直不遗余力地为家乡的长城保护和研究工作努力着。

长城国际学术研讨会

在开创长城学会学术研究工作的那个阶段，董耀会每天晚上和妻子散步的时候，总是不知不觉地走神儿。其实，他平时陪妻子散步时走神儿也是常有的事儿，只不过那段时间他走神儿更厉害一些。

白天，两个人都忙，基本说不上话。他忙长城的事，她忙家里的事。只要不出差，晚上两个人会一起出去走走。妻子爱说，给他说着各种在他看来没什么意思的话。

他只是在听妻子说话而已，我猜想有时也会听得心不在焉。

在家里，董耀会很少和妻子讲工作的事，也很少讲他的思考和压力。有时听着妻子的唠叨，他很快就走神儿了，陷入对长城研究的思考。他通过对长城史的深入研究，认为需要先确定一个科学完整的认识体系，这方面他经历了很大的内心曲折。

他很矛盾，感觉肩负着前所未有的责任，思考着对长城的历史认识。但是，他却很难说清楚这是一个什么样的体系，毕竟创新一个学科太难了，需要厘清很多东西。

他的思考被他称为"长城历史研究认识体系"。他在这方面的理论研究成果，对于长城史的研究有指导作用。

图五〇　董耀会在清华大学给师生们讲《中国长城史》

1994 年，中国长城学会组织了长城国际学术研讨会，将长城研究推向一个新的阶段。我问他为什么要组织国际学术研讨会，他说："这是一次和国际上关注长城研究的学者进行学术交流的好机会。"在召开山海关、嘉峪关两次国内的研讨会之后，学会提出组织第一次长城国际学术研讨会。

1990 年山海关会议闭幕时，黄老在讲话中就提出了举办这个研讨会。在会上还问了分管学术的副秘书长董耀会，怎么样没问题吧？回到北京之后，秘书处提出拟于 1994 年 9 月"爱我中华，修我长城"十周年纪念时在北京举办。

1992 年长城国际学术研讨会开始进入正式的准备阶段，黄华会长联合季羡林、侯仁之、吴良镛、罗哲文、段文杰、李约瑟、平山郁夫、清水正夫等共同发起，得到了大家的响应。1994 年 9 月 23 日至 25 日，首届长城国际学术研讨会在北京如期举行。来自美国、日本、英国、法国、德国等国家，以及中国大陆和港台地区的学者出席会议。

这是国内外学者第一次就长城课题举行国际学术交流会，可谓困难重重。经历过长城万里徒步、经历过沙尘肆虐的董耀会最不怕的就是困难。

长城的历史地位和现实意义是研讨会的中心议题。罗哲文、季羡林、陈连开、曹大为和中国台湾学者曾祥铎、美国学者林霨等，都从不同的视角阐释了自己的观点。李鸿宾教授说，这次会议的一项成果，就是宣告了"长城学"学科体系的建立。

罗哲文、董耀会重新整理了《长城学的几个基本理论问题》那篇论文，阐明长城学是以长城为研究对象，涉及历史、军事、经济、民族、地理、考古、建筑、文学、艺术和旅游等多个学科。

董耀会长城研究的国际视野，应该说与负责组织这次"长城国际学术研讨会"有很大的关系。也正是这次国际活动筹备期间，让黄华等学会领导看到了董耀会的组织能力。在"长城国际学术研讨会"召开之前，董耀会被任命为常务副秘书长。

那一年，董耀会 38 岁。这个时候学会秘书长是张振，他向黄华会长提议由董耀会任常务副秘书长。有人提出董耀会还太年轻，张振说年轻什么，我们那时候很多人这个岁数都当部长了。让他干吧，肯定错不了。

张振是一位全国政协机关正局级离休干部、抗日老战士。曾担任过国家建材总局副局长，为中国建材工业和军工建设作出过重要贡献。董耀会说，张秘书长对自己的成长帮助极大。他在学会做了近9年的秘书长、法人代表,没拿过学会的一分钱。很多的时候,他都是往里贴钱。

董耀会任常务副秘书长后,张振给予了这个年轻人以信任,放手让他工作。董耀会没在大机关待过,不太懂得处理各种复杂的人际关系,张振也给予他最多的理解。董耀会说,这位老前辈耳提面命地指导他,如何带队伍,如何去处理各种关系。

后来黄华会长提名董耀会任秘书长,也完全是相信他有胜任这个职务的基本能力。社会就是这样,只有具备能力的人,才会有更高的平台。

主持了中国长城学会秘书处日常工作,他的长城学术研究依然在一步一步走向深入。1993年10月12日的北京"中国长城学术研讨会"上,董耀会从五个方面进行了阐述:认识长城研究工作的三个层面,认识长城历史的形式与内容,认识长城历史发展从无序到有序的过程,认识长城历史研究虚无主义倾向,认识长城历史存在的客观性。

长城研究,特别是站在长城学的新学科角度的研究,是一个全新的领域,需要革故鼎新的事项很多。其中理论的研究,关系到长城学的前景和成就的高低。

董耀会在长城学理论方面也付出了艰辛的努力,力争使长城学的研究在正确的轨道上顺利前行。同时,理论研究也提升了他自己的研究高度,开阔了研究的视野,这是他后来取得丰硕研究成果的内因。

《长城百科全书》

在"长城国际学术研讨会"筹备期间,董耀会还实现了他的一个大愿望,出版了《长城百科全书》。1991年10月5日,在北京师范大学的学术研讨座谈会上,董耀会说他有一个愿望,他要编两部有关长城的"大书",类似大百科的书,将长城的基本情况勾勒出来展现给社会。

说这个话时,他长期经受日晒雨淋的脸,显得很老态,根本不像是30多岁的人。再加上过于严肃,更显得"千松韵苍老"了。他认为,中国长城学会作为一个特殊的平台,不仅要组织学术研究,还要在传播长城知识方面拥有较大的影响力,因此他要编纂两部"大书"。

今天,董耀会心目中的两个"大书"梦都已经成为现实,这就是《长城百科全书》

和《中国长城志》。1994年《长城百科全书》出版，2016年《中国长城志》出版。这两部大书相隔长达22年之久，也从侧面印证了他做事的超人耐力和永不言弃的韧性。今天，《中国大百科全书》第三版的《长城卷》也由董耀会主持编纂。

《长城百科全书》是一部传播长城知识的大型工具书，170万字的巨著。经过三年多的努力，在纪念邓小平"爱我中华，修我长城"题词十周年之际，1994年8月由吉林人民出版社出版。

当时，组织了全国近百名专家和学者，几经寒暑，几易其稿编纂而成。这是对长城知识的第一次全面梳理。《长城百科全书》采取跨学科、跨地域的编纂方式，全方位、多视角展示了长城区域历史、地理、军事、经济、建筑、民族、人物、关隘、文学艺术、旅游十个方面的综合知识。

书中附有长城大事年表、外国长墙年表、明长城现状和40幅长城彩色照片，称得上是一部了解长城丰富和深厚内涵的百科宝库。

黄华会长在序言中介绍说："这部书总结了考察和研究长城的丰硕成果，提供了关于长城的系统的历史知识，弘扬了中华民族优秀传统文化。"

参与编写的各分类的主编、副主编，都是当时年富力强的学界精英，除了罗哲文、董耀会，还有曹大为、王天有、李凤山、李鸿宾等。很多参与的学者，后来继续参与了《中国长城志》的编纂工作。

《长城百科全书》主编是罗哲文，主持工作的副主编是董耀会。副主编还有吉人、成大林、高巍等。高巍是文化学者、民俗专家，当时在现代出版社做编辑；吉人是中国长城学会副秘书长；成大林是新华社记者，长城研究专家。

董耀会走长城走到北京时除认识了杨联康，还认识了成大林。一天在国家文物局罗哲文处，一位个子不高、身体很壮的中年人进来了。罗老师介绍说："这是新华社记者成大林。"此前，在路上听很多人提起过这个名字。成大林跑了很多的长城，董耀会对他很敬佩。

这次见面，成大林并没有对董耀会一行表现出多大的兴趣。他简单地问了些路上的情况，然后说："看来你们还真是一步一步地走了，很不容易。"他去过的长城太多了，真走假走瞒不了他。

董耀会说，成大林从1978年开始关注长城研究和摄影报道，考察和研究了中国大部分长城。1980年他出版了第一本长城画册，后来他独立或合作，先后在中国大陆、台湾地区、香港地区和美国出版了6本长城画册以及明信片、通俗读物等作品。

董耀会说，成大林是对长城有贡献的人。这话说得发自内心，不只是对我说。他的著作《瓦合集——长城研究文论》，收录有1992年9月24日在《长城百科全书》第二次编委会会议上的讲话。这篇题为《选好人，选好目，检阅长城研究成果》的讲话，其中有一段涉及成大林。

他说："我还想推荐成大林做《长城百科全书》的副主编，他多年来为长城研究做了很多的工作，有很高的学术造诣，特别是在长城图片资料方面更处于目前无人可替代的地位，我觉得他的加盟有利于做好工作。"

长城事业的发展，就是这样一批又一批的人不懈努力的结果。

第四章　伯乐与烦恼

董耀会除了长城学研究还写书法，偶尔也会送朋友一幅作品。我很喜欢他写的"和"字，一幅斗方主体部分是一个大大的"和"字，左边题写两行小字，内容常是"家是人之所出，亦是人之所归，家和万事兴"。

一般来说，一个长期为事业奋斗的人，差不多都属于苦行僧类型，以致家庭都可能要分崩离析。董耀会却不是这样，他把家安排得很好，让家人过着很好的日子，让女儿受到了很好的教育。孟子《鱼我所欲也》说："鱼，我所欲也；熊掌，亦我所欲也。二者不可得兼，舍鱼而取熊掌者也。"董耀会更像是一个鱼和熊掌兼得的人。

"鱼与熊掌不可兼得"引申意义是面对难以抉择的事情，当你只能选择其一的时候，作出选择一定是艰难的。

董耀会却做到了"兼得"，他经历过类似的"选择"的痛苦吗？

回到家乡

任何事物都是有门槛的，董耀会的生命轨迹亦如此。

经常有记者和朋友希望他详细讲讲徒步的艰苦经历，他总是不太多说。有时还反问道，说那些干什么，忆苦思甜吗？董耀会不想谈徒步考察长城的过程，是一贯的事。

我爱人是董耀会的粉丝，2017年第一次见到董耀会时很兴奋地问："在那个年代，你怎么就去走长城了呢？"

"神经不正常。"董耀会笑着说。

"你爱人很了不起，她就不反对吗？"她继续问。

"对神经不正常的人，反对也没用。神经病杀人都不偿命。"董耀会继续用诙谐的语调，调侃自己。

"为什么要去走长城呢？"我爱人继续追问。

董耀会说："不要问神经病为什么。"我爱人怏怏不乐，不知道这嗑往下该怎么唠了。

聊自己他不愿意，聊别人对他的帮助却都还畅快。接下来，我们聊起了他从北大回到秦皇岛。

我知道在他北大学习即将结束的时候，也有困惑和心理矛盾。他是一个聪明的人，愿意做奋斗目标的追随者。一个目标完成了，下一个目标在哪里？一家子在北京，留在北京不可能，不留在北京以后怎么办？

董耀会回到秦皇岛，找到市长顾二熊。几句话之后，顾二熊明白了他的意思。很痛快地对他说："回来吧。"

于是，他完成北大的学习后，回到了秦皇岛。不久，从电业局调入市政协的文史办，继续他的长城研究事业。

在调动过程中，顾二熊市长协调为董耀会转了干。现在的人，还真的不知道什么叫转干。那个时候，干部和工人是两种完全不同的身份。工人和干部在工资、福利、住房等方面都有很大的区别。

董耀会调到市机关并转干，是一件大事。工人转为国家干部身份，标志着一个人的命运完成了重大的转折。对一般人而言，从工人转为干部比登天都难，这是很重要的身份跨越。

白芸生、顾二熊还特批，让他兼顾北京和秦皇岛两边跑。同时，他还兼任学会《长城学刊》副主编。后任的秦皇岛市委书记、市长们都坚持了这个做法，这使董耀会在长城领域拥有了更大的成长空间和机遇。

秦皇岛市政协主席赵铭同意给他安排了一间自己独立使用的办公室。当时在机关曾引起非议，因为只有副主席级别才能一人一间办公室。

这个安排是孙学海副主席提议的。他是秦皇岛市一中的老校长，中国民主促进会秦皇

图五一　岁数大了，写写字成了他最好的休息

岛市主任委员。这些伯乐的支持，体现了中国社会重视人才的优秀传统。

董耀会常说："没有这些支持，我不可能走到今天。"回到秦皇岛的这个时期，他对喧哗与热闹十分抗拒。

生活的门槛

调到政协文史办，董耀会很开心。但是有一个非常实际的问题摆在了眼前：家庭的生活困难，无法回避。

图五二　董耀会喜欢书法的动静结合，如同他既能坐得住搞研究，又能下得去跑长城

董耀会陷入了两难境地。研究长城固然是好事，但他能通过长城知识的运用，得到养家糊口的生存必备条件吗？结论很清楚，不能。这种情况，令这个刚起步的奋斗者很烦恼，有一段时间，他陷入了困顿。

人首先是要生存的，只有先解决了生存问题，才可以追求充实的精神生活，才可以追求生命的更高价值。怎么办？

他的工资收入太低，不足以养家。事业的追求、享受和工资的高低没有关系，过日子就和工资有直接的关系了。

在秦皇岛市电业局时收入明显高于其他行业的一般职工。即使在北大时，电业局也继续给他发工资，每月有 400 多元，这个工资标准在那个年代属于较高的水平。当然，这里边电业局照顾他的成分很大。

进政协工资一下子降低了很多，他刚转干没有职级，工资只有 100 多元。收入的差距，让他一家人的生活立刻陷入了困境。这时，在深圳打拼的朋友邀请他南下共同创业，还保证他的月收入不少于他现在收入的 20 倍。

诱惑太大了，他到底还是坚持没有南下。

朋友问他为什么，他说南方的冬天看不到落叶，没有季节感的日子让他不舒服。

对于季节，董耀会有点怪，不爱春天，觉得春天不冷不热，如同一个没有个性的人。当然，这只是一个托词，真实的原因是他离不开长城。

董耀会的母亲身体有病，常年离不开药，住一次医院就至少要花掉他三个月的工资。甩不掉的生活困难，他必须要解决。

在北大进修期间，知识不仅得到了系统化的提高，视野更加开阔了，对长城的研究步入了正轨。长城研究进入一个更高层次、更广阔的领域，需要的是宝贵的时间，更需要安宁的环境，包括家庭的支持、妻子的理解，更包括他自己内心、要对家负责的精神负担。他面对家庭与事业的选择，首先想到的是男人要承担对亲人的这种责任感。他始终认为，自己按照心中最想要的活法活，不能牺牲家人的利益。

生活的困难让他无法回避，这是一道他必须跨越的门槛。他不能让妻子和母亲为他徒步长城担心之后，再承受贫困的煎熬。他苦恼着，不断思考着两全其美的对策。

如何才能既获得更多的收入，提高生活水平，又能促进他的长城研究呢？社会都在评价他是一位成功男人，他在给一位朋友的信中却说"成功男人不应该是穷光蛋"！

善解人意而又聪慧的妻子替他想到了前面。在妻子刘玉倩的眼里，丈夫是优秀的，特别是走完长城之后，他成了英雄和名人，然后又到北大学习。回来之后调入机关，从一个工人变成了国家干部，前途无量。

邻居们的称赞让她的心里很满足，也很幸福。丈夫的收入降低了，她无法埋怨丈夫，丈夫做的是正事儿，是大事儿。看着丈夫每天那么忙碌，回家了也总是坐在书桌前发呆。此时的她，只能自己想办法解决。

她想到了做裁缝，开一个服装加工店。过去她跟着母亲学过做衣服，但是裁剪方面的手艺还不过关。如果找一个裁剪师傅专门学一下，自己就可以独立做服装加工店了。两个月后，学习裁剪的妻子顺利地学成出师了。

服装加工店在春节前开张了，妻子为了多挣一点加工费，年前就多接了几个活儿。她本打算腊月二十六可以做完，然后用两天时间准备年货，腊月二十九好好歇一天。没想到，她忙到了腊月二十八，还有两件上衣和一条裤子没有做完。

女儿小，不懂得妈妈的心思，总是缠着她要出去玩儿。最后，妻子实在忍不住了，生气地朝女儿大喊一声："你怎么不听话？谁有空带你上街？"

女儿吓得哭了起来，董耀会赶忙过去抱起女儿，带她到街上去玩儿。他知道妻子太忙太累了，如果自己能够像从前那样有高一点的收入，妻子也不会这样忙。他一边在内心自责，一边变着法地逗女儿玩儿。

晚上，帮着妻子给衣服钉扣子，不会针线活儿的他一会儿就被扎了好几下手。他知道自己也帮不上什么忙，只是想陪陪忙着的妻子。董耀会一边干活儿一边反省，下决心要想办法改变贫困的现状。

他要快速地挣到钱，跨越这个困难的阶段。幸运之神降临了！董耀会陪河北人民出版社来出差的朋友去山海关，朋友无意中感叹，秦皇岛是一个旅游城市，但没有一本适合游客阅读的导游书籍，如果出一本肯定会有市场。

朋友的话一下子让他有了灵感，他找好友孙志升，两人一起写了《秦皇岛旅游》。这本书非常适应当时的市场需求，第一次印刷就发行了1万册。俩人都得到一笔不小的收入。接着又印发了第二次，又是一大笔收入。我问他，这本书挣了多少钱？他说，按照当时的工资水平，相当于10年的工资吧。

后来，他还做过一些经营项目。包括利用北戴河的地利，举办医学、教育专业会议，与出版社合作出版医学、教育等方面的书籍。

我又问他："人家都说挣钱上瘾，花钱过瘾。你挣钱了，为什么没有沿着挣钱的路走下去呢？"董耀会说："挣钱也是一种生活方式。"他感觉我没有听懂他的话，又补充说："就如同有人打麻将上瘾，可是让我去玩儿就感受不到快乐。"

董耀会说过："对自己这一辈子，最满意的地方不是想做什么就能做什么，而是不想做什么，就可以不做。"没有太高的物质欲望，这也是他能在长城之路上走长远的一个原因。

图五三　这是董耀会一家三口在北海公园。徒步考察长城走到北京休整时，妻子带着女儿来北京看他时的合影

家庭生活困难解决了，董耀会又全身心地投入长城研究中，这是他最大的快乐。后来，董耀会又调到了秦皇岛市委研究室。

从市政协调到市委研究室，当时的研究室主任是王霄。董耀会说："王霄是一个很有思想的人。"董耀会评价别人说"有情怀"的时候多，说"有思想"的我只听他这样说过王霄。董耀会说，王霄对他研究长城非常支持。

校注秦皇岛历代志书

1993年的秋天，董耀会从秦皇岛市委调到市政府地方志办公室担任副主任，一年后接任主任。直到2001年调入北京，他在秦皇岛方志办公室干了长达8年的时间。

谈到这段经历，他很怀念那些日子。他说，自己的主要精力在北京，地方志的工作主要靠他的前任主任齐家璐，方志科主任朱雅臣，年鉴科主任吴素馨、副主任李淑萍等人。

他说，齐家璐是学者型官员，在全国方志界都很有影响力。我在董耀会的办公桌上看到过一本齐家璐的著作，名为《齐家璐方志文选》。齐家璐的前任主任，就是董耀会经常提起的王岳辰。

我对董耀会说："秦皇岛地方志办公室太了不起了，有过这样三位了不起的主任。"他说，他的继任主任孙继胜，也是一位专家型的人。

董耀会担任主任期间，主持编纂出版了《秦皇岛年鉴》，组织标点注释了《秦皇岛历代志书校注》。在从事长城研究的过程中，他深知志书的价值。长城沿线有数百部不同年代、不同版本的府、州、县志，这些都是研究长城的资料库。

他刚到方志办时，市志的编纂已经接近完成，他有了将秦皇岛历代旧志整理出版的想法。1998年夏天，全国地方志学术研讨会在北戴河召开，董耀会在会上谈起要出版旧志的事。很多年之后，他仍然记得当时自己那种状态，那是一件让他动心要做好的事。

此后，将近三年的时间，董耀会和康占忠、阎醒之等同志一起，为《秦皇岛历代志书校注》倾注了大量心血。这两位都是退休之后被他返聘回来的老同志。地方志办公室的同事被他们的热情感染，为了完成这项艰巨的任务，加班加点。

李淑萍的丈夫马立武是一家房地产公司的总经理，工资收入很高。他说："董主任也不知道怎么给大家"洗脑"了,大冬天夜很深了李淑萍还趴在被窝改稿。机关的工资也不高啊,哪来的这么大的干劲儿?"

方志作为地方史料,是一项珍贵的文化遗产。对一个城市来说,丰富的志书代表了这个城市悠久的历史和深厚的文化。志书只有经过整理,才能为现代社会的发展提供帮助。

旧志虽然主要是明清时期,时间并不久远,但一般人很难看到,甚至有几部孤本已经难觅踪迹。董耀会之所以倾注心血完成这项编纂任务,就是要彻底解决查找使用志书古文献的困难。

这是一项巨大的文化工程,他在秦皇岛和北京两边跑,忙了一阵北京,就赶回秦皇岛。在北京的晚上,他也抓紧时间审阅旧志的校注稿。

《秦皇岛历代志书校注》主体工程是1998年10月启动,2001年5月底完成,历时两年半。重新整理的志书有10部14册,包括明代、清代两个时期的不同版本《永平府志》《山海关志》《卢龙塞略》。

董耀会作为主编,深知其中不为人知的种种辛苦。

图五四　董耀会在地方志系统的同事,他长城事业亦师亦友的支持者

为了搞清楚一个字或者一个词，需要查阅大量资料，有时花费几天时间才能圆满解决。对于秦皇岛旧志整理，他形容为"历史性的工作"。

出版之际，董耀会为这套书写了序言《共同的喜悦》，我很喜欢这篇文字。每次阅读都仿佛有他的声音回荡在耳边，故将这篇序言收录如下：

我上小学的时候，正值全国大革"文化"的命，那时无书可读，便跟着高年级的同学们，跑到造纸厂偷造反派没收的书。库房管得很严，连窗子都用木板钉死了。由于我瘦小，常常是我钻进去，摸着黑胡乱用衣服裹一包书就递出来。大孩子们将好看的小说分了后，没用的就烧掉，有小人书时也分我几本。

一次，我见一本用线缝的书挺好，偷着塞进衣服里带回家后也就忘了，不知什么时候母亲用这本书夹起鞋样。我们那时穿鞋都是大人给做，鞋样就是剪鞋底和鞋面的纸样。后来还见过母亲翻这本书找东西，也没大理会。直到80年代初我对长城产生了兴趣而又找不到资料时，想起了那本线装书，让母亲找出来一看，是清光绪版的《永平府志》，这册记的全是庙宇，对我无用，但提醒了我去找志书。

不久向郭述祖和王岳辰两位前辈讲了我的想法，他们帮我找来《永平府志》和《临榆县志》，从此志书开始伴随我的长城研究工作至今。历史研究者能否取得较突出的成就，一个重要方面，就是看他占有相关史料的多与少。长城沿线的数百部不同年代、不同版本的府、州、县志，是我研究长城的资料库，是这些史料支撑了我的整个研究工作。我常常和朋友们讲我和地方志是有缘的。

1993年底，我调到市政府地方志办公室工作，更加深了对方志的感情。我来的时候《秦皇岛市志》的编纂工作已接近完成，当时和家璐同志议起来，就有下一步将秦皇岛历代旧志整理出来的想法。直到1998年的夏天在北戴河召开的"全国地方志学术研讨会"上，我和家璐同志同住一室，再次旧话重提，又议起点校注释秦皇岛旧志。

当时我很激动，直到今天想起来，仿佛仍能重现那种激动。我很了解自己是个被激情所控制的人，只要让我动了感情的事，便能全身心地陶醉进去，直到把事做彻底。散会后，将此想法向康占忠、阎醒之两位老同志谈了，他们也被我的激动所感染，毫不犹豫地承接下来了这副重担。两位老同志一个已过花甲，一个已逾古稀，从此一头扎进旧志之中，井然有序地一干就是近三年。

不知从何时开始，喧闹和繁杂已经成了我生活的主旋律。自从做起旧志校注工作，每次从北京忙一阵中国长城学会的工作回来，我都要沉下心看一部分校注稿，这渐渐成了生活中不可或缺的内容。对一个城市来说，旧志的丰富，代表着悠久传统的延续和文化底蕴的积淀。对我个人而言，旧志的厚重，则较多地协调平和了一些当世的焦虑与浮躁。

在一部部，甚至一页页地满世界搜寻要找旧志的过程中，每每都会感到有一种奇异的希冀。待找到时，哪怕仅仅为已有的志书补充上半页或半行的残缺，也似在枯燥的长途跋涉中，突遇绚丽的美景，疲惫顿失，快乐之极。在物欲横流渐成时尚的社会，能有一段寂寞的岁月守住自己的淡泊，静静地释放出光和热，完成一件实实在在的事情，给喧闹的人生泼洒一些清新，真是太好了。这是做完这套丛书之后，我本人的最大收获。

方志是地方史料，是珍贵的文化遗产，但只有经过整理能为社会所使用，才可为今天的经济建设和社会发展提供服务。秦皇岛的旧志虽主要是明清两代的，距今时间并不是太久远，但一般人也根本难见到，有几部孤本更早已是不见天日。丛书的出版，将彻底解决查找使用志书难的问题。

《秦皇岛历代志书校注》丛书是一项大工程，是秦皇岛重要的文化建设。面对即将发印的全套书稿，我对所有参与了这一工程建设的师长、同事和朋友们都心存感激。我感谢大家付出近千个工作日和我一起，完成了这件历史性的工作。我感激大家用共同的劳动，换来了现在乃至将来更多人的共同喜悦。

为三位老人出书

2000年进入一个新的世纪之际，董耀会办了一件好事，为秦皇岛研究地方文化的三位老人出版文集。这套《秦皇岛史地丛书》包括《王岳辰史地文集》《康群史地文集》《郭继汾史地文集》。

他之所以要做这件事，是要给这些为地方文史研究作出过贡献的老人一份尊重、一份名誉，也是为地方文史留下一份财富。他为这套文集写了序言《生命的光彩》，亦收录如下：

王岳辰、郭继汾、康群三位老人都是我未满二十岁时认识的，那时他们就已名冠我们这座小城，而我还是一头初生的牛犊，他们及马相、郭述祖、沈树武、齐庆昌等，是我们这一代人的师长、前辈，二十多年来给予了我们这批人很大的影响和帮助。今天，他们老了，却仍时时关注着我们，为我们所取得的每一点进步和成绩而欢欣。

　　我在八十年代初期和几位年轻朋友议论过，我们的文章和老一辈文章的长与短。我们的文章有活力、有锐气或者还有点灵气，但我们没有长辈文章的底气。那时我们也谈史籍，但那是一种食而不化的谈，对其中的精髓得其要领者少。而王岳辰、郭继汾、康群等老先生们，却很好地继续了传统文化，从《秦皇岛史地丛书》中收录的著述，完全可以读出他们学识的厚度、广度和深度。

　　王岳辰、郭继汾、康群三位先生是知识渊博的学者，我却是一个从来不曾打算做学者的人。学者需要有一个渐进的、有序的专业知识积累过程，我年少时对这个过程既无兴趣更无热情。是长城将我和学术联系起来的，但我在研究长城的早期，完全是硬着头皮啃史书。毫不夸张地说，我为适应做学问那枯燥、抽象、繁杂的唯理主义所费的心力，并不亚于走长城的付出。

　　我热爱形象思维的文学艺术，却最终在抽象思维的学术领域开了花，结了果，应该说在很大程度上受秦皇岛这些史地专家们的影响。在我们奋斗的十几年间，始终以老一辈为榜样，要求自己不要浮在表面和表象上，要求自己要有深厚的积淀，为之付出了不懈的努力。虽然到现在仍做得不是很好，却已经受益多多。

　　数十年来王岳辰、郭继汾、康群在行政、事业、教育等不同岗位工作之余，还能挥洒自如地驰骋于文史之地，取得令人瞩目的成绩，着实让人敬佩。这套丛书所发的文章，在过去的二十多年间我大多从发表的载体上读过，但今天集中读来却感受更深。

　　我祝愿三位老人，尽情享受人生的美好时光，并焕发出生命所有的光彩。祝他们健康长寿。

　　这篇小序的字里行间，可以读出董耀会的真情实感。他是一个重情重义之人，一个内心善良的人，一个知恩图报的人。

地方志办公室的沈肖槟，具体负责《秦皇岛史地丛书》这项工作。

她是董耀会的老师沈树武的女儿，董耀会说："我们地方志的人，每一个人都负责好几项工作。比如沈肖槟既是单位的出纳，又是办公室的办事员。地方志对外联系的事，基本都是她负责。编辑这套《秦皇岛史地丛书》，她差不多都是利用业余的时间。"

《秦皇岛地情》

董耀会任地方志办公室主任的最后两年，2000、2001年还出版了一本刊物《秦皇岛地情》。第一年季刊，第二年改双月刊。内容有对秦皇岛发展的思考，有对相关领域的鞭策，也有对各种问题的提出和解决问题路径的探讨。

创刊卷首语《我们只想做点事》是董耀会亲自写的，收录如下：

前两年一位外地朋友由102国道来北戴河旅游，直到车驶进秦皇岛，才开始发觉自己走错了路。他对司机说：没关系，我们先去山海关。他告诉我这段经历时，我很为生我养我的秦皇岛骄傲，我们有北戴河，有山海关这样两个闻名于世的旅游胜地。还有一次我陪中科院路甬祥院长走205国道，我向他介绍碣石山，车很快地向前开着，他侧头看着娘娘顶很有感慨地说，秦皇岛真是块宝地，一座山就与秦始皇、汉武帝、唐太宗、魏武帝这么多帝王有关。那时，路北边是一行行、一片片的葡萄秧架，挂满了一串串葡萄，车行其旁别有情趣。

我熟悉这片土地，熟悉他的秉性，熟悉他的经历，熟悉他的每座山、每条河。我爱这片土地，爱生活在这片土地上的人们。我也有对这片土地不满的时候，很烦了便对这里的事情故意置之不理，但最后往往做不到，不因为别的，只因为总想做点事。与几位也同样不甘沉寂，愿意做点事的朋友谈来谈去，最后便产生了这本刊物。当然还有一个前提，就是得到了领导和同事们的支持。

这是一本相对综合的刊物，我们没有很成熟的办刊宗旨，既然叫"地情"，当然要紧扣秦皇岛办。外面的人不了解秦皇岛，本地的人就真的了解秦皇岛吗？也不一定，"不识庐山真面目，只缘身在此山中"。

当然随着信息时代的到来，每个人、每一座城市都在逐渐地部分地失去地域的局限，为了体现这一时代特色，我们组编创刊号时，将视角尽可能地向外扩展了一下。

朱雅臣说:"大家都认为《秦皇岛地情》是一本挺有意思的刊物,每期出来总是争相阅读。很多人都找我们地方志的人走关系,想办法给留出一本。"

一次我和董耀会去秦皇岛开会,市社会科学联合会的副主席刘锦堂特意来看他,还一再地提起这本刊物。他对我说:"这是一本思想性、可读性很强的优秀刊物。非常贴近实际、贴近生活。"

一本过去了差不多20年的内部刊物,竟然如此令人记忆犹新,非常出乎我的预料。我在秦皇岛有很多的老朋友,见面时我特意问起过《秦皇岛地情》,大家的评价都很高。

董耀会是《秦皇岛地情》的主编,他说:"办这份刊物的主要是白绍兴和王宝明。"我知道,白绍兴、王宝明是董耀会在秦皇岛的两个小兄弟。他回秦皇岛不管多忙,一定会和这哥儿俩见面坐一坐。

白绍兴是出车祸时和董耀会一起捡了一条命的人,也是一位作家。董耀会送了我一本白绍兴的书《自为之国》,署名是白骐瑞。董耀会说:"车祸之后,白绍兴就开始使用这个名字了。"《自为之国》的语言和思考都很有特点,每篇的篇幅很短,语言很直接,几乎每个字都是干货。

王宝明是一位艺术家,也是独立批评家、策展人。董耀会给我看了两本他的著作《中国后现代艺术》《后波普浪潮——对中国特殊消费主义的现象学研究》。我女儿是中央美院学艺术史的,经常去798艺术区等地看各种展览。我问她知道不知道王宝明,女儿说:"知道,很有影响的当代艺术策展人,他在艺术圈叫江铭。"

白绍兴和王宝明从20多岁就跟着董耀会,始终称董耀会为老师。白绍兴说:"董老师身边的人都受他很大的影响,他对每一个人,他做的每一件事,都给我们的影响很大。"他讲董耀会帮助朋友从来都是无条件的。他告诉我,昌耀是他俩共同的朋友。昌耀曾托董耀会照顾儿子,董耀会想让昌耀的儿子来北京,留在他身边。

我一直写诗,读过昌耀的《慈航》《斯人》。我不知道董耀会与这位新中国伟大的诗人还有如此深的交往。白绍兴说,昌耀后来自己住在省作协的办公室,什么人叫门也不给开。董耀会出差去西宁看他,叫门居然给开了。作协的人,都感到很意外。

2000 年 3 月 23 日他在青海省人民医院因肺癌住院，趁人不备跳楼自杀。董耀会和我谈起过很多的诗人和他们的诗，但从来只字没提起过昌耀，或许就是这个原因吧。昌耀离世后的第 46 天，董耀会和白绍兴乘坐的车发生两亡三重伤的车祸，他俩死里逃生。

物以类聚，人以群分。如此优秀的人，能够长期和董耀会在一起，自然也是因为他的优秀。

长城邮票和百关纪念封

董耀会做事认真，而且经常较真儿，这是他给我留下的一个非常深刻的印象。对长城的保护，他从来都是不折不扣的"卫士"。对于邮票上的长城，他也有一个较真儿的故事。

1995 年 10 月 5 日，中国邮政部门发行了普 28《长城》邮票一套 3 枚，这套邮票计划陆续发行 16 枚。但是发行 3 枚之后，却没有再继续发行。从 1997 年 4 月至 1999 年 5 月，又连续发行了 5 组 21 枚的普 29《万里长城（明）》邮票。

这两套普通邮票有着明显的重叠痕迹，难道是发行出现了错误？一般人并不知道，这件事和董耀会有关。

邮电部发行的 3 枚《长城》普通邮票，图名分别为"金山岭""山海关"和"老龙头"。当时，邮电部邮政司司长龚达才在山海关举行的普 28《长城》系列邮票首发式，代表邮电部宣读了邮票发行通知。

作为年轻的长城专家，董耀会也接到了普 28《长城》系列邮票首发式的邀请，但他却拒绝了出席。

普 28《长城》系列邮票开始设计的时候，曾经专门征求过董耀会的意见。他当时就认为，计划发行的普 28《长城》系列邮票的选关存在问题。公布出来的 16 枚普 28《长城》系列邮票发行计划，并没有采纳他的意见。

于是，他没有去参加普 28《长城》系列邮票首发。对于明显存在的错误，他不想妥协。

后来，龚达才司长在回忆文章中对这段故事进行了详细说明："普 28《长城》系列邮票首发后，邮电部邮政司听到一些反映，概括起来有这样两点意见：一是认为发行《长城》系列邮票很有必要，可以弘扬中华民族传统文化，增强人们对长城的保护意识，16 枚有点少；二是认为这套普通邮票的名称不够贴切，因为自春秋战国以来，为了防御，历代各自都曾修筑过长城。现在人们所看到的万里长城，主要是明代所修，应该标明是明代长城。尤其是中国长城学会有关领导，还特意分别给邮电部邮政司打了电话和写过信件，建议将《长城》系列邮票改名为《万里长城（明）》系列普通邮票。去掉其中汉代长城的玉门关、新疆汉代克孜尔尕哈烽燧、内蒙古固阳等，再加一些明长城的重要地点。"

龚达才说的中国长城学会有关领导，就是时任常务副秘书长的董耀会。为了更准确地反映自己的意见，董耀会直接找到了邮电部副部长刘平源，又直接给龚达才打电话说明情况。

邮电部非常重视董耀会的意见，邮政司会同邮票印制局连续召开座谈会和专题会议，对此进行了认真的研究。董耀会也参加了这些会议，毫无保留地阐述了自己的意见。

最终，邮电部听取了各方面的意见和建议后，果断决定停止继续发行普 28《长城》系列的发行计划，改为发行普 29《万里长城（明）》系列普通邮票。

邮电部邮政司正式委托中国长城学会推荐，从 1997 年 4 月 1 日至 1999 年 5 月 1 日，分五组陆续发行长城普通邮票 21 枚。

龚达才在回忆中对董耀会表示了敬佩之情："过去社会上一直认为长城'东从山海关起，西到嘉峪关止'，这次国家公布的明长城东端起点为辽宁省丹东市的虎山。1999 年发行的普 29《万里长城（明）》第四组，就有面值 5 分的虎山长城。中国长城学会写给邮政司的建议信，第一个就是虎山长城。当时普 29 选不选虎山长城，也还是有点议论的，我的意见还是尊重长城学会的建议。依靠专家就是好，如果不是董耀会等专家们的建议，十多年前发行的长城普票就一定会从山海关算起。今天，明代万里长城东端从辽宁省丹东市算起，这套长城邮票就会显得不完整了。"

在及时纠正邮票发行错误之后，董耀会又参与《万里长城百关纪念封》的策划和发行，中国长城学会、中华全国集邮联合会及长城沿线几十家邮局联合在 1997 年正式发行。发展文化产业，他不但有理论也一直在实践，《万里长城百关纪念封》就是他的大手笔。

这套旨在弘扬长城文化和配合普28、普29长城普票发行的《万里长城百关纪念封》，全套分为5个系列，共114枚纪念封。每个系列限量发行15000套。

纪念封采取图案、印刷防伪手段，发行后受到广泛欢迎。每一枚纪念封，都印有主附图的现存遗迹彩照，贴有普28或普29长城普票，盖有该关口所在地的邮戳；每个邮折均配有长城普票数枚。此封由邮票设计家李印清、吴建坤、潘可明设计，纪念封背面印有中英文说明。

每个系列的纪念封，邮戳日期为同年同月同日同时，这在世界邮品历史上实属罕见，在中国邮品历史上也是第一次。因为发行数量稀少，存世量不多，收藏价值很高。说起这件事，董耀会少有地表现出欣喜不已。

为保证此套系列纪念封的印制发行，1996年元月成立了《万里长城百关纪念封》组委会，全国人大常委会副委员长黄华为主任；邮电部副部长刘平源，中华全国集邮联合会会长罗淑珍，中国长城学会副会长王定国、罗哲文，邮电部邮政总局局长盛名环为副主任；董耀会为秘书长。

这套系列纪念封的策划是董耀会、赵爱民。纪念封上的遗迹众多，包括西周，以及春秋战国时期的楚、齐、魏、郑、韩、秦、燕、赵，秦、汉、南北朝、隋、唐、金、元、明等朝代和诸侯国修筑的长城线上的现存遗迹。

董耀会用他的执着和真诚，纠正了一次中国当代邮票发行的错误。这是他对长城历史文化的一次维护行动，更是对集邮文化和集邮爱好者的负责任的行动。

第三部分

孤独的使命(1996—2005 年)

董耀会是一个思维方式非常不一样的人。不久前，我们的一个共同的朋友，本来在事业上干得风生水起，在单位也是绝对的骨干。后来和单位领导闹得不可开交。原因很简单，单位决定要派他出国主持一个项目。他本来不反对去，但是领导没有征求他的意见，他很反感决定要辞职。

他说，我愿意去和你不经过我同意非让我去，完全不一样。

董耀会问他，什么事都非得经过你同意吗？他说，涉及我的所有事，必须要我同意。董耀会加重了口气，又问：涉及你的所有事，必须要你同意？这位朋友毅然决然地点一点头，肯定地说：是的。

董耀会轻轻地问：你妈你爸把你生下来，是涉及你的事儿吧？征求你的同意了吗？这位朋友眼睛直了，不知道该如何回答。董耀会接着又问：将来老天爷要把你收走，是涉及你的事吧？会征求你的意见吗？

最后，董耀会一本正经地说："一个人的生死，应该是最大的事，哪个是由你自己决定的？"又加了一句，"人都别把自己太当回事。"董耀会就是这样，指出朋友的缺点从来不客气。那天他和那位朋友的脸色，都很不好看。

董耀会的优点是不把自己太当回事，但是绝对把长城的事当回事。

董耀会出任秘书长的时候，在长城领域就已经是"天下谁人不识君"。人成了名，头上增加了光环的同时，肩上担子的分量也增加了很多。从这个意义上理解董耀会的孤独，你就能理解这项事业的不容易。

他知道自己做的是一项孤独的事业，这种孤独不仅是无处倾诉的孤独，更是一种深透入髓的孤独。他们这些长城保护志愿者，是在替同代人、替父辈接受着心灵的审判，那是一种在炼狱中接受审判的痛感。

第一章　辛苦的秘书长

1996年6月董耀会担任学会秘书长那年他39岁。会长黄华全力推荐这位已经担任了3年的常务副秘书长接任秘书长，原因是秘书长张振患癌需要住院做手术。

对于这个年轻人，黄华非常熟悉，更欣赏有加。董耀会平常总是胡子拉碴，即便刮过也刮得不整齐，唯独每次去见黄老时会把胡子刮干净。这位老外交部部长很认真地说过他这一点。

长达二十年的时间里，黄华看着这个年轻人一步步成长起来。不仅学术地位逐步提高，组织协调能力也让他十分满意。

开始的时候董耀会并不想接受这个职务。他先是婉言推辞，接着索性表达了不同意。不是他不想承担保护长城的责任，是他觉得自己还有很大的差距。

他说："秘书长应该具备三种基本能力：有广泛社会资源，有领导团队筹集经费的能力，有驾驭大型活动的能力，自己在这些方面都比较欠缺。"他个人觉得，自己总结的这三点非常有说服力，可以作为推辞秘书长职位的充足理由。

没想到他精心总结的三点推辞理由，反而成了大家看好他的依据。当时的学会副会长、人民日报社社长邵华泽听完了他的话，马上认准他就是最合适的人选。

邵华泽有些感慨地对大家说："就看他刚

图五五　董耀会与张骥等在张北考察长城（左起：张骥、胡明、董耀会、刘河）

才讲的这三条，一定会是一个合格的秘书长，因为他想的都是怎么对工作好。"

然后，大家你一言我一语地各自发表看法。就这样，他的三点推辞理由反而成了大家赞同他的三点理由。我问他，怎么看待这样的结果？他说："人要接受事与愿违。"

老前辈王定国指着董耀会，温和地笑着说："就你最合适，干吧！"事实证明，董耀会是合格的秘书长。一段时间之后，他的人格魅力使他成为学会众望所归的领头羊。

他的身边聚集了一批人才，国家地质矿产部遥感中心机关党委退休的张骥书记来了，担任负责行政副秘书长；北京大学韩光辉教授来了，担任负责学术副秘书长；国家人事部机关工委原书记蔡德明来了，担任负责组织联络副秘书长。

另外也包括董耀会的好兄弟，徒步考察长城的伙伴吴德玉。复旦大学毕业，学计算机的韩国伟，放弃高额年薪也投身于长城学会的国际交流工作。还有放弃了铁饭碗的王鹤然，已经从国企下海做企业的郑严，都汇聚到了董耀会身边。

这些人我全都采访了，他们至今都还在董耀会身边。这些人，始终在为长城做事，肯定是和董耀会一样爱长城。除此之外，他们为什么能追随董耀会这么多年，是因为他的地位，他的权威吗？显然都不是。我在采访时，大家一致的表达是因为长城，也是因为董耀会的人格力量。

图五六　在老朋友陪同下，徒步考察长城37周年纪念日，董耀会登上河北遵化鹫峰山长城舍身台（左起：刘立莉、张志广、曹贺龙、董耀会、高海稳）

病倒的拼命三郎

董耀会就任了秘书长,对于兼任法人代表的惯例却坚决拒绝了。他说自己过渡一下,有更合适的马上可以换。他担任秘书长时,张骥是常务副秘书长、法人代表。

上报材料时,国家文物局对此非常不理解,还让中国长城学会专门写了报告进行解释,为什么法人代表不是董耀会?张骥当面解释说:"因为啥?就因为他不干!"

接手中国长城学会秘书长,董耀会依然住在一个潮湿的地下室。张骥介绍说,地下室的楼道很阴暗,房间里都是发霉的气味。不久,国家就开始了对社团组织的统一整顿。

董耀会一边做学术研究,一边主持学会工作。他不自负,不固执,能够听取不同意见,自然也就深得人心。张骥回忆说,刚上任时很难,他首先要为学会的"生计"不停地奔走。当时学会"账上没钱,办公没地方,还得找'婆家'"。张骥说的婆家,指的是全国社团整顿要求有一个部级主管单位。而这些都需要秘书长亲自去筹划运作,董耀会当时就像个"拼命三郎"。

董耀会的职责比之前大了很多。让他感触最深的是体会到了工作的压力,特别是学会经费的压力。他给自己定了一个死任务,必须为学会找到一个稳定的经济来源。他想到了八达岭,然后认真研究了八达岭特区旅游发展面临及需要解决问题的对策。他做了一个为八达岭发展提供学术支持的策划方案,这是一个双赢的战略构想。

八达岭特区办事处的主任乔雨,这是一个和董耀会一样有事业心、年龄比董耀会还小的人。曾有哲人说过:"年轻人一生有没有事业,不是问题;一生有没有事业心,才是问题。虽然有事业心,不一定能够做得成事业;但是如果没有事业心,就如同已经被丢进纸篓的考卷一样,这个年轻人几乎是报废了。"

董耀会和乔雨,两个有事业心、都想要做成一番事业的年轻人一拍即合。长城学会每年的固定办公经费,八达岭特区负责出了。中国长城学会支持八达岭,将八达岭长城旅游景区做强,做出文化品质。

在当时社团激烈竞争的大环境中,董耀会对学会的工作进行了深入的思考,也创新了很多的经验,取得了不俗的成绩。对于学会的发展,他站在战略的高度,前瞻性地提出加强长城学会"品牌"建设。

董耀会做事是结果导向，他对学会各部门的管理，只强调结果。保护长城，结果是什么？宣传长城，结果是什么？各部门负责人，有什么想法都可以去实施，但必须有积极的结果。经过了一年的辛苦努力，学会的状态终于有了本质的变化。

长城保护研讨会

办公地点有了，基本的办公经费有了，年轻的工作团队建立起来了。但是，超乎常人的长期忙碌让他精疲力竭，这个徒步万里长城都没有倒下的铁汉，却在1997年底病倒了。

董耀会本来已经有几天不舒服了，可是"山海关长城保护工作研讨会"即将举办，他对自己说："没事，挺一挺就过去了。"1997年12月16—17日，由中国长城学会主办，秦皇岛市文化局、秦皇岛市长城学会、山海关区政府协办的长城保护工作研讨会在山海关举行。

这是中国长城学会成立以来第一次召开以长城保护为主题的研讨会。董耀会说："长城保护刻不容缓，要将长城保护列为学会工作的重点。"

学会的副会长吕济民，秘书长董耀会，副秘书长朱希元、吴梦麟、韩光辉，专家学者杜仙洲、成大林、曹大为等，以及来自全国的60余名代表参加了会议。秦皇岛市委副书记杨玉忠，市委常委、宣传部部长冯首生，市委常委、秘书长范怀良，副市长高兰栓等参加了研讨会。

这次会议是范怀良促成的。范怀良是董耀会视为兄长的好朋友，当初走完长城，董耀会急流勇退向社会宣布了"三不"宣言，范怀良对董耀会竖起大拇指说："花未全开月未圆，做得好！"

中国长城学会第一个学术会议在山海关召开，第一个长城保护会议也在山海关召开，家乡山海关始终做他的后盾。专家们听取了山海关区政府关于长城保护的情况汇报，各地的代表也介绍了各地的问题。专家们就长城保护问题，提出很多建设性意见。

回到北京，董耀会再也坚持不住。

他的病有些蹊跷，不仅高烧不退，而且找不出原因。

张骥到医院去探望董耀会,发现和他一个病房的是位高中老师,也是一个工作狂,在课堂上突然晕倒而住院。不幸的是,三天后张骥再去时,董耀会病房的那个病友已经去世了。

在张骥的眼里,董耀会就是一个长城苦行僧,长城是他的图腾、他命中必经的炼狱,长城是他生命和事业的全部。

董耀会有一句常挂在嘴边的话:"凡是有益于长城的事,我们都支持。"言外之意,凡是有损长城的事,他绝对毫不犹豫地反对和抵制。

1998年,张骥感动于董耀会为长城的巨大付出,满含真情地写了一副对联赠给他:

嘉峪关东望,赤足万里,修行悟道;

未名湖西窗,春秋两度,诵经参禅。

图五七　董耀会在看农民住房墙上的一块老碑,手里的吃了一半儿的玉米就是他的午餐。一年到头,他经常是在长城沿线考察

事实上,这位年轻的秘书长,把长城视为神灵膜拜的人,是一个把长城视为"老父亲"而全身心保护的人。他为了长城什么都舍得,甚至生命。

对于长城研究,他不遗余力;对于长城保护,他更是绝不留情。对于长城保护,董耀会在所有的场合大声疾呼,而且讲得慷慨激昂。黄华会长开玩笑地说:"董耀会就是一个长城保护的偏执狂。"他不同于一般人的偏执,他大声疾呼并身体力行为长城保护奔波。

在他的文集《瓦合集——长城研究文论》中,单是研究学会工作的就有4篇。虽然都是会议发言,但内容都是有感而发,针对性很强,各具特色,并非程式化的空泛之文。特别是关于品牌的建设以及长城文化产业的规划,都是切合实际和适应

市场环境的战略性思考。在这方面,充分展示了他的领导能力和前瞻性思维。

有一次采访张骥,我问董耀会的最大缺点是什么,张先生的回答令我非常意外。他几乎想都没想就脱口而出:"他不大会识人,他常把一些坏人当好人对待。"

古人常说,"为治以知人为先",治理国家和管理一个组织道理一样,得人之道,在于识人;识人之道,重在观人。只有知人才能善任,"不大会识人"的董耀会,中国长城学会这个家他可怎么当?

后来采访中,《万里长城》编辑部主任郑严谈到董耀会时也说:"他的眼里,所有人全是好人,没有坏人。"这可能就是张骥说的"不大会识人"吧。

我把张骥的话转述给董耀会时,他哈哈大笑。那是他典型的笑,坦诚而率真。他说:"不能说我不识人,张秘书长跟我一起干二十多年长城,这是一个多大的好人啊。"

我说:"人家说你不识人,是不识坏人,拿坏人当好人。而且还举了例子,有人在你辞去秘书长后,对你很不好。"

他平静地说:"对我好不好又怎么样?我想做的长城事情,哪个没有做成啊?"

图五八 郑严是一位"老长城",这本书中的很多照片都是他拍摄的。图为董耀会、郑严在嘉峪关

人都有好的一面，也有不好的一面。别太拿自己当回事儿，更别太拿别人的错误当回事儿。"

他显得很豁达。我也同意他的观点，人的精神世界中存在着两面，一面是天使，另一面是魔鬼。这样看来，董耀会的"不大会识人"，恰是他内心的正面、光明心态的体现。

老子说，以其不争，故天下莫能与之争。董耀会是心底无私天地宽，他的心中只有长城事业，其他的是是非非都不值得挂念。随着岁月流逝，清者自清，成者自成。

或许那些捣乱的人会认为，董耀会的不计较是呆傻愚钝。没关系，他不以为然。"长城之子"之名，我们可以更多一个理解：长城赤子，一个一生都与人为善的长城赤子。

农民会员

1996年出任学会秘书长后，董耀会力排众议批准了第一批农民会员。当时有人认为"学会是国家一级学术团体，吸收农民会降低学会的学术影响力"。

他解释说："长城保护是学会的任务，如果有几万个长城沿线热爱长城的农民加入学会，我们的影响力和作用就更大了。"他主张"降低学会的入会门槛"，形象地比喻"学会的门槛，不能比大门还高"。

最早的两个农民会员是他家乡的两个农民，一个是李亚忠，一个是张鹤珊。他们都是数十年如一日热爱长城、义务保护长城的人。

全力支持农民长城保护员，吸收

图五九　董耀会为农民长城保护员张鹤珊题写"长城缘，兄弟情"

图六〇　董耀会在新疆阿克苏乌什考察长城时和维吾尔族青年交流长城保护

他们加入学会是对他们的肯定，更是化解他们实际困难的一个办法。面对破坏长城行为时，长城保护员起码可以拿出一个证件来，证明他们身份的合法性。

董耀会对保护员的支持，还表现在很多细节方面。他知道他们每天都会在衣服口袋里装着会员证，这样在巡查时遇到情况，随时可以掏出来。因此，他给他们发会员证的时候，一次就给了 2 个证书外皮。他们的证总在兜里装着，非常容易磨损。

李亚忠是山海关的农民，1992 年董耀会在市地方志时就一直支持他做长城研究。李亚忠承担了山海关到九门口约 26 千米长城的看护。每个月他都要骑自行车把这段长城认真地查看两遍，发现有人破坏长城就耐心劝说，有时竟会追到村民家里去讲道理。

张鹤珊也是董耀会重点宣传的一个优秀保护员。董耀会利用一切机会动员中央电视台、新华社等新闻媒体，一批又一批记者到抚宁城子峪采访张鹤珊。

提起董耀会时，张鹤珊马上来了精神："董耀会那是我兄弟，他来了，镇政府请他吃饭都不去，就在我家里一起吃烙饼。我们哥儿俩，拌俩西红柿，摊俩鸡蛋，就能喝半斤、聊半天。"

2007 年 6 月 4 日，张鹤珊、孙振元作为全国优秀长城保护员代表，在人民大会堂与其他 13 位"全国优秀长城保护员"一起受到国家表彰奖励。

董耀会常年奔走在全国的长城沿线，凭着他的赤子之心结交了一批这样的农民朋友。这些保护员，就是董耀会长城卫士团队的忠实队员，更是让他放心、令他敬佩的一线先锋。

他了解国家长城保护的实际困难，也懂得家乡抚宁保护员制度的示范意义。国家既然无法安排足够的人员，对长城进行看护性的管理，也没有足够的经费投入，长城保护却特别需要这样一支队伍。

抚宁建立的民间保护员制度，为全国的长城保护找到了一个最有效的办法。这种办法是一种历史的继承。在20世纪70年代末80年代初，全国长城沿线的村庄曾经建立一支长城保护员队伍。当时是集体经济，长城保护员由大队记工分作为报酬，县文化局每年进行奖励。

在过去的集体经济时期，保护员有组织撑腰。后来变成个人行为，被讥讽为"吃饱了撑的""狗拿耗子——多管闲事"。成为会员之后，学会成为他们的坚强后盾。

2007年在人民大会堂接受"全国优秀长城保护员"国家表彰的15个人，还有董耀会的一位好朋友，他叫王长青。

王长青是古北口人，1955年出生，比董耀会大不到两岁。董耀会1984年徒步考察长城到古北口的时候，认识了王长青。那时候长青是乡里广播站的采编员，董耀会在古北口住了两天，每天晚上都和长青聊到很晚。

临别时长青送出他们很远，从口袋掏出一张五斤的全国粮票，塞到董耀会手里，说："我也帮不了你们什么，这是我早晨去密云给你们换来的全国粮票。"从此之后他们成了好朋友，从青年到白头一起做着长城的事。

在长城沿线，董耀会有很多这样的好朋友，一起保护长城，探讨人生。平常不一定有很多的联系，但永远也不会忘记。哪怕偶尔想起，都会感到很温暖、很亲切。他说"因长城而结缘的朋友是永远的朋友"。

图六一　董耀会和王长青，30多年携手长城保护研究的兄弟

学会的生命力

1999年12月，在国家文物局社团工作会议上，董耀会从三个方面介绍了1987年学会成立之后十多年的成功经验。

筹划和开展种类多样、内容丰富的社会性活动，这是学会的主要工作形式。例如举办国内和国际长城学术研讨会、长城保护和维修研讨会、长城文化节，召开长城区域旅游业发展研讨会等，这些活动提高了学会的社会地位。

董耀会对学会如何解决经费问题进行了总结。学会采取"整体向下"的工作方式，即全心全意服务基层，通过服务基层会员、基层政府、旅游管理机构和旅游景区，在双赢的前提下顺利地解决了学会经费。

董耀会说，曾经尝试和某些公司合作，希望更好地解决学会经费。结果常是事与愿违，不但经费没有解决，反而使学会的良好声誉受到损失。只有围绕长城事业开展学会工作的同时进行创收，才是学会良性发展的正道。

在新的思路指导下，学会重点和长城景区以及景区所在地政府合作，例如举办"山海关国际长城文化节""八达岭长城国际文化艺术节"等，在提高景区知名度和促进旅游景区开发的同时，增加了学会的收入。

其中，山海关国际长城文化节由中国长城学会和河北省政府联合主办。这个旅游节庆至今还是唯一由国务院批准的长城主题活动。

开展活动要和社会需求结合起来，这是董耀会进一步总结中国长城学会的成功经验时说的话。中国长城学会与中央电视台、日本东京广播公司（TBS）合作拍摄纪录片《望长城》；为北京居庸关长城和八达岭长城的修复提供学术咨询；与中华全国集邮联合会合作发行《万里长城百关纪念封》；组织大型交响组歌《长城颂》；举办居庸关长城国际攀登赛等，都是成功个例。

通过提供学术指导和技术咨询，帮助企业提高品牌形象，不仅更好地促进了长城保护和宣传，也获得了合法的咨询费、宣传费等收入，为学会创造了可观的收益。这些收益就是学会的经费，有了经费保障，才能做更多的事。

我从董耀会1999年12月在国家文物局会议的这个发言中，明白了他之所以能将中国长城学会做得这么好，是有理论有思考的结果。同样的思考，在他的另一次讲话中说得更加清晰,因为这是学会内部的一次会议。

还是1999年12月,在中国长城学会的工作会议上,他的发言《长城工作要有强烈的现代气息——谈学会的品牌建设的必要性和意义》重点阐述了学会品牌的建设。在他的心目中,中国长城学会成立之后十多年,虽然开展了很多活动,拥有一定的社会声誉和影响力,但是离品牌目标还有很大的差距。

董耀会并不满意学会的现状,因此提出了学会的品牌建设。

他用了几年的时间,对国内外民间组织进行了细致的比较研究,发现高品牌知名度的社团组织的生存和发展都很好。因此,他认为长城学会的品牌建设是一件必须做的事。有了品牌,才能不断提高学会的形象和影响力。有了较好的品牌,不仅可以解决经费,也可以凝聚更多的组织和个人,共同做好长城这个大事业。

在董耀会看来,品牌可以奠定长城文化产业经营的基础。他明确提出了一个概念,即"长城文化产业"。在这次发言中,他并没有全面介绍他的文化产业设想。在将近三年之后,他才在学会工作的座谈会上做了全面系统的阐述。这说明三年之中他一直在思考和完善长城文化产业的构想,这是他谋划学会经营战略的一环,或者说是一个核心部分。

2002年11月20日,中国长城学会工作座谈会召开,董耀会做了重点发言《神话和梦想要靠自己创造——谈中国长城学会的经营战略管理》。他把对学会的经营战略管理,上升到了"神话和梦想"高度。

在这个长达万字的学术成果发布式的发言中,他首先概括了学会的功能,即"动员社会力量来解决长城保护、长城研究这两个社会问题",然后他直率地指出,学会成立以来,管理的层次水平仍然很低,因此必须从技术和方法两个方面作出思考。

中国长城学会副秘书长吴帆说:"董耀会这个秘书长做得很合格,做什么都有一个精确的目标,有一条清晰的脉络。学会成立于20世纪80年代民间组织转型的初期,他关注的却远远超越了一般的思考,他在用国际视野来谋划学会的战略型发展。"

董耀会的妻子多次对我说:"他太累了,常常为了学会的工作辗转反侧。"仅从他当年的这几篇讲话,就可以看出他对工作可谓殚精竭虑,为学会倾注了全部心血。

为长城而存在的生命

岁月漫长,来日可期。人却不是始终有来日,死亡是每一个人的最终归宿。有过和死亡擦肩而过恐怖经历的人,对生命的理解是很不一样的。

2000年5月8日,董耀会在返回北京的路上,不幸发生了交通事故。这可绝不是一场虚惊,一辆车里同行的共有5个人,2人遇难,3人受重伤,汽车则起火烧成了一堆废铁。

处理事故的交警说,在抢救现场董耀会起初依然意识清醒,让救援人员先救其他人,但是不久就陷入了昏迷。他从车里被抬出来时,头发已经烧焦,鼻梁骨被撞断,眼眶骨和颧骨开裂,左臂粉碎性骨折。

在医院昏迷了两天之后,才被抢救过来。人们都说董耀会捡了一条命,今天每一个见到他的人都会注意到他的鼻子肿大,那是车祸留下的印记。

他妻子回忆说,通知她时担心她过度悲伤,没有说如此严重,只是说乘坐的车辆出了点事。她没想到这个十几岁时就发誓要与她终生相伴的男人,差一点就这样与她天人永隔。

后来,很多人关切地问起那场车祸,董耀会总是轻描淡写地微笑着调侃说:"长城的事没有干完,老天爷没有收走我。"

死是人的最后归宿,董耀会的这条命是为长城而存在的。一个将生命寄托于长城,又将长城像生命一般珍视的长城赤子,即使面对生死考验,依然那样乐观。我相信有一天他真的回归自然,内心也一定是坦然的。他在有限的时间里,把自己的生命和长城紧紧地联系在了一起。

车祸造成的脑震荡很严重,为了不损伤大脑,手术只能用很少的麻药。结果他手术后出来的时候,痛得衣服全被汗水湿透了,汗水甚至顺着裤腿直往下滴。他夫人介绍,当时疼得他一刻也不能坐下来。只能由人轮换搀扶着在医院楼道里遛,还要有人给举着输液瓶。

他爱人说,他一边走还一边咬牙切齿地和疼痛较劲,自言自语:"疼吧,有本事你疼死我!"医生告诉他,最好做眼睛手术,那样至少可以保住一只眼睛,否则会有双目失明的风险。

他坚持不做手术，态度坚决，毫无商量余地。或许这是属猴人的一种性格吧，意志坚定的同时，也经常表现出很多的固执。

鼻骨完全粉碎了，做修复手术时，医生对他说，反正也是重新做一个鼻子，有什么要求都可以提出来。他幽默地对医生说："只要大头不朝上就行，要不下雨的时候往里边灌雨水。"

车祸之后，董耀会加强长城保护工作的同时，更加注重学术研究

图六二　这张董耀会夫妻的合影，拍摄于2001年1月5日，董耀会44岁生日。此前半年多，他遇车祸，车里5人两死三重伤。这是他死里逃生后的第一个生日

了。董耀会做中国长城学会秘书长期间，即使再忙也没有放松学术研究。

董耀会对明长城情有独钟。2000年左右，他对明长城又进行了一次拓展性的深入研究，包括卫所制度、军事后勤供应、马市制度等。

2001年学会的《明长城研究》收录他的三篇文章：《明长城卫所制度的设置与管理》《明长城九边军事后勤供应》《明长城九边马市的分布与作用》，这三篇文章中短的也有1.5万字之多，这是此时期他对明长城研究的成果，在深度和广度方面都达到了很高水平。

2001年11月26日至27日，中国长城学会联合香港历史博物馆、香港大学中文系、首都博物馆及香港二十一世纪协会，合办了为期两天的"万里长城学术研讨会"，59位来自大陆和台湾、香港地区的学者参加。全国人大常委会副委员长许嘉璐参加了会议并作了主旨讲话。

研讨会开始时，香港历史博物馆的丁新豹馆长建议他在学术研讨时，讲一讲长城保护，董耀会听从了他的建议，作了长城保护的发言。他的发言激发了大家的热情，对长城保护进行了热烈的讨论。

当时，研讨会收到的100多篇论文中，除了两篇谈旅游开发的文章涉及长城保护，其他文章没有一篇是专门谈长城保护的，这说明长城保护还没有引起社会的足够重

视。研讨会后很多学者自愿加入长城保护的行列中,这让董耀会很是振奋。

这段时间,董耀会把自己搞得如同一只从不停止旋转的陀螺,奔波于各地忙于社会工作和学术研究。这种超乎常人的工作节奏,因为这次车祸而暂停下来。身体还没有恢复,他的工作已经恢复了。

即使经历过一次生死,董耀会也没有改变直爽的性格。在批评有的地方政府长城保护不作为时,言辞更加犀利和严肃。有朋友劝他注意一点,缓和一些,有的则说:"他有啥怕的,都是死过一回的人了。"

大家没想到,他不紧不慢地说了一句:"只有死过的人,才怕再死一回。"冷峻的话,富有哲理。

那个时候,地方政府的长城保护还没有明确的行政责任考核,因此地方长城保护的不作为现象很普遍。今天,《长城保护总体规划》明确要求将长城保护纳入行政考核体系。这是一个大的进步,只是在有些地方依然没有得到很好的落实。

虽然各方面对他的压力不断升级,但他不予理会,依然像个拼命三郎一样,推动着长城保护的各种社会活动。

他相信,做的事利国利民,更利于未来,便无愧于心。即使一个人孤独地奔波,也无怨无悔,只要长城还在召唤。他相信,只要不停地努力,不停地呐喊,总有一天能够唤来长城保护的春天。这是怎样的耐心和信念啊!

一个"死"过一次的人,他的人生态度一定会发生很大变化。我问他:"车祸前后的最大变化是什么?"他说:"好像也没有太大变化,有点更恋家了。"

我很想听他说几句豪言壮语类的话,却从来没听他说过一句。我

图六三 2001年11月,董耀会考察河北怀来长城

知道，为了长城保护的春天真的降临，他愿意付出自己的一切，即使是宝贵的生命！

车祸终于让他不得不静心休养一段时间了。不过，他终究是一个坐不住的人。事件发生后最多三个月，他听说河南发现了楚长城，于是不顾身体尚未完全康复，匆匆跑到河南考察楚长城去了。

采访董耀会的这些年，我感觉他的努力近乎疯狂，他的激情近乎狂热，他几乎要把自己逼到了发疯的境地。

车祸发生的第二年，董耀会因祸得福，一家人的户口迁入了北京。他是以特殊人才引进破格调进北京，夫人孩子随迁。从此，一家人在北京生活了，董耀会也结束了他长达十多年的两地奔波。

中国人常说"大难不死，必有后福"，有没有后福或者有什么后福则因人而异了。

长城文化产业

董耀会成长的年代，常用的一句口号：这是光荣而艰巨的任务。所有"光荣而艰巨"的事，在做的过程中能体验到的一定都是"艰巨"。支撑人们承受艰巨的动力，是心里期待的那份光荣。他徒步长城是这样，在发展长城文化产业的路上也是如此。

2000年2月的《中华英才》杂志刊登了一篇报道《董耀会：长城文化产业第一人》。文章列出了董耀会将文化转变为产业行为的多种努力和成就。他搭建平台，为有文化产业想法的机构和个人提供平台，让大家制造内容。

今天，文化产业已经成为一个热词，但在20世纪末21世纪初却是一个很冷僻的词。董耀会强调文化产品的内容质量必须是一流的，没有一流核心产品，长城文化产业就是一句空话。

一个长城历史研究和保护的专家，大张旗鼓而且没完没了地讲产业，很容易令人产生不同的看法。董耀会从来不在乎别人怎么看，而是强调自己做的事是否很有价值。2002年11月20日，在中国长城学会工作座谈会上，他在发言中把长城文化产业化战略阐述得非常系统和全面。

长城文化产业就是长城文化产品和相关的服务，包括长城景点、图书、报刊、书画、摄影、影视作品、集邮品等物化产品，以及晚会、音乐会、歌剧等非物化产品。

长城文化产业化战略的提出，是学会生存的需要，更是建设长城品牌的需要。

这个战略的实施，以社会效益和经济效益的双赢为前提和方向。

在此基础上，学会事业才能做得更好。这就是董耀会付出将近三年心血，为学会精心勾画的蓝图。董耀会不再兼任学会秘书长之后，他的这些规划并没有得到继续实施。但他自己依然在坚持，从未放弃。

多年之后，2014年7月5日，他一手策划的"文化遗产保护与文化产业发展研讨会"在山海关召开。这是长城领域第一次召开"文化产业发展"研讨会，这个第一次又是放在了山海关。研讨会由学会联合清华大学新经济与新产业研究中心、新华网文化频道以及秦皇岛市人民政府等共同举办。

专家学者们围绕着长城历史文化资源的梳理，长城区域古城、文化园区的可持续发展规划，长城文化产业与旅游观光、创意、会展等产业的融合等方面内容，进行了深入细致的研讨。

长城文化产业的前景，让董耀会看到了更大的希望。2016年11月，长城研究院在河北地质大学正式成立后，长城文化产业发展也列入重点科研课题。董耀会就像一个攀登者，面前始终有高耸的山峰，脚步也始终不停。

开展公共外交

董耀会是一个拿得起放得下的人，也有他放不下的事。这就是长城的国际交流，让长城文化走向世界。学会开展外事活动有良好传统，第一任会长黄华曾经长期担任国务委员兼外交部部长。学会成立之后，非常重视外事工作，广泛地联系国际友人和国际组织，全力拓展长城文化在世界范围的传播。

为了更好地推动国际交流，学会邀请全国对外友好协会陈昊苏会长兼任学会副会长。学会成立后的第一次大规模外事活动是在1988年2月，协同国家旅游局、北京日报社等单位，联合法国国际拯救威尼斯和修复长城国际赞助委员会，在北京为外宾举办了一个大型的文化交流。

这次组织了苏富比拍卖行进行艺术品的拍卖，专门为长城的修复捐款。主办方最后将100万法郎的捐款，通过联合国教科文组织捐赠给中国，用于慕田峪长城的修复。这是董耀会经常向别人介绍的一个案例，在慕田峪长城陪同美国总统克林顿时，也向他做过介绍。

董耀会担任秘书长期间，学会和世界各国的文化遗产组织及很多国家签署了合作协议，组织长城沿线的各地长城管理机构到国外参加学术交流。包括董耀会多次带团，赴埃及、意大利、法国和希腊等国家世界遗产地进行交流。同时，也接待埃及金字塔和挪威松恩峡湾等各国文化遗产代表团到中国访问。

学会国际部主任韩国伟在很多场合都说："我是被董会长的人格魅力和长城精神感召，才投入长城事业中来的。"他给我简单列出了2005年至2006年，董耀会在开展公共外交方面所做的工作。

2005年7月21日，中国长城学会与埃及吉萨旅游局在北京嘉里中心签署合作备忘录。董耀会和埃及旅游部艾哈迈德·埃勒·马格拉比部长代表双方签字，参加签约仪式的有埃及旅游局哈迪姆局长、埃及驻华大使馆希夫尼大使、中国人民对外友好协会会长陈昊苏、共青团中央委员会原第一书记韩英、学会国际部主任韩国伟等。

2005年10月24日，中国长城学会与挪威松恩峡湾在慕田峪长城脚下签署合作备忘录。董耀会和挪威国际古迹遗址理事会（ICOMOS）主席，松恩峡湾特别顾问

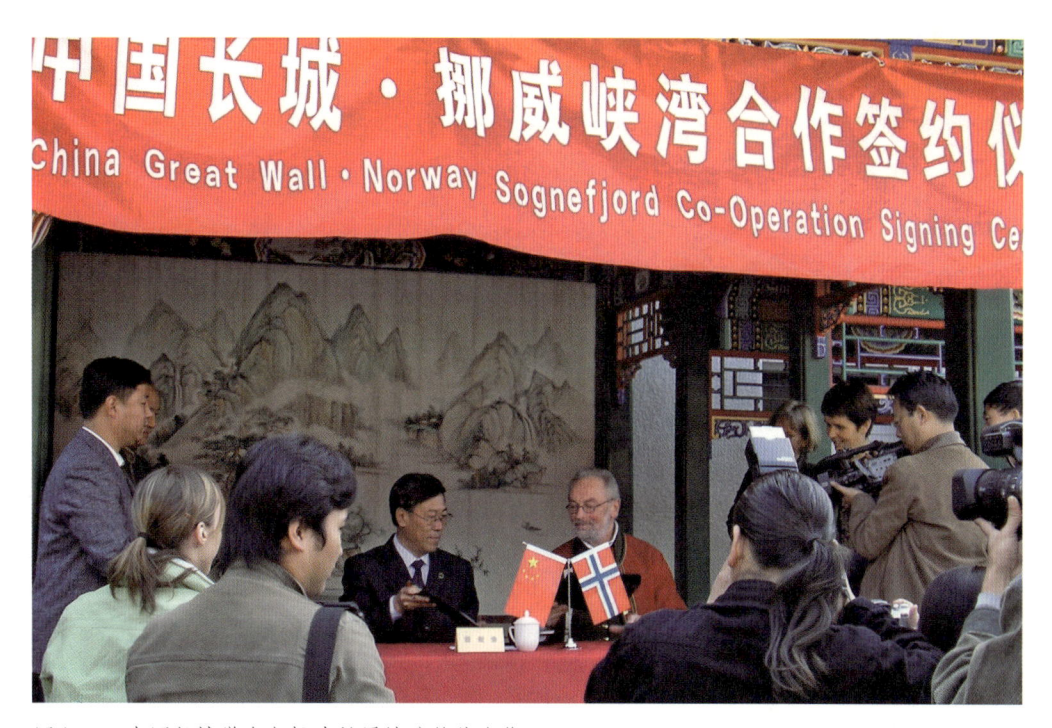

图六四　中国长城学会与挪威松恩峡湾签约合作

奥斯兰德代表双方签字。参加签约仪式的有挪威前文化部部长、挪威驻华使馆公使费秋迪、挪威驻华使馆前文化专员梅园梅、学会常务副秘书长张骥、学会国际部主任韩国伟等。

2006年4月6日至8日，中国长城学会邀请阿尔巴尼亚、毛里塔尼亚、毛里求斯、赞比亚、伊拉克、尼日尔、拉脱维亚、阿根廷、乌拉圭、津巴布韦、苏丹、斯里兰卡、菲律宾等国驻华大使、文化官员登慕田峪长城，共议世界遗产保护与可持续发展。学会董耀会副会长兼秘书长，蔡德明副会长，曹大为、李鸿宾副秘书长，韩国伟主任等参加。

2006年6月16日，中国长城学会与阿根廷米西奥内斯省政府在慕田峪长城签署合作备忘录。董耀会和米西奥内斯省省长卡尔洛斯·罗比拉代表双方签字。参加签约仪式的有阿根廷生态再生天然资源与观光部部长路易斯·哈各波、阿根廷驻华大使馆公使伦东、中央对外联络部经联中心国际交流处处长刘景华、学会常务副秘书长张骥、学会国际部主任韩国伟等。

2006年7月19日，中国长城学会与意大利五渔村世界遗产保护区在慕田峪长城签署合作备忘录。董耀会和意大利五渔村世界遗产保护区主席博纳尼尼代表双方签字。参加签约仪式的有五渔村红彬镇镇长、五渔村特别顾问芭芭拉，意大利驻华大使馆文化专员诺贝托，意大利国家旅游局代表吴狄，联合国教科文组织北京办事处杜晓帆，学会蔡德明副会长、吴帆副秘书长、韩国伟主任等。

2006年9月7日，中国长城学会与陕西省榆林市共同组织"驻华使节走长城——榆林行"。董耀会带队，许嘉璐会长发来贺信。孟加拉国、以色列、印度尼西亚、加蓬、埃及、阿根廷、伊拉克、白俄罗斯、马达加斯加、阿富汗、美国、菲律宾、赞比亚、印度14个国家的驻华大使、公使、参赞和夫人参加。

2006年12月3日，中国长城学会与希腊欧中研究与发展中心在雅典卫城签署合作备忘录。董耀会和欧中研究与发展中心主席尼惠明代表双方签字。参加签约仪式的有雅典卫城保护基金会主席潘德马利斯、中国人民对外友好协会秘书长罗勤、学会国际部主任韩国伟等。

长城保护与绿色长城

2000 年，董耀会死里逃生那一年，他还参与发起组织了一项绿化长城活动。这年的 7 月至 9 月，中国长城学会和国家林业局、中央电视台等机构组织了一次"长城绿色工程万里行"考察。

从明长城的东起点丹东的虎山开始，一路向西，经辽宁、河北、北京、山西、陕西、甘肃，一直抵达新疆的库尔勒，途经 10 多个省（自治区、直辖市），行程长达 1 万多千米。

考察行程中长城沿线生态环境的恶化，以及长城遭到严重破坏的情况触目惊心。长城绿化行动，源自前一年的"绿色长城系统工程"倡议。这个倡议是 1999 年 7 月由周光召、贾兰坡等 22 位院士、科学家提出来的。建议通过在长城两侧植树种草、退耕还林还草、保护天然植被等生物措施和工程措施，防风固沙、保护长城；同时通过实施长城绿化工程，防风固沙，供人们休闲度假，为人们造福。

8 月 3 日，万里行考察团抵达秦皇岛市，在当地考察生态环境的同时，开展长城保护宣传，让大众对改善长城沿线生态环境给予更多的关注。

此时的董耀会遭遇车祸刚三个月，身体没有完全康复。在宣传活动上，他介绍了长城令人担忧的现状。长期以来由于生态环境的不断恶化，特别是风沙的侵蚀和人为因素破坏，长城破损现象异常严重。特别是西部的干旱荒漠地区，有的长城地段已经被沙漠埋在地下。

为了更好地改善生态环境，为长城构建更好的保护屏障，中国长城学会每年在各地组织会员参加植树。同时，他希望通过长城沿线各种绿色产业和生态农业，使长城两侧尽快绿起来、美起来。

董耀会还对长城沿线的生态破坏情况进行了深入研究，2006 年他在《中国林业》杂志发表文章，论述长城区域生态破坏的历史原因。他说，通过长城区域的绿化改变恶劣的生态环境，是多年以来困扰长城工作的两个问题之一，另一个就是长城保护。

在文章中，董耀会详细分析了长城区域森林植被稀少和生态破坏的历史原因，然后提出了通过绿化改善生态的建议。长城沿线主要属于干旱荒漠区、半干旱区和半湿润区，这里也是沙漠化危害和影响最严重的地区。全国的沙漠化土地面积约 34

图六五　中国长城学会组织植树活动

万平方千米，而长城区域就有 31 万平方千米左右，约占沙漠化总面积的 91%。

董耀会看来，当务之急是要加强长城区域的绿化。经过 20 多年的建设，长城沿线的森林覆盖率从 4% 提高到 8% 左右，很多地区的农业生态向良性循环转化。长城区域的绿化仍然存在很多问题：树种单调，纯林比重过大；地下水位下降，水量动态失去平衡；选育和推广适宜干旱、半干旱地区自然特点的优良树种还不多；造林育林技术水平偏低，作业粗放；很多地方重造轻管、重封轻育现象严重；集体经营水平较低，部分地方造林不见林，成林不成材；林政管理执法不严，乱砍滥伐现象不断发生。

这次"长城绿色工程万里行"的新闻亮点是董耀会发布了他的三个"三分之一"。这就是今天保存最好的明代万里长城，只有不到三分之一墙体基本较好，三分之一只剩遗址遗存，还有三分之一多长城已经完全消失。所谓的消失，就是在地面已经找不到建筑遗迹了。

他的这三个"三分之一"是第一次向社会发布。此观点在其徒步考察长城之后就提出来了，只是以前没有向社会公开，因为他认为让全世界都知道中国长城保护问题如此严重不好。发生严重车祸之后他想明白了，怎么对长城好他就应该怎么做，别的都不重要。

他这一辈子很充实，我发现这充实常是伴着心情沉重。不管是保护长城，还是保护环境都要有一份担当。董耀会以其历史责任感，在燃烧着自己的热情和能量。

第二章　陪外国元首游长城

董耀会先后陪同美国两任总统登长城的故事，在媒体报道得很多。到访中国的美国总统有尼克松、里根、克林顿、布什和奥巴马，还包括1981年8月26日访华时已经卸任的卡特总统。董耀会作为国家指定的长城专家，曾经陪同1998年访华的克林顿、2002年访华的布什参观长城。

在为外国朋友解说长城的时候，董耀会总是尽可能多地介绍长城的历史文化精华。长城是外国游客高度关注的一个中国名片，他希望外国游客从这张名片上读出"和平"的含义。

美国总统也有其普通的一面。董耀会说："面对令人敬仰的长城，总统也会被还原成一个真实的普通人。"

正因为他拥有长城界的公认成就和远播海外的声誉，外交部安排他陪同外宾游览长城。特别是美国总统，出身于一个崇尚探险的国度，更喜欢董耀会这个探险者的身份。

除了陪同两任美国总统，作为长城专家，董耀会还陪同过很多外国首脑和政要游览长城。包括以色列总理、波兰总统、拉脱维亚总统等，还陪同过阿盟秘书长穆萨等。

陪同克林顿

1998年6月25日，美国总统克林顿来中国访问，行程中有游览长城。董耀会接到外交部礼宾司的邀请时很突然，外交部请他陪同克林顿游览位于北京怀柔县的慕田峪。1998年6月28日下午2时，他陪同克林顿走上了长城。

那天的天气很热，气温高达37℃，是北京入夏以来气温最高的一天。美国代表团兴致很高，冒着酷暑攀登着。登上长城之后，代表团所有成员向右参观，中国长城学会曹大为、吴梦麟、李鸿宾陪同。董耀会陪着克林顿一家向左，沿着古老的城

图六六　1998年6月28日，董耀会陪同美国总统克林顿在慕田峪长城（左起：李肇星、董耀会、克林顿、曹大为）

墙边走边聊。

在攀登到第15号敌楼前，克林顿累得有点气喘了。他在敌楼跟前停下了脚，此时的汗水已经浸透他的上衣。

董耀会给他介绍了长城历史之后，有一位中国记者问他登长城的感受。他摘下墨镜，沉思了片刻，然后冲着中美两国记者说："不可思议，很难想象长城历史如此久远。"

"长城陡峭起伏，比我想象的要壮观得多。"他补充了一句。

中国驻美国大使李肇星向克林顿介绍了董耀会徒步考察长城的故事。克林顿听了，好奇地问他："你们吃什么，住在哪里？用什么方式走下来的？"

董耀会就向克林顿简要介绍了当年走长城的情况，还把在山里煮蛇吃的特别经历告诉了他。克林顿听得很入神，眼睛里有一种莫名的冲动，他对董耀会说："我也很想走一趟！"

克林顿是美国耶鲁大学的法学博士，曾赴英国牛津大学学习，对英国的历史很有研究，对中国长城也有所了解。董耀会和他谈起了农牧经济的冲突、中国长城沿线南北农牧两个区域的文化冲突与文化交流。

克林顿望着绵延无边的长城城墙，非常感慨地说："好险要的地方，不可能有人打得上来。"然后他又突然问了董耀会："为什么要耗费这么大的人力和物力修筑长城？"

董耀会非常自信地回答："长城是作为防御工程存在的。中国人修长城，说明中国人爱好和平。只有实在不愿意打仗的民族，才会投入这么大的人力物力修建长城。修建长城的人不可能背着长城去打别人！"

长城的雄伟壮阔征服了克林顿，他不由地连声感叹："Beautiful, amazing and magnificent!"（"真美，太壮观了，简直令人惊叹！"）

克林顿一行在长城上游览了一个多小时。克林顿在长城留言簿上写道："感谢你们带我、我的家人和随行人员游览长城。长城比我们想象的更为辉煌。"

秦皇岛档案馆有董耀会专藏，其中的一个影集中有两张董耀会和克林顿的合影。第一张是克林顿和董耀会两个人，身材高大的克林顿比董耀会足足高出半个头。另一张，董耀会、克林顿和时任驻美大使李肇星等人的合影里，克林顿却和董耀会身高差不多了，明显地比先前"矮"了一截。

董耀会解释说，大家在合影的时候，他紧挨着克林顿，自己开玩笑说："总统先生高人一头呀。"克林顿听了，马上微笑着把双腿弯曲了一下，这样显得和大家差不多高了。克林顿的幽默，逗得所有在场的人都笑了。拍这张照片时，大家都笑得很开心。

陪同布什

2002年2月22日，一个公元纪年中数字非常独特的日子。董耀会陪同美国总统布什和夫人劳拉游览了八达岭长城。

当时的北京，天气仍然寒气袭人。对于时隔26年再次重游长城的布什来说，寒冷的天气并不影响他的兴致。

1975年，年轻的布什从美国来到北京，探望担任美国驻中国联络处主任的父亲老布什，那次在北京他就登上了八达岭。此后的许多年，再次攀登长城成为布什的一个心愿。

26年后，已是美国总统的布什终于如愿。他这次是工作访问，正常的情况下一般是不安排参观的。美方提出来总统想去长城。由于行程较紧，计划在长城只停留20分钟的时间。美国代表团从长城下来，就要直接去机场回美国。

布什在游览的过程中，一边攀登一边听董耀会的讲解。董耀会和布什两个人旁若无人地快速攀登着，也许是走得有点太快了，有几次布什不得不停下来，等一等他夫人。

图六七 2002 年 2 月 22 日，董耀会陪同美国总统布什在八达岭长城（左起：李满、董耀会、布什、李长栓）

布什走得快，他是故地重游。董耀会一边轻松自如地对布什讲解着长城的历史文化，一边引导着布什往上攀登。

布什对长城充满了好奇。登到北二楼准备返回的时候，他突然问董耀会，30 年前的尼克松总统也走到这个地方吗？董耀会摇着头，指着更高的一座敌楼说："No, no, it is over there."当布什知道尼克松当年走得更高时，说："I want to surpass him."

布什说，我一定要超过他，同时做了一个往前走的手势。董耀会和布什两个人站着说话的时候，跟随的记者和安保人员都准备往回走了，当大家发现两人突然头也不回地继续往上走，记者们乱了阵脚，纷纷再次转身，争先恐后地从后边追赶过来。希望跑到他们前边，抓拍一些总统的照片，让自己新闻稿件更加抢眼。

最后，布什兴致勃勃地登上了八达岭的北三楼。结果，原来计划停留 20 分钟，延长到了 50 多分钟。董耀会回忆说，那一次如果不是因为时间紧张的话，布什还有兴致继续往上爬。

布什登长城的时间延长了半小时，回国的专机早就等候他启程了。长城参观结束了，布什总统在留言簿上签名，陪在一旁的董耀会对布什说："请总统先生为和平写一句话。"

爬长城的时候，董耀会告诉他："中国古代修建长城是为了不打仗，长城凝结着中华民族的和平愿望。"

布什答应了，他写了一句话：Peace to our people! Best wishes.（祝愿我们的人民永享和平和好运）。布什签字后，拿着笔就快步走了，在大家纳闷时，见他拉着走出去不远的夫人，让她回来在他名字下面签了名。

专家成为"和平大使"

2007年1月10日，董耀会陪同时任以色列总理的奥尔默特参观八达岭，奥尔默特问他："为什么要把长城建得如此坚固？"

董耀会答道："这反映的是中国古代长城修建者一种世世代代都不想打仗的愿望。"接着，董耀会又对他解释说，如果只是权宜之计，就没有必要耗费巨大的财力物力，把长城建成固若金汤了。奥尔默特听了，连连点头。

2008年8月12日，来京参加第29届奥运会开幕式的拉脱维亚总统扎特莱尔斯和夫人来到八达岭。在董耀会的陪同下登上了八达岭残长城，这是一段保留了长城自然残破状况的长城景区。

修缮这段长城时，单霁翔在北京市文物局任局长。董耀会带着乔雨等人，到北京市文物局汇报工作，极力争取保留长城的沧桑美。所以，他很希望有外国元首能到这里参观。他推荐给拉脱维亚总统，开始安保部门还不太同意，因为开辟一个新的外事接待地，有很多的麻烦。

在长城这个向世界宣传中国文化的最大平台，董耀会向外宾讲解着长城所代表的悠久而深厚的和平文化。无形之中他已经承担起民间"长城和平大使"的使命。

说到长城与和平，这是董耀会关于长城的一个重要理论成果：长城是和平的象征，和平是人类永恒的主题。

董耀会对长城与和平关系的理解，已经上升到哲学高度。他认为，无论东方还是西方，千百年来都在理论和实践两个方面进行着不懈探索，为消灭战争和实现和平作出了巨大努力。

他认为，长城是作为"永备防御工程"修筑的，反映了中华民族祈盼永久和平的愿望。因此，通过修筑长城赢得的和平，不仅促进了长城沿线以内农耕民族的经济发展，也促进了长城之外游牧民族的社会进步。

西方也有一个"和平主义"学说，但是被限定在争取各民族之间、国家与国家之间的无战争状态上。而"东方和平主义"是将和平的外延扩展到了人与自然的关系，并且进一步从个人心灵境界上，把和平作为人类社会的基本价值。

长城象征和平的这个观点，董耀会在陪同外宾游览长城的时候经常讲。他对长城的和平价值还有一些新的表述方式。比如，"长城是和平的象征"，"修长城是为了防御，是为了大家和平相处，而不是扩张，不是为了侵略别人。很简单，谁也不能背着长城去打别人，长城只能用于保护自己"。

图六八　2007年1月10日，董耀会陪同以色列总理奥尔默特参观北京八达岭长城

他说，长城在稳定民心、威慑敌对势力方面发挥了作用，历代贬低长城的人，都认为修长城劳民伤财，但是修长城和其他防御以及战争消耗相比，付出的代价更少。因此，对长城必须历史地、辩证地看待其作用，不应该孤立和片面地看，长城是特定时空的产物，当然有一定的局限性，但不能因此否定它在历史上发挥的防御作用。

关于长城是人类追求和平的象征，他解释说"东方和平主义"的现代价值很明晰，世界持久和平的实现，不可能仅依赖以利益为重的军事遏制与均衡，更重要的是人类理性的发展，道德的完善。世界各国只设防不扩张，不侵略别人，世界就会获得持久的和平。

董耀会关于修筑长城是为了和平的思想，也是长城学研究取得的一个具有世界影响力的成果。他在历史的深处，寻找精神动力。关于他的"和平说"，我们可以用比较形象的"和平之盾"概括和理解。

盾是冷兵器时代的防御武器，矛则是进攻武器。长城如果比喻为"盾"，那就是人类历史上最大的一个"盾"了。盾的作用主要是防守，先保存自己，为矛的出击提供基础和前提。长城"和平之盾"的作用是防御、威慑敌人，遏制战争，从而保卫和平。

同时，长城也发挥着积极防御的作用，为反击北方游牧民族提供前进的基地。

如果不存在严重的威胁，长城之盾永远只是做好自己。如果经常被侵扰，忍无可忍的长城必然会变为横扫千里的汉武大帝。

如果从这个高度就能充分理解了长城与和平的思想，也就理解了当代中国向世界宣示的一个国家战略观点：中华民族的历史文化血液里从没有诞生过侵略基因。少数的越过长城的北伐之战，都是为了彻底消除无法忍受的侵扰和劫掠，属于积极防御行动，都是为了最终的和平。

第三章　长城旅游开发策划

戴学锋是中国社会科学院旅游研究中心副主任，旅游界的专家，他评价"董耀会的才学不只在长城研究领域，他还是一个跨界的多面手"。除了年轻时即颇有成就的文学，最突出的一个领域就是旅游界。

在一般人的理解中，保护和旅游是一对冤家。应该保护还是应该开发，永远是吵不完的话题。董耀会在这对矛盾中却实现了跨界。涉及长城的保护和旅游两方面，文物和旅游机构的领导都很愿意听他的看法。

大家都知道董耀会是中国长城学会的领导，很少有人知道，他还是中国社会科学院旅游研究中心的特邀研究员、中国旅游协会长城分会的会长。他对旅游，特别是长城旅游有很多独到而超前的观点和理论成果。

2016年底，我随董耀会一起参加了国家有关部门的一个专家会议。会上有人提出，中国的大妈在巴黎埃菲尔铁塔的战神广场跳广场舞，丢了中国人的脸，甚至提出应该把这些人列入游客黑名单。

2016年5月底，国家旅游局下发《国家旅游局关于旅游不文明行为记录管理暂行办法》，确定将游客的九类行为纳入黑名单，其中包括破坏公共环境卫生、公共设施，损毁、破坏旅游目的地文物古迹等。一些游客乱刻乱画、随手抛垃圾、随意攀折花草树木、随地吐痰等不文明行为，都可以列入黑名单。

董耀会认为，此时自己必须要说话。将在巴黎跳广场舞的大妈们列入黑名单，他持完全不同的意见。

他的发言，充满了对前面发言的不满。他说："提出处理这些广场舞大妈，反映的是我们没有底气，我们不自信。中国公民到世界任何国家，只要不违反当事国的法律和习俗，可以尽情地把自己要表现的东西表现出来。即便是不为别的，只为自己享受也好。"

他还说："这些大妈，自己花钱去巴黎，自己带着服装，带着音响，跳着整齐的广场舞，展现着中国大妈快乐的精神状态，有什么不好的？想想一百多年前，英法联军火烧圆明园时的中国大妈，再看看今天的中国大妈，我们应该为她们点赞才对。"

我很赞同董耀会的观点。回来的路上，他对我说："有没有这个勇气，到世界任何国家都放声地把我们自己想唱的唱出来，这个很重要。"

我追问他："你觉得中国大妈在巴黎埃菲尔铁塔的战神广场跳舞，是给中国人长志气吗？"他回答说："这倒也不是，我一点儿也不是这个意思。我们在很多事上总是在把中国和外国对比，然后就想是对是错。实际上，很多时候不是这么回事。"

他接着解释说："跳广场舞，说到底不就是一个玩儿嘛。大家都是人，都有无聊寂寞的时候，都想找点娱乐放松放松。中国大妈在巴黎埃菲尔铁塔的战神广场跳舞，也就是度过一个不再无聊、比较有趣的夜晚。然后再发一发朋友圈，或者回国后向亲朋好友们炫一炫。只要不违反那个国家的法律和规定，我们没必要反对。"

董耀会说得对，虽然是玩一玩，一百多年前英法联军火烧圆明园时的中国大妈，做梦也不会想到这么个玩法。这就是中国的进步，是中国发展起来之后的结果。

董耀会身边的专家学者，除了长城研究的还有一批人，就是旅游界的专家。这些人中既有老一辈的张广瑞、李明德、刘学谦等，也包括他的同辈人魏小安、戴斌、戴学峰等，还有他的晚辈宋瑞、邬东璠、白秀玲等。董耀会在长城旅游等方面的有关活动，这些专家都很支持。

张广瑞任中国社会科学院旅游

图六九　2017年11月11日，董耀会在第七届首都旅游发展论坛作主题报告《长城旅游之文化敬畏》

研究中心主任、财政与贸易经济研究所旅游研究室主任时，一直支持董耀会。他的夫人杨东松是董耀会的初中英语教师，那年董耀会才 14 岁。他们大学毕业被分配到秦皇岛。后来，张广瑞考研回到北京，成为国内著名的旅游专家。两位老师都很以自己的这个学生为骄傲。

董耀会说："旅游，我是一个门外汉，都是遇到事儿了，向这些老师们请教。"

秦皇岛"长城行"

董耀会对家、对亲人的真情是他最令人感动的一面。其中，也包括他对家乡的热爱。他对家乡的真情，总是浓浓的。他到北京工作之后，只要有时间依然会经常回家乡走一走，看一看。

刚走完长城时，他完成了人生的转折。面对长城，他沉默着，思考着，常常坐在长城的敌台上，面向群山，坐上大半天。他在思考如何让家乡的长城，造福今天的社会，如何开发好秦皇岛的长城旅游。

长城在董耀会的眼中，蕴含了各方面的内容，包括旅游领域的特殊经济价值。在他眼里，家乡的长城并不逊色于北京长城，甚至在长城原貌方面，比北京更具有旅游开发的前景。限于地理位置和知名度等方面的原因，秦皇岛长城对国外游客的魅力无法和北京八达岭相比。

秦皇岛长城的优势是多方面的。长城以山海关为龙头，共有 223 千米。如果认真规划、合理开发，长城旅游一定能成为秦皇岛旅游的一个新品牌，吸引更多的国外游客。董耀会期待家乡的旅游事业能破茧成蝶。

别人在觥筹交错时，他在思考，在写作。1990 年，董耀会把自己的设想写成了方案《开发秦皇岛"长城行"特种旅游的构想》。今天再读一遍这篇文章，依然感到很有现实意义。他能在三十年前，人们还没有开展多少户外活动的时候，就敏锐地预见到徒步长城促进旅游发展。

1990 年 10 月，这篇文章在山海关中国长城学术研讨会上正式发布，收录于《山海关中国长城学术研讨会论文集》。秦皇岛市委书记顾二熊非常重视这件事，指示有关部门抓好调研。

董耀会综合分析了游客心理和目标市场，认为国外游客和国内游客的旅游爱好有所不同，他们更喜欢险峻奇绝的危崖险峰，以及保留原貌的历史人文景观。而"长城行"特种旅游可以满足游人的这种爱好，新奇新颖的长城旅游探险特点，恰好满足和刺激了中青年旅游者户外游的欲望。

这篇文章不仅是一个成熟的旅游策划，更多的是对家乡发展的真情告白。他热爱长城，更热爱家乡壮美宏伟的长城，在他心底始终有一个强烈的愿望：让长城为家乡带来更多的希望和更多的收益，让长城脚下的乡亲们早日步入幸福的田园生活。

这篇倾注了感恩与奉献之情的文章，共分五个部分：国内外特种旅游的开发；秦皇岛长城景观的资源价值；开发"长城行"特种旅游的有利条件；开发"长城行"特种旅游的制约因素；开发"长城行"特种旅游的主要措施。

五个部分之间层层递进，逐步展开，兼顾正负面因素的分析，逻辑结构非常严谨。这篇文章向我们展示了一个旅游专家的策划水平和专业知识。

董耀会阐述的"长城行"特种旅游的可行性、经济价值、策略措施等内容，让人耳目一新。

他深入分析了秦皇岛长城的景观资源，包括社会文化、科学、环境生态、美学、旅游等多方面的价值，建议打造一个吸引游客考察、学习、休闲、娱乐的全新景区，这将实现可观的经济效益和良好的社会收益。

董耀会从社会条件、物质条件、地理优势阐述了开展此项目的自身优势，并理性地总结了制约因素。这部分内容从侧面证明董耀会的建议是非常理智的，也是非常全面的。

他还重点介绍了开发特种旅游的具体措施，这部分内容有很强的操作性。最后总结说，开发"长城行"特种旅游是提高旅游经济效益的一项十分可行的措施。条件成熟之后，还可以和长城沿线其他省（自治区、直辖市）联合开发各种"长城行"特种旅游。他还建议，开发特种旅游的同时，配合举办长城节等文化活动。

这个"长城行"特种旅游建议发布之后，受到国家旅游局和河北省旅游局的特别重视。时任河北省旅游局局长陆正专程到北京拜访了董耀会。但这个设想并未得以实现，现实与理想之间的差异真是太大了。或许人生本不应该如此，或许正是应该如此。

厚爱家乡山海关

2006年4月29日,搜狐新闻首发《董耀会的山海关情结》一文,作者闫道俊时任中国长城学会办公室副主任兼董耀会副会长的秘书。闫道俊现在是中国科学院某研究所办公室副主任,他也是秦皇岛人。留学读完硕士回国后,给董耀会做了4年的秘书。

文章透露,2005年12月的一天,董耀会同中央领导在一起的时候,谈起山海关古城的保护性开发时说:"这是山海关建关以来的一个最重要的历史时期,是山海关的一次涅槃。"作者接着写道:"确实,这是董耀会多年的心愿,采访时说起此事,我能看出他那种激动、亢奋的心情。"

1997年7月,第三届山海关长城节举办期间,在董耀会的建议下第一次将长城学术研讨会列为一项重要内容。

董耀会对山海关长城始终怀有一种特殊的感情。有一次,其他长城区域的朋友开玩笑地对他抱怨说:"你对家乡长城工作的关照太多啦,有点偏心啊。"他是一个重情义的典型北方汉子,对家乡发自内心的热爱,让大家对他多了一份敬重。他希望山海关乃至整个秦皇岛区域的长城保护和开发等,都能做到最好,成为全国的典范。

事实上,他家乡的长城工作在很多方面做得都很出色。例如,抚宁县独创的长城保护员制度,就是全国长城保护的一个范例。这个制度让董耀会很自豪,他对家乡的长城保护和开发工作也更加关注,给予了更多让人羡慕也有点嫉妒的无私帮助。

董耀会并不是一个护短的人,他的公正和认真,特别是有时的较真也是出了名的。在这次学术研讨会上,他的发言《加强长城研究,促进旅游发展》重点从三个方面谈了自己的看法,其目的就是把山海关建设成一个精品景区。

三个方面的内容观点鲜明,有对成绩的充分肯定,也有直率批评。读他的这篇发言,如同身临其境。不管是赞誉还是责备,都是他对家乡浓烈感情的流露,毫无保留的流露。

他希望,家乡能加强长城的学术研究。他说,山海关是一座天然的长城博物馆,以山海关古城为核心,配以众多的关口、城堡、烽燧、敌台,以及各种美丽的民间传说。

如何加强研究,让山海关长城区域老祖宗留下来的宝贵财富,服务山海关长城旅游的发展。

历史古迹和历史文化作为旅游资源,要加强研究如何保持更强的活力,维持长久的吸引力。但是,山海关在这方面却做得很不够。中国长城学会经常在全国各地举办研讨会,董耀会发现山海关很少派人参加。

要做好山海关旅游,就要对山海关的历史有深入的研究。秦皇岛和山海关有一批热爱长城的人。董耀会常说,老一辈的郭述祖、王耀臣、沈树武、郭继汾、齐庆昌是他的老师,还有和他同代与他亦师亦友的孙志升、郎福全、周之镭、郭泽民、王雪农等。现在差不多处于后继乏人的状态,这一点他深感忧虑。

董耀会认为,山海关值得研究的长城文化还没有引起足够的重视。我多次听到他讲孟姜女的故事,很受启发。

孟姜女的丈夫新婚之夜为什么被抓?抓起来为什么处罚他去修长城?这个故事虽然是传说,但也有真实的历史背景。

图七〇　山海关举办董耀会先生行走长城 30 年纪念活动

秦汉时期禁止男到女家入赘，范杞良就是因为入赘孟姜女家而被告发。秦汉时，戍守长城的除了士兵之外，还有谪卒，谪卒包括犯人、商人和赘婿。范杞良因为是赘婿，才被官兵抓走去修建长城。秦朝为什么不允许倒插门，因为这样做是一种逃税赋的手段。

董耀会举这个例子，是为了说明山海关长城文化研究还有很多需要进一步做的工作。只有认真研究，不断出新成果，才能不断丰富山海关长城文化，使山海关旅游拥有长久的活力。

董耀会还希望，家乡能更好地总结山海关长城修复的经验。

在这个方面，近十年来对于山海关各个景点的维修和复建，一大批专家学者和当地的工程技术人员付出了很多心血。他建议山海关要做好总结，发挥更重要的作用。

最让董耀会满意和赞赏的，是山海关老龙头旅游区内两段长城残墙的保护处理。一段是1985年复建老龙头的工程中，发现深埋在沙土内的夯土残墙。他们用保护罩完整保存下来，并且立了一个文字说明碑。董耀会称赞说，老龙头的这个创新做法，

图七一　董耀会在家乡策划举办了很多次长城文化节。这是第五届中国·山海关国际长城节中外嘉宾合影

既保护了重要的历史文化信息，又丰富了旅游者的观赏内容。

另一段是澄海楼和老龙头入海城墙之间的一段夯土残墙。这两段残墙都得到了很好的保护。

1997年那次讲话中，董耀会也很客观地提醒说，山海关也有应该认真总结的问题。在山海关地区，每年建筑工地都出土一些长城文物，包括铁炮、炮弹、火铳和铁蒺藜等，但这些宝贵的文物很多都被百姓卖了废铁，而没有被博物馆及时收藏。有一次，废品站收了几门铁炮，文物部门想收购，但每门炮要价200元，经费少无力购买，最后只好放弃。

在一次发言中，董耀会有些生气地说："真让我痛心！我为山海关痛心，为山海关的历史和文化痛心……抛开这是文物不说，只谈旅游，如果山海关博物馆的前院整齐地码着一面墙似的数十门、上百门铁炮，那将是怎样的景观，更何况其文物价值也是很高的。"

在家乡领导和同人面前，他没有虚伪的掩饰，他说的都是事实。在他心里，长城就是他的生命。

他也不怕家乡的领导生气，因为他是真心为了家乡好，没有一点私利。家乡人都很理解他的心情，更明白他讲这些是出于对山海关长城特殊的情感，出于对家乡的爱。

长城景区

长城需要保护，也需要利用。董耀会认为，长城仅靠死保是保不住的。他既希望全面地保护好长城，又希望做好长城景区。景区开发可以更好地发挥文化传播和长城保护的作用。

长城旅游资源的开发，以及长城景区的经营管理等，董耀会都进行过认真的研究。他希望用前瞻性的、富有说服力的研究成果，对长城景区的经营管理，特别是对长城新景区的科学开发提供参考和指导。

他明确提出了一个观点：长城旅游资源的开发，必须坚持的原则，即在保护的前提下进行开发。

对于长城旅游资源的开发与保护研究，董耀会在1997年至2003年，特别是

1997年至1999年间的研究成果较为集中。这个时期，他的视野已经更为开阔，论述也更加全面。

这一时期董耀会的研究成果，在《瓦合集——长城研究文论》里收录了四篇文章：1997年7月在第三届山海关长城节长城学术研讨会上的发言《加强长城研究，促进旅游发展》；1997年9月在山西代县万里长城旅游景区协作会议的讲话《要科学地进行长城旅游开发》；1999年7月在北京召开的全国长城区域旅游发展研讨会上的发言《长城旅游景点的开发与管理》；2003年7月在金山岭长城旅游发展论坛的发言《长城旅游资源的开发与保护》。

其中，1999年的《长城旅游景点的开发与管理》发言最有代表性，篇幅最长，论述也最为全面。

1997年9月22日，万里长城旅游景区协作会议在山西代县召开。这又是一次长城景区的交流会，董耀会在会上发言，阐述了三点内容：一是建议对游人已经很多、尚未开放的长城尽快开发，实行有效管理，进行保护；二是主张对长城旅游资源的开发要遵循合法合理的原则；三是建议加强长城旅游景区的文化含量，满足游客需求。

对于长城旅游开发，董耀会的上述两个发言有针对性，侧重点各有不同。此后，他在这方面的研究更加全面和深入，理论观点也不断完善。

在山西研讨会之后大约两年的1999年7月，他在北京全国长城区域旅游发展研讨会上的发言《长城旅游景点的开发与管理》，展示了他对长城旅游开发研究的新成果。

董耀会从"长城旅游景点的开发"和"长城旅游景点的管理"两个部分全面阐释了自己的观点。他如此之早面对实际问题，有理论有实践的论述，令我受到很大的震动。

20世纪90年代末期，长城已经成为旅游资源和旅游热线。长城旅游的开发和保护，受到社会的关注。不仅大批国外游客到中国游览长城，到访的各国领导人也将游览长城作为一项重要的安排和活动。

长城旅游的发展以及出现的问题，让他希望用更多的研究成果指导长城旅游，使之在正确的轨道上前行。此后，在长城利用方面，他从来都是积极发声，绝不再保持沉默。

2003年7月，金山岭长城景区举办了一次长城旅游发展论坛，董耀会的发言是《长城旅游资源的开发与保护》，从开发和保护两方面谈了一些看法。金山岭长城文物管理处主任郭中兴1998年调到金山岭长城景区时就认识董耀会，他说："那次是第一次听董会长讲话，非常激动。当时在场的承德市、滦平县领导也都很受启发。"

董耀会还提出了一个研究题目，就是现有长城景区的可持续发展。他认为，随着社会发展和游客文化素质的提高，旅游兴趣必然发生变化。景区跟不上游客的新需求，肯定会走向衰退。不仅效益不太好的地方要研究对策，即使八达岭和山海关这样效益好的景区也要有危机意识。

今天，国内旅游市场已经超越了单一的景点式旅游，向着全域旅游转型。这种形势对于经过开发的长城景区来说，必然是一场严峻的挑战。这应当是十几年前董耀会对长城景区提出的警示。

从今天的形势再回看对比十几年前董耀会的发言，我们不得不佩服他的远见，他的观点的确有着超乎常人的前瞻意识。我告诉他我的这个感受时，他略显苦涩地笑了笑。

董耀会做事举重若轻，再麻烦的事他好像都能轻松应对。不过，我常常感到他没有轻松的时候。韩光辉教授对我说，董耀会天生就是一个大忙人，只要和长城有关的事他都乐意做，你和他接触久了，就会发现他基本上每天都有事。而且，他经常考虑的都是关于长城的大事。

韩光辉所说的大事，不只是长城保护和宣传，在长城学术研究方面，他考虑的也是学术前沿问题。他的学术成果，都是建立在实地调查和深入思考的基础之上。长城的文旅融合发展，更是他关注的热点。

第四章 诗人：活力在生命深处

董耀会有一个特殊的能力，一般人很难做到。他可以同时做几件事，这让我很佩服。这或许是长城赋予他的一种超人能力。

一次，我到他北京的办公室采访。一天的时间里，他除了和我回忆往事，还开了两个会，接待了三次来访。中间还签了6次字，有报销的，也有文件。他不是简单地签名了事，而是认真看完内容才签。报销的他会询问清楚，文件他还要直接修改一番。

董耀会的人生是开放的，他不愿意也不需要把自己封闭到一个比较狭小的空间。更不会像很多名人那样，表现出高高在上的样子。他普普通通，一会儿做这个，一会儿再做那个，而且都做得风生水起。

他的生活方式简单却是一个兴趣广泛的人，书法、油画他都做得津津有味，颇有成就。他还是一个诗人，诗写得风格独特，意境深远，而且颇具探索精神。只是他在长城研究和保护领域的显赫名声，遮盖了很多他作为诗人的成就和风采。

诗人都是性情中人。我最早读他的诗是在诗刊社选编的《中国诗库2007卷》，其中收录他的一组诗《撞碎了的雾》。这之前，我刚开始和董耀会接触，根本不知道他也写诗，而且还写得很有意境。后来在潘家园旧书摊，我还买了一本他1997年出版的诗集《望断悲风》。

这本诗集装帧虽然普通，但我还是很快被他独特的意境吸引了。从第一首到最后一首，我慢慢读了不止一遍，感觉这本诗集就是董耀会人生的一个缩影。读懂了他的《望断悲风》，就可以从不同角度深度理解这位长城之子。

谢冕教授是诗歌评论家，也是董耀会的老师。谢冕对董耀会评价很高，对《望断悲风》诗集评价也很高。"董耀会像个做大事的人。"这是谢冕在《望断悲风》序言里的话。以下摘录谢冕序言的一部分，可以看到一个老前辈对董耀会和他的诗的评价。

写在《望断悲风》的前面
谢冕

董耀会总在忙着,忙得风风火火。但我总能见到他,有时在秦皇岛,有时在北戴河,有时在北京。往往是碰上面,说上一些话,转眼又不见了。我知道他总在忙,却又不知他具体忙些什么。前几年他和几位朋友,编了一套数巨册的《北大人》——一些很有实力的机构做不到的事,他以私人的努力做到了。董耀会像个做大事的人。也是那时,他告诉我,他在筹划用"长城"邮票来代替正使用的"民居"邮票,现在果然实现了。他很活跃,前些时克林顿总统访华,他陪克林顿游览了慕田峪长城。他寄来三张和总统的合影给我。他和克林顿并肩微笑着站在长城上,像是熟悉的朋友。

我知道董耀会做着许多有意义的事,但我不知道他也写诗。几个月前他寄来了《望断悲风》的诗稿,来信说,"我从中学时就喜欢写诗,但从未拿出来发表过。每有所感,用这种简练的形式记录下来,平衡一下自己,写完就放在一个包里。"我对这段话里的"平衡一下自己"的说法感兴趣。这是董耀会写诗的初衷,却也透露出诗歌写作的某种真谛。我以为人们写诗,并不全然为了发表。或者说,主要不是为了发表,而首先是心有所感,不能自已。不论是欢娱之心,抑或是悲苦之情,人们因积郁于心而有所负重,于是便寻求宣泄。诗是宣泄激情的最适当的方式,诗首先是一种私语,是心灵的自说自话。人们通过诗的方式,可以有效地发散内心的积郁。这大概就是董耀会所说的"平衡"了。

谢冕的这篇序很长,上面只是节选了两段。谢冕是诗歌评论界的泰斗,他欣然提笔作序的诗人,必然有着独特的诗意情怀;谢冕不吝赞叹的诗集,也必然有着不俗不凡的意境和佳句。

董耀会的诗作,在随性与率性中落笔成句,在恣意和畅意中泼洒深情,他的诗确实如谢冕所说,潇洒而炽烈,值得静心品味和回味。因为他的感情都是真实的,他的诗句都是真实的。

跋涉人生

无情未必真豪杰，怜子如何不丈夫。董耀会是一位含而不露，但情感浓烈的抒情诗人。他不认同别人说他是诗人，他说自己是一个毫无诗意的人，写诗只是有感而发"平衡一下自己"。

写诗的人有一个共同的特点，就是感情丰富。

董耀会的诗，是他对生活的独特领悟，是他对生命追求的一种心灵表述。

诗集《望断悲风》，有他对生活的体悟和感叹，有他对探险事业同人的赞赏和怀恋，有对事业追求的内心独白，更有对生命意义的追问和思考。

更多的诗，则是抒发他内心的拼搏精神。他的倔强性格和顽强毅力，在不同的诗句里向我们逐一展露。诗中也有对家庭、对父母、对妻子的爱意表达。

诗集的第一首《人活着就要奋斗》很有代表性，好似这本诗集的点睛之作："每天躺下／都听到一个声音／如风如电／从低到高／又从高到低／神秘彻骨的力量／预先镌刻在骨头上的宣言……用生命解释奋斗的力量／生活的意义／和彩虹同现"。正是这种从不放弃的奋斗精神，激励他坚定不移地踏上了长城的英雄之路。

《无题》宣示的是不屈的意志："心未死／火种未绝／是火总要熊熊地燃烧"。

《生命》也阐释着同样的意念："我始终坚信／是泉总要喷发／冲开淤泥险阻／一往直前／荡涤黄土"。长城事业，他坚持了四十多年，今天他仍然坚持着。

《青春》则希望自己拼搏的心灵永远年轻："肉体可以衰老／心灵可以残缺／青春的阳光却永远在／浓密的树叶上明亮地闪烁"。对长城的痴迷，让董耀会的长城之心从未衰老，历久弥新。

《忙碌过后》描写的是拼搏一天之后回家路上的状态："无力擦去／横流的泪珠／慢慢地走回家去／像一个梦游的老兵／背着力不胜任的事业／摇摇晃晃／跌跌撞撞／什么也看不见／什么也听不清"。但是，第二天醒来，他又是一个全新的拼命三郎。

培根说过，最好的选择，未必是选择最好的。董耀会对长城的选择，我始终认为那是他最好的选择，但或许正如培根所说，这未必是选择了最好的。如果董耀会一直坚持走文学创作之路，他在长城文学创作领域的成就，未必就比今天差。

人生没有如果和假设，董耀会用行动证明了他的长城之路，是一个最好的选择。

父母

董耀会是一个孝子，读他那首《葬父》，让我陡然陷入对父辈的思念："向父亲化作的那缕青云 / 伸出手臂 / 叩头在地 / 长跪不起 / 送父一程又一程……白天父亲蹒跚的步履 / 落地有声 / 夜里父亲目光的凝望 / 明月当空"。至情孝子对父亲的真情，跃然纸上。

董耀会的父亲，一名非常优秀的工人。从刚解放挣小米直到退休，没涨过工资。年轻时，挣的已经是最高的工资。在孩子们的眼里，父母是干什么的并不重要，父亲受人尊重的情形，小耀会是看在眼里，记在心里。

说到父亲对他的影响，他说："父亲让我懂得了，如何体面和有尊严地活着。"人若要活得顶天立地，不愧对这一辈子，就要活得有尊严。他给我看了一张他给父亲拍的照片，老人家眉眼间有那么一股英武、豪迈的冷峻。他说："父亲的这种气质，还有他的很多优秀品质我没有。"

后来，董耀会在为保护长城呐喊时，将长城比喻为"老父亲"。从这个角度，我们就很容易理解他对长城的那份痴心，他对长城日渐破损的深深忧虑。他是长城忠诚的卫士，他对长城保护的担忧，几乎可以说是超过了所有的人。

《母亲》则形象地表达了对母亲的感恩和怀念："塞一把黑枣 / 塞一把煮鸡蛋 / 再塞一把早晨东边天上的云 / 去吧孩子 / 生活就是征途"。

董耀会爱吃家乡的特产黑枣，喜欢吃煮鸡蛋。对儿子的个人喜好，母亲总是记在心上。对母亲怀念最真切的，就是外人不了解的生活细节。

母亲的一个动作，母亲的一个眼神，都是心灵深处久藏的触点，每每回忆起来，他的眼睛里立刻会湿湿的，泪光闪烁。

上帝给你关上一扇门，就会为你打开一扇窗。董耀会还未出生不幸丧父，一岁多被送人离开生母是他的不幸。养父母对他捧出的满腔之爱，就是上帝为他打开的另一扇通往幸福的天窗。

母亲对董耀会的影响很大。讲到母亲时，他微笑着。我却从他的眼角看到了泪花。

1991年正是董耀会长城研究要腾飞的时候，他的母亲不幸病故。母亲住院了一段时间，坚持要回家。她每天还要输液，可是她说可以在家里输液。她可能是知道

图七二　母亲是董耀会永远的怀念。每年清明，不论他在哪里都会赶回秦皇岛，为父母扫墓

自己时间不多了，她不想从医院离开这个世界。

回家的第二天晚上睡觉前，他母亲叫他扶着自己起来，她说想下地解小便。扶持着母亲小便之后，董耀会又用热水给母亲擦了脸，还擦了手和脚。母亲让他把那盆她很喜欢的黄色菊花，放在她的炕头就让他们去睡觉了。

这天晚上，母亲让上小学三年级的孙女儿董瑾，也回她父母的屋去睡。

老太太的话，从来都是一言九鼎。孙女儿出生时，医院有一种病毒不让孩子住院。出生两个小时之后，孩子抱回家就和奶奶在一起住。等三天之后，孩子妈出院了，老太太坚持不让把孙女儿抱走。董瑾是12月28日的生日，老太太说，她屋里的炕热乎，比儿子屋的床好。那时候儿媳妇夜里给孩子喂奶，要裹着棉袄到婆婆屋里去喂。

那晚，耀会睡得不踏实，半夜突然一激灵。他爬起来到母亲屋一看，母亲已经走了。炕上，有几片黄色的条状的菊花小叶掉下来，有一瓣还落在了她的头发上。母亲的病故虽然是预料之中的事，但对董耀会的打击依然很大。在很长一段时间里，他完全靠紧张的工作化解对母亲沉痛的思念。

董耀会回忆说，他徒步长城走后，老母亲就再也没吃过肉。她用吃斋念佛这种特殊的方式，每天为远行的儿子祈祷平安。

他的母亲没有文化，目不识丁。他却说自己做人做事受母亲的影响很大。

对这一点，起初我很不理解。后来我终于明白了，因为他写东西从不"无病呻吟"。我从北大毕业后就分配到高校，之所以曾经一度离开高校，其中的一个原因就包括不喜欢"绿阴飞雨作秋容，衰病呻吟高枕中"的学术风气。

他说过，母亲是一个非常实际的人。我参加过几次董耀会主持的会议，他作风很强悍，思维却很缜密。常把眼前的工作分成两大类，一类是能做成的，一类是做不成的。我感到很意外，这个时候他的算计，好像是一个非常强的实用主义者。

这可能就是他说的，母亲那种非常实际的作风。

在考虑一件事有意义与否的同时，他还会迅速考虑这件事能不能做成。在意义和做成两个坐标系中，找到那个意义最大、最有可能做成的点。

妻子

董耀会常说自己是"气（妻）管炎（严）"，他甘心并享受着"气管炎"的角色，完全是因为他特别爱自己的妻子。

那首《妻子》，表达了他和妻子心心相印与携手白头的愿望："只有你的钥匙／能开我的锁／看到我心中／那满地冰霜的早晨……不再追求火／耐心守着灰／手拉着手／走进永恒的漆黑"。他的徒步考察长城，曾经让妻子彷徨无助，走完长城之后的暂时生活之困，也曾让妻子活得很累。

妻子毕竟是理解他支持他的，她给了董耀会完整的生活，使他的事业一点点完美和圆满起来。

我问过董耀会，如果用一句话评价他妻子，他会怎么说。他说："玉倩是一个很尊贵的人，穷的时候她没有自卑感，有了也从不炫耀她所拥有的一切。不能让这样的女人，因为自己干事业而受穷，这是我必须做到对家庭负责的底线。"

我突然想起，有一次和他妻子聊天，我问她："董先生有什么缺点吗？"她不假思索地说："太多了，数不胜数。"

我坚持让她说一条，她笑着说："弱智。"

这让我很惊讶，董耀会是生活的弱者，自理能力差一些，这我知道。一次，他和妻子谈到健康长寿的话题，他突然对妻子说："你可得好好活着，你要是走我前面，我第二天就得再娶一个，要不日子没法过。"

妻子对他的生活照顾得太好了，有这样的妻子，丈夫回家什么活都不用干，不是弱智也会逐步退化成生活的弱智之人。

我问董耀会如何评价妻子对他的评价，他说："人啊，谁都想懒，有别人干，

图七三　2003 年 10 月，董耀会与夫人刘玉倩在山西白草口长城

你就不想干了，容易耍赖皮。要真娶个懒媳妇，自己也得干。"

董耀会常说自己是一个生活品质很低的人，接触他多些的人也会发现，他的生活其实非常寡淡，考察、读书、写作，对吃和穿基本处于比较麻木的状态，吃什么都行，穿什么都行。

他幽默地说，很愧对自己的肚子。没有自己特别青睐的食物，不喜欢也不懂得享乐美味。他这个说法，得到了妻子的证明。

有时，妻子想给他做点好吃的，问他想吃什么，希望他点一道菜。他一定是回答"啥都行"。

这样的回答，令妻子非常扫兴，也没有办法。下次再这样问，得到的还会是这样的回答。两个人，就这样问了一辈子，回答了一辈子。询问的是关怀，回答的是恩爱。夫妻之间这样的问答，好像成了家庭生活的一个独有的风景。在这样的过程中两个人的头发，不知不觉中一根一根地白了。

夫妻两人，有很多这样的小故事。事情虽小，给我的感触却很大。我琢磨他们内在的感情是怎样的，我发现他们的生活节奏似乎是凝固的，很慢却很细腻，很温柔。最后我甚至感觉，很喜欢他们这份安静，敬佩他们彼此的包容和爱护。

董耀会生活方面的自由随性，在采访他的过程中我深有体会。有一次，我问他喜欢喝什么茶，他笑着说："我喝什么茶，要看我随手拿到的是什么茶！"茶对他来说，没有什么绿茶、红茶、白茶之分，只要是茶就行。

董耀会常想让妻子和他一起去长城，一般的情况下妻子都是说"不去！"，有一种吃醋的感觉。"女人吃起醋，神仙挡不住。"她真的可能吃长城的醋，长城占有了太多她丈夫的身心。

其实，她也没少去长城。在和她聊天的过程中发现，我所知道的长城，她基本都去过。是啊，几十年了，一年去一两个地方，也是去过几十个地方了。

还有一件事，很能说明董耀会对妻子的态度与中华文化的关系。我和他一起去参加过一次朋友孩子的婚礼，这个朋友叫任二林，结婚的是他的儿子任自耕。董耀会给我介绍："这对父子也是很了不起的人。"2001年7月13日，国际奥委会主席萨马兰奇宣布"奥运北京"的第二天，任二林带着10周岁的儿子任自耕，踏上了山海关长城。此后，父子两人利用三年的三个暑假，走了90天的长城。

婚礼上，董耀会作为证婚人向一对新人送上了祝福。致祝词时，他说："中国人讲亲人，一次东西方文化交流时，外国朋友问我：'在你们中国人心目中，什么人是亲人呢？'我告诉他们，中国的传统文化中，血缘，有血缘关系的人是亲人。"

董耀会接着说："外国朋友又问：'夫妻肯定没有血缘关系，在中国的文化中夫妻就不是亲人吗？'我告诉他，夫妻其实是有血缘关系的，夫妻的血缘关系体现在子女身上，子女是夫妻血缘的凝结。家就是这样一代又一代延续和传承的。"

董耀会的事业心太强，在妻子身上或许用心少了。况且他也不太懂女人，更不会给女人浪漫的期许。但他的爱是真的，这一点他妻子最知道。

女儿

对女儿，董耀会虽然没有明确的诗句，但对女儿的亲情又超越了诗意，刻在了心底，倾注在一天一天的生活里。

董耀会的妻子说："刚生完闺女，我的手过敏，加上是冬天根本不能沾水。那

图七四　天下第一关全家照。董耀会对妻子和女儿的爱，妻女对他的事业的支持是董耀会事业成功的重要条件

时候没有尿不湿，婴儿都是使用旧衣服做成的尿布。闺女的尿布都是他爸负责洗，每天晚上洗一大堆，然后架在火炉上边烤干叠起来。"

女儿，是董耀会谈到家庭时最多的话题。

女儿的成长过程，他始终不主张给她太大的压力。他自己就是在没有压力的环境中长大的，妈爸从来也不要求他必须考一百分。

董耀会的学习成绩，从小学到高中，始终是中游水平，不进步也不退步。女儿也差不多，他没有觉得有什么不好。他和妻子有一个分工，他负责陪孩子玩儿，妻子负责孩子学习。

夏天放学了，他就骑着自行车带女儿去海边游泳。

当初写《秦皇岛旅游》，出书挣到第一笔钱，他先是给妻子买了两身她喜欢的衣服，给母亲买了一个毛帽子，给自己买了一堆书。这些加起来，在当时也只是花了两百多块钱，大约两个月的工资。

其余的钱，他几乎全都拿了出来给女儿买了一架钢琴。他妻子回忆说，那天去琴行看琴时，有6000多元的、8000多元的，最贵的12000多元的。老师说，孩子刚学琴，买便宜的就行，他却毫不犹豫地买了最贵的那架。

女儿高中毕业后，出国留学了。拿到学士学位之后，在决定继续在外面读书还是回国时，他对女儿说："我的承包期完成了，今后的一切都由你自己做主。我们的意见，都是仅供参考。"

人能不能成功，自己的特长是什么，自己的特长能不能发挥，都要靠自己去找。他说，儿孙自有儿孙福，年轻人只要健康、快乐、向上就好。

他的女儿董瑾，现在在清华大学工作，已经是建筑学院文旅研究中心的副主任，并开始走上了自己创业的路。

现在社会上，代沟越来越严重。我问董耀会与女儿是否有代沟，他说："有啊，很正常。年轻人和老一代，生长在不同的社会环境，有代沟很正常。家长要认识到晚辈已经逐渐成长为社会主流，要正视和承认孩子们早已经长大了。"

他像所有中国的父亲一样，很少直接表扬女儿，但从他的言谈话语中能感受得到，他为女儿骄傲。他说女儿董瑾是一个有追求的年轻人。

今天的社会，很多的家长不太注重培养孩子做有追求的人。个人兴趣与私人生活为主要生活内容的社会，兴趣的片段化和细小化成为主流。人们在一味追求个人情感需要和精神诉求时，在身份归属和社会认同感上出现偏差就在所难免了。

这也是那么多的孩子出现这样那样精神问题的原因。作为诗人，董耀会对女儿有一种自由挥洒般的宽容，这方面，一如他自由随性的诗风。

女儿从小就经常和爸爸去长城，留学的时候也常常和同学们讲长城。

今天，在清华大学工作的女儿，已经能帮助爸爸了。特别是在推动长城沿线文旅发展方面，她做了很多的实际工作。

图七五　他的女儿董瑾在清华大学工作。从小学一年级开始，几乎女儿所有的家长会都是董耀会去参加。现在女儿经常参与、支持父亲的长城事业（左起：董瑾、邬东璠、董耀会、农丽媚）

山海关古城微改造和全域旅游规划、八达岭长城文化提升、临洮战国秦长城国家文化公园方案、张家口崇礼长城脚下的冬奥会的景观设计规划，都有她的身影，她或是项目负责人或是主力。她还在长城数字化、长城文创产品开发、长城研学等方面做了很多的事。

清华大学文旅研究中心主任邬东璠教授是工学博士，她说自己也是董老师的学生。她是一个长城情结很重的人，2008年就发表过《长城保护与利用中的问题与对策研究》。她说："董先生是我们的团队权威的顾问，我们的团队也愿意成为董先生的长城专业队。"

图七六　董耀会的外孙子杨文颉在初中时就是长城志愿讲解员，他的姥爷在认真听他的讲解

理想

董耀会是一个理想主义者，却对事情能作出很透彻的观察。他的好朋友，国务院发展研究中心研究员何玉兴，总结董耀会时说得很到位。他认为董耀会"活得充实、幸福，有尊严，有意义"。董耀会的自强不息，不负此生。

《八十岁的追求者》一诗，诉说着他对理想的追求，他永远不会止步："理想啊，理想/再追求你一次/一直健康/直到死亡来临/做一盏耗尽了油的灯"。

可以想象，即使将来80岁的董耀会，肯定依然是这样的本色。

我问过他，80岁以后他会是什么样。他说："醒着犯困，闭上眼睛想睡觉又清醒了！"再问他，自己希望80岁是什么样子，他说："睡觉香甜，吃饭安然。"

董耀会睡眠极好，他妻子有点夸张地说，他经常是刚坐到床上，往后一倒，头还没挨着枕头，人就已经睡着了。能睡觉，可能是他精力充沛的保障。我自横刀向天笑，笑完之后去睡觉，活得超级洒脱。

他也有睡不着的时候。那个没能和他一起走长城的好朋友张宝忠，1998年检查出了癌症。他接连几夜都没睡好，跑医院，请专家，筹资金，人几乎瘦了一圈。

1998年5月4日，"庆祝北京大学建校一百周年纪念大会"在人民大会堂举办。董耀会作为优秀校友，收到北大校长陈佳洱的邀请。这一天张宝忠要做手术，董耀会没有去人民大会堂，而是一直守在医院。

我问过他："年轻奋斗的时候，想到过老了会有如此大的收获吗？"他和我讲起了《老人与海》，一个老人在海上跟一群鲨鱼搏斗后，拿着一个鲨鱼的骨架回家。除此之外，一无所有。他说，很多人老了，就是这样，只剩下了回忆，也挺好的。

诗集的最后一首就是《望断悲风》："默默地走了一年又一年 / 溪流中倒映的山巅 / 纯清的感情 / 跋涉在 / 人迹罕至的密林 / 跋涉在 / 一片枯死衰萎 / 被天火烧焦的林木之间"。

最后一首诗作为诗集的名字，表达自己对于事业、生活的执着。虽然经历了很多的痛苦，却一如故我，不改初衷。

董耀会的事业是一种开拓，在没有路的地方走出一条路来。享受开拓成功的快乐，自然也要承受开拓的艰辛和痛苦。

我曾经对他说，他的成功对年轻人的成长很有指导意义。他说："不觉得自己有多么成功，好多事情还在不停努力的过程中。"有年轻人要徒步考察长城，认为按照他的路线走一遍，也一定会成功。董耀会却说："别轻易去复制别人，别人的路是别人走的。你沿着别人的路走，等着你的有可能是深不可测的大沟。"话虽然很普通，但寓意深刻。

作为理想主义者，他自己曾在书中讲过："长城事业，包括长城研究和保护利用，早已经成为我的理想。有理想，就要有承受被理想折磨的能力。理想在远远地向你招手，可是当你奔跑过去的时候，理想又是那么遥不可及。"

如何面对困难，他说："追求理想的前进道路上，有荆棘和坎坷、寂寞和孤独，更有迷茫和不知所措。当你被折磨得精疲力竭之时，或许是幸运离你最近的时候。能否实现理想，要看你是否能扛住各种折磨。真正到达理想彼岸的人很少，更多追求理想的人，都是在被折磨的路上，忍耐着，在迷茫中忍耐着前行。这是我对年轻人的忠告。"

朋友与情怀

无情未必真豪杰。这句话太对了。当我用这句话表达对他的敬佩时，他淡淡地笑了笑，轻轻地摇摇头。

对于友情和亲情，董耀会也有代表性的诗作，如《友谊》："不是所有的价值／都可用钱来统计……没有半点疑问／没有半点保留／淡如水的友谊"。他是个豪爽的汉子，更是可信赖的朋友，对于困境中的朋友，他总是会不求回报地施以援手。

黄益博士刚毕业时在《中国长城志》编辑部，给总主编董耀会做了几年的学术秘书。她到大学当老师后，身边有一位农村来的学生病了，住院手术治疗还缺9万元。

她想帮助自己的学生，却又无能为力。想到了热心助人的前辈，为学生向董耀会求助。他二话没说就答应了，当时他正在石家庄，手头钱不够先从我这里借了一部分，凑够了9万元。

他说："很为黄益对学生的爱而感动。一个女老师为了给学生治病，四处去求人借钱，很难得。"董耀会给我看了黄益和他聊这件事的信息，她还强调"是借给我，我负责还"。

我为黄益，更为董耀会做人做事的境界点赞。

采访他的这几年，也接触了很多他的朋友，都跟他特别亲。事情虽然简单，却可以真心见真情，真情见真人。我想到河北作家张树满写的《走遍长城的人》一书，记录过董耀会为帮吴德玉买房，几乎把家里全部的存款都拿了出来。正在下岗的张宝忠患癌症需要手术，董耀会负责了全部的医疗费。

"人脉圈与利益圈捆绑在一起的朋友，很难交成知心朋友。人脉圈与事业圈结合在一起的朋友，很容易交成知心朋友。"这是董耀会谈到交友时，说的一句很有哲理的话。

董耀会的朋友遍天下，这样说毫不夸张。

最初的"华夏子"三人团成员，吴德玉和张宝忠是他最好的朋友。这两个人很特别，吴德玉跟董耀会一起走长城，做长城事业。张宝忠则是一个从来没有真正步入过长城圈，却也是从来没有真正离开过长城的人。

当初，从老龙头步行到山海关，张宝忠一直把耀会和德玉送到了角山。一路上谁也没有说话，他只是默默地跟在后面走着。董耀会的很多朋友说："和他在一起，纵使是彼此默默不语，也默契得如同聊了很多很多。"我也有同样的感觉，这样的朋友才算是好朋友。

我采访与董耀会有关的人，大家都非常高兴地接受采访，只有张宝忠婉言拒绝了我。可见，当年没有果断地踏出那一步，在他心里留下的阴影有多深。

但他们的友谊，却地久天长。

他所在的工厂后来改制，他也下岗自谋职业，创办了一个文化公司，业务有点起色之后，曾出版过一本中英文对照的《长城旅游》。他也参加董耀会组织的一些活动，只是默默地做事，不公开出面。

董耀会是一个有情怀的人，除了保护长城，还坚持通过扶贫关注长城脚下的人。作家席慕蓉说过，"贫穷不是羞耻，富贵也不是罪恶，粗茶淡饭与锦衣玉食并没有太大的差别，只要我们有爱，孩子们就会有笑容"。这段话，我曾经很喜欢。

董耀会的认识则完全相反，他直率地说："说这些话给人的感觉是站着说话不腰疼。不要说穷和富没有差别，贫穷和不那么贫穷，差别就大了去了。"为长城沿线的贫困百姓做点实事，是董耀会一个很重的心事。

长城沿线大山里的百姓，贫困程度超出了人们的想象。他们根本没有生活，只是活着，而且活得很艰难。在这种情况下，让百姓站在保护人类文化遗产的高度上保护长城，根本不可能。

2002年，中国长城学会和中国扶贫基金会合作，推进"新长城"项目，扶助贫困大学生。董耀会关注贫困大学生，源于中阿化肥公司的董事长武四海给他讲的一件事。

武四海是董耀会的好朋

图七七　帮助需要帮助的孩子，不仅是要在经济上资助他们，还要在精神上与他们同行

友,对长城事业一直很支持。他担任过秦皇岛市人大常委会副主任、河北省政协副主席。他来北京只要时间允许,都要来看看董耀会。武四海说,中阿化肥公司一次工伤事故死了个年轻的装卸工。整理遗物时,在破旧的纸箱里发现了大学录取通知书。年轻人是因为穷,交不起学费才放弃读大学,出来打工的。

那天,武四海流泪了,董耀会也流泪了。

这个时候,中国扶贫基金会开展了"新长城"资助贫困大学生的活动,董耀会全身心地支持这件事。帮助贫困大学生的同时,他还关注长城沿线的小学,主持捐款修建了柳各庄长城希望小学。

为徒步考察长城做准备的时候,一次三人从长城上下来晚了,只好决定就近找个地方住下。夜里11点多,他们的敲门声惊醒了柳各庄小学的值班老大爷。听了三个年轻人说的情况后,老大爷打开了一间教室,让他们拼一下课桌睡觉。

平房教室非常老旧,躺下后,竟然可以从房顶看到星光。这样的教室,下雨天怎么办?会不会倒塌呢?残破的小学教室,给他留下了深刻印象。

10年之后,一次到抚宁再次考察长城时,他忽然想起柳各庄小学,于是绕道去看了看。学校的教室没有变化,教室里多了几根棍子支着房梁。破败的教室,多年来一直在修修补补中勉强使用。董耀会找到秦皇岛团市委书记郑泉,询问能不能将柳各庄小学列入希望工程。

郑泉书记告诉他:"可以。但要先有一个单位愿意为建这个学校,提供第一笔5万元的捐款。"董耀会毫不犹豫地说:"第一笔钱我负责解决。"柳各庄长城希望小学改建工程,就这样启动起来。

后来,他又组织爱心企业,为柳各庄长城希望小学捐了数万元的图书,建立了长城图书室。这样的事,他一直在做。

一十馆长

每个人都有自己与别人不同的天赋,有的人记忆好,有的人嗓音好。我采访的时候问过他,你觉得自己有什么天赋?董耀会诗写得很好,我以为他会说写诗或至少会说是文学。

没想到,他想都没想,回答说:"我绘画方面还比较有天赋。"又一个让我没想到，董耀会你还有多少秘密人们不了解？

大家都知道他是长城专家，也常说他只做了长城一件事。实际上，并非如此。他还研究过油画，画了不少作品，而且做过一段时间的美术馆馆长，即宋庄上上美术馆馆长。

这一点，一般人并不知情。因为董耀会极少跟人提起过这段经历。胡介报当时是宋庄镇党委书记，他是宋庄画家村的缔造者。胡介报说："董先生在宋庄没有使用董耀会，而是给自己起了一个笔名'一十'。大家都知道上上美术馆的一十馆长。"

董耀会说重新给自己起了个名，做另一个自己。

他对这个很特别的笔名，还有特别的解释。那段时间，他刚辞去中国长城学会的秘书长，而《中国长城志》还没有启动。难得的一个空闲时期，他自由了很多，手执画笔，在画布上挥洒着依然孤寂的心境。

他很喜欢自己的这个笔名，永远干事，永远成长。

我问他为什么要用"一十"这个有点另类的名称，他告诉我，这个笔名很简单，好记。他签名时都是竖着签"一十"两个字。连起来的"一十"，就是一个"干"字。他喜欢干，主张什么事都要真干、会干、能干才行。我看过画册上他的签名，竖着签的"一十"就是一个清晰的"干"字。

我想让他谈谈做上上美术馆馆长的事，他说："真正的馆长是李广明，不是我。"

他说的李广明，是一位著名的艺术家、策展人，2008年提出"水墨主义"构建本土当代艺术，在国内外都产生了很大的影响。2005年李广明创作当代艺术《为长城延伸一万里》大型时空装置，董耀会支持他在北京八达岭、希腊、意大利、北京大学都做过展。董耀会还和他一起做过行为艺术《为长城疗伤》。

艺术对董耀会而言，是一种难得的生活调剂，是一种在忙碌的时间中寻找休闲的生活方式。这期间他并不想画长城，他坚持了很长一段时间不画长城。

他的作品不是关于历史的题材，但你可以从中读出浓郁的历史感，读出关于历史的沧桑记忆。他更多的时候，画的是大自然和自然环境的实物。从他的作品中，可以体会到历史记忆的形象。

2005年正是当代艺术火热的时候，在宋庄上上美术馆，他有一个画室，里边挂着他的作品。美术馆在会客室还挂着他和美国总统克林顿的大幅合影照片，以及与

图七八　董耀会与李广明等在中国长城博物馆前〔黄鹤举（左一）、董耀会（左五）、余峰（左六）、李广明（左七）、刘玉倩（左八）、王平（左九）〕

当时的党和国家领导人的照片。

　　当时对当代艺术的认识，还没有现在这么宽松的环境。一十馆长的特殊身份，成了一些比较前卫的展览能够如期举行的通行证和护身符。久而久之，他的这种能量越来越显现出正面的、积极的作用。

　　著名书画家杨松柏是董耀会的老朋友，他在秦皇岛工人文化宫做专职画家时，董耀会就常去他的画室一起画画。杨松柏的水墨画有自己独有的艺术语言，被誉为低调型艺术家。

　　董耀会出任美术馆馆长时，他那段时间也在上上美术馆搞创作。他说："董耀会给美术馆定下一个规矩：5年之内他的画不卖，不展，不送人。"这是他又一个"三不"宣言，又是在重大的问题上把握立场，并且清楚地表明自己态度的行动。

新世纪刚开始的十几年中，比较流行送礼。买艺术品送礼，也蔚然成风。张清媛也是学油画的，当时她在上上美术馆经营画廊。

她讲了一件事："有一位山西的煤老板到上上美术馆看画，趴在门口看了半天一十馆长的画室和墙上挂着的画。他很想进去看看，但负责接待的人说不行。最后找来了王平，才开门让人家进去。"我问她，王平是谁呀？她说是董先生的朋友，上上美术馆的投资人。

张清媛接着说："那个煤老板问，一十馆长的画，一幅多少钱？当时陪同客人的美术馆投资人王平，随口一说十万吧。没想到这个煤老板还就真想要了。我只能很无奈地说：他的画，不卖。"张清媛随董耀会到法国参加过艺术活动，她说："董先生对国际艺术及市场都非常地了解，对我们年轻人也特别好，他后来离开美术馆大家都很舍不得。"

一向深沉练达的董耀会，在当代艺术的圈子里很活跃，有的时候犹如少年。他到哪里，哪里就会有欢乐的笑声。我陪董耀会夫妇去过一次宋庄，见到多年不见的艺术家朋友，董耀会可谓潇洒风流。我和他接触了十多年，没看见过他这个样子。

不单是我，就是和他过了一辈子的夫人也觉得很新鲜。董夫人笑着轻轻地自言自语地说了句："咋这么兴奋啊！"

我问他，一幅画能卖10多万元，为什么不卖呢？是不是觉得自己的画不值那么多的钱？他说："不是自己的画不值那么多钱。"听了他的话，我心里一愣，难道他认为是价钱给低了不成？

他顿了一下，接着说："自己的画，根本就不值钱。"他说不卖画，还有另外一个原因，卖画还会破坏他的心境。

他说，在宋庄画画就是玩儿的。宋庄的艺术家朋友们，有很多国内外有影响的艺术家，像李广明这些人陪着他一起玩儿，挺好的。但是，他一旦开始卖画，就破坏了这种状态和心态，就不好玩儿了。因为是玩儿，所以他不想画长城。

当时，到宋庄看他的朋友，在他的画室，看了他的作品，几乎所有人都会问他："你为什么不画长城啊？"董耀会画画，却不画长城，真的很奇怪。

《中国长城志》的编纂正式启动，他为了全身心地投入，编好这部他的理想"大书"，毅然辞去了宋庄上上美术馆的馆长职务。从此，那个"一十"馆长消失了，《中国长城志》总主编上任了。

这次上任，董耀会又是一次疯狂，一干就是十年之久。

一位诗人的回忆

董耀会还有一位诗人朋友，吉林的孙文涛。他是一位职业作家，著有诗集《野蔷薇》《浪漫与温馨》，散文集《北部边疆漫游散记》等。

孙文涛和董耀会的生活各自独立，基本上没有交集，却感情相随，彼此珍惜。这位朋友于2013年6月写了一篇随笔《奇遇忆昔：徒步长城的"三勇士"》。

文章开头写道："我们的结识是从长城脚下开始的。1985年早春，我去云南自费旅行，途经山西忻州长城下的一个村庄，晚上住在店里，意外邂逅三个风尘仆仆、身背沉重登山囊的青年，他们是董耀会、吴德玉、张元华，那一天正巧是元宵节。"

孙文涛回忆了他们刚认识的那个晚上："1985年正月在山西忻州相聚时，那夜的元宵节真热闹啊，山西忻州农村的乡亲们按民俗点起了一堆堆'旺火'，远远近近，沿山逶迤，仿佛要燃烧到天上。我们四个人逛罢'旺火'归来，都很激动，喝了一瓶小卖部买来的白酒，就着几口罐头。谈了很多——仿佛谈了一生的话题，谈到了个人兴趣、摄影、旅游和集邮、生活和艺术、阅读及写作、探险和艰苦、人的欢乐、爱情……不知不觉地，共同回忆起少年时代的憧憬，那时每天的太阳多红、空气多新鲜！但是后来发生了什么呢？提到经济，他们也是很'穷'，四方筹款，不过是把别人买彩电的钱、结婚的钱、日用的钱，贡献到一万多里考察的川资上，他们说至今长城还没有中国人全部走完呢，这是那些忙碌着把光阴换成金钱的人，永远也难全部理解的……"

后来孙文涛到北京，在《北京工人报》做编辑，再后来到《中国国家地理》杂志做编辑。这段时间，他和董耀会接触多些。他写道："90年代中期，在北京我去过几次中国长城学会，实际那里日常都是他领着一帮青年在忙，搞长城保护可不是没本领或本领小的人能干得了的，要搞社交、搞活动、搞外联、搞宣传，甚至自己动手解决日常开支，但还要设法帮助贫困地方修复长城，等等。那时候我的印象里中国长城学会还是'草创期'，条件十分艰苦。没固定办公地址，租房，事务繁多，最早他连车也没有，东跑西跑挤车，每天在闹市尘土里一身汗一身泥，但给我印象走长城的都是些'铁人'。"

孙文涛回忆对董耀会的印象，"他是一个特别能起早的人，又能熬夜，有好几次他有事来找我，还在黎明。我也参加过几次保护长城的宣传，记得一次在怀柔的慕田峪，还有两次在中央台采访录影棚。某年有一次在中国人民大学的一次诗歌活动，他来了也在会场宣传长城保护，散发长城的保护资料，他印制的手册和宣传资料，均很精美。有一年我在中国传媒大学也看到他在给大学生讲长城。"

诗人被董耀会所感动，他说："我有次和董耀会开玩笑，谈到人的命运有神秘性，说：'你的前世大概是秦始皇转胎，你看你长得也有点像，又生在秦皇岛的长城脚下，所以天罚你一辈子欠长城的必须吃苦还债，走长城、修长城、保护长城都是你的事，你不干谁干？'"

他接着说："我希望他经历车祸后能放松一些，别太累，我说一辈子干的事太多了不好，世事不过如此，转眼霜花上头。后听说他有点遭'排斥'，有一段赋闲在家，画油画，我能理解他的心情，古人曰'功成身退，天之道'，况且'古来材大难为用'的时候多，他已经为世所用……后听说他又创立一个新的事业，还是与保护长城有关，真能干啊，硬汉，莫非他真的是上辈子'欠长城的'？！"

孙文涛作为好朋友一直关注着董耀会，不知道他说的"又创立一个新的事业"，是指《中国长城志》还是成立长城保护专项基金。

第五章　第二次考察的痛苦与成果

董耀会作为秘书长，把中国长城学会做得影响广泛。他没有满足，没有停下脚步，又瞄准一个新的目标，推动长城保护的顶层设计。

董耀会很像一个苦行僧，从这个意义上说，他好像有点傻。其实，他一点儿也不傻。在长城保护最困难的时候，他经过深思熟虑，决定通过媒体把长城遭受破坏的事实向社会公布。

董耀会为活动确定一个名字"2002 中国长城考察万里行"。这次长城科考的重点是长城保护，考察时为了调查有没有新的破坏长城的情况发生。

从 1985 年完成第一次徒步考察长城之后，董耀会一直在全国的长城线上到处奔走。18 年后，他又带队进行了这次的全面考察。

他在私底下，给这次活动提出了一个定位"呼唤长城保护的春天"。他希望通过考察，引起社会的广泛关注，更引起各级领导的重视。因为他们的重视才是送来春天的那缕可贵而关键的劲风。

那时，全国长城保护的现实是残酷的。要改变现实，各级政府的重视与否是关键和核心。谁都不会说长城保护不重要，都能讲一堆的重要性，但真正的落实会受到各种条件的制约。这个现实和事实必须理解接受，然后才能想办法寻求改变。

2002 年 8 月 5 日至 9 月 17 日，董耀会一行从辽宁省丹东市的虎山长城起点，直到甘肃省嘉峪关，考察历时 45 天，跋涉辽宁、河北、天津、北京、山西、陕西、宁夏、甘肃 8 个省（自治区、直辖市），行程 9000 多千米，沿途考察了 101 处长城，举行了 15 次研究座谈会。

长城考察团全部成员 42 人，其中有 16 人是专家学者，20 多人是中央媒体的记者。邀请众多记者参加，也是他的一个良苦用心。通过记者们的长城宣传，形成一次全国性的舆论高潮，提高大众的长城保护意识。

考察途中遇到长城破坏事件，记者们的曝光必然引起高层领导的关注和严厉惩处,这样的效果对遏制以后的破坏事件将是一个最好的警告。后来的情况,印证了董耀会的先见之明。

在这次考察中,董耀会写下了非常详细的考察日记。《守望长城:董耀会谈长城保护》一书收录了他的部分日记。字里行间处处可见他对长城现状的忧虑,以及对有些地方保护不力的批评。对于他来说,这是一段难忘的经历。

7月31日,北京的天气极其闷热。下午,董耀会要启程前往丹东——长城万里行考察的起点。那天,女儿刚回国两天,他本来想在家陪女儿,但考察行程不能更改,这让他的心里非常矛盾,对孩子满是愧疚。女儿却很理解他,并和母亲一起到北京站为他送行。

进站之前,董耀会陪着她们母女俩逛了一会儿北京站前的商场。逛商场对于男人来说,一般都是很不喜欢,董耀会也不例外。

这次特殊的逛商场,他却一点没觉得枯燥和烦恼,不知不觉就到了进站上车的时间。离开商场时,他竟然萌发了一股再陪她们多逛一会儿的强烈愿望。

第一站——丹东

8月1日上午,董耀会一行到达丹东。

考察的起点之所以选在丹东,主要目的是纠正明长城东端起点是山海关的传统说法,因为明长城从山海关往东到鸭绿江边,还有880千米长城,即辽东镇长城。辽东镇长城在明末用以防御清朝的前身——后金,清朝入关统一之后,就不再提及这段长城了。

后来,辽宁省文物考古研究所冯永谦带队做的考古发掘证实,长城东端的起点为虎山长城。到达虎山后,董耀会难掩兴奋的心情,他专门为虎山长城写了一首诗:

雄关险隘最踞东,岁月沧桑埋弯弓。
自古秦汉烽烟地,游离长城家族中。
踏遍霜雪枯草蓬,墙基瓦砾见春风。
清波江水鸭头绿,拭去尘埃虎山红。

这首诗真实地反映了虎山长城今昔不同的历史变迁。在虎山长城举行的万里行的发车仪式上,他宣布了明长城的东端起点在丹东虎山。但有一点成了他心头的遗

图七九　中国长城考察万里行发车仪式（后排右起：于怀乐、董耀会、李凤山、商传）

憾，因为虎山长城修得太新了。

虎山长城1990年发掘，1992年修复施工，作为长城的东端起点，修复是非常必要的。只是修复的一些具体做法，让他不太满意。

他在日记中写道："应该将所有遗址都保存下来，比如敌楼完全可以建成中空基础的，游人下到台底，可以看到遗址。虎山长城一期修复之后我来过两次，总感觉修得不是很成功。一是太新，所有考古发掘的长城遗址全被破坏了。即便建新墙，现代施工技术完全可以做得比这更好。二是用砖太多。就辽东镇长城来说，除与蓟镇相交的绥中境内部分长城之外，很少有用砖这么多的建筑。从虎山长城的发掘来看也完全能证明这一点。"

董耀会还说，他们在1984年考察时，也没有发现老乡家使用长城砖的情况。因此，在他看来，虎山长城修复用砖太多。他认为，用石头砌的垛口做好了也很漂亮。

本来，董耀会还想去看看虎山长城附近的两个砖窑遗址，当得知已经被虎山长城修复二期工程毁掉了，这让他心情格外沉重，"把长城建得崭新，又把那么重要的历史文物给毁掉了，真让人痛心。即便单单从旅游的角度说，如果能将这两个小窑保护起来，也是多么好的参观物啊。"

当晚，董耀会把这些想法告诉了丹东市的领导，希望加强文物保护，特别提到了明代砖瓦窑遗址的事情。他能做的也只有这些了，对于长城保护，主要依靠的还是地方政府。

他在很多事情面前很无奈。我们局外人即使设身处地去想，也无法真的体验他的难受程度。中国长城保护体制的特殊性，董耀会个人身份的局限性，让他需要付出数倍的努力，才能勉强达到长城保护的目标。长城保护最需要的并非经费，而是各级政府的重视、大众的保护意识及行动。

在8月5日下午3点半举行的考察团启程仪式上，董耀会明确地对大家说，这次考察是形式大于内容。他的意思很明确：在50天的短时间内，不可能把万里长城的考察做好做细致，主要还是宣传长城保护。

如果通过媒体的集中报道宣传，使社会的长城保护意识有所提高，引起社会各界对长城研究和保护给予更多的关注，就基本实现了考察的目的。

仪式结束后，很多记者围着董耀会进行采访，记者们问得最多的是辽东及虎山长城是怎么被历史遗忘的？如何确定虎山长城是明长城的东端起点？他很详细地做了解释，掰着手指头说这种说法的形成有四个原因：

一是辽东镇长城修建时间较晚。山海关和嘉峪关都是明初洪武年间修建的，而辽东镇长城最早的一段是明正统年间所建。二是修建较为简单。特别是明朝后期用于防备后金的长城都修筑得较为简单，而且不断在战火中被破坏。三是明末其他地方最后修长城时，辽东大部分已经是清政权的腹地，因此没有修长城。四是清兵入关后将辽东视为"龙兴之地"，修建柳条边时，又将很多明长城拆毁。

历史学者们始终承认辽东镇长城，始终在找东端的起点。1990年，辽宁省文物考古研究所找到了虎山长城遗址。

不容回避的问题

曹大为教授是全程参与2002年中国长城考察万里行的专家之一。采访曹教授时，我问他这一路下来，对董耀会记忆最深的事是什么。

曹教授有点为难地笑了笑："这事儿不好说啊。"我说："没事儿，您就客观地说，我写的时候会把握分寸的。"

曹教授笑了，不紧不慢地说："印象最深的是他占用厕所的时间太长。"原来，曹教授和董耀会住一个房间时，他用厕所时总是看书，有时就忘了外边还有人等着用呢。可能是古今很多读书人都有这个毛病，清人吴乔在《围炉诗话》说："人之登厕，不可无书，无书则不畅。"

董耀会妻子也介绍过，上厕所看书是他的一个习惯。如果不拿一本书看，他会觉得厕所白上了，浪费了时间。董耀会则笑着对我说，不看书，他就无法顺利地完成"任务"。

这次考察路上，他希望主流媒体报道长城保护存在的问题，给地方政府带来一些压力。当年徒步考察长城的起点山海关，也存在保护问题。

老龙头到角山的8000米长城破损严重，那是1958年大炼钢铁到"文革"期间被人为破坏的。山海关城除了城东墙外，其余三面都亟须修缮。东罗城破损严重，没有资金进行维护。东罗城的模印文字城砖，也需要抢救性保护，否则珍贵的文字将在自然侵蚀中消失。

角山长城半山坡以上由毛石干垒的城墙坍塌十分严重，而且因为游人攀登不断出现新的破坏。这种状况，令董耀会痛心。

八国联军军营遗址的保护也令人忧虑，有的被出租做饭店和商店，明火存在火灾隐患。有的还擅自改造房屋结构，进行房屋装修，改变了文物原貌。

董家口长城，1984年董耀会徒步考察时还保存完整的两处刻有"忠义报国"的门石，有一处被拆了下来，在地上断成三截。

桃林口长城一带，农民过去用长城砖垒砌院墙，正在翻盖的房子还使用长城砖。政府对桃林口长城的开发设想，也让他非常忧虑。计划太大，紧邻水库，对生态环境保护的考虑也不充分。董耀会说："这里可是秦皇岛人的饮用水源地，是一百多万人的水缸！"

迁安白羊峪和金山岭长城

白羊峪长城发生了修复性破坏事件。董耀会之前曾多次提醒，修长城要注意保护历史风貌，但是担心的问题还是发生了。新修的长城白花花一片，原有城墙残存的部分，有的被拆除，有的用白灰勾了缝。

晚上回到宾馆，他仍然心情沉重，对河北境内"村村点火，处处冒烟"的长城旅游开发热潮非常担忧。如果不进行有效管理和规划，必然对长城造成更严重的破坏。

董耀会经常在公开场合赞美金山岭："您想站在雄伟的长城之上极目远眺，让您的视线和长城一起消失于远方吗？那好，请您到金山岭长城去，那里是最能体验到长城之长的地方。"金山岭的公司化经营，让他有了更多的担心。

在金山岭召开的长城发展论坛研讨会上，董耀会很直率地对金山岭的公司化经营存在的问题提出了批评。这是他真实、一贯的风格，即使是对很好的朋友他也如此。

长城旅游是旅游产品中文化内涵和品位都很高的精品，旅游开发一定要完整地保护长城及历史环境风貌，包括长城周边的整体环境风貌。后来，金山岭长城的经营方式经过全面整顿，取消了公司化运营，终于又回归正途。

八达岭长城——需要解决的三个问题

考察团成员到达北京休整的两天时间里，董耀会没有休息，参加了《八达岭长城旅游发展规划》评审会。八达岭景区存在的问题，董耀会在前两年里多次提过，问题的解决仍然没有进展。

在评审会上，他又重复了需要解决的三个问题：一是"有景无区"。八达岭没有游览区吸引和分散游人，没有设置环线，致使游人集中到长城上，拥挤不堪。二是交通。关门是关沟中长城的主要通道，110国道也由此经过。每天数千车辆通过，不仅游客不安全，也破坏环境。特别是晚上的载重汽车，经常对长城建筑造成刮碰破坏。三是景区环境。关城外繁华的闹市，对长城景观破坏很大。

董耀会曾经在北京市的一次会议上说："如果有一天，碰上个司机一迷糊，将八达岭长城关门给你撞塌一部分，将是轰动世界的新闻。"八达岭长城的生命力在于历史文物与大自然和谐存在，如果破坏了这份和谐，其生机和魅力势必大打折扣。

对于110国道的改线问题，早在1992年编制的《八达岭——十三陵风景名胜区总体规划》时，他就提出来过，10年过去了问题依然如故。规划的出台和问题的解决，两者之间隔了十万八千里。

董耀会对八达岭存在的问题，经常是说了没人回应，但只要有机会还会反复说。他一直希望尽早解决好，他找罗哲文、郑孝燮等前辈帮助呼吁，使这个问题终于得到了解决。

2011年8月31日，投资3.2亿多元的八达岭过境线全面竣工通车。过境线置换了横穿景区公路的交通功能，结束了八达岭长城关门人车混行的历史。2008年奥运会之前，关门外的商铺，也迁离了长城附近。

大境门和狼窝沟口

张家口大境门外的环境当时很差，左边是一个"爆肚"餐馆和卖胶卷、电池的招牌，右边是一个面粉店。这几个招牌让电视台的记者们很头疼，因为不管怎么变换角度去拍大境门，都躲不开这几个招牌。

大境门已被地方政府列入旅游开发计划，准备在大境门内外各建一个广场，将大境门和新建筑物隔离开来。但是，外边建筑物距离大境门只有80米，里边则是50米。

这样的规划让董耀会很担心，这势必对大境门的景观造成影响。他向陪同考察的市领导建议，大境门规划一定要让文物部门参与，只有这样才能避免对文物的破坏。他还强调"保护长城，包括保护环境"。

董耀会是一个斗士，不是"老好人"。老好人做不了长城保护，因为这样的人肯定不敢得罪人。董耀会不怕得罪人，但并不是什么都不怕。他说自己有三怕，"怕得罪长城，怕得罪祖先，怕得罪子孙"。

狼窝沟口是这次考察中发现的一个严重破坏事件。2002年8月23日傍晚，董耀会在狼窝沟口发现长达1000米的长城竟然消失了，长城线上是挖地三尺取石后的土坑。这么大规模的破坏，证明长城保护存在很大漏洞。这是考察所发现的，没有考察的地方不一定没有破坏行为。这样合理推理的结果，让董耀会更加忧虑。

当晚，张家口市召开了市长办公会，成立联合调查组，撤销万全县文物保护管理所所长的职务。晚上10点多，市里派一位副市长专门向董耀会通报了会议的决定。

董耀会表示，只追究文物部门的责任没意义。市政府要认真了解文物部门的难处，为他们解决一些实际问题。他虽然很生气，可也最清楚基层文物干部的难处。文物管理没有力量和权力的客观现状是全国性的问题，也是破坏事件无法预防的关键所在。

狼窝沟口事件直接推动和促进了河北省的长城

图八〇 从1984年徒步考察长城起，董耀会一直停不下自己的脚步，始终致力于长城保护

保护。河北省省长钮茂生先后多次批示督办，在他的批示和推动下，河北省政府有关部门和省内有长城的市政府签订了保护长城责任书，规定各地要建立长城保护领导责任制，有关市、县政府主要领导负总责。

董耀会说，钮茂生省长提出的长城保护领导干部问责制是一项很好的制度，一定能强化长城保护工作。

董耀会在很多场合为他的这个做法叫好。钮茂生在河北省省长的任上做了一件造福长城沿线村庄的事，修建长城旅游公路。董耀会是这项工程的坚决支持者，很多的路线他都参与了踏查。

2004年换届，钮茂生和董耀会一起被选为中国长城学会的常务副会长，一起为长城保护而奔波。这个时候，董耀会还兼任秘书长。

长城关和赤木口

长城关位于宁夏盐池县，万里长城唯一用"长城"命名的关隘。1985年董耀会徒步考察长城时，长城关城的两侧墙体保存还较好，这次一看城墙基本上全部被拆，只剩下关城西侧的一个高墩台。很多新盖的房子建在了长城上，老百姓也知道那是长城。

银川附近的三关口，又名赤木口、三道关。这是银川境内保护最好的一段城墙。董耀会他们还参观了三关口附近的镇北堡影视城，那是用明清两代古城建起来的，影视城的创办人是作家张贤亮。

之前，他看过批评影视城破坏文物的材料，实地参观后原来的担忧消失了。他认为影视城走出了一条文物为社会发展服务的新路子。如果出现一些问题，也是管理不到位，不能简单地否定这种开拓性的尝试。

在考察贺兰口岩画时，他发现当地没有认识到贺兰口长城本身的文化价值，只关注了岩画。贺兰山的长城是"山险墙"，250千米的贺兰山本身就是一道天然屏障，直接利用山险御敌。这里只是在可以通过行人和马匹的山口附近，修筑墙体等防御设施。

他对陪同的银川市政府副秘书长刘峰提了一个建议：充分利用贺兰口长城资源和岩画资源互补，提高贺兰山的旅游品位。

暗门和五墩

甘肃武威境内有70多千米的长城，董耀会发现暗门和五墩一带长城破坏严重。村民在长城上取土，甚至直接将长城推平种地，将两边的耕地连接起来。

武威的文物绝对保护范围是10米，在董耀会看来是太少了。这太少的保护范围，也无法做到严格管理。考察团几天内在甘肃看到的夯土长城，绝大部分都是一种自然的无保护状态。

在泗水镇的光辉村，长城土成了肥料。董耀会指着长城问一位农民，知不知道这是什么，他说："知道，咋不知道呢，这是老边墙，就是长城。"董耀会又问他知不知道长城应该保护，他咧着嘴尴尬地笑，不说话了。

董耀会又问他在长城上盖房子，有没有人管，他说没有。问他挖长城土做什么用，他说垫猪圈羊圈。原来农民挖长城土是因为那是熟土，当地农民说的"晒发了"，意思是肥力很大，最适合垫猪圈、沤肥料。

这种破坏长城的方式，让董耀会特别担忧，这不是偶尔一次的破坏行为，而是长期的，可能每天都发生。长城是一车一车土累积起来的，现在一车一车地挖，用不了多久，整段整段的长城就会完全消失。

陪同的领导们都表示，由市、县、乡三级政府的主要领导挂帅，划分责任区，尽快制止这种蚕食长城的行为。同时用布告形式教育农民，提高保护意识，保护好境内的长城。

考察报告引起中央重视

《中国文物报》连续发表董耀会《中国长城考察万里行日记》，这是2002年8月初至9月组织长城考察长达40多天的日记。整个长城考察过程中，很多专家、记者和董耀会一起目睹了长城沿线的保护状况，以及长城遭受破坏的境况。沿途长城的保护状况，让董耀会始终无法高兴起来。他的心情如同野外残破的长城。

2002年9月17日，考察结束后第一天的晚上9点，董耀会接受《南方周末》记者王寅采访，一直谈到将近凌晨1点才结束。话题主要是两个，一个是长城保护，一个是做长城保护的经历和感受。

他说，在考察过程中经常因为长城被破坏感到气愤，这不仅是对一个地方的生气，真正让他生气的是整个长城保护的无序。

说起长城保护，大家都说重视，一路上想找几个真正重视的典型，好好地表扬一下都很困难。长城不断地遭受破坏，主要原因之一是各级政府的漠视。

王寅问他，长城保护做不好，是不是和国

图八一　长城考察万里行在嘉峪关结束（左起：李凤山、史明迅、董耀会、吉人、屈维英、曹大为）

民素质相对较低有很大的关系。

董耀会说，长城沿线的农村是贫穷地区，整体素质相对较低，这是事实，而且短期内不可能有很大的提高。财政困难的现实要承认，保护长城是脸皮的事情，和肚皮比起来总是要先顾肚皮。

董耀会呼吁加强中央财政投入。文物干部少，经费不足，一味地指责文物干部，过多地责备农民的愚昧都不应该。长城保护做得好不好，也不完全是钱的事儿。抚宁设长城保护员，费用也并不高。

长城考察结束后，董耀会向国家文物局提交了考察报告。系统介绍并总结了长城保护的现状，分析了长城遭受破坏的原因，对于加强长城保护也提出了可行性的建议。在报告中提出，长城保护的关键问题是没人管，仅靠抓破坏的典型远远不够，长城保护必须立法。

对于长城破坏的状况，董耀会认为主要是自然和人为两个方面。第一是自然营力的破坏。风雨、地震的侵袭和破坏，造成了墙体内部结构改变，存在很大坍塌隐患。因为无法及时维修，隐患变成了坍塌的事实。对于自然营力造成的长城损坏，基层文物部门只能逐级上报，最后都因为资金无法落实而不了了之。

第二是人为因素的破坏。人为的破坏包括四个方面：一是取材性破坏，即单位或个人取长城的砖、石、土等材料，作为其他建筑材料使用。二是建设性破坏，即城市建设、其他工农业和交通等建设项目施工的破坏。三是旅游性破坏，即在旅游开发和实施过

图八二　2003年，董耀会向中共中央政治局委员李铁映（中）、国家文物局副局长董保华（右）介绍长城保护情况

程中的破坏。四是修复性破坏，即维修和复建长城时，对长城所承载历史信息的破坏。特别是最后两种形式与经济发展结合在一起，具有很强的隐蔽性。

对于造成长城破坏的原因，董耀会的报告总结了6个方面：长城沿线各级政府对长城的重要性和保护工作的紧迫性认识尚有待提高；缺乏法律保护和支持；长城保护宣传不够深入，全社会长城保护意识较为淡薄；在开发利用长城上存在短期行为；在现代化建设中，一些地方往往不惜以毁坏长城为代价；基本没有长城保护资金。

对于地方政府的保护不力，董耀会尤为担心。长城的蚕食性破坏几乎每天都在发生，一些政府部门却无动于衷。如果继续下去，长城将毁在我们一两代人手中，最后连破坏者都找不到。

文物管理部门的管理权限小，很难有效行使监督控制权。特别是面对企业法人对长城的破坏时，文物部门无法行使保护长城的权力。董耀会觉得长城保护立法更为迫切了。长城保护资金的缺乏，让他对基层文物保护人员非常同情，有的地方工资都无法全部发放，长城的保护也只能停留在口头上。

总结了造成长城破坏的原因之后，报告提出了加强长城保护的4点建议。

董耀会将制定长城保护的专项法规列为第一个建议。他列举了只有加强法规建设才能解决的9个具体问题，这成为他参与长城保护法规立法的重要建议。

记者们的参与和媒体的深度报道，使这次活动的作用明显升级了。中央有关领导对长城保护作出了批示，国家文物局的"长城保护工程"也相继出台。

从这个最大的成果来看，董耀会组织的考察团不仅实现了宣传长城保护和提高社会保护意识的目的，更是成功实现了一个更高的目标：国家级的长城保护工作即将开启全新的一页。

睿智的再次行动

领导批示后，有关部门本来要安排落实一些相应的措施，但因为客观原因，长城保护的具体措施被暂缓实施。

面对这样的结果，董耀会并没有放弃，他又付诸行动了。

2002年12月，他找到中央电视台新闻评论部主任梁建增。董耀会徒步考察长城那年，梁建增毕业于北京广播学院新闻系新闻采编专业。当年他从新闻中知道了董耀会的壮举很兴奋，还想过自己如果跟着走，一定会有很大的收获。这些只是一闪念，毕业后被分配到河北电视台新闻部，后来调到中央电视台。

梁建增从1997年开始担任《焦点访谈》《东方时空》等栏目制片人。2001年担任中央电视台新闻评论部主任，以及《焦点访谈》《东方时空》《新闻调查》等栏目的总制片人。

董耀会将长城保护乏力、不断遭受破坏的情况告诉了梁建增。梁建增无论如何没想到，中国的象征——万里长城的处境会如此不堪。

中央电视台的重点栏目《焦点访谈》决定要做这个内容。董耀会全力参与支持，片子很快做出来了。内容触目惊心，以至于最敢说话的《焦点访谈》也犹豫了。梁建增做不了主，报到主管副台长，副台长也做不了主，报到台长那里。

台长杨伟光看完片子，好一阵子没有说话。最后他有些低沉地说，报内参吧。这个反映长城保护问题的内参片，迅速呈报给了新一届中央领导。很快，李长春和陈至立等都做了批示。

其中，陈至立的批示很长，她在批示中强调，长城的保护国家文物局要拿出一个总体的意见，然后把长城沿线的各省和各部委召集到一起，她负责主持开会研究，要搞一个长城保护的系统工程。

这让董耀会很受鼓舞，这是他考察开始时就日夜盼望的圆满结果。锲而不舍的他再一次成功了，他期待长城保护的春天快点降临。

2003年4月，国家发改委、国家文物局等七部委联合发布《关于进一步加强长城保护管理工作的通知》，进一步推动了长城保护管理工作。

6月13日，严重的"非典"时期刚刚过去，北京市人民政府令第126号《北京市长城保护管理办法》自2003年8月1日起正式施行。《办法》要求"对影响长城安全和环境风貌的建筑物、构筑物"制定整治搬迁方案，"按照保护整体风貌、保留完整体系的原则，划定长城的保护范围和建设控制地带"。

不久，7月3日，北京市文物局与北京市规划委联合下发了《关于划定长城临时保护区的通知》，实施日期也是8月1日。这个《通知》规定：长城墙体两侧500米为临时保护区非建设区，两侧500米至3000米内为临时保护区限制建设区。

虽然这只是北京地区的地方性法规和部门规章，也让董耀会高兴了许久。多一个保护的措施，长城保护就多了一份希望。况且这也给其他地方提供了参考。

也是这一年，国家文物局大大加快了长城保护工作进度，《长城保护管理条例》的起草工作加速推进，董耀会作为专家全程参与了条例的论证。不久，国家文物局出台《"长城保护工程（2004—2010年）"总体工作方案》。

2005年，国务院正式批准了"长城保护工程"。2006年首先开始的是长城资源调查，这是首次针对单一文化遗产进行的全国性资源调查。

这次测绘与普查工作不仅包括长城的墙体，也包括与长城有关的所有附属设施和文化遗存，第一次运用全球卫星定位技术、航空遥感技术和地理信息系统等现代测绘手段对长城进行精确测量，建立长城记录档案和信息资源数据库。

2006年秋天，董耀会又搞了一次长城保护的宣传和考察，活动的定位是"迎接长城保护的春天"，因为长城保护的春天终于盼来了，这一年《长城保护条例》正式颁布实施。当年12月，国家文物局和国家测绘局联合下发《关于合作开展长城资源调查工作的通知》。

2007年2月9日，全国长城资源调查工作会议总结试点经验，决定2007年全面开展长城资源调查，到2011年结束。

2009年4月18日，国家文物局与国家测绘局联合公布了我国明长城总长度为8851.8千米。2012年6月5日，公布长城的总调查数据：北京、天津、河北、内蒙古、山西、陕西、河南、黑龙江、吉林、辽宁、甘肃、山东、青海、宁夏、新疆等15个省（自治区、直辖市）的404个县（市、区）内，各时代长城总长度为21196.18千米。

终于等来了长城保护的春天，董耀会一直倍感孤苦的长城保护，开始跨越了一个时代。《长城保护条例》的颁布、长城资源调查的真正开始、长城精确数据的发布等，每一项成绩都是前所未有的。

在一次次成绩的背后，我看到的却是董耀会那个辛劳、疲惫、孤独的身影。2002年长城万里行结束后，董耀会突然咳嗽起来。

他开始以为可能是感冒，但吃药打针都无效。无休止的咳嗽竟然持续了一个多月，胸部痛得不能躺下。即使做了所有的检查，依然找不到病因。

最后，一位老中医告诉他，这是气血运行不畅的一种症状，因为劳累紧张过度所致。只要好好休息，不用吃药就会痊愈。

这次生病成为他噩梦般的一次记忆,"不能动,一动就咳嗽,咳得头疼得像要炸开一样。"病中的董耀会,终于明白了一个浅显的道理,再不能这样不要命了。他不是神,必须有一个健康的身体。

静心地休息了一个多月,度过了这一劫。不久之后,他又好了伤疤忘了痛。他把先前领悟的道理又丢掉了,马不停蹄地继续奔波在长城沿线。

有一次,我郑重地问他:"长城,对您来说真的是重于自己的生命吗?"他一下子沉默了,呼吸明显沉重了许多。他皱着眉头想了想,满脸纠结地说:"也不能完全这样说。"

我知道长城对他来说确实比生命更重要,更长寿一些可以有更长的时间陪伴长城,有更多的时间做好长城保护。

对英雄主义者来说,总是事业第一。在他们看来生命因为事业而精彩,没有了事业的光辉,生命不仅平凡,而且平庸,他们无法接受。同样是长寿者,青史留名的永远是令人景仰的英雄。

第六章 "新长城"和长城保护基金

董耀会将满腔热情倾注到了青年人身上,在帮扶贫困学生的慈善事业中做出了业绩,这就是"新长城"项目。

2019年4月2日,中国扶贫基金会成立三十年座谈会在北京召开。座谈会特别邀请董耀会参加,并授予他"中国扶贫基金会致敬三十年三十人——资助者"荣誉。30年间的30个人,作为无数参与扶贫的行动者代表,这个称号太光荣了。

之所以将这个特殊的荣誉授予他,是表彰他对"新长城"资助特困大学生项目的贡献。董耀会说,他能够成为中国扶贫30年历程的参与者,并尽了一点微薄之力,这是他一生的光荣。

"新长城"的诞生

"新长城"是以人才培养为目标的教育扶贫项目,由中国扶贫基金会发起,主要是资助特困大学生,在经济和成才即物质和精神两个层面帮助他们成长的社会公益事业。

高校1997年开始实施收费制度改革,同时进行大学生扩招。2001年底在校生达到1300万人,扩招也使得贫困学生群体迅速扩大。据统计,贫困生比例高达20%,其中特困生8%,尤其是农业、林业和师范类高校的贫困生比例,竟然超过30%,特困生比例超过15%。

特困大学生,不仅面临经济困

图八三　董耀会长城保护所有的观点都来源于他长期奔波在长城沿线的实际调查

难，难以承受学费和生活费开支，而且还有巨大的心理压力。如果不能得到及时和适当的帮助，经济困难和心理压力将影响他们的身体和心理健康。

为了帮助特困大学生顺利完成学业，"新长城——特困大学生自强项目"在2002年9月1日正式启动。为这个"新长城"项目的发起，董耀会付出了很多的心血。

中国扶贫基金会副秘书长、"新长城"项目部主任李利说："创立'新长城'项目之后，发现自己面临着许多困难，缺人、缺钱、缺资源、缺方向。"他找到董耀会寻求帮助，董耀会被他的爱心和项目感动了，马上参与进来，不仅推荐中国长城学会的人过来帮忙，而且亲自去搜集贫困学生的资料。

李利说，董耀会在"新长城"项目最初三年最困难的时期，给予了他很大的帮助，不计回报地倾注心血。初期的"新长城"项目，因为经费紧张不敢招人。董耀会就把中国长城学会的员工派来支持"新长城"项目。李利说，最紧张的时候，董会长把自己的司机都派过来工作。

后来，这些人员中的骨干留了下来，成为基金会各部门的业务主力，有的还成为中国扶贫基金会管理层的成员。董耀会说："继往开来，需要年轻人。"

李利说的两个骨干，一个叫张雅静，现在是中国扶贫基金会人力资源部主任，她是一个看起来文文静静、干起活来叱咤风云的女将。另一个叫叶大伟，现在是北京姚基金公益基金会秘书长。姚基金是由姚明发起，本着"以体育人"的宗旨，是致力于助学兴教，促进青少年健康发展的公益组织。叶大伟像一个文弱书生，实际上是一个很刚性的人，很有领导才能。

公益项目不仅要找到钱，还要寻找需要帮助的人。为了尽快推动"新长城"项目走向正轨，董耀会不辞辛苦地参与了搜集整理贫困生的资料。2003年3月至5月正是北京暴发非典疫情的时候，他几乎每天都下乡，亲自搜集的贫困生资料就有上千份。身体力行是董耀会的工作作风，也是他做人的原则。

2003年陕西省榆林市一位女孩考上东北师范大学，其父亲因无力为她缴纳学费绝望自杀。董耀会感到了"新长城"项目实施的必要，也感到了工作开展的迫切性。

针对这件事，董耀会和东北师范大学的领导发生了冲突。李利介绍说，董耀会和东北师范大学的领导一起接受中央电视台《中国报道》采访，采访人是主持人徐莉。学校领导说："国家已经基本建立起了以奖学金、学生贷款、勤工助学、特殊困难补助和学费减免，这个学生家庭的悲剧是他父亲不知道国家政策所致。像这个学生，完全可以免学费，再困难的学校还可以帮助出路费。"

董耀会直接问该校领导："学生和家长知道要交多少学费吗？"接着又问："学生和家长知道可以免学费吗？"最后他问："学校为什么只告诉学生交学费，而不告诉学生特别困难的可以申请免学费？"简单的一个问题，一切都不必细说。

后来，中央电视台觉得这些问题太尖锐了，将对话人换成中国人民大学的党委副书记和董耀会一起做了这期节目。董耀会在追问时，自己也在反思：为什么"新长城"项目，这些人不知道呢？如果知道了，就不会有这样的悲剧发生了。

为了宣传"新长城"项目，让贫困家庭都知道有这样一个公益项目，董耀会更多地聚焦长城沿线的贫困家庭。长城脚下的村民之所以偷长城砖卖钱，是因为贫困和迫于生计。如果他们富裕了，不仅不会破坏身边的长城，反而会自主去保护。

李利说，当时董耀会做了一件他意想不到的事。董耀会在他负责的《万里长城》杂志上刊登了贫困生的资料，这是一本发放到全国长城沿线的刊物，他利用长城平台宣传"新长城"项目，动员有爱心的人士参与。

就这样，"新长城"项目成了董耀会长城事业的一部分。董耀会对"新长城"项目不惜代价的参与和推动，让李利感动到落泪。

董耀会说，自己为长城事业奔波，是在保护有形的长城，"新长城"则是构筑一条助力中华复兴大业的"人才长城"，帮助出身贫困但品学兼优的孩子成长为国家的栋梁人才。他当初徒步长城、开始长城事业时，名字就是"华夏子"，希望通过自己的努力，帮助成千上万的特困大学生。

董耀会介绍说，对特困大学生不仅是经济帮助和生活照顾，同时从思想上关心他们，通过资助培养他们的社会责任感，教育和帮助他们自尊、自信、自立、自强。

组建大学生互助团体"自强社"，由社员共同管理，通过自助、助人、拼搏，服务社会，传递社会关爱。建立受助学生、捐助人和社会的互动网络与平台。

对于接受资助的特困大学生，项目计划中也规定了严格的标准条件，除了家庭特别困难的最基本要求，还包括上学期未出现2门以上不及格课程、生活勤俭节约、遵守校纪校规等。

资助的金额不能太高，那样容易滋生懒惰和依赖心理，并不利于大学生健康成长。很多高校建议每年资助的数额，在 1500 元至 2000 元人民币比较适宜。这个标准，在 2002 年相当于城市一位中等收入的职工一个月的工资收入，可以基本满足一个大学生一年的生活费用。

这个项目还有很多细节的设计，为项目实施提供了良好的制度保障。例如发放结对卡，学生和捐赠人进行"1+1"结对，每一个学生对应一名捐赠人。捐赠人知道钱捐给了谁，学生也知道了捐赠人的具体情况。

项目对学生规定了详细的权利和义务。例如学生收款后，有回信、对捐赠人不提过分要求、为"新长城"项目宣传等义务。学生领款后，要将领款金额、日期和领到项目材料的情况记录备查，学生要给捐赠人写感谢信，告知领款情况。感谢信不限数量，鼓励学生与捐赠人多沟通。董耀会说，做这样的安排，是为了让被资助的孩子懂得感恩。

项目还规定了取消资格的情况，例如违反校规受到处分、不愿参加公益或志愿活动、不愿给捐赠人回信、个人生活铺张浪费、每学期出现 3 门以上不及格课程、接受其他资助或奖励超过 5000 元 / 年、对捐赠人提出额外要求等，详尽具体而有操作性。董耀会说："一定要培养有责任感、自信并对未来抱有憧憬的人。"

之所以规定学生必须给捐赠人写信，是因为写信是一件小事儿，但可以发挥很多的作用，这不仅是对爱心人士的鼓励，也可以让捐赠人对项目执行机构进行监督。只有树立"新长城"项目的良好形象，才能得到捐赠人的信任和继续支持。

董耀会参加了中国扶贫基金会成立三十年座谈会，在会上第一批受助大学生代表张虎充满感恩和激情的发言，感染了在座的每一个人。张虎现在已经是中国农业大学发展规划处副处长，两个孩子的父亲，他说这在 2002 年刚入大学时是不敢想象的。

他来自国家级贫困县河北省张北县的一个农村家庭。董耀会对张北很有感情，2009 年 7 月 25 日，《中国长城志》编辑部及专家、学者在河北省张北县召开了编辑工作会议。研讨张北地区的多朝代长城之谜。最近几年来，董耀会很多次翻山越岭在张北地区的崇山峻岭上考察长城。

张虎是当年张北县的高考状元，得到了"新长城"项目工作人员的关注。张虎说，他只身到北京报到，第一次坐火车，第一次到大城市，面对激烈的竞争非常自卑。

获得"新长城"2000元助学金后,经济上得到极大帮助,还提供给他学习锻炼机会。受益于在基金会的锻炼成长,他毕业后留校了。

作为长城精神代言人的董耀会,经常到大学作报告,在几十所大学与学生们分享他的长城人生。报告很受学生们欢迎,他不仅是长城的代言人,更是给予他们巨大帮助的"新长城"的标志人物。

李利说,因为董耀会长期对"新长城"项目的精神引领、亲身陪伴和奉献,他被称为"新长城"的化身。董耀会说,他对"新长城"有一种别样的感觉。长城保护的事,经常令他身心疲惫。"新长城"项目虽然同样辛苦劳累,心情却舒畅很多,接触的都是自强的年轻学生,这让他仿佛又看到年轻时的自己。

寄予厚望的里程碑项目

第一次见到董耀会的人,都会对他的激情留下深刻印象。长城保护里程碑项目,是董耀会试图推动长城保护事业的方式。他希望用这个公益项目,向社会募集更多保护资金的同时,构建起长城历史文化宣传的平台。对于长城里程碑计划,他充满了希望,只是什么时候能实现尚未可知。

他建议,"长城保护里程碑"每千米设立一个,标注长城保护的内容及当地的

图八四　董耀会与志愿者、寻访到的被资助大学生在一起

里程，使长城沿线百姓都能将本地长城的保护和万里长城联系起来。这样，将长城分成几千个 1 千米的单元，倡议国内外企业或个人认保，按单元招募志愿保护单位或个人。

如果 1 千米按 1～2 万元的保护费用计算，一年可募集 1 亿多元的保护资金，基本可以解决长城保护经费不足的困境。有了经费，可以设立长城保护专门机构，设置专职人员，进行日常巡查和维护，对长城保护和利用进行规划，可以从根本上解决长城保护的问题。

同时，董耀会还分析了设立里程碑的两个好处。

第一，发挥宣传作用。从东到西在长城的每千米处都设立一个保护标志碑，标注长城的千米数，这是对长城保护的宣传方式。从零千米开始，一千米一个碑，人们站在长城上，看到碑上所标记的千米数，就知道自己在万里长城的哪个具体位置。

在全国很多地方，长城已经残破不堪，昔日的雄伟建筑消失了，只剩下遗址。百姓如果不知道这就是国宝长城，自然就谈不上保护。如果设立了长城保护的标志碑，就可以大大地提高公众保护长城的认识和意识。

第二，建立保护经费的筹集平台。有了里程碑，可以按照千米地段向社会筹集保护经费，并且长期坚持下去，搭建好一个公益平台，很多企业和个人就会愿意参与。

董耀会说："长城就是一块一块砖垒起来的，一块一块石头垒起来的，一车一车土建筑起来的，我们要构筑起保护长城的'长城'，也要靠一个人一个人、一个企业一个企业地发动。团结在长城保护事业上的人和企业越多，长城的事业就会发展得越好。"

在他看来，建立"长城保护里程碑"项目已经初步具备打造长城基金品牌的很多有利条件。无论是社会关注度和长城保护的需求度，还是企业高度的资助热情，都说明这个项目有可能形成长城基金的独特品牌。充满希望的前景，让他对长城保护信心倍增。

1997 年学会提出了一个建设长城保护里程碑的建议方案，但很多年都没有实质性的进展。2003 年 2 月 24 日，在学会各部门主任会议上，董耀会有一个较长的发言，又一次阐述了这个计划。

2005 年 4 月 25 日，董耀会做客新浪网，和网友们畅谈长城保护。在这次和网友的交流中，他对里程碑计划又进行了补充解释。他相信，应该有很多热心人士愿意加入。募集的资金不但可以保护长城，还可以帮助长城沿线百姓增加收入。

他说，里程碑上可以对长城历史文化进行简要的介绍，这也是对长城的宣传。通过宣传里程碑，调动社会力量共同保护长城。活动还可以向全世界宣传，让全世界热爱公益的人士认保长城。每一块里程碑上标注捐助企业或个人。

在与网友的交流中，董耀会还提出了一个设想：有了里程碑之后，每千米选一个摄影爱好者，给一定的基本费用。摄影爱好者每年两次把这一千米的长城照片，按照要求传到长城数据库网。数据库每年两次完全更新长城照片数据，这将成为历史资料。

这样的资料搜集，如果完全靠国家去做，比如派出7000人去做，肯定是无法实施。但是由7000个当地的志愿者去做，每年用一两天的时间完成，没有什么压力和困难，就可以把长城的保护做好。

在这次交流中，他向网友们介绍了项目的进展情况。他说，方案已经完成，并且进行了多次专家论证。正在向国家有关部门履行报批手续，如果方案得到批准，实施工作会很快展开。

在上一年的中国长城学会换届大会上，许嘉璐会长介绍了里程碑计划，全国的媒体也进行了很多报道。结果很多单位打来电话咨询，问认保长城怎么办手续。社会公众的热情，让董耀会对里程碑计划充满信心。

后来，和里程碑计划一体的长城基金会，经历了长达十多年的努力仍然未能出世。触手可及的里程碑计划更是一推再推，始终无法启动。他经常反思在哪些方面做得还不够，反思自己还需要从哪个方面付出更多的努力。

人们认为他能干，一方面是他做的都是大事，另一方面是他都能把事做成。他是一个思想者，也是一个行动者。我问过他，自己的意图在现实之中就没有碰壁的时候吗？他说，有啊，每件事都要碰很多次的壁，只是人们更多的是看到了最后成功的光环。

他的这个里程碑计划，今天依然只是一个梦想。

我问董耀会，是不是也为自己的计划没有实现而深感遗憾。他坦然地说："实现起来要有个过程，继续努力就行了。"是啊，如果很轻松就可以实现的梦想，也就不称其为梦想了。这就是董耀会激情永在的缘由,成功之前永不言败,这就是董耀会的做事风格。

长城保护基金会的"长征"

非政府组织做事往往是困难重重,即使如中国长城学会,有许嘉璐会长牵头,有董耀会这样著名的专家,民间组织的困境依然很大。这一点在成立长城保护基金会方面反映得很充分。

2002年10月,董耀会在《中国长城万里行考察报告》中重点总结了长城遭到破坏的六个原因,最后一个是"基本没有长城保护资金",因此他在加强长城保护的建议中,把设立中国长城保护基金会列为重点。

长城保护需要资金,而且需要巨额的资金,如同无边的沙漠需要海量的雨水。设立长城保护基金,一直是董耀会心中的梦,那是他寄予厚望的保护长城的"长城"。

他在组织和参加很多社会活动,特别是国际交往中,很多机构和朋友都问他,中国有没有长城保护基金?由于没有长城保护基金,不但使朋友们无法捐款,为长城募捐的愿望也无法实现。

2004年9月26日,在中国长城学会内设的长城基金委汇报会上,董耀会有一个比较长的讲话。这个讲话集中阐述了他关于基金会的整体设想方案。

他说:"制定长城保护法和成立长城保护基金是我多少年前编织长城保护未来时的心愿,在我的心中萦绕多年。现在,长城保护立法已经被国家安排进了日程,但成立长城保护基金会还没有结果,我们要继续努力推动这件事。"

基金会是长城保护事业的迫切需要,因此,他将筹备基金会列为中国长城学会此后几年的一项重中之重的工作。他的想法得到许嘉璐会长的支持,他对董耀会鼓励说:"你们抓紧把基金会搞起来,我和你们一起跑钱,我给你们当'丐帮帮主'。"

董耀会知道,成立基金会并非易事,这对他来说是一件全新的事业,也是一件难度很大的事。因此,当学会内部有人提出给基金会的设立规定一个期限时,他没有赞成。他懂得此事的难度,他的心里对于何时能够成功并没有把握。

他知道,很多事情他们无法主导和把握,一切都需要程序。

合抱之树生于毫末,即使短时间内无法成立长城基金会,工作也要一步一步地循序渐进地开展。

董耀会对于基金会的筹备以及未来的管理，也有了成熟的方案。关于募捐的方式，他认为最好是用项目募捐，而不是仅依靠保护长城这个空泛的概念。

他知道，在社会公益事业发展成熟和捐款人理智的时期，仅靠概念和理念就可以吸引企业家捐助的时代已经过去了。做好募捐工作，必须有好的项目，真正实现公益目标的项目。

他还提出对基金项目进行市场化探索，依据市场规律，尽可能使企业利益和公益事业结合起来。长城基金项目要争取成功地探索市场化之路，探索好公益活动新的筹资模式。要让企业领导看到与公益事业的结合，不仅可以获得很好的社会效益，也能获得较大的经济效益。

董耀会给长城基金会策划的成熟项目，就是建立"长城保护里程碑"。北京首都通用航空公司是支持成立长城保护基金会的第一家企业，原则上同意为长城保护里程碑出资1000万元，签约后立刻出资50万元，作为筹备基金会启动经费。学会副会长、南方汽车贸易公司董事长陈文沛也明确表示，南方汽车愿意为长城保护基金捐款800万元，作为注册资金。

好事多磨，基金会几次接近成功，最后又都功亏一篑。主要是批准手续方面的困难。为这事，许嘉璐会长还曾亲自出面协调，最终也没能促成。

2014年，在依然无望的情况下，他选择在中国文物保护基金会下成立二级组织——长城保护基金管理委员会。中国文物保护基金会张柏理事长，也是中国长城学会副会长；副理事长杨志军也是中国长城学会副秘书长，他们都非常支持董耀会。中国文物保护基金会秘书长安然，更是全力支持。

2014年9月1日，由中国文物保护基金会、中国长城学会等主办的邓小平、习仲勋"爱我中华，修我长城"题词发表30周年纪念大会在北京召开。会上宣布了组建"长城保护专项基金"，并设立长城保护专项基金管理委员会，董耀会为首任主任。

长城保护专项基金接受了唐山协兴房地产开发有限公司、北京百年融燰投资有限公司等企业的首批捐赠。据《中国文化报》报道，长城保护专项基金成立之日，第一批企业捐款共计1819万余元。

图八五　"爱我中华，修我长城"题词发表 30 周年纪念大会，全体参会人员在人民大会堂合影

长城保护专项基金规定了五个方面的使用范围：

第一，全国各地长城的保护、维修和全国历代长城考察、研究；第二，开展宣传长城保护，提高全民长城保护意识的公益活动；第三，长城维修保护工作的技术培训与交流活动；第四，有关长城保护、研究、宣传项目及相关课题成果的编辑出版，有关长城的影像拍摄及专题片的制作等；第五，提供捐赠和资助资金者专门指定的长城保护、研究、利用项目。

董耀会说，基金会的主要任务，其实就是对各项长城事业提供资金支持。包括筹措长城保护修缮资金，资助保护项目，开展长城研究和考察，宣传长城资源，协助有关部门开展长城文化、经济和旅游工作，为有关部门保护长城提供咨询和支援。

成立国家一级的中国长城保护基金会，至今依然在努力中。我问他，有没有预想大约什么时候会实现这个计划？他神情自若地说："不知道，但愿不要等我魂飞

天外之后吧!"听了他的话,我深感愕然。这就是他真实自我的展现,也是他对笃定目标的坚持,当然,也包括对无奈的态度。他的人生有过很多无奈,却从来没有过绝望。他对未来,总是有梦想、有追求。

第七章 长城修复之争

董耀会为人谦和,为人处世带有工人的朴素作风。他已经是名副其实的专家了,对人对事仍很朴实平和,没有一点傲慢之气,更无丝毫的张扬之色。可是他的平和与朴实在面对长城破坏行为时,却会立刻消散。

当他看到长城受到了伤害,一定会横眉冷对。只有内心非常强大的人,才会只考虑公共利益,如此不畏强权,对个人得失也无所顾忌。

在外人看来,董耀会在长城领域有很高的"江湖"地位,这种话语权是他30多年不改初衷守护长城,正直做人做事的品格长期凝结而成的影响力。

董耀会不允许长城保护方面出现任何差错,因为长城一旦遭受破坏必然是"历史性"的,即使再花重金也无法弥补。如同人的生命,一旦失去就无法复活。他也遇到过无理的抵制,心底无私天地宽,铁面、直爽的董耀会,期望再多尽一分力量,祈祷长城的破坏事件少一些,再少一些。

很多的时候,他是孤独的,只是内心的孤独极少展示出来。显露更多的是倔强、直爽和不留情面,即使面对家乡的领导,即使当事人是多年的老朋友,如果对长城保护做错了什么,他也照样毫不客气。

董耀会扮演着长城保护"圣徒"的角色,他的生命已经和长城血脉相通、血肉相连。他视长城为生命,珍视着,爱惜着,守护着,为了长城他可以忍辱负重,可以奉献一切。

长城保护制度的不完善、保护工作的滞后、民众的意识落后以及破坏,让董耀会觉得要做的事太多了。他无法改变现有的保护体制机制,无法代替地方政府的作用,更无法监督所有的破坏行为。

现实的残酷和他内心的期望形成巨大的落差,他无法消除这个落差。只能行动,尽可能多做一点。

紫荆关修缮工程

宠辱不惊的董耀会,为了长城保护,虽然他不怕得罪人,但内心是不是也有顾虑?面对我的问话,他坦率地承认:"也有。"说这话时,董耀会语音缓缓地,嘴角带着微笑,眼神很平静,看不出斗士的勇敢。

一个斗士,在性格和素质方面,一定需要具备一些常人没有的特殊品质。这些到底是什么素质呢?在紫荆关修复的争论上,他的偏执和认真表现得淋漓尽致。

过去,紫荆关由于战乱破坏和年久失修,已经残破不堪。2001年,紫荆关启动了修复工程。工程在2002年开始动工,计划投资1000万元,分5年完成。

从2004年5月开始,紫荆关修缮工程受到专家和媒体的普遍质疑,持续时间很长。争议的焦点是修复工程是否"建设性破坏"。在长城修复历史上,还没有出现过像紫荆关这样观点激烈对抗的现象。

图八六　董耀会在秦皇岛市抚宁长城修缮现场调研

首先是志愿者在紫荆关，发现工人用凿子和钎子拆除内墙水门一带原有的砖包墙体，而附近已经修复的墙体则是水泥和块石构成的花石墙（虎皮墙）。他们认为，新修的虎皮墙破坏了城墙所承载的历史信息。

董耀会得知情况后，组织一批古建筑专家和历史学家前往紫荆关现场。调查后认为，紫荆关维修工程在一定程度上背离了设计要求。

董耀会认为，一期维修工程已经连一块原来的砖或石料也看不到了，二期工程将一些砖砌墙改成石砌墙，这显然不对。

清华大学古建筑研究所所长王贵祥教授认为，施工方在把握分寸上欠妥。修复应尽可能保护文物的完整性，现在施工方说"考虑到安全，不得已而拆"，显然在把握度上出了偏差。

其实，这也是长城保护维修上的一个通病，设计方出个方案就走了。一般木质结构的古建维修还有人现场指导，砖石结构的往往没有人负责后期监督。

国外古建在修复时，有一批文物保护专家从设计到施工全程跟踪，在工地一待就是几年甚至十几年。我国的古建修缮在专家现场监督指导方面存在着明显的缺陷。以长城某段该不该拆的争议为例，应当由专家对建筑物的强度进行反复测试，然后根据测试结果，能保持原样的尽量保持。现在看来，施工方做得有些草率了。

中国明史学会常务副会长张德信说，如果像紫荆关这样大面积重修，就失去文物本身特有的历史意趣，对长城是一种破坏。

中国秦汉史研究会会长王子今教授说，紫荆关村庄里老乡的房子很多都用了长城砖，完全可以回收一些，能补多少墙就补多少。

中央民族大学历史系主任李鸿宾教授表示，紫荆关城的每一块砖石都是历史过程的记录，也是文物价值的体现，这样大面积地用新材料重修，事实上割断了历史信息的传递，每一部分原有墙体的消失，哪怕是一块长城砖的消失都减少着文物的存量。

董耀会说，学者的不一致意见，实际是长期以来文物修复两种不同认识的一次交锋。此前的长城维修并不是没有不同意见，只不过大家都保持"一团和气"绕了过去。

这一次，应该有个倾向性的意见，将来的历史也会有一个判断。因为，这关系到应该怎样拯救紫荆关，怎样拯救像紫荆关一样的其他长城段落。

争议的焦点是关城内墙。现场考察后，董耀会质疑说，从历史资料看，原内墙经过历代多次修缮，既有砖砌的，也有砖石混砌的，但不能说是虎皮墙，现存尚未动工的"河山带砺"城门内侧马道旁一段 50 多米长的内墙就是这种面貌，可以作为佐证。

现在修砌的一期拒马河边到真武山脚下 800 米长的城墙，已经一点儿原墙也没有了，二期基本完工的水门内侧这段内墙，绝大部分原墙也都被拆除了，旧砖用上去的很少，内墙大部分修成了虎皮墙。原来小水门东侧有一段完全用砖砌的城墙保存得很完整，从 5 月份拍摄的照片资料上看还在，现在却已被拆掉，修成了一段虎皮墙。紫荆关的历史风貌到哪里去了？

董耀会说，20 年内他曾经 6 次来到紫荆关，这次是他心情最沉重的一次。

明长城中砖砌墙体不超过总长度的百分之一，绝大部分是石砌墙和夯土墙，其中的确包括大量虎皮墙。他认为，并不能因为万里长城上有虎皮墙，紫荆关水门内侧的这段墙就可以修成虎皮墙，应该是维修前是什么样就修成什么样。

针对工程设计方案及施工过程，董耀会认为，施工与设计有很大出入，有的地方完全背离了设计要求，与设计者的想法南辕北辙。施工不符合设计至少包括以下几点。

第一，《紫荆关工程设计说明》中明确要求："凡夹砌在条石和毛石墙中的砖墙，要如数保存好，因为它是更为早期的长城遗存和见证，能展示的可在局部设法展示。""城砖墙面所剩无几，多风化残缺严重，除局部剔补维修外，须根据墙芯裸露范围，按原砖尺寸补充包砌完整。"施工者却拆除了一部分城砖城墙，建成了虎皮墙。

第二，《紫荆关工程设计说明》中明确要求："维修的目的是排除现存的险情，为了保护和展示长城的历史、军事、文化价值。在维修中，必须尊重和尽量利用原有的材料，能不动的尽量不动，修复措施及使用新材料完全是为了保护和加固补强原结构，所修复的部分也是为了城墙的安全和游人的安全。"这些要求施工者也没有完全遵守执行。

第三，《紫荆关工程设计说明》中明确要求："严格遵守不改变文物原状的原则，尽可能地保持此段城墙的历史风貌和自身特点；尽可能地保持其真实性，即现存长城包括历代维修的所有内容。"施工者却私自将历代维修的城墙全部拆除。

对于施工情况与设计方案有较大出入的原因，施工单位负责人解释说，因为具体施工中遇到了一些困难，无法严格按照设计方案进行，例如有的城墙外鼓严重，只好拆除，这些变更都通过电话通知了设计者。

对此，清华大学古建筑研究所所长王贵祥认为，国家对古建筑维修工程设计变更有明确的要求："必须严格按照图纸、说明书的规定进行施工，遇到需要变更设计、补充设计时，应提请原设计部门审议后，并报原审批部门审定。"他认为，紫荆关修缮工程这方面显然管理不善。

董耀会提出，从紫荆关把长城修筑史上的虎皮墙拿来替换现存的砖墙来看，"修旧如旧"这个文物修缮原则显然太笼统了。

什么是"旧"？一种认识是距现在时间最长最先建的形式是最旧的；还有一种认识是今天经过几百年的风雨沧桑，保留下来的这种状况是旧的。

如果按第一个旧来说，就要把今天的古城修成最初的那种形式，这样的最旧实际成了最新。要按保留历史信息的大小来说，保留的能使人产生沧桑感的状态才是旧。

因为修旧如旧这个概念在文物界也相对模糊，还没有厘清，因此董耀会建议用"最大限度保存历史信息"这种新提法，代替"修旧如旧"的传统提法。

对于紫荆关的修复，董耀会很痛心地说："长城是一个历史信息的载体，把它拆了建成一个新墙以后，新墙不承载历史信息，所以说就不构成文物，像这样的墙我们今

图八七　面对长城遭到的破坏，董耀会常常是这样的表情

天把它拆了，过几天花 100 多万又能建起来一个，但是属于原来真实文物的那个墙你花多少钱也不能重建，因为已经永远消失了。"

董耀会认为，设计单位也不能说完全没有责任。维修工程施工管理中有一项程序就是施工交底，由维修工程的管理单位、组织设计单位向施工单位进行技术交底，解答施工单位设计图纸及技术措施的疑问。就目前情形看，这一点并没有落实好。

一封举报信

对于紫荆关事件，当时包括中央电视台等很多媒体都站在董耀会这一边。批评的声音形成了巨大的社会压力。董耀会被举报了，举报信寄给了国家文物局、黄华会长、许嘉璐副委员长、中国长城学会各位副会长及有关媒体的领导，信中反映："董耀会以中国长城学会秘书长的身份，不顾事实真相，在国家文物局专家对此项目已经作出评价之后，仍无端在一些媒体上散布歪曲事实的言论，不仅在社会上造成了恶劣影响，而且干扰了'爱我中华，修我长城'的国家重点工程进展。"

举报信要求有关领导和媒体"澄清事实，消除不良影响，并对董耀会进行严肃查处"。

此时，正是学会的换届前夕，黄华老会长明确批示，学术争论要用学术方式解决。新当选的许嘉璐会长在会上也表示，长城修缮工程有争议不是一天两天了，有关部门应该广泛听取社会意见。

2004 年 8 月 4 日，国家文物局副局长张柏，中国长城学会副会长王定国，中国文物学会会长罗哲文、顾问谢辰生等文物保护及工程专家，媒体记者 30 余人参加了河北省文物局组织的"纪念'爱我中华，修我长城'活动 20 周年暨紫荆关长城维修保护工程现场考察研讨会"。

领导和专家认为，紫荆关的保护维修项目经过国家文物局审批同意，符合文物保护法要求的程序；对于工程质量，专家们给予了一致好评，认为这是长城修复保护中的一个成功范例。国家文物局的表态，使很多关注长城的人吃惊而迷惑，董耀会错了已经是一件被证实了的事实。

紫荆关事件，使很多董耀会尊敬的前辈和老朋友站到了他的对立面。其实，也可以说是他把自己置于很多他深爱着的人的对立面。董耀会说，那时的冲突异常激烈,他内心很纠结。

作为民间组织负责人,作为专家,可以影响社会,但不能左右社会。做长城保护,他没有优越感甚至没有自信。他知道,自己别无选择。他认为对的观点不能不说,他的良知不允许他保持沉默。

王定国、罗哲文、谢辰生在他的成长过程中是他的"贵人",张柏副局长是他北京大学的学长,也一直非常支持中国长城学会。他不该站在这些人的对立面,他顶着各种压力,甚至还被斥责为六亲不认、忘恩负义的小人。

那段时间,他更多的是奔向野外的长城,然后一口气登上最高处的敌楼,眺望远山,凝视着浮云。只有在长城上独处的时间,才能面对自己心中最软弱的地方。让自己静下来,做更多的思考。有人建议他要学会韬光养晦,他认为在保护长城这条路上,不需要韬光养晦。他不是为了自己,他是为了长城。

他妻子也劝他,人家都不说,你何必呢?"登石峦以远望兮,路眇眇之默默""愁郁郁之无快兮,居戚戚而不可解",他默诵着屈原《楚辞》里的诗句,郁结的心情在长城辽远雄阔的胸怀中一点点消解了。

路走到今天,他已经回不去了,他也从来不想回去。时光不会倒流,不可能因为你不开心就停止前进。从开始走长城的那一天起,就注定了没有回头路。肯定是越走越困难,甚至有"险峰""陷阱"也是一种必然。

事件过去十多年之后,我问董耀会现在怎么看待这场争论。他若有所思地说:"当时还是尽量克制着,还有很多话没有说出来。但是现在回头看看,自己做得确实有不合适的地方,因为急于想解决问题,显得急躁了些,做法也过于偏激。"

我问他:"当时有更缓和的办法可以解决问题吗?"

他停顿了片刻,很诚恳地说:"还是自己太焦虑了,应该有办法吧。当时自己还是做事太直,没有找到也没有想去找更好的办法。"我这里用了"诚恳"一词,做人诚恳是董耀会最大的优点。

这是年过六旬的董耀会的真实想法,比十多年前冷静了很多。确实,人在不同的年龄段,思想认识和行事风格有着很大的差别。

不过,时至今日,他当初的努力、当初的观点已经被社会接受,这证明当年董耀会的观点是有道理的。

沧桑美的认识

董耀会有一个观点，提倡"要学会接受长城的残破和沧桑美"。接受这种残缺的美，并不是说不去想办法延缓长城衰老的过程，也不是无视那些对长城的损毁行为。

董耀会说："长城也会像人一样变得越来越老，我们要学会欣赏长城的残破，这是大自然通过千百年来的风雨雕塑出的状态。"他认为残破的长城就是历史，因为这是几千年前、几百年前的一双手把石头从山上开采下来，一双手再运到长城脚下，另外一双手将其砌到墙上。此后，还有无数的人为了长城戍守战斗。

经历这样的过程，长城承载了历史，聚敛了历史信息。今天的我们把长城拆掉了，建成新的长城，就不再有这样真实而丰富的历史信息，就没有办法与千百年前的古人对话了。

对于如何理解历史信息，董耀会曾在一篇文章中写道：

如果我们的奶奶离开我们了，我们为了怀念她，把她用过的一个杯子留下来。每次我们看到这个杯子的时候，就想起了奶奶。如果把这个杯子砸碎了，再拿100个完全一样的杯子，也无法代替原来那一个。新的杯子奶奶连摸都没有摸过，看到它根本无法与奶奶在精神上交流。虽然形状是一样的，意义却不一样。

关于要学会欣赏长城的沧桑之美，他写道：

我们的奶奶也是从小女孩长大的，在她最美的时候成为母亲，然后她一步一步走到老态。但是，面对奶奶满头白发和满脸皱褶的时候，她的那份慈祥、那份爱，使我们不会感觉她老了，我们完全接受她今天的状况，我们只是希望她身体好，只是想让她长寿。我们从来不会责备她今天的容貌，绝对不会的。所以，我们也要用这样的眼光去看今天的长城，接受它的残缺美，接受它的沧桑美，而不是随意地拆掉，重建毫无历史价值的新东西。

董耀会最欣赏的仍是司马台长城，修复过的地段给人的感觉始终是处处古旧的沧桑之美，看不出任何修复的痕迹。那是国内长城修复的样板，也是董耀会常推荐的模范工程。

著名摄影家、中国长城文化研究中心副主任董旭明，一直是董耀会坚定的支持

图八八　好朋友，有好东西都愿意一起分享。董旭明拍到好照片，愿意和董耀会一起看，一起讨论

者，他说："在很多时候，大家都喜欢把长城修建得崭新如初。很多地方可以把具有历史信息的长城保存下来，却没有这样做，而是拆毁了重建。我们都对这种建新长城的做法很有意见，这些修过的长城已经不是长城了。"

董旭明称自己是"一个热爱长城、热爱公益事业的摄影人"。他曾一百余次驾车去长城，行驶总路程超过 15000 千米。他先后两次从长城上摔下来，摔断了骨头。董旭明很胖，董耀会开玩笑地说他"你不缺肉，缺钙"。

从这样的玩笑，就知道两个人的关系有多好了。董旭明的网名叫箭扣，他先后一百余次爬箭扣长城。退休之后，现在全国跑。董旭明说："我就是想抓紧拍，多拍点原生态的长城。长城一旦修完了，就没法拍了，就看不得了。"

他不但自己拍，还带着一帮人一起拍。董耀会说："他身边有一批拍长城的年轻摄影人。"他抬起手来，掐着指头数着："林俊杰、李嘉儒、杨东、何涛、张涛、闫超。"念叨着这些名字的时候，他的神情是那么慈祥。

董旭明说："董会长和我们这些朋友，不仅是生活里的朋友，更是生命里的朋友！"的确，董耀会的朋友，之所以能走得长久，是因为他身边没有金钱朋友，没有酒肉朋友。金钱、酒肉朋友都靠不住，他的朋友都是有共同价值和追求的朋友。

《中国长城年鉴》和《瓦合集——长城研究文论》

2004 年是董耀会的又一个收获之年，董耀会的《瓦合集——长城研究文论》和中国长城学会编纂的《中国长城年鉴（2004）》在这一年先后问世。

4 月，北方的春天鲜花满园之时，《瓦合集——长城研究文论》出版了。"瓦合"

本意是瓦，破了又重新拼粘好。董耀会以此谦虚地形容自己的文集是拼凑起来的。另外，"瓦"与砖同为基本建筑材料，寓意长城，"合"字意为文章的合集。

董耀会还主编了《中国长城年鉴（2004）》。为了做好第一本年鉴的编辑，他联系了众多专家学者，还邀请长城沿线的几位主管文化的副省长、一些地市政府和省文物管理部门领导加入编辑委员会。通过这种邀请社会各界专家学者深度参与的方式，保证年鉴的权威性和高质量。

经过董耀会和大家至少两年的努力，第一本《中国长城年鉴（2004）》终于问世了。这部年鉴的内容包括五部分：特载文章篇，大事记篇，长城沿线省、自治区、直辖市篇，学术论文篇，政策法规篇。

可惜，年鉴本该每年连续编辑出版，但中国长城年鉴仅出版了这一本，成了一个孤本。他辞去中国长城学会秘书长之后，继任者不愿意再做这件事。

《瓦合集——长城研究文论》是董耀会的第一本文集，收录了他1987—2003年的共40篇文章，内容涉及长城研究、长城保护、长城旅游开发和学会管理等四个领域。

中国学术界多以理论概念的探讨为主，很多的文章议论高深却十分空泛。《瓦合集——长城研究文论》中收录的文章，都是对具体问题进行深入研究，作出实证性的分析，提出解决问题的办法和路径。

国家文物局原局长张文彬，在这部书的序中说："董耀会同志的长城研究文论《瓦合集——长城研究文论》即将由科学出版社付梓面世，这是值得祝贺的事。这是一部特点鲜明的学术著作。自20世纪80年代初以来，董耀会同志就用全部心力从事长城的保护和研究，并几乎为此付出了生命。他对长城的热爱，对长城保护研究的执着和勤奋，是许多前辈学者和老同志交口称赞的。《瓦合集——长城研究文论》的出版，是耀会同志呕心沥血于长城事业的结晶，是长城文化研究的重要学术成果。"

董耀会在长城研究方面最大的贡献是对长城学基本理论架构的阐述。《关于长城学的几个基本理论问题》《长城学发展的现状和未来》《长城学的概念、特征及分类》三篇文章是长城学创立的奠基之作。董耀会对长城学的科学性质、研究内容和方法论等理论认识，进行了详细而系统的阐述。

什么人是学者？专门做研究并有较深学问的人。董耀会就是这样的学者，长城研究的心得和创见都体现着他的学养精神。他前瞻性地提出，要用历史社会学的方法进行长城研究，因为这还是一项空白。从社会学的观点和角度出发，探讨长城的社会组织架构，研究长城区域与长城有关的社会问题，这样的研究相比传统的历史和文献考据研究，将会更有社会意义。

董耀会非常重视长城文化的理论探索，并提出一个全新的观点：长城是中国人民追求和平的产物，也是全人类向往永久和平的象征。长城作为一种永备的防御工程，反映了中华民族祈盼以此达到永久和平的愿望。因此，通过修筑长城而赢得的和平，不仅促进了农耕民族的经济发展，同时也促进了游牧民族的社会进步，从而共同推动了华夏民族历史的前进。

他认为，长城诞生于春秋战国时期，和墨家的"兼爱""非攻"等和平学说有着直接的关系，也是墨子"国备"思想的体现。墨子的筑城理论、积极防御策略对长城的修筑和防御产生了影响，甚至长城的选址也符合墨子修筑城池和关塞的具体原则，例如"难攻而易守"和"诸外道可要塞以难寇"原则。

对长城的关注不仅是研究，他更在意的是保护。他说这代人对于保护好长城有一种义不容辞的历史责任。《瓦合集——长城研究文论》中关于长城保护的文章有7篇，包括《长城保护管理工作的问题和思考》《谈山海关古城保护与开发》《中国世界遗产的保护与开发》等。

他详细分析归纳了长城保护的现状和存在的问题，例如长城保护范围的确定与公布，各地长城保护的级别，很多长城段落竟然没有列入文物保护单位，很多地方保护经费缺少，人员严重不足等。

对于长城保护维修，他也在文中表达了自己的担忧，特别是各地修长城、开发旅游而造成的人为破坏。文物部门对于赚钱的长城旅游景点管不住，对需要花钱的长城保护又做不动，董耀会认为必须尽快走出一条文物管理体制改革的新路。

面对现实的管理体制，他能做的只有呼吁和奔走，在向高层决策者不断呼吁的同时，到长城的沿线不断奔走。他用自己的行动，彰显对长城的爱。

董耀会关注并研究长城旅游的开发利用，出发点还是长城的保护。旅游开发很难把握好尺度，常对长城造成破坏。但是，经济发展迫切需要对长城旅游资源进行开发，简单的阻止没有意义。他希望自己的长城旅游研究和开发建议，能够为各地长城景区的开发提供有益的参考。

对于开发条件不成熟的地方，他也明确反对硬性的开发，认为这样不但无法实现预期的经济效益，还会造成不必要的浪费。

董耀会还强调要保护好长城的旅游资源，特别是长城周围环境，包括植被、水景、山岩和古木。批评很多地方出现开山劈石、肆意毁坏林木的行为，严重破坏了长城旅游资源。他对这些行为的批评，在当时对自己对社会都是一种挑战。

他建议对长城景区的可持续发展进行前瞻性研究，不仅是效益较差的景区，即使效益好的长城景区也应该居安思危，认真研究自身的可持续发展，避免在将来出现危机和衰退时陷入被动。

文集最后是学会管理方面的4篇文章。学会的任务包括长城的研究、保护、宣传和开发等多个方面，他处于学会的领导位置，希望从各个方面推进学会的工作。从这些文章可以看到，他关于保护和利用并重的认识已经呼之欲出。

学会本身没有国家财政支持，所有经费都要靠自己筹措。为了学会的发展，董耀会想了很多办法，争取政府部门的支持和指导，特别是经费方面的支持。同时，他还从战略高度提出学会要创建自己的品牌，学习国外的先进经验做法，提高学会的知名度和社会影响力。

董耀会的长城之路是辛勤的耕耘。30多年来，颇丰的著述、斐然的成就，受到国内长城研究同行的高度赞许。他说，《瓦合集——长城研究文论》也有一点遗憾，就是《春秋战国长城遗址研究》一文因为注释引起著作权纠纷，最后被法院判赔了300元。他说，这不是钱的事，这件事是一个教训。首先是自己的做法有瑕疵，虽然在文章中加了注释，但注释位置放得不妥引起了歧义。

他担任《中国长城志》总主编之后，非常注重知识产权。他多次在回忆中讲自己这次"走麦城"，一再提醒大家注意吸取这个教训。

第八章　保护员制度和保护宣传

对长城保护的探索中，他终于发现了一个好的办法——长城保护员制度。

第一个创立长城保护员制度的地方是董耀会的家乡秦皇岛市抚宁县。这个保护员制度证明了他的观点：地方政府的重视对长城保护发挥着巨大的推动作用。保护员制度为他的观点提供了真实的范例。

在多年的长城保护实践中，董耀会认识到，只有政府的文物管理部门参与还远远不够，必须发动全社会的力量参与。长城保护员制度正是社会力量参与保护的最好方式，而且实施效果让他欣喜不已。

宣传长城，保护长城，这是董耀会长城事业的核心。除了策划参与各种社会活动外，他还不断推出新作，通过传播长城知识，唤起更多读者的长城保护意识。

2004年，他的一本独具特色的新作《万里长城纵横谈》问世了。人民教育出版社出版的这本书，是面向大众读者的长城小百科全书。董耀会用"纵横谈"的问答方式，自由潇洒地向读者全面介绍了长城的知识。

他以秦、汉、明长城的历史沿革为主线，对长城的军事防御功能、长城建筑遗存、长城在民族融合中的历史作用、长城文化和长城精神等做了全面的论述。

家乡抚宁的经验

董耀会说，抚宁的长城保护员制度之所以能够建立，得益于他的一位好朋友，原抚宁县政协副主席李占义。李占义1948年出生，在长城沿线的几个乡镇做过镇长、书记，曾担任过抚宁县财政局局长。他从2001年开始摄影，2005年编辑出版了以他的作品为主的《抚宁长城》画册。

董耀会为这本书作了序，评价很高："《抚宁长城》是一部高品质的摄影集，但又不仅仅是摄影集，说它是一部浓缩的抚宁县长城史志，绝不过分。这部书用摄影照片将长城展示给读者，还用简练的语言讲了抚宁长城的历史和文化。"

他在序中称赞李占义是一个有文化良知和社会责任感的人。李占义得知文保所要安排长城保护员没有钱,他找到县委、县政府主要领导去批。抚宁的事例再次证明了董耀会的一个观点,长城保护是否能够做好,不仅是经费和人员问题,还要从思想上重视起来。

长城保护员志愿做长城的"卫士"。抚宁的文管所所长杨大海介绍说:"在董会长的支持下,还制定了《长城保护员管理办法和要求》《文物保护员职责》,条文的内容简练而实用,规定保护员一个月不少于10次巡护。实际上,只要没有着急的农活,他们每天都会主动去巡护。"

他们雨雪天后,必须巡护,查看敌楼、城墙有没有损坏的,如果发现隐患,立即向文管所报告。保护员不仅要监督游人,还要禁止羊群上长城,因为羊蹄非常有劲儿,能踏坏长城上的砖。

镰刀是保护员的必备工具,用来砍掉长城上的蒿子和灌木。由于墙体和敌台上常年积尘,使得草本和木本植物得以生长,导致墙体的含水量增加,墙体抗剪力降低。同时,植物根系也对墙体造成了破坏,增加了坍塌的风险。

2005年,董耀会把抚宁县的做法,推荐给了秦皇岛市市长菅瑞亭、主管文化的副市长李秦生。这两位领导都是他的好朋友,他徒步考察长城时菅瑞亭是秦皇岛团市委书记,非常支持他。

李秦生更是很早就支持董耀会,1975年的下半年,18岁的董耀会正痴迷于文学创作,李秦生当时是海港区文化

图八九　考察长城的时候,董耀会经常向当地老乡了解长城保护的情况

馆副馆长。秦皇岛市只有海港区文化馆有一个图书馆，李秦生破例让董耀会在闭馆的时候，能够进图书馆阅读。

董耀会说："很多欧洲文艺复兴时期的文学作品，当时都是'封资修'的东西。塞万提斯的小说《堂吉诃德》、阿里奥斯托的传奇体叙事诗《疯狂的奥兰多》、康帕内拉的小说《太阳城》等，都是这样偷着读的。"

在两位市长的关注下，这项长城保护制度在秦皇岛市得以全面推广，辖区内的220多千米长城，总共50位长城保护员。在一个地级市全面实行长城保护员制度，秦皇岛在全国是第一家。董耀会介绍说："秦皇岛市长城保护工作做得好，还有一个人功不可没，就是市文物局局长沈朝阳。"

沈朝阳是一个话不多、事儿做得很实的人。他1983年9月大学毕业后分配到秦皇岛市文化局文物科，第二年董耀会走长城，他到山海关去给他们送行。董耀会走到了嘉峪关，他又去嘉峪关接董耀会回秦皇岛。

他们携手长城保护，相互支持。说起董耀会，沈朝阳使劲地竖起大拇指。他说："秦皇岛人，都为董耀会点赞！"

董耀会经常向其他地方政府领导推荐这项创新制度。2006年4月28日，《长城保护条例》颁布的前夕，董耀会回到家乡抚宁，参加在董家口长城召开的座谈会。

他作为抚宁的一个全国名人，给家乡带来了荣誉和骄傲，家乡人也没有让他失望。董耀会鼓励这次来现场的众多记者，包括新华社、《人民日报》、《光明日报》、《解放军报》、《北京晚报》以及很多都市报的记者们说："认真去做长城保护员这个好的新闻题材，就一定能写出感人的好文章。"

他希望记者们加大对抚宁长城保护员制度的宣传。他说："这不仅是宣传保护员和抚宁的事，更是这项好的制度在全国推广的大事。"希望记者们承担起这个重任，充分发挥记者"无冕之王"的作用。

2005年，董耀会就将抚宁长城保护员的事迹，向国家文物局和国务院法制办负责起草《长城保护条例》的人员进行了详细介绍，建议把长城保护员制度写进条例，以法律的形式向全国推广。

董耀会的愿望终于实现了，这个有效的制度成为《长城保护条例》第十六条的内容："地处偏远、没有利用单位的长城段落，所在地县级人民政府或者其文物主管部门可以聘请长城保护员对长城进行巡查、看护,并对长城保护员给予适当补助。"

用刻字事件宣传长城

董耀会不仅是一个长城专家,还是一个活动策划专家。2005年他策划的一个活动,以一种特殊的方式向大众宣传了长城保护,也让众多媒体自愿地为长城宣传呐喊,做了一次光荣的媒体"义工"。

2005年11月4日,中国长城学会和八达岭长城管理委员会联合发起了一个向全社会征集去除墙体字迹方案的活动。主办方将对方案分类汇总,邀请文物和古建筑专家论证,希望从中推选出修复长城砖表面刻痕的最好方法。

活动在12月31日结束时,共收到近千条建议,建议最多的是用旧长城砖磨成粉末,调和后在刻字处抹平。一些具有古代壁画修补经验的文物科研单位表示,将就此课题开展相关实验。

最终的结果是所有的方案,都不能解决刻痕对长城的伤害。

这个活动在国内外产生了广泛的影响,很多媒体参与了报道。董耀会在接受媒体采访时表示,如果能找到既不对墙体造成二次破坏,又能使这些刻名得到处理的办法,当然是最好的结果。

事实上,这是董耀会策划的一次"醉翁之意不在酒"的长城宣传。他说:"目的不是寻找一个刻字处理的方案,因为我们之前做过专题研究,知道没有办法去处理。你要把刻字处理掉,又不能造成二次破坏。把刻字打磨下去,长城砖就薄了一层,用东西把这些字盖住,就不是原来长城的样子了。不管采取什么办法,都会对长城造成二次破坏。明明知道没有办法,为什么还要向全社会征集方案呢?就是想通过这样的活动,提高全社会的长城保护认识。"

至于为什么用这样一个特殊的迂回方式做长城保护宣传,董耀会解释说,如果给报社一篇新闻稿,说要批评刻字不文明行为,很多的报纸肯定都不会报道。因为这个现象太普遍了,没有新闻价值。

做这样的活动,从大家不以为然的地方入手。"那个时候非常多的媒体和报纸都去报道这样一个征集事件,掀起了保护长城的高潮。我们的目的是让每个人都知道,一个人的破坏虽然很小,但千百万人对长城造成的伤害却是惊人的。到现在还没有办法解决，可见它的危害性有多大。"

还是因为长城刻字，董耀会曾经遭遇过一次特别尴尬的事儿。

他陪同克林顿游览长城，两个人在长城上交流得很热烈的时候，克林顿的女儿突然去摸长城砖上的刻字。

董耀会后来清晰地回忆说："那一瞬间，我的头轰地一下。如果她过来问我，这上面写的是什么，谁写上去的？我怎么回答？面对国内外那么多的记者，怎么回答？"庆幸的是，中学生的她仍然是个孩子，对那些字不感兴趣，而是回头问董耀会长城是不是奴隶修的。

董耀会明白刻字的严重后果，一个简单的破坏行为，给长城带来的伤害却很严重。但有些伤害长城的人，可能还以为自己在表达"爱意"。

保护长城不能挑肥拣瘦

2006年5月，董耀会参加了一次中央电视台的访谈节目，节目名称是"保护长城不能挑肥拣瘦"，讲的是司马台和金山岭的管辖权纠纷。他希望通过这个访谈节目，让观众通过这个事件了解长城保护，提高他们的保护意识。

事情的缘由是北京密云的司马台长城管理处人员，巡视长城时进入河北滦平金山岭长城管理处的辖区。金山岭的工作人员要求他们买票，双方因此产生争执，最终发生互殴事件。

这件事表面是因为长城属地保护、属地管理原因造成的矛盾和纠纷，真正的原因则是长城景区的经营权，特别是经济利益之争。在发生纠纷的前一周，司马台长城管理处扔掉了金山岭长城管理处放在敌楼的垃圾箱；金山岭长城管理处，拔掉了司马台管理处插在此地的保护标牌。

北京密云与河北滦平以长城的中心线为界，北为滦平，南为密云。两地的长城管理处经常因为交界处的长城管辖权发生纷争。长期以来，游客反映一个让他们不理解的现象：如果买了其中一家的门票游览长城，却在中间被另一家拦下，要求他们再次买票。

董耀会认为双方争执的背后是经济利益。两个管理处在这段长城的两端分别售票。谁多占了一段，谁就具有了天然的资源优势。特别是有争议的段落有"文字砖"，刻有"万历镇房骑兵营"等字样。一座敌楼顶上有一块"麒麟影壁",12块方砖上有一只栩栩如生的麒麟浮雕。

董耀会说,客观条件不具备而没能开发利用的长城遗址,被大众俗称野长城,比例占所有长城遗址的80%以上。对于这些地段,没有人去争,而争夺的都是保存状况良好、能够进行旅游开发的段落。

董耀会还对这次纠纷进行了详细的分析。长城的中心线是两个省的省界,但是长城又不能分成两边,一边管着外墙,一边管着里墙。旅游开发也不可能一方开发外墙,一方开发里墙。

因此,就变成谁先开发哪一段,谁就拥有这一段的管理权。金山岭在20世纪80年代初做了开发,几年后司马台在80年代末也做了开发。开发之后,各自对开发的辖段长城进行经营和管理。

整个长城应该怎么管,应该由谁去管,国家没有明确的规定。事实上,长城就是属地管理,在哪个县的边上,就由哪个县去管,结果出现了混乱和纠纷。董耀会在节目中表达了自己的观点:长城作为一个整体,应该保护全部,而不是"挑肥拣瘦"地选择性保护。这样的纷争,在有开发前景的地段还有很多。

2016年9月1日"保护长城,加我一个"长城保护公募项目启动,腾讯公益慈善基金会提供2000万元资助,并通过线上募集与线下筹款相结合的方式,向社会公开筹集资金修缮两处长城。

其中,就有位于河北省迁西县和宽城县的喜峰口段。这段长城分属于唐山市和承德市的两个县,有的地段是以长城的中心线划分两个县的县界。工程到底应该由谁出面申报,由谁负责组织施工,两个县争执不下。

河北省文物局直接出面协调,依然很困难。为什么会这样?就是因为国家实行的是谁修缮、谁使用、谁受益的原则。大家表面争的是长城保护责任,实际争的是背后的利益。当初也许是容易划分行政区的界线,没想到给今天的长城管理留下了难题。

董耀会很希望长城的管理体制能够得到根本性的改变。例如,学习黄河管理委员会的模式,成立国家长城管理委员会之类的全国性机构,由国家统一管理、协调全国长城保护工作。

图九〇　中国长城学会许嘉璐会长（左三），钮茂生（左二）、周友良（右一）、董耀会（左一）常务副会长

他为长城的事情操劳不止，很多是现实制度的原因。他明白自己的职责和使命，觉得每天都能听到长城的呼唤，所以不能让自己停歇下来。他必须走向原野和群山，全力保护那一段段沧桑的长城。

2004 年，中国长城学会再一次换届的时候，董耀会提出辞去秘书长职务。这并不是长期的学会工作压力让他疲惫不已，而是他还有一个愿望，要编纂一部《中国长城志》，但他并没有成功。新任会长许嘉璐，没有同意他的请求。

他的付出大家都看在眼里，学会的成绩也让大家对他寄予更多的希望。因此，对于他的辞职请求，大家都一致反对。

这次换届，钮茂生、周友良和董耀会都被选为常务副会长。钮茂生对他说："你辞了谁干呢？大家都说你是学会的发动机。"

他却笑着回答："我是拖拉机的发动机，装在飞机上肯定飞不起来。拖拉机的任务已经完成了，学会要腾飞，我这样的发动机就不行了。"他特意举了对外交流的例子，说自己一直也没做好这件事。董耀会今天依然在坚持学英语，他告诉我学习英语时，英语老师常对他说的一句话是"Don't forget."，而他说的最多的一句话则是"Sorry, I didn't remember."。

最终，大家的真诚挽留和信任让他无法再坚持辞职。他这台大家尊重的"拖拉机"，又继续任劳任怨地投入工作中。他不仅是为了回报大家的器重，也是为了他所钟爱的长城，这似乎就是他生活的主要意义。

2004年9月1日下午，在人民大会堂举行了为纪念邓小平"爱我中华，修我长城"题词二十周年暨中国长城学会会员代表大会。代表在大会上选举出新一届中国长城学会理事会成员、会长、副会长，董耀会被选为常务副会长并连任秘书长，全国人大常委会副委员长、民进中央主席许嘉璐当选新会长。董耀会说："许嘉璐会长在大会上的讲话中把中国长城学会的工作目标概括为'让雄伟的长城走向世界，把古老的长城留给子孙'这个指导性意见，将是中国长城学会长期的任务。"

第四部分

终生的事业（2006—2018 年）

毛泽东在《纪念白求恩》一文中说："我们大家要学习他毫无自私自利之心的精神。从这点出发，就可以变为大有利于人民的人。一个人能力有大小，但只要有这点精神，就是一个高尚的人，一个纯粹的人，一个有道德的人，一个脱离了低级趣味的人，一个有益于人民的人。"

我用这句话形容董耀会的时候，他直截了当地说："我有自私自利之心，至少也不是一个脱离了低级趣味的人。"当然，说他是"一个高尚的人"，他更是摇晃脑袋。他只是承认从研究长城和保护长城的视角来说，他是"一个有益于人民的人"。

毫无疑问，一个人能力有大小。董耀会的身上有很多带着光环的"头衔"。我问他，你最重视的是哪个头衔？

他说，最上心的是长城保护志愿者。他觉得这一辈子能为保护长城出一份力，感觉很荣幸。长城有两千多年的历史了，他有限的生命能陪伴长城是他的荣耀。长城保护工作的每次进步，他都会感到很慰藉。长城保护事业，有他的汗水和心血。

董耀会曾经说过，不断有记者采访时问："长城事业的路上，有没有遇到过瓶颈？"他说："自己每天都生活在瓶颈中，干的都是力不从心，甚至是有心无力的事。"

我问他："奋斗在瓶颈里，想没想过放弃？"他笑道："习惯了。或许，离开瓶颈，反而会不习惯。"

60多岁的董耀会，依然非常喜欢汪国真的那句"没有比人更高的山，没有比脚更长的路"。他自己写下来，挂在家里的墙上。他的长城事业之路，就是这样一步一步走过来，而且还将这样地走下去。

第一章　迎接长城保护的春天

董耀会不善于应酬，即便是朋友聚会也是寒暄之后就默默地坐着。作为专家，他经常参加各级各地召开的有关长城的论证会。一般情况下他都表现得非常温和，不公开唱反调。人有的时候真的需要处理好自己的双重角色，世俗角色与本真角色不一样。不是所有的事都可以由着性子来。

但涉及长城保护，董耀会的态度却始终只有一个：绝不妥协。这个态度有时让很多人下不了台。

有时候他不是一个受人欢迎的人，因为他说话经常是太直言不讳了。长城是他心中一座不容侵犯和亵渎、代表着中华文化与精神的圣地。面对残酷的现实，他必须付诸行动。

2006 年，《长城保护条例》终于诞生了。他又继续奔走着，想尽办法进行弥补，呼吁基层部门加强落实。

长城保护法的期盼

长城保护法规是保护长城的"铠甲"。董耀会迫切希望有一部更专门的法律，比《文物保护法》更能对症下药。

董耀会依然是拼命三郎，依然是奋不顾身。他毫不在乎自己的身体，总是觉得自己岁数还不大，身体还行，能

图九一　几十年来，知道长城遭受破坏时的心情都是无比沉重

扛住熬夜。

他妻子说，有时候看他在写字台旁一坐就是几天。这几天里，他写写停停，即使吃饭时也瞪着眼，不知道是一种什么状态，总之感觉很吓人。

时间长了，董耀会是什么状态，妻子的心情也就处于什么状态。那种陪同他的痛苦感，让她知道丈夫不能再这样了。再这样下去，命都可能没了。

每当这时候，她就会强拉着他出去转一圈，或者拉着他去几个朋友家聚会，让他喝点酒，和朋友们聊聊天。只有关系亲密的朋友和家人，才能分散一下董耀会拴在长城上的心。

妻子不止一次忧心忡忡地对他说："你不能老是这样，你再这么拼下去，把自己身体搞垮了，我可能也跟着你一起垮掉了。"

董耀会的写作，不是一般意义上的写作，他是在为长城呐喊。

《长城保护条例》于 2006 年正式颁布，董耀会对长城保护立法的提议早在 2000 年就已经发声了。而且，这个时间他已经有了书面文章，可见他内心萌发和构思的时间应该更早一些。

2000 年 12 月，长城出版社的《中国八达岭长城世界人类文化遗产国际学术研讨会论文集》收录了董耀会《世界文化遗产——长城的保护和管理》一文。

他系统总结了长城保护中存在的问题，然后单独提出了几条建议，第一条就是"进一步完善长城保护的法制建设，颁布专项法规，通过深入宣传有关法律法规，进一步提高国民对长城的保护意识。"这条建议说明，他那个时候已经意识到了长城保护专项法规的重要性。

2002 年下半年的第二次长城考察，让董耀会对长城保护的严峻形势更为焦虑，对于长城保护法的渴望愈加强烈了。因此，在 9 月份考察刚结束不久，他就在 10 月份向国家文物局提交的考察报告里重点提出"加强法制化建设"的建议，希望尽快制定长城保护专项法规，把长城的开发和利用纳入法制化轨道。

在这次建议里，董耀会还详细提出长城保护专项法规要真正解决的 9 个问题，包括保护管理机构、旅游开发管理、生态环境、保护与开发规划等。

《中国文物报》于 2003 年 7 月 25 日发表了董耀会的《长城保护管理工作的问题和思考》，《新华文摘》2003 年第 12 期转载了此文。这篇文章是董耀会关于《中华人民共和国长城保护管理条例》立法调查报告的一部分，在文中他将上述9个问题同样逐一列了出来。

当时，国务院法制办和全国人大常委会有人认为，已有的《文物保护法》可以为长城保护提供法律依据，因此不同意单独再为长城保护立法。

2003年3月，在十届全国人大一次会议上，全国政协委员、国家文物局局长单霁翔和45名政协委员联名提交了"长城保护工作亟待加强"提案，提出三项建议：开展长城的全面调查，制定长城保护总体规划，制定长城保护专项法规。长城涉及的部门较多，包括地质、林业、建筑等，因此立法进展缓慢，非常艰难。

每次开会讨论的时候，争论都非常激烈。例如，对于长城旅游景区的开发必须经过文物主管部门的审批的规定，就受到旅游管理部门的明确反对。经过几次讨论协商，最后将"报批"改为"报备"。

董耀会既主张加强法制，又反对什么都要报批。长城立法就这样在多方利益的平衡、调节甚至妥协下，艰难地往前推进。

长城新闻采访万里行

2006年是"长城保护工程十年规划"启动年，也是《长城保护条例》颁布的一年。在条例颁布之前的上半年，中国长城学会联合《人民日报》、新华社、《光明日报》等共同发起，又组织了一次"2006中国长城新闻采访万里行"活动。

4月26日，他们从山海关老龙头出发，5月30日到达嘉峪关，全程历时35天。考察团由专家和记者20多人组成，沿途对司马台、喜峰口、金山岭等40多处长城古迹的保护现状进行了实地调查。

2006年这次活动，董耀会称为"迎接长城保护的春天"。参与长城保护立法的董耀会知道，《长城保护条例》将在下半年颁布实施。2002年他组织过一次专家和记者的长城考察，那个时候他们的提法是"呼唤长城保护的春天"。

策划这次专家和记者共同参加活动的目的，仍然是推动长城保护事业，同时也为呼之欲出的《长城保护条例》的实施，营造一个更好的客观环境。

2002年那次长城考察，让他经历了太多的折磨。4年后再次带领考察团踏上长城保护巡视旅程，他知道情况会有很大的改变，但也有了心理准备去接受无法预测

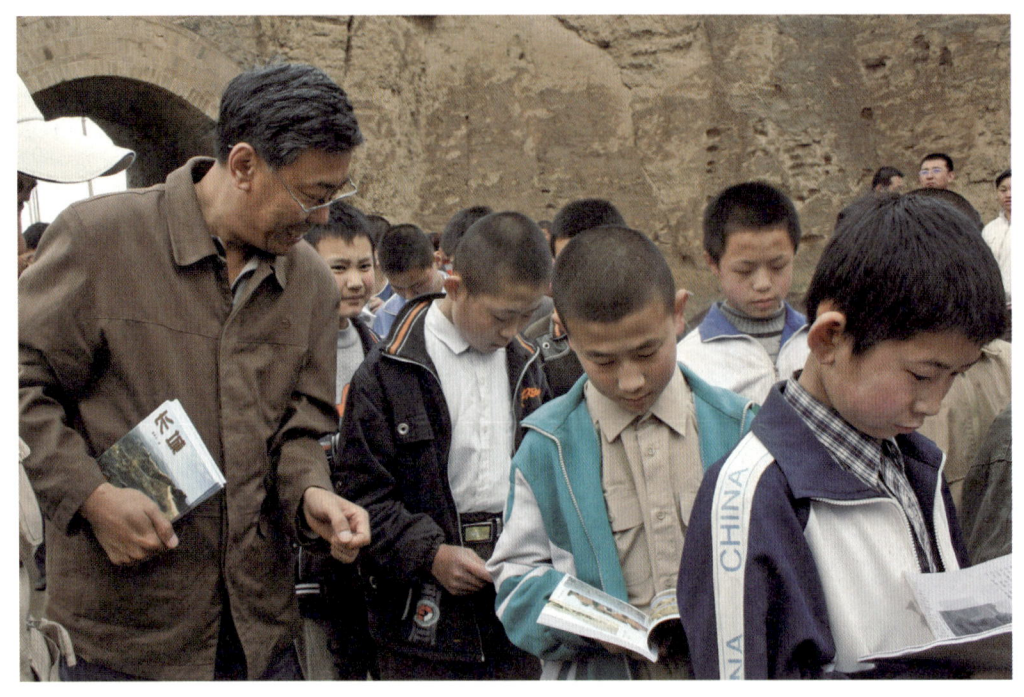

图九二　2006年5月12日万里行活动在大同得胜口，董耀会在给孩子们发书

的打击。他希望看看今天的长城保护，到底发生了哪些变化。说到底，那是一种割舍不下的挂念，一种始终放不下的使命感。

　　山西大同，得胜堡只剩下断壁残垣，堡内随处可见散落的残砖碎瓦、石雕兽首、柱础基石等历史遗存。山西右玉的长城杀虎口关楼，由于当地旅游开发修复时忽略历史依据，简单追求景观效果，失去了原本的历史风貌。

　　宁夏银川，长城毁坏严重，亟待抢救性保护。银川的两段长城均为明长城，墙体均以夯土为主。由于自然的风蚀和人为的破坏，两段长城遭受到不同程度的破坏。甘肃酒泉，怀茂乡明代夯土长城由于长年受风沙和土地盐碱化侵蚀，风化破损严重。

　　虽然很多地方有长城保护措施，或者正在制定保护开发规划，但保护的步伐赶不上破坏的速度。除了少数经过旅游开发的长城区段，绝大部分长城没有受到应有的保护，在荒野上孤独苍凉地等待着保护的春天。

　　在河北、北京、天津，砖石长城坍塌状况严重；在山西、陕西、宁夏、甘肃等地区，夯土长城常年受风沙侵袭及雨水冲刷，墙体断断续续，如果没有专家指点，很多地方已经看不出长城痕迹。临近毛乌素、腾格里等沙漠边缘的长城,很多被沙漠湮没。

长城区域的大众保护意识依然淡漠,这无形中加剧了人为破坏的程度。甘肃武威市黄羊镇,完整的墙体由于开挖一条"春风渠",被扒开十多米的豁口,旁边还有一条乡村公路穿过。

同时,长城的文物保护等级混乱,各地不统一。长城沿线只有少数墙体、关城、烽火台被列入国家级重点文物保护单位,其余为省级、市级、县级,绝大多数是没有保护级别。因为保护等级偏低,致使各地开发、修复长城时缺乏统一的规划,各行其是。

也有值得高兴的事儿,很多政府官员或者普通百姓对长城保护有了明确的认识。宁夏盐池县政府在全国率先对长城进行了围栏保护。在盐池县兴武营村,看到长城遗址两侧5米左右的地方,每隔10米有一根水泥桩,并用铁丝网连接。盐池已经完成90千米明长城的围栏保护,围栏长度共计190千米。当地政府工作人员向他介绍说,今后两三年内,宁夏境内的全部古长城都将实现围栏保护。

董耀会听了,不住地点头,脸上满是笑容。郑严说,那天晚上董耀会又有了纵情的大笑。一路下来,大家基本上没看见他这样笑过。

法规终于诞生

董耀会《守望长城:董耀会谈长城保护》一书中有一篇《长城保护立法专家论证、座谈会发言摘要》。在2006年颁布《长城保护条例》之前,他基本全程参与了条例的调研和筹备论证。

在一次论证会上,有的专家认为制定长城保护法规的条件还不成熟,建议暂缓一下。这让董耀会无法沉默了,长城时时刻刻都在遭受破坏,很多人没有他的亲身体会和经历,也无法感受他的心急如焚。

董耀会在发言中说,亟须制定和颁布长城保护法规,长城长期以来受到了严重破坏,需要一部法规规范社会行为。他不同意再等下去了,因为长城不能再等了。如果等到大家认为的条件成熟了之后再制定颁布,长城受到的破坏不知会严重到什么地步。就在大家正在讨论的时候,说不定哪里的长城正在遭受破坏。

他还明确表示,不同意条例禁止攀爬未经修缮、没有管理机构的长城。他认为,攀爬行为虽然对年久失修的长城构成威胁，但不一定必然造成破坏。政府有责任修好有可能在攀爬过程中造成破坏的长城。大众通过游览长城，感受历史文化，锻炼身体是完全正常的行为，将这种正当的行为定性为违法不妥。

退一步讲，即使法规写入了禁止攀爬的条款，也无法得到实施。无法执行的条文，只有一个结果，就是让法规的权威性受到挑战。个人攀爬行为不应该禁止，而是要提醒大众自觉保护好长城。他主张禁止机构组织这样的活动，要对组织者给予处罚。

他不仅认为应当尽快制定并颁布条例，而且还不无忧虑地表示，他非常担心条例颁布之后的法律尊严问题，即执法环节能不能得到加强？破坏长城的行为能不能得到有效的惩处？如果这些方面做不好，就会极大地损害条例的尊严。尊严是法律法规的生命，没有了尊严的条例，无法发挥应有的作用。

长城保护法规的诞生需要一个过程，一些事情让董耀会感到了法规早日出台的迫切性。2002年10月2日，黄崖关长城风景游览区管理局主办"骑自行车飞越黄崖关长城"活动，陕西车手王家雄骑自行车飞越长城时，跌落在城墙上人车分离，坠地身亡。

董耀会一直对这些活动持否定的态度，他主张立法限制这些行为。他认为，此类举动可能不会对长城的建筑实体造成多大的直接破坏，但是有损长城的形象。长城不仅是人类文明的构筑物，自古以来就被赋予了与中华民族尊严相关的内涵，这种文化象征意义是崇高的，不容许任何不严肃的举动玷污。

据了解，许多国家在世界文化遗产管理上，对在其中拍摄影视剧、集会、从事商业活动等都有着严格的限制。董耀会希望，结合长城立法，我国应在这方面作出明确规定，约束人们不仅要保护长城建筑，同时还要维护长城的尊严。

2005年7月30日，盛夏的金山岭长城，中外青年酗酒狂欢，严重破坏了长城的环境和声誉。金山岭再次成为舆论的焦点。金山岭城墙上大规模的"锐舞派对"中，大批中外青年在长城上伴着电子音乐狂歌劲舞，并且大量饮酒。第二天早晨6点左右活动结束后，长城脚下遍地都是垃圾和酒瓶，呕吐物的臭味儿和尿骚味儿随风飘散。

事件之所以发生，或者说派对之所以被允许举行，根本原因是金山岭的公司化经营体制。1997年，金山岭长城的辖区政府以600万元出让该段长城50年的经营管理权，经营管理权由当地一家公司获得。

董耀会对这种行为进行了批评："他们组织的派对属于一种经营形式，但是活动本身不严肃，对长城形象是极大的破坏，长城属于世界文化遗产，我们都应该怀着爱戴和景仰的心情来长城游玩，而不是亵渎它。"

同时，他对于法律不完善和不健全情况也做了介绍。虽然北京有《长城保护管理办法》，但金山岭景区位于河北，无法适用北京的地方法规。

对于长城的保护，立法还很不够，所以应该尽快出台全国性的长城保护法规。他充分利用这次事件和媒体接触的机会，不失时机地透露信息，说国家很快将出台长城保护法律，内容包括规范旅游行为以及开发形式、经营形式等，用法律武器保护文化遗产。

2006年10月11日，一个让董耀会终生难忘的好日子。国务院总理温家宝签署第476号国务院令，公布了9月20日国务院第150次常务会议通过的《长城保护条例》，条例自2006年12月1日起施行。

在那个金色的秋天，董耀会终于盼来了一个长城保护的春天。国家专门为一处文物颁布专项法规还是第一次。

法规共有31条，确立了长城保护总体规划制度、长城旅游开发的规范制度、长城"四有"措施的落实制度和长城保护的社会参与制度等。

《长城保护条例》首次提出了整体保护长城的概念，规范了长城保护行为，改变了之前长城保护的混乱状况。对于此前长城保护的混乱状况，董耀会归纳为"四无"，即无保护标志、无保护范围、无档案资料、无保护机构和专职管理队伍。

董耀会说："长城尽管已经进了世界遗产保护名录，可是细究起来，长城究竟是哪一级的文物？该由谁来保护？什么样的破坏行为要负什么责任？这些都没有答案。整个长城，这一段属于国家级保护单位，那一段属于省级保护单位，还有更多段根本没有被确定保护单位级别。《长城保护条例》颁布后，所有长城最低等级属于省级文物保护单位，解决了很多问题。"

《长城保护条例》的颁布推动了很多工作的开展。这一年，长城保护工程也正式启动，在全国出现了一个长城保护的新高潮。特别是保护工程具体项目——长城资源调查工作的落实，让他尤为振奋。

2006年12月，国家文物局和国家测绘局联合发出《关于合作开展长城资源调查工作的通知》，正式启动明长城资源调查，并在河北和甘肃两地进行试点。这项工作最早董耀会也是参与并推动了工作进展的。中国长城学会为此事，多次与国家测绘局基础地理信息中心商谈。

2005年初开始推动这件事。2006年1月26日，国家测绘局与中国长城学会双方领导，在国家基础地理信息中心听取了中心关于"明长城测量试验方案"的汇报，并就开展"明长城测量"工作进行了深入研究。

图九三　《长城保护条例》经2006年9月20日国务院第150次常务会议通过。董耀会在唐山迁安白羊峪长城

国家测绘局副局长李维森，国土测绘司司长闵宜仁和副司长辛少华，国家基础地理信息中心主任陈军、副主任金舒平，中国长城学会副会长兼秘书长董耀会、常务副秘书长张骥、副秘书长杨志军和曹大为等出席了会议。

双方讨论了"明长城测量试验方案"，提出"明长城测量"的任务是综合利用卫星定位系统技术（GPS）、遥感技术（RS）和地理信息技术（GIS），通过精确测量与计算，获得一套具有权威性的有关现存长城分布、长度、高程等地理数据，并向世界发布。在此基础上，整合其他有关长城的影像、数据，建立长城带状空间数据库，为长城调查、研究、保护和开发利用，提供全面、准确的地理信息支持及应用服务。

董耀会等将这项工作汇报给国家文物局，在国家文物局与国家测绘局的合作上起到了积极的促进作用。2007年4月，长城调查工作在前一年河北和甘肃试点的基础上，在全国13个省份全面铺开。调查还采用了先进的航空摄影测量、全球卫星定位技术、全站仪野外测量等现代测绘技术，对长城进行精确测量。后来，精确的长城长度等数据公布了。

还有三个实例让他感受到《长城保护条例》发挥的重要作用。

第一个是巴新铁路项目对长城保护的典型事例。巴新铁路从内蒙古西乌珠穆沁旗的巴彦乌拉镇，到辽宁阜新市的新邱，为了避免破坏金长城遗址，多投入了4500万元。

内蒙古境内现存最长的长城遗址，属于国家级重点文物保护单位。在工程最初的设计方案中，铁路经过林西县时，要拆掉需要穿越的金长城。在文物部门告知巴铁公司不能破坏长城遗址后，公司改变了设计方案，改为在金长城下边挖一条隧道通过。

第二个实例是秦皇岛卢龙县的桃林口村"知耻碑"。那里的长城1976年之前基本完好，唐山大地震后，民房和长城都受到严重破坏。村民在重建家园的过程中，从倒塌的长城上拣砖，从危城上拆砖。

1977年修建水库时，村民认为长城会被水淹没，于是又拆了很多长城砖石盖房砌院。全村397户中有70%的房屋和院墙上有长城砖。

《长城保护条例》颁布后，醒悟的村民自发在村部的小广场上立了一块"知耻碑"，书写"知耻"两个大字，而且刻上碑文："过去我们错了，因为不知，拆长城砖盖房盘院，国宝未被珍视，取之方便，弃之随意。现在我们知错了，因为觉醒，把长城民宅保留下来，刻上心中的痛，明耻辱，警后世。"

第三个实例是2007年，盐池县按照计划继续实施长城围栏保护工程，对境内210千米长城全部实现了围栏保护措施。

一年后的六个问题

《长城保护条例》颁布之后，在执法环节上能不能得到执行，董耀会非常担心。如果执法环节做不好，条例的尊严就会受到极大的伤害。没有尊严的《长城保护条例》，就会成为一纸空文。

《条例》颁布之后半年，2007年8月17日，在内蒙古固阳县举办了一次秦长城历史文化传承与保护研讨会。他问固阳县的书记、县长，又问文物局局长和文保所所长，有没有看过国家刚颁布的《长城保护条例》。结果出乎他的意料，所有人都没有看过。

他在会上表达了对《条例》实施的忧虑。他说，固阳这样一个有着重要长城资源的地方，从领导到具体人员，竟然都没有看到《长城保护条例》，让他很吃惊。法律都没有看到，按照《条例》去实施就更谈不上了。

《长城保护条例》颁布一周年，中国长城学会组织了一个座谈会。各部门负责人、长城沿线一些地方负责人参加了会议。在对《条例》的肯定声中，他又发出了不和谐的声音。

新华社12月1日以《〈长城保护条例〉实施一周年执行仍存在六大问题》为题，对董耀会在座谈会上讲话的主要内容做了报道。

董耀会认为，影响《条例》执行的有两个主要的制约因素。

第一个是执法的主体单位没有做好执法的准备。受规范者没有做好守法的准备。类似固阳县没有见到《条例》的地方还很多。《条例》颁布8个多月了，执法部门还没有看到，那么《条例》根本无法发挥作用。关于《条例》的执行，董耀会在2006年11月国家文物局召开的一次会议上，表达了他的担忧。事实也证明，他担忧的情况在全国从上到下普遍存在。

第二个是各级政府的长城保护经费也没有按照《条例》规定纳入财政预算中。明长城沿线有100多个县，历代长城沿线超过400个县，这些县政府是否把长城保护经费列入了财政预算？情况并不乐观。

这样类似的话，10年后董耀会在2016年国家文物局的会议上继续在说，这个时候长城保护的状况，并没有得到根本性的改善。

《条例》中明确规定，各地在一年内，使长城的最低保护等级确定为省级。然后经过若干年的努力，再统一确定为国家级保护单位。董耀会在全国各地调研后发现，即使这样一个不难实施的规定，在很多地方也没有被落实。

长城保护不仅缺钱，更缺的是对长城保护的重视，缺的是正确的观念。这是董耀会对《条例》颁布后依然存在很多问题分析后得出的结论。新华社的报道相对简略，实际上董耀会的这篇讲话有一万多字。

郑严介绍说，那天董耀会讲了一个多小时，大家还是觉得没听够。熟悉董耀会的人，都喜欢他这种"捞干的说""拣实的做"的风格。

董耀会不喜欢是非，却又不断使自己卷入是非之中。他说的六个问题：

第一个是《条例》的执行还没有在全国长城沿线全面推行。

基层文物部门的长城保护力量，没有随着《条例》的实施得到加强。特别是人员和经费，没有多少改善。大部分的市县政府，没有做好依法行政的准备。绝大部分市县政府没有按照《条例》要求，将长城保护列入政府的经济和社会发展总体规划。至于将长城保护经费列入财政预算的市县政府就更少了。

在全国涉及长城保护的所有县中，董耀会大部分都去考察过。每到一个地方，他都要问保护经费是否纳入财政预算，有没有长城保护规划，回答他的总是同一个说法："没有。"

第二个是《条例》的清晰度不能完全满足长城执法的需要。

《条例》颁布已经一年了，国家文物局还没有启动《长城保护总体规划》。总体规划对于长城保护至关重要，其内容包括明确长城保护的标准和重点，确定禁止在保护范围内进行工程建设的长城段落等。

条例的执行，需要先确定一个事情是否违反了总体规划。因此，这个规划就是《条例》执行的一个重要前提，没有总体规划导致《条例》的一些条款无法实施。2015年6月29日，董耀会还在《北京青年报》呼吁"长城保护总体规划应尽快出台"。

第三个是有法不依、执法不严的现象非常严重。

对《条例》有法不依的现象，涉及的不是少数单位和个人，而是普遍现象。在旅游开发时，有的地方采取"先上车，后补票"的方式，甚至是"上了车也不补票"的违法之举。有的地段和景区不符合旅游开发的条件，有的项目不符合《条例》的规定，却总能通过政府的审批。

董耀会以山西偏关老牛湾开发为例，说明《条例》执法存在的严重问题。老牛湾长城位于黄河边，加上险峻的山体，风景独特而秀美，旅游资源得天独厚，是一个旅游开发的绝佳之地。

一家民营企业投资开发老牛湾长城旅游景区，并计划修建五星级酒店等。企业没有向山西省文物局和忻州市文物局报批，文物部门也没有管理行动。

第四个是执法队伍的综合水平不高。

执法队伍不论是能力、水平，还是社会责任感都需要提高。这件事说了很多年，仿佛成了"说了白说、不说白不说的问题"。但是，即使白说他也要继续说下去。特别是有的文物部门，缺乏应有的社会责任感，面对地方的部门和个体利益，不敢对破坏长城行为依法处理。

　　第五个是守法成本高、违法成本低的问题仍然没有得到解决。

　　因为执法力度不够，处罚太轻，无法对当事人产生震慑。破坏了长城，也不影响企事业单位和政府领导的官帽子。违法成本低于守法成本，无疑在客观上鼓励了企业的违法行为。

　　董耀会点名内蒙古宏基路桥投资发展有限公司，这个公司在乌兰察布市丰镇修建公路时，要南北穿越长城。内蒙古文物局多次派人去协商，并提出了绕行、挖隧道和架桥等建议。但宏基公司最终还是挖开了长城，直接施工。

　　文物部门只能按照《条例》罚款50万元，这是《条例》规定的最高数额。即使这样，罚款数额也低于绕行等方式增加的几千万元费用。董耀会说，如果让企业决策者在进监狱和罚款几千万元之间选择，决策者都不会选择进监狱。这个实例说明《条例》的处罚脱离了现实，对故意的破坏行为应该加重处罚力度，特别是对接刑事处罚。

　　第六个是公众参与机制没有建立。

　　长城保护需要公众的参与，参与程度的高低，是衡量长城保护工作成效的标准之一。虽然《条例》有这方面的规定，但是缺少有关部门的政策指导，加大了公众参与的难度。

　　董耀会的良苦用心，日月可鉴，千言万语，尽在不言中。

第二章 国外遗产保护经验

董耀会主持中国长城学会秘书处工作期间，是学会国际联系最活跃的时期。2007年9月21日，联合国经济及社会理事会授予中国长城学会"特别咨商地位"。

学习国外遗产保护先进经验，是学会加强国际联系的目的之一。学会获得联合国经社理事会特别咨商地位，并受邀加入联合国非政府组织大会（CONGO）。从此，学会将在联合国经社理事会拥有合法的地位，可以向联合国在纽约的总部以及联合国在日内瓦、维也纳等办事处派驻官方代表，出席相关会议并拥有发言权。

采访时，我问过他："你都60多岁了，今后长城的事业要怎么做？"他说："一如既往！"我理解他说的一如既往，就是他概括如何做长城事业的那三句话：下得去，坐得住，跟着走。

他向我解释过这三句话，下得去说的是到长城沿线的基层去，坐得住说的是指做学问一定要坐得住，跟着走说的是跟着时代和社会的需要走，为社会发展提供服务。我很赞赏他这种向下扎根、向上开花结果的做法。

我觉得三句话之外，还应该加一句"走出去"。进入21世纪，董耀会将目光转向了国外，他在向世界宣传长城的同时，也通过对意大利、法国、希腊等欧洲国家的考察，将国外文化遗产保护的成功经验介绍给国内有关部门。

他多次带队到意大利、法国等国家，全面考察了国外的文化遗产保护经验。通过考察，他非常清晰地看到了长城保护的巨大差距。

意大利和法国的经验

董耀会很欣赏意大利的做法，意大利中央政府设立的"文化遗产及文化活动部"拥有保护文化遗产的职能，下设20多个文物管理局，负责管理全国的文物古迹及名胜景点。

文化遗产保护工作只对中央负责，可以避免因为地方利益而对遗产造成破坏。

图九四　董耀会在挪威考察世界遗产保护时与挪威专家交流（左起：董耀会、梅园梅、特伦·玉阿兰）

他认为这种做法很好，文物保护资金由政府负担，不靠文化遗产自身的盈利来保障。

对比中外文化遗产管理体制，他深有感触地说："遗产保护做得好的国家，都是中央政府管理的力度很大，管理的体制很顺。中国的世界遗产保护工作政出多门，缺乏一个权威性的部门进行统一管理，甚至连协调工作都很难有效进行。文化遗产、自然文化遗产、自然遗产这三类遗产分别由不同部门管理。"

董耀会认为，如何将对遗产的潜在威胁降到最低，还需要中央政府加大管理力度。因为在当地经济发展的压力下，地方政府往往把世界遗产当成摇钱树，缺乏保护意识成为一个普遍现象。如果政府的主导作用没有体现在保护上，只是体现在利用方面，那么出现问题就在所难免了。

在意大利考察时，先进的文化遗产保护理念给他留下了非常深刻的印象。意大利文化遗产保护规划做得很细，不但保护单体建筑，保护整个建筑群，还要保护整体环境。

相比之下，国内对长城的保护就显得粗放很多了。他认为长城保护的等级分得太多了，包括全国重点、省级、市级，甚至还有县级，长城应当作为一个整体进行保护。让他感到高兴的是，《长城保护条例》中有了明确的规定：长城的最低保护级别为省级保护单位。

将长城统一设为国保单位，依然是董耀会的追求。

意大利等欧洲国家的做法，还有一个给他留下深刻的印象，即政府和学者们都坚决反对大刀阔斧地对文化遗产进行"修复"。他们普遍认为，对文化遗产采取必要的"干预"措施，只应该有一个目的，就是防止进一步遭受损坏。所以，要尽量做到最小干预。

此外，不允许其他干预，更不允许制造假古董，因为在他们看来造假文物是一件很荒唐的事。这和我国的情况大不相同。

例如2002年，山东济南市的章丘，竟然把两千年历史的齐长城拆掉，用钢筋水泥按照八达岭长城的样子，建了一个2000多米的仿明假长城，受到社会广泛质疑。

无知者无畏。问他们为什么这样做时，道理很简单，"废墟状态的长城有什么用？能卖票吗？"他们的目的很明确，修假长城并且"公园化"之后，就可以卖票赚钱了，还能带动当地房地产市场。

在法国考察时，法国的做法让董耀会很受启发。法国非常重视文化遗产的推介，率先创立文化遗产日。1984年，法国第一个推出"文化遗产日"，在每年9月的第三个周末举办。期间，法国所有的博物馆、艺术馆、总统府、市政厅和城堡等都免费开放。

这项活动后来得到欧洲其他国家的响应，1991年欧洲理事会决定，将这一天定为"欧洲文化遗产日"，欧洲40多个国家同时进行免费开放。

意大利也是法国遗产日的效仿者。自1997年开始，意大利在每年5月的最后一周举办"文化遗产周"活动。届时，所有国家级文化和自然遗产免费对外开放，包括国家博物馆、艺术画廊、文物古迹等。同时，还举办音乐会、研讨会等形式多样的数百项与文化、历史有关的活动。通过文化遗产周活动，意大利民众的保护意识已经成为一种民族自觉。

2006年开始我国设立了"文化遗产日"。国务院确定每年6月第二个星期六为我国"文化遗产日"，加强对文化遗产保护的宣传。中国长城学会也在山海关、八达岭、嘉峪关，以及内蒙古包头、陕西宜君等地举行过长城宣传系列活动。

意大利不仅有严格的法律保障体系，还有极为特殊的执法队伍，这就是世界闻名的文物宪兵。文物宪兵组建于20世纪60年代，直接听命于文化部，专门用于保护文化遗产。文物宪兵组建后，可以说是功勋卓著。

董耀会认为，在制定更加详细的保护规范时，应当加强执法的力度。如果缺乏有效的惩罚手段，出台再多的措施也是摆设。国外强化执法的同时，舆论力量对破坏文化遗产的机构和个人有很大的杀伤力。因此，中国也应该充分利用舆论力量，给破坏长城的行为造成足够大的社会压力。

通过考察国外文化遗产保护，董耀会还发现很多文化遗产保护好的国家在实施文化遗产保护和维修项目时，并不是一切都由政府去落实。即使是政府财政投入资金的项目，也都是社会化运作。政府部门使用财政性资金做文化遗产保护时，都按照一定的程序，交给符合条件的民间组织承办。

这样做的好处很多，既减小了政府的负担，又提高了政府对文化遗产保护投入资金的使用效率。文化遗产保护成绩显著的国家，多半与发挥民间组织的作用分不开。意大利和法国是这样，日本也是这样。

董耀会认为，意大利、法国的全国性的组织，都向地方垂直发展下一级组织。中国长城学会也应该建立自己的全国网络，可以推动各地长城学会的建立。董耀会说，如果全国的大部分地级市都建立了长城学会，长城的保护情况就完全不一样了。

时任山海关区政协主席的王志杰，参加过董耀会率领的代表团访问意大利和希腊。他说："通过考察，我们都有很大的收获。董会长到一个地方，问得特别详细。他是真想把国外的好经验带回中国来。"

文物保护彩票

董耀会多次向我提及长城彩票。强大的政府资金投入和社会的广泛支持，是发达国家文物保护取得优良成绩的保证。西方国家文物保护经费来源大多由三部分组成：政府投入、彩票收入和企业捐赠。西方国家虽然投入很大，但也远远满足不了客观需要。较为先进的国家，又通过法律形式规定，将彩票业的部分收入纳入文物保护资金。

在美国，除联邦政府每年拨给国家公园管理局一定的保护经费外，还通过减免税费等方式吸收社会投资；在英国，保护资金除了国家和地方政府的拨款，还有非政府组织和志愿者捐赠，以及专门设立的国家文化遗产彩票基金；意大利同样通过发行文物彩票方式获得专用资金。

利用彩票为文化遗产保护筹资，在中国还是一个空白。董耀会建议借鉴国外的成功经验，采用发行"文物保护彩票"的方式，建立文化保护基金制度。

意大利多数文化遗产属于国有，保护经费也由政府负担，不靠文化遗产的自身盈利来养活自己。意大利文化遗产中，只有罗马斗兽场、那不勒斯的庞贝古城和佛罗伦萨的乌菲齐博物馆三个地方处于盈利状态，其他地方都是靠国家财政拨款。

意大利政府鼓励企业，尤其是私人企业家投资保护文化遗产，对投资文物保护和修复的企业或个人给予优惠税收政策。2004年颁布的《文化遗产与景观法典》，通过取消文化遗产继承税，免除文物修复材料增值税，对文化遗产工程赞助者给以税收优惠等政策，以解决遗产保护资金不足等问题。

法国政府出台政策，鼓励基金会、企业和个人支持文化遗产保护事业。个人可以获得相当于捐赠数额66%的税收优惠，企业从营业税中扣除相当于捐款60%的税款。

在意大利罗马和佛罗伦萨访问时，董耀会注意到那里的遗产管理有两项独特而有效的制度，即"文物监督人"和"领养人"制度。董耀会提出的长城保护里程碑计划，实际上就是一种长城保护的认领方案。

文物监督人很有创意和实效，堪称中央政府与地方政府之间的纽带。文物监督

图九五　董耀会在挪威考察世界遗产的保护和旅游发展

人隶属文化遗产部直接领导的"建筑历史环境监督局",代表中央政府派驻各地,工资由中央统一核发。工作人员必须通过文化遗产部的考试,并接受中央政府垂直领导。

董耀会说,意大利文化遗产部管理人员不到 100 人,文物监督人员却超过 2 万人。文物监督人拥有国家赋予的财政和业务自主权,每年向国家建议所负责地区的大小维修项目名录;任何文化遗产的改变首先要得到文物监督人的同意,文物监督人直接干预权力很大,对地方政府的开发与保护预案进行审核,有权阻止地方政府、私人的任何不适当开发行为;有执法权,对个人破坏行为直接处罚,不需层层报批。

董耀会应该成为第一位中国长城的"文物监督人"。意大利的文物监督人通常有大学教授、建筑师、考古学家等职业背景,是本领域的权威人士,拥有代表政府处理复杂问题、提供咨询、协调地方与中央政府保护方针政策的权力和能力。

"领养人"制度始于 1994 年,意大利政府将部分古迹、遗址、博物馆逐步租让给私人资本管理,但国家仍掌握其所有权、开发权和监督保护权,管理者的人事任免、门票价格、开放时间也由文化遗产部决定。"领养人"制度最长期限不超过 99 年,"领养人"包括私人性质的基金会和私营企业联合体,但不允许单个企业租赁文化遗产的经营权。

在访问意大利五渔村国家公园时,董耀会发现意大利遗产地的管理机构,还投资开办一些旅游服务设施,无偿提供给居民用于创收,这样做可以帮助居民提高保护意识。同样道理,利用长城文化遗产创造价值,对于帮助提高长城沿线民众的保护意识作用很大。董耀会说:"我们一些地方的做法,存在政府和老百姓争利问题,这是我最反对的。"

国外的文化遗产保护经验很丰富,很成熟。国内学习借鉴很难立即实施,仍要走很漫长的路。这个过程,董耀会知道,改进一项管理制度很难,创新一种管理制度更难。

第三章　长城入选"新七大奇迹"

董耀会的一生充满了冲突，既有内心的自我冲突，更有与其他人、其他组织的冲突。为什么会这样？他说世上的事或许都是缘分注定的，可能是老天安排的吧。

他和妻子刘玉倩谈恋爱的时候，妻子的家里坚决反对，甚至要和女儿脱离关系。那时候他正热衷于文学，很想写一篇小说，写一个年轻人与家庭之间的矛盾。每个人的成长，自己跟长辈之间的关系都会带来不可逆的影响，在这样的矛盾中有些人甚至受到了严重的伤害。

虽然当时他对这个主题非常感兴趣，但他还是没有写。他说，怕伤害了爱人的家人，最终伤害了爱人。因为长城而产生的矛盾，也很容易伤害别人，同时也伤害他自己。

世界"新七大奇迹"评选，再次将董耀会置于矛盾的旋涡之中。

2007年7月8日凌晨，葡萄牙当地时间7月7日21时30分，世界"新七大奇迹"评选最终结果在葡萄牙首都里斯本光明体育场揭晓，人类第一位登上月球的美国宇航员阿姆斯特朗宣布，中国万里长城以第一名的身份获选"新七大奇迹"。

当长城的名字被第一个念报出来，现场的中国长城学会代表韩国伟和付卫东拥抱相庆，激动不已。他们从英国演员本·金斯利手中接过了奖状。

入选的其他六个是约旦佩特拉古城、巴西里约热内卢基督像、墨西哥奇琴伊察玛雅城邦遗址、意大利古罗马斗兽场、秘鲁马丘比丘印加遗址和印度泰姬陵。古代"世界七大奇迹"唯一留存的埃及吉萨金字塔，自动保留奇迹地位，因而产生的是八个世界奇迹。

这次历时7年的全球"海选"落下帷幕。长城的成功入选，让董耀会沉重的心情终于可以放松一下了。最终结果让他很开心，回忆整个评选的过程，长城选票的波折，由于短信投票以及主办方权威性等方面遭到很多质疑，让他在舆论的旋涡中承受了太多太重的压力。

不是为了选票

公元前 3 世纪，腓尼基旅行家昂蒂帕克最早提出世界七大奇迹说法，包括埃及的吉萨金字塔、巴比伦的空中花园、土耳其的阿尔忒弥斯神庙、希腊的罗德岛太阳神巨像、埃及的亚历山大灯塔、希腊的奥林匹亚宙斯巨像和土耳其的摩索拉斯王陵墓，共 7 处远古时代宏伟的人工建筑。

那时候的欧洲人，不了解中国，古代的世界七大奇迹没有中国长城。现在，除了吉萨金字塔，其他 6 处因为地震和人为破坏等原因，已经消失。为了给"世界七大奇迹"赋予新的生命，瑞士人贝尔纳·韦伯于 2001 年发起世界"新七大奇迹"全球网上投票评选。

2004 年 12 月，韦伯邀请联合国教科文组织前总干事马约尔担任评选专家委员会主席，其他的 6 名委员都是世界级建筑师。评选委员会负责从得票前 77 位的候选景点中选出 21 个，作为终选阶段的候选名单。

2006 年 1 月 1 日，委员会公布包括中国长城在内的 21 处候选景观的名单。主办方开通了官方投票网站，并在全球范围开展宣传。各国的投票者通过电话、短信和网络等方式，从 21 个候选名单中选出 7 个，作为新世界七大奇迹。

对此项活动，欧洲人的反应普遍较为冷淡，而美洲人和亚洲人的投票热情最高。如果最终获得"新七大奇迹"的名誉，就等于拥有一张闻名世界的"名片"，可以为景区带来巨大的经济收益。因此，在主办方的全力推动下，一场全球评选开展了起来。

在拉丁美洲，政府的强势介入为这个普通的评选赋予了强烈的爱国主义色彩。墨西哥旅游部鼓动没有本国景点入围的加拿大人，投票给墨西哥的候选景点。巴西总统卢拉向大众公开呼吁，要求为里约热内卢的基督像投票。

秘鲁政府的办法更有效，通过在广场设立投票点等便民方式，取得了巨大效果，大众投票率最后高达 21.8%。在美国，官方没有公开表态，民间团体却发挥了美国总统竞选时的有效招数。他们还同巴西人达成协议，在投票给自己国家景点的同时投给对方一票，保证双方国家的候选景点都能入选。

中国长城当选的过程并非一帆风顺，可谓一波三折。从 2006 年 1 月起，长城的得票总数从第一名滑落，排名起伏很大。11月时，长城排在三四名左右。那时中国人投票非常少，因为短信平台没有开通，主要是国外参与的投票。国内由于宣传不够，公众知道这个事情的人极少。

董耀会虽然认为这是在全世界宣传长城的好机会，但最初中国长城学会也没有表示支持。

开始的时候，学会在这件事上的定位仅是协助组委会在中国拍摄。应该不应该这样做，开始也有点争议。董耀会说："看起来是我们支持主办方，换一个角度看，我们是通过活动主办方在世界各国媒体上宣传长城。"

意外的变化，让董耀会和中国长城学会无法回避地卷入其中。由于各国都发动了造势，其他遗产的票数开始领先长城了。2007年5月，评选爆出了"冷门"，长城得票数竟然跌出前七名。这意味着如果国内再不行动，长城就会与世界"新七大奇迹"再次擦肩而过。

当时，董耀会还在国外访问考察，他时刻关注着长城的得票情况。董耀会在希腊雅典看到大街小巷都在宣传，希腊政府还命令驻外使馆在驻在国进行宣传。董耀会认识希腊使馆的不少人，他们给董耀会发短信为自己国家拉票："董先生，在投长城一票的时候，请您也投雅典卫城一票。"

秘鲁外交部也印了各种宣传品，在各驻在国发放，而且计划到中国的公园里组织活动。董耀会意识到，学会必须采取行动，利用这个机会在全国掀起一次宣传长城历史文化、呼吁保护长城的高潮。

要让长城当选

董耀会的目标是既要让长城当选，更要让大家爱长城。他要出面为长城拉票，通过参加评选活动，"搭别人的车走自己的路"。

2007年5月28日，中国长城学会和八达岭特区举办了宣传活动。学会研究是否举行此项活动时，董耀会对大家说："如果长城落选了，没有我们的一份努力在里面，我没有为长城当选做任何事情，我会感到羞愧，对不起自己的良知。如果长城凭着自己的魅力当选了，而我没有做一份努力，我也会感到羞愧。"

这天艳阳高照，在八达岭景区广场举行"万里长城角逐世界'新七大奇迹'新闻发布会"，开始"我为长城投一票"的活动。同时，20万张长城投票卡开始在长城上向游客发放。活动邀请了很多媒体参加，呼吁大众通过短信或网络为长城投上一票。他做什么事都是认真的，他不是在表演。

图九六　在八达岭长城向游人发新七大奇迹评选介绍

此次新闻发布会后来成为中国民间舆论热议和争论长城的"导火索"。第二天，长城跌出"新七大奇迹"评选前七名的消息，通过报纸、网络、电视和广播迅速传遍了大江南北。

短短一天，29日短信平台就达到了2万多票，超过了此前国内一年的投票量。第三天当天上升到4万多票，上升趋势明显，而且很迅猛。

这时有媒体开始提出了质疑，"长城这么伟大，干吗需要他们确认？没有他们确认，长城不还是照样伟大吗？"事实上，知道长城的外国人不少，对长城代表的中国文化认知度却极低。

当时，国家文物局有关负责人表示："该活动属非政府民间行为，有商业活动在内，主办方也不是法定的国际组织。长城是世人公认的世界奇迹，公认的奇迹不入选将会影响到评选活动的权威性。对此评选活动既不抵制，也不会组织投票。虽然这仅是民间的评选活动，毕竟它也是宣传文化遗产的活动，对于世界文化遗产的宣传有好处。"

官方的表态让媒体产生了误解，《北京晚报》报道的标题是《新七大奇迹评选遭质疑　国家文物局不支持长城参选》，将国家文物局的中立态度解读为反对态度，严重误导了大众的情绪，给拉票造成了被动和负面影响。

对于官方的态度，董耀会认为应该从正面理解为"支持"。他要亮出自己明确的态度，从正面理解官方的表态，带领民众去争取成功。

同时，埃及金字塔要求退出评选的消息，也加剧了大众对评选的质疑。有的建议中国学习埃及，不要给世界奇迹增加太多的商业色彩，长城不需要这样的荣誉。

要求长城和埃及金字塔一起退出的声音，不断冲击着大众的投票热情。最早董耀会也是持此态度的人，他认为如果觉得这次评选不妥，国家文物局可以表态请组委会将长城从名单中撤下来。国家文物局不方便表态，可以委托中国长城学会发一个声明。

国家文物局后来改变了态度，以后的口径为"不参与，不反对"，这样就给了中国长城学会比较大的空间。

在短信投票方面，新七大奇迹基金会授权香港的短信运营商做中国区域的短信投票。学会被误解为和短信运营商有合作，获得了商业利益。网上甚至有谣言说，短信平台是由中国长城学会开通，利用中国人的爱国情怀来牟取暴利。

董耀会尽力让社会了解评选的实情，消除大家的误解，鼓励大家支持、参与评选活动。同时，全面开展长城历史文化的宣传，让大家了解长城。在短时间内，董耀会先后接受 TOM、网易、人民网、腾讯、搜狐等网站的访谈，讲长城的历史和文化，同时向社会说明了活动的原委，逐步消除了大众的疑虑和误解。

在正面的声音被社会理解后，先前的坏事变成了好事，社会各界特别是大学生的参与热情再次高涨起来。

大学生是最大功臣

董耀会走路很快，好像总是为了赶时间在加紧脚步。宣传"新七大奇迹"评选的那些日子，他的步伐比以往更快了。董耀会奔跑在一所又一所大学，为保护长城而饱受精神之痛的他，深受大学生的喜爱。

发动大学生是北京市昌平区文化委员会副主任杨广文的建议。"新七大奇迹"评选最紧张的时候，董耀会率团出访北欧的挪威、芬兰等国，进行文化交流。他每天通过手机和国内联系，商量处理一些棘手的问题。

代表团成员杨广文，知道了"新七大奇迹"评选情况，向董耀会建议发动大学生。杨广文曾经做过昌平区政府的团委副书记，他说："回国后，我首先在昌平的大学发动起来,给你打一个样。"

大学生们开始为长城发声了。有的学生质问:"长城的'粉丝'在哪里?中国文化的'粉丝'在哪里?"有的大学生在网上说:"本次活动,岂止是在单纯地为长城投票。长城是中华精神和文明的象征,为长城投票,就是在为中华文明投票。那个火爆大江南北的选秀活动中,竟有疯狂追逐的千万粉丝。而为长城投票者寥寥无几,这是当代中国人的悲哀。"

北京大学、清华大学等全国240所高校的近千万大学生开展了"万里长城,万米长卷"全国百万学子联合签名投票宣传,配合签名的活动是在校园开展长城历史文化展览。高校学生是中国长城入选"新七大奇迹"的功臣,一个月内投票数直线上升。

董耀会又不顾劳累,带病坚持到一些大学举办讲座,给大学生们讲解长城,同时也号召大家投票。他回到家乡发动小学生投票,秦皇岛海港区教师进修学校附小的李海波校长说:"听完董老师的报告,我们学校在'六一'儿童节开展了'大家

图九七 董耀会和大学生们在一起

为我过六一,我为长城投一票'活动,带动了秦皇岛的小学。"

学会负责"新七大奇迹"活动的韩国伟说:"这段时间,因为工作过于紧张忙碌,董会长的鼻子常流血不止,这是前些年车祸的后遗症。董会长白天或坚守在办公室,或带着团队下去跑,晚上才抽空到医院输液。为了长城,他不能静下来休养,他必须坚持下去。"

当时,有朋友问他:"你不怕这样激烈的态度,对自己造成负面影响吗?"

他的回答很简单,只有两个字"没事!"。

董耀会说:"如果不采取有效行动,长城可能无缘世界'新七大奇迹'。我们当时想,如果在一个半月的时间里,争取到1000万张票,长城就能当选,如果争取到2000万张,长城就能名列前茅。"最终的结果证明,一个半月的时间,投给长城的票绝对超过了2000万张。

在董耀会的引领下,长城参评的进程中,大众关注的焦点从单纯地希望长城当选,或是质疑活动的权威,逐步转变为如何真正保护长城。一位网友表达了自己的心声:"我们真正需要思考的是,生长在长城脚下的人们,到底需要一个怎样的长城。最重要的是要守住我们心中的万里长城,包括精神的和物质的。"

董耀会看来,网民对于保护长城要从键盘上、纸上走到路上的呼吁,非常值得深思,网民的态度让他看到了长城保护的希望。长城之所以不断遭到破坏,主要是因为社会重视程度不能满足长城保护的实际需要。

中外媒体对中国长城当选世界"新七大奇迹"给予高度评价,认为长城的当选有利于保护长城。美联社报道说,一次全球投票把长城评为世界奇迹之一,这让中国人非常自豪。《中国日报》认为,长城的当选是民族自豪感的胜利。

赢家是长城

多年之后,再回头看长城参加"新七大奇迹"评选事件,可以更加客观地给予评价了。总的来说,中国长城是赢家——获得一次免费的长城文化的世界广告,中国获得了更高的世界知名度和美誉度。

董耀会说,长城的参选活动向全世界宣传了以和平为价值核心的中国文化,宣传了中国向世界宣示的和平崛起理念。至于评选过程中大众的误解和自己所受的委屈，董耀会付诸一笑。

从长城获得世界"新七大奇迹"备选证书，到最终夺魁胜出，前后共一年零七个月的时间。其中的坎坷与艰辛，让董耀会感慨颇多，但更多的还是欣喜。这欣喜不仅是因为长城的新荣誉，更重要的是长城的宣传效果。长城让国内大众提高了保护意识，更让世界再一次瞩目长城。

就在这次长城宣传活动中，山西大同的新荣区发生了长城破坏事件。2007年4月27日的《山西晚报》报道说，新荣区煤场肆意开挖长城根基，甚至"腰斩"长城，作为煤车逃费的通道，使上千米明长城惨遭破坏。6月1日《新华每日电讯》和央视《朝闻天下》转发消息后，新荣区委、区政府全面展开调查处理工作，依法取缔长城60米内的违规建筑和堆放物，并宣传号召群众"护我长城"。

长城破坏事件的发生，再次引发大众舆论对长城保护的关注。

长城获奖金牌回国后，7月20日，在八达岭长城关城广场举行了盛大的庆祝仪式，其他六个新奇迹入选国的驻华使馆代表出席了庆祝活动。全国52所大学带着学生签名的横幅来到了八达岭长城，会后董耀会陪同孩子们参观了长城。

除了大学生，来参加庆祝的还有他家乡的小学生。爬长城时小学生们问起董耀会陪同美国总统布什的故事。他给孩子们讲，对布什总统讲长城是和平的象征时的情景，还给他们讲了布什总统问："三十年前，尼克松总统参观长城，走到了哪里？"

董耀会指着前面更高的一座敌楼说，到那座敌楼。布什兴趣十足地往前走，一边走一说"我要超过尼克松总统"。

他问孩子们："你们想不想超过美国总统？"

孩子们也兴高采烈地喊着："我要超过美国总统"，争先恐后地向上跑去。董耀会却像一个大孩子，带着小朋友们往上跑。校长和老师跟在后，追也追不上，直喊"别跑，别摔跤！"。

2007年，对董耀会来说是一个特别值得庆贺的丰收年。还有一件让他惊喜的事，7月1日，《中国长城志》合作项目正式在人民大会堂签约启动，这个喜事对董耀会来说，"新七大奇迹"也无法与之相比，这是他一个更大成功的启程。

这一年，国家也全面开展了长城资源调查，计划于2011年结束。这次调查的结果后来陆续在2009年和2012年公布，包括明长城、各个历史时期的长城精确长度，以及长城的其他有关数据。

　　董耀会的学术研究很深入，但他更注重的是长城历史文化向大众的普及，他的很多著作都是有很深学术基础的普及读物。其中，有两本书影响很大。一本就是《沧桑长城》，另一本是几年之后出版的《长城的崛起》。这两本书，他写得文笔潇洒自如，长城知识叙述得行云流水，随便翻到哪里，都能顺畅地读下去，给人的感觉都是连贯的。

　　《沧桑长城》是以全景式追溯、描绘长城的长篇散文体。从"隔离的需要"在人类发展史上的地位及中华民族是"多元一体"格局演进历程的理论高点出发，对长城的萌生、形成和发展演变史作了富于艺术说服力的科学描述。

第四章　巨著《中国长城志》

人人都有梦想，或是说都曾有过梦想。对于多数人来说，编织梦想却不习惯给自己确定实现梦想的具体目标。董耀会是给自己定下目标，并努力去实现目标的人，编纂一部《中国长城志》就是他的目标。

编纂这部大型文献，对董耀会来说是一件呕心沥血的事。信心是成功的起点，他的信心来自历史文化的积累。他读过大量的古代和现当代志书，通晓地方志编纂，这是后来做好《中国长城志》的优势条件。

2016年春天刚刚过去，这一部历经磨砺的长城巨著终于出版发行了。作为总主编的董耀会，又完成了长城事业的一个里程碑。

《中国长城志》是凤凰出版传媒集团与中国长城学会合作，组织全国300多位专家学者共同编纂完成的。全书分《总述·大事记》《图志》《环境·经济·民族》《边镇·堡寨·关隘》《建筑》《遗址遗存》《军事》《文献》《文学艺术》《人物》10卷12册，2300万字。

巴尔扎克说："天才都是人类的病态，就如同珍珠是贝的病态一样。"董耀会敢想敢干，工作起来近似于疯狂，这确实超乎凡人，有一点病态。或许正是这点病态才使他沉浸于与众不同的长城世界，才有机会创造更多的奇迹。

《万里长城》编辑部主任郑严，经历了《中国长城志》从筹备到完成的全过程，他太了解董耀会的艰辛了。他说："这么宏伟的一件事，别人想都不敢想，他凭着个人的毅力和能力做成了，真的很了不起。"

我把郑严的话转告给了董耀会，他笑了笑说："并非如此，如果没有300位专家学者参与，没有凤凰集团的鼎力支持，没有前人大量的成果作基础，我一个人什么也做不成。我只是很幸运，总是被放在高处，放到一个显眼的地方，容易被人看到。"

董耀会停顿了一下，接着说："比如编辑部的主任李纯，家在南京，他却在北京待了10年，孩子管不上，老人顾不上。李纯多次病倒在工作岗位上，两次住进

ICU，父亲、岳父患重病去世他都无法陪伴。没有他和他带领的编辑部团队，我怎么可能完成这项工作？根本不可能。"

我理解郑严说的，董耀会是核心人物；也理解董耀会说的，这是集体努力的结果。这两点并不矛盾，强调董耀会的杰出作用，并不否认群体的作用。我把这个想法对他讲了，他说："任何事，如果把个别人的作用夸大为主宰这件事的程度，都是不合适的。"

图九八　2017年5月24日，董耀会夫人拍下他第一次看到《中国长城志》的成书

李纯则在一篇题为《总述作者·董耀会》的文章开头，这样评价董耀会。他说："董耀会是一个执着的人，对长城和长城保护有发自内心的热爱，他几乎用全部生命为长城的保护和研究而工作。"

李纯又在这篇文章的结尾说："这就是董耀会，一个执着、热情的董耀会，一个把长城保护作为终生事业的董耀会。"这就是"英雄惜英雄"，两个道德和情怀都很高的人，把对方视作亦师亦友的知己，彼此敬重有加。

所有开天辟地的事一定是困难重重，《中国长城志》也不会例外。董耀会的学术研究之路，拒绝急功近利的做法。在论文数量成为学术水平的标准时，他没有功利的需求，故可以从容恬淡地坚守自己的学术信仰。他从来不为寻求课题经费，而去申报项目。

他可以这样做，《中国长城志》的作者是近300位学者，那些身在大学的教师怎么办？在今天的学术评价体系之下，参与《中国长城志》的编纂没有绩效，对评职称也没有帮助。为什么还有这么多的学者能够沉下心来，花如此大的精力参与这件事？

这样的时候，情怀的价值便突显出来。得道多助，有精神追求、有信仰和理念的学者很多。他们这类的专家学者，是国家和民族的脊梁。

辞去秘书长

董耀会充满传奇的人生旅程，有一个很特殊的现象。一般人认为应该激流勇进的时候，他却往往选择急流勇退。而且退得义无反顾，退得不留任何余地。

徒步走完长城，正是可以顺势而为、获得众多荣誉的时候，他却出人意料地提出了"三不"。让自己退到一个远离尘嚣的角落里，专心创作学术专著《明长城考实》。

后来，黄华会长推荐他接任学会秘书长时，他又一再推辞。包括在北大期间，恩师希望他能读研究生，他同样选择了退却。

还有一件事，也发生在2006年，也与长城志有关。他再次提出辞去学会秘书长职务。当时，他是常务副会长兼任秘书长。

我问过他："你认为，自己人生中作出的最重要决定是什么？"

他稍微想了一下，说："我觉得有三个决定：第一是19岁谈恋爱，娶了个好媳妇；第二是停薪留职去走长城；第三是辞去学会秘书长，专心编纂《中国长城志》。"他说的这三个最重要的决定，每一步其实都很不容易，都伴随着很多的争议和很大的压力。

2004年学会换届时，他就提出过辞职。因为大家的一致挽留，而未能如愿。这次辞职有了一个非同寻常的理由，要全力以赴主持长城志的编纂。2006年8月16日，许嘉璐主持的会长办公会议，批准了董耀会的辞职请求。

这一次，大家没办法再继续挽留了。接替董耀会担任副会长兼秘书长的潘贵玉，曾担任过湖南省副省长，当时任全国政协副秘书长、国家计生委副主任。她事务性工作太多，因此学会秘书处的工作主要由常务副秘书长主持。

中国文化崇尚自然，董耀会的人生始终是原生态的。他的学术成果仿佛总是瓜熟蒂落，他的成功仿佛也总是水到渠成。

你看不起我，我看不起你，"文人相轻"的老毛病，董耀会就没有遇见过吗？别人羡慕嫉妒恨的表现，他就没有感觉吗？官场的权力趋附和阿谀奉承，没有给他造成过伤害吗？江湖的险恶就一点儿都不作用于他吗？

我有点不相信，从其他的采访对象那里我也听到了一些这方面的内容。董耀会从来不说这些。人过了六十岁，还能保持一颗未泯之心，实在是难得。一个堂堂的男子汉，一个充满孩子气的老男人，煞是可爱。

图九九 2006年10月，徒步长城的两兄弟吴德玉、董耀会在八达岭长城

秘书长如愿而辞，他全身心地挑起了《中国长城志》总主编的重担。这部令他再度刻入长城史册的"大书"，在他手下终于隆重地开工了。

筚路蓝缕，以启山林。他如同奔赴一个盼望久远的理想之约，毫不犹豫地一头扎了进去，无怨无悔地干了10年，直到功德圆满。

董耀会辞去学会秘书长职务的那天晚上，他和吴德玉一起喝了一顿酒，一直喝到第二天凌晨两点多。吴德玉是董耀会的兄弟、战友，他支持董耀会辞去秘书长职务。吴德玉家庭发生变故之后，就没有再婚。一直单身的吴德玉住在八达岭，做学会《万里长城》刊物的主编。通过在博客上发的诗，结识了南方一位喜欢文学的女士。

两个人相爱了，爱得很投入。董耀会辞去了秘书长工作，还差5个月就到"五十而知天命"的吴德玉，也要去找他的爱了，这或许也是他的"天命"。董耀会说，吴德玉是12月28日的生日，这一天也是董耀会女儿董瑾的生日。50岁的那天，德玉写了《五十自述》：

雪夜拥被读周易，人皆五十天命知；
从今日日是好日，红莲朵朵出淤泥。

这次喝酒，喝得醉醺醺的两个人像是在吵架。也不记得是为什么争执起来，只记得是谁也不让步。据董耀会的夫人介绍说，他们俩喝酒常常这样。喝多了的时候，就这样像是吵架，有时吵得喘不过气来。两个人是各说各的话，谁也不听对方在说什么，只管自顾自地说话，看着很好玩儿。

这两个内心充满了激情的男人，从小就在一起。本来以为还有充足的时间这样吵来吵去，永远在一起直到死去。

以后不行了，董耀会感到失去一条胳膊。吴德玉就是他的左膀右臂，所以才会有两人分手前，这样近似于呼喊的争吵。吴德玉在南方，日子过得很潇洒。

婉拒《百家讲坛》

采访北京师范大学曹大为教授的时候，他还给我讲了董耀会一件应该往前冲，却选择往后退的事例。事情发生在2006年，著名编剧邹静之将董耀会推荐给了中央电视台《百家讲坛》栏目组。中央电视台欣然接受了，要请他到《百家讲坛》讲长城。谁也没想到，董耀会竟然婉拒了此事。

那时正是《百家讲坛》红火的时候，易中天讲《品三国》，纪连海讲《正说清朝》，王立群讲《汉代风云人物》，阎崇年讲《明亡清兴六十年》，都是在2006年。可以说《百家讲坛》出来一个火一个，无不名利双收。

《百家讲坛》的编导之前电话联系过董耀会，栏目的领导即主编又先后登门拜访。主编来找董耀会那天，他正和曹大为教授一起商量长城志的编纂方案。董耀会和曹教授见面时，先征求过他的意见。曹教授还是讲师时，就和董耀会一起做长城研究。俩人30多年的友谊，是长城学界的一段佳话。曹教授的家学就是历史，童年时在历史书成堆的书房里跑来跑去。

曹大为也认为，推掉《百家讲坛》为好。他介绍说："当时正和江苏凤凰出版传媒集团谈合作编纂《中国长城志》的事儿，这件大事非董耀会亲自谈不可，别人无法代替，也很难谈成。"

后来我问董耀会，这么好的事，千载难逢的机会，为什么要拒绝呢？他的话让我非常意外。他说："《百家讲坛》影响太大了，谁上谁火。我做长城以来，所做的与社会所给予我的，也就是和我所得到的相比，已经得到的太多了。我不敢奢望，不能再享受这份回报过高的名利了。"

我不太认同他的观点，"去《百家讲坛》讲长城，也是宣传长城的一个好机会。充分利用这个平台，传播文化有什么不好呢？"

他却说:"谁讲都是传播长城文化,不一定非得是我。"董耀会的做法,让我对培根说过的一句话有了更深的理解。培根说:最好的选择,未必是选择最好的。

我问他:"你是不是认为,学术明星化与学术本身的严谨性有冲突,所以不愿意参加这件事?"他使劲地摇摇头,说:"不是,不是,真不是!"

他说:"我和《百家讲坛》主讲人纪连海、于丹、毛佩琦、蒙曼都是好朋友。"人民大学教授毛佩琦、中央民族大学教授蒙曼都不仅是董耀会的好朋友,还都是《中国长城志》的作者。毛佩琦是《人物卷》的主编,蒙曼是《民族卷》的主要撰稿人。

我也知道董耀会和于丹是好朋友,一次我随他去故宫参加中共中央对外联络部的活动,于丹也被邀请去了。离老远于丹看见董耀会走过来,迎上去握住他的手说:"董老师也来了,我还等着您带我去爬长城呢,什么时候去啊?"

那天,我问他怎么评价于丹。他说:"我觉得,李泽厚说'于丹是精英和平民之间的一座桥'说得好。于丹为国学向大众传播作出的贡献是不容忽视的。"我没想到,他对于丹会有如此之高的评价。

我又问了一句:"人们指出她的那些讲错了的地方和问题,你怎么看?"他不等我的话音落地,就回答了四个字"瑕不掩瑜"。接着又强调了一句:"微疵不掩大瑜!"

一个宏大的梦想

董耀会与江苏凤凰的合作,起步于出版《话说长城(英汉对照)》。2008年江苏科学技术出版社出版的这本著作,到了2015年已经印刷了三次。该书出版后被列入《江苏省2010年向青少年推荐优秀苏版出版物目录》,同时这本书在"十一五"期间,由江苏科学技术出版社向英国输出

图一〇〇 从50岁干到60岁,董耀会担任总主编完成了《中国长城志》的编纂工作

了版权。

　　董耀会最早提出为长城编纂一套志书的构想，是 20 世纪 80 年代末在北京大学的时候。当时他给这部"大书"起的名字是《长城史志》，即具有史料价值的史志性文献。

　　在北大读书的时候就想做这件前无古人的事，董耀会是不是太狂妄了。或许有人会这么看，侯仁之、罗哲文、许大龄等先生都非常支持他。我在秦皇岛档案馆，看到过当时十几位老先生对他的构想给予的肯定和指导意见。

　　完成这部"大书"，成了董耀会最向往的一个奋斗目标。这件事从 30 岁装在心里，一直孕育到他过了 50 岁的生日。他决心把 50 岁至 60 岁，这段学识和经验积累最丰厚、精力最充沛的年华献给《中国长城志》。

　　好事多磨。2004 年我刚认识他的时候，他跟朋友们谈到这个宏大计划，大家都觉得很难实现。因为，要做成这件事需要的条件实在太多，也太难了。特别是要找到实力雄厚的合作方出版社，更是难上加难。

　　出版社是一个考量效益的经营主体，出每一本书都要算经济账。出版学术著作肯定赔钱，如果没有人给出版社补贴，很难有出版社会干。董耀会这样既要出版社出钱资助他编书，最后还要出版社再负担出版费用，会有出版社愿意干吗？而且编辑费用又不是小数目，是 2000 万元的巨额投入，哪个出版社愿意做这样的冤大头？

　　朋友们都认为，他敢于提出这个构想，本身就是一个胆大之举。他提出这个构想时，大家都没有太当真。这个构想，不仅需要出版方

图一〇一　董耀会极爱读书，开会间隙时，他经常会拿出一本书来读

有雄厚的经济实力，还要有超常的魄力。同时，还需要有一个编纂团队，以及一个具备领导编纂团队才能的人。

董耀会锲而不舍的精神再次显现，谁也没想到他居然又成功了。《中国长城志》编纂项目的主持人，不仅要有超人的胆识，有历史学术知识，还要有长城研究成果、志书编纂的丰富经验，这些条件他都具备。

编纂《中国长城志》任务繁重，头绪纷繁。因为长城历时之长、体量之大、遗址分布之广，在世界文物中首屈一指。长城作为古代军事建筑，研究范围包括了政治、经济、文化、军事、民族、商贸、艺术等多领域。

董耀会这个宏大的计划，因巨额的经费和出版方不能落实，只能继续等待时机。他默默地准备着，不断完善编纂大纲。充满信心地宣传着他这个计划，寻找着机遇。

他在寻觅着有实力，特别是有远见的合作者。不管困难如何巨大，他都信心十足。董耀会成功于他的坚持，这一点在《中国长城志》的编纂上，反映得最为典型。

凤凰携手长城

成功总是青睐有备者。董耀会对长城的大任情怀，终于感动了时任江苏凤凰出版传媒集团总经理的陈海燕。凤凰集团已经是国内出版行业的领军企业，实力非常雄厚。

陈海燕内心的那份出版事业的情怀，被董耀会深深触动了，强烈的责任感和使命感陡然而生。2006年11月份，北方的寒冬已经降临，董耀会心底那团热火却迸发了。他和常务副秘书长张骥，两个人赶赴南京商谈双方的合作事宜。

董耀会和陈海燕一见如故，谈得很投缘。张骥回忆说，当时两个人的交流有些天马行空，两个多小时过去了，俩人从底格里斯河与幼发拉底河的两河流域，谈到现代人类的欧罗巴人种、蒙古人种、尼格罗人种和澳大利亚人种。

接下来，董耀会谈了长城与我们国家、我们民族的关系。陈海燕有一段话，让董耀会至今记忆犹新："出版人文社科书籍的核心价值，是追求文化的一种灵魂性，是追求真正社会意义和一种长久持续的价值。不少文化书籍恰恰缺乏很好的精神，或是缺乏文化的深度。"

董耀会全身心投身于长城的情怀，深深打动了陈海燕。

这次见面和畅聊，俩人从相识到相知，开启了《中国长城志》的编纂出版之旅。董耀会最后的话完全打动了陈海燕："这么多年了，我一直等待着今天这样的机会，等待像你这样有强烈使命感的出版人。《中国长城志》是出版界应当承担的一个历史重任，完成了这个重任，就是树立了一座世代敬仰的丰碑。"

十年之后，凤凰出版传媒集团当初决定投资合作的场景，董耀会依然记忆犹新。陈海燕完全了解董耀会编纂出版《中国长城志》的大胆设想后，把董耀会请到南京，通知集团旗下的所有出版社，要求每一家来一个总编辑或者社长参加项目讨论会。

会议只有一个议程，请董耀会讲长城和《中国长城志》，让大家亲身体会董耀会那份执着，那份感人情怀。

那天，董耀会如约而至。他没有带讲稿，连一页讲稿提纲都没有。他确实不需要讲稿，因为所有的计划都铭刻于心，清晰得如同他的十指。他满怀深情、滔滔不绝地讲了3个小时，讲了长城，讲了为什么要编纂一部《中国长城志》。

他讲完之后离开会场。留下的各出版社领导表态，同不同意凤凰做《中国长城志》。结果是全体通过，没有一个人反对。晚上，陈海燕请董耀会吃饭时，郑重地对他说："这件事凤凰集团决定做了。"投资额也没有任何折扣，就是董耀会说的2000万元。董耀会欣喜不已，用心花怒放形容他当时的心情似乎更为精确。

他们没有一句讨价还价的话，比如1500万元行不行，在董耀会看来，在当时出版界效益为先的大背景下，能够如此果断决策实施这项公益性的文化工程，承诺投入2000万元项目经费，出版费再单独投入，而且不提任何条件。这是一种对出版和长城事业的负责任态度。

董耀会和陈海燕同龄。过了一段时间，陈海燕带着凤凰出版传媒集团的另一个同龄人黎雪，江苏凤凰科学技术出版社社长兼总编辑，到北京来见董耀会。三个人寒暄数语之后，陈海燕明确表示，黎雪将具体承担长城志的出版重任。

从此之后，陈海燕、董耀会、黎雪被称为《中国长城志》的"铁三角"。董耀会说，凤凰人的豪气和情怀，让他肃然起敬。

黎雪是一个爱笑的人，很有亲和力。有一次，黎雪对董耀会说："做这个项目，我心里没底儿。"黎雪说的意思是指出版《中国长城志》的实际操作层面，而不是对出版本身。《中国长城志》前人没有做过，没有经验可以借鉴。

董耀会也开玩笑地学着他的口气说:"我心里也没底儿。"然后两个人相视一笑,手紧紧地握在了一起。董耀会信心很足,他的背后有专家学者,有陈海燕和黎雪这样的优秀出版人,还有营业额百亿规模的凤凰出版传媒集团及属下的科学技术出版社。

工作进展缓慢的时候,董耀会有些着急,稳重的黎雪笑着安慰他:"别着急,你看今天不是比昨天前进了一大步吗?"

董耀会知道黎雪心里也想进度再快一些,但他却能稳重地反过来劝董耀会。黎雪特有的笑脸感染着董耀会,那是一种态度,一种超越的方式,一种宝贵的精神力量。

编纂《中国长城志》功在当代、利在千秋。陈海燕说:"我们要出有品位、有文化内涵的书,出一部能与长城共存的书。这部书在国内增强中华民族的凝聚力和向心力的同时,在国际上更要增强我们国家的竞争力和影响力。"

他赞成董耀会的观点,做这件事就是要推动长城研究事业的进步,有了科研的高度,再做好长城科普的广度。

黎雪说:"长城志的编纂体例和工作模式,在长城研究领域将树立一个新的里程碑,在方志界也将是一种创新,我们为能做这件事自豪。"有情怀、有使命感的出版人与长城人的精神,因为《中国长城志》而完美契合。

2007年7月1日,《中国长城志》编纂出版项目在北京人民大会堂签约。陈海燕、董耀会、黎雪分别代表江苏凤凰出版传媒集团、中国长城学会、江苏凤凰科学技术出版社在协议上签字。这份协议字字重于千钧,这是一份对长城的厚重承诺。全国人

图一〇二 《中国长城志》"铁三角"(左起:黎雪、董耀会、陈海燕)

大原副委员长许嘉璐出席仪式，担任《中国长城志》编委会主任。

当天晚上，大家聚餐庆贺的时候，陈海燕对董耀会说："你原来用一句话总结长城志应该怎么定位，说了八个字。再给大家说一下，很多人没听说过。"

董耀会说的这八个字是"一流水准，一网打尽"。一流水准：要组织一流的专家学者，做出一流水准的大型长城文献；一网打尽：要把与长城有关的重要历史记载，以及现在的遗址状况一网打尽，都录入这部大型文献。

董耀会笑了，笑得有点狡黠，他说："那八个字就不用说了，还有另八个字没有说呢。这句话本来是十六个字。"接着，他讲了后八个字，"一片骂声，一堆遗憾"。董耀会解释说："长城志开天辟地，以前没有人做过，一定是会有很多不完善之处，会有很多的遗憾，也会有很多不同意见。"

董耀会显然是跟陈海燕开玩笑，但这也能说明他内心的那份担忧。正因如此，他才会在后来的编纂工作中加倍地用心用力，以最高的要求统领全局。

正是董耀会50岁的知天命之年，《中国长城志》工程终于开工了。他干劲十足，感觉自己似乎年轻了10岁。他的脸上总是挂满了笑意，妻子也从心里为他高兴。有时还打趣地逗他："看你高兴的傻样，好像又结婚了似的。我们俩结婚的时候，也没见你这么高兴吧。逛街都是让我自己一个人去，你自己在书店看书。"

董耀会开心地笑着，没有回答。

陈海燕多次讲过他相信董耀会。看了科学出版社出版的《瓦合集——长城研究文论》，相信他的学术水平可以担当此任。

了解了董耀会的奋斗历程，了解了他为长城无私奉献的几十年，相信他的人品可以担当此任。了解董耀会视长城事业为生命的浓重情怀后，陈海燕更坚信他的事业心可以担此大任。

后来的事实证明，陈海燕董事长独具慧眼，董耀会就是《中国长城志》最合适的主持人和带头人。既然自己设计了《中国长城志》，有多大的困难都要坚持到底。董耀会的做事风格历来是说到做到。得道多助，这句话用于《中国长城志》的编纂非常贴切。董耀会倡议发起、凤凰出版传媒集团独家资助的编纂工作，成功列入国家"十二五"项目、国家出版基金资助项目，得到国家的大力支持。这样的结果让董耀会和他领导的编纂团队，可以完全放心地、全身心地投入编纂工作中了。那种没有任何顾虑的工作，正是他多年渴盼的完美境界。

陈海燕、董耀会、黎雪，都视对方为可遇不可求的知己。董耀会说，《中国长城志》凝结了太多人的心血。

北京师范大学历史学院教授曹大为、北京大学教授于希贤、中央民族大学历史学院教授李鸿宾、中国人民大学国学院教授王子今、北京大学历史系教授赵世瑜、人民教育出版社历史编辑室主任史明迅、中国文化遗产研究院考古专家吴加安、国家地方志领导小组方志学专家张英聘等，被聘为《中国长城志》的核心专家。

核心专家组开会，常常是吵得很厉害。第一次参加这样会议的出版社的领导，很不理解怎么这样开会。黎雪社长说"他们一直这样"，有的时候吵得生气了，有人会甩袖就走。走就走，绝没人拉着。接下来，在的人继续争论。出去的人，在外面转一圈，或是抽根烟又回来接着吵。

他们不会因为争吵而记仇，因为大家心里没有芥蒂。即便是发脾气，也通常是发完火啥事都没有。所有的核心专家会，都是由董耀会主持，所以大家和他吵的时候最多。

他们之间的感情，反而越吵越浓，关系越吵越好。所有的争吵，都是为了找到解决问题的最好做法。李纯说："我和董会长也经常吵，我们的感情也是吵出来的。"

为长城"树碑立传"

2011年2月16日上午，中国长城学会许嘉璐会长、周友良常务副会长、潘贵玉常务副会长兼秘书长等视察了《中国长城志》编辑部。许嘉璐会长认真听取了常务副会长董耀会关于长城志编撰以来的总体工作和各分卷进展情况的汇报。

许会长首先说："我来《中国长城志》编辑部有双重含义：第一是进一步了解《中国长城志》进展的细节；第二是拜年，看望大家。我这些年来疲于奔命，不仅《中国长城志》，就是整个长城学会我都过问得少。"许嘉璐作为全国人大常委会原副委员长，兼任着近十家非政府组织的负责人，他确实很忙。

董耀会说："许会长提出，长城志的进度与质量的关系，进度要服从质量。"之后编辑部专门召开会议，他作了《学习许会长讲话，开展"抓质量、抓进度"活动》的发言。《中国长城志》对长城来说是一项"树碑立传"的首创，他追求的也是高

图一〇三　2012年1月8日，董耀会向全国人大常委会原副委员长、中国长城学会会长许嘉璐汇报《中国长城志》送审稿

品质成果，绝不能趋易避难，要迎难而上。

董耀会做事从不首选最简单的做法，而是在追求做成的前提下，考虑这样做是不是"最好"。用他的话说，他是"杀鸡专用宰牛刀"的人。做到这一点看似轻松，实际非常不容易。

编纂《中国长城志》所耗费的时间之长和精力之巨，一般人无法想象。正因为任务艰巨，才需要巨大的投资，才需要组建高水准的编纂团队。为了保证编纂达到最好水平，《中国长城志》就必须超越一般的简单文物志。因此，董耀会把《中国长城志》的编纂标准定得很高。

为了保证编纂达到最高水平，《中国长城志》就必须超越一般的志书编纂模式，就要制定很高的编纂标准。在几次《中国长城志》编纂工作会议上，董耀会说："这是一部创新性、整体性、资料性很强的大型志书，其编纂目的是要填补历史空白，在体例与内容方面都要有创新。"他向我解释过他所说的创新，也让我感受到了他的深思熟虑。

第一个创新，古今并重。中国历史上就有"隔代修史，当代修志"的说法，修志的传统是厚今薄古。之前，国内出版了《河北长城志》和《北京长城志》，重点都是对今天的长城遗存进行记述。董耀会认为："对于长城这样一个特殊的文化遗产来说，仅记述今天是远远不够的，因为关于长城历史上的情况，从来没有人对其进行过整体上、宏观上的文献梳理。"《中国长城志》作为国内第一部在宏观方面对长城做全面梳理的经典巨制，一定要古今并重。

第二个创新，述作并立。方志有一个原则，叫作"述而不作"。董耀会说："著述性较强是《中国长城志》的一个亮点。过去对方志的价值认定和对方志的性质、体裁定位，都强调其资料性，在某种程度上降低了志书的学术地位。《中国长城志》在强调资料性的同时，也从另一个方面强调著述性。"《中国长城志》有总述、分卷也有概述，都是综合性记述，包括必要的总结和评论，以期加深对长城历史记述的深度，提高著述性和学术价值。

  第三个创新，观点共存。发挥作者个人专长与集体智慧、允许不同学术观点并存的做法，是《中国长城志》的一个特色。各卷都具有相对的独立性，允许不同的学术观点并存。董耀会说："长城研究与长城保护都是正在进行时，只有允许不同的学术观点并存，才能使不同的观点相互促进、相互论证，从而推动长城研究走向更深入。"

  《中国长城志》是新中国第一部针对专项文物编纂的大型志书，没有现成的经验可以借鉴，编纂工作需要处处探索。虽然任务繁重，但这也赋予了这项工作历史创造性和填补历史空白的特点。

  如同一个勇敢的愚公，面对一座高山，董耀会充满豪情和必胜之心。但是，他的朋友们却暗自为他担心，如此艰苦繁重的工作，一切都要自己去摸索，事无巨细，都需要他仔细规划实施。

  作为总主编，他的能力和资历都很胜任。20多年长期不懈的长城实地考察和学术研究，让他在长城研究领域不仅拥有权威地位，更拥有良好的口碑。他对长城的忠诚和严谨态度、求真务实不惧阻力的精神，让他赢得了编纂团队的尊敬和真诚合作。

  董耀会在《中国长城志》编纂过程中，邀请了一批在相关领域成绩突出的中青年专家、学者，形成一支具有较高专业水平的作者团队。《中国长城志》的编纂，实际上是一次国内长城学研究和成果的展示。

  工作开始将近三年的时候，他的愚公精神和《中国长城志》的初步成果，得到了中宣部和新闻出版总署的高度肯定，《中国长城志》在2010年被国家出版基金列入重点项目，给予大力支持。

  2017年7月，董耀会的诗集《生命的空旷与安详》出版。陈海燕在题为《此人，此诗》的序中写道："所有和董耀会接触过的人，都有一种共同的感觉，他非常真实。在共同努力编纂《中国长城志》的过程中，我加深了解了这个已过知命之年的人。一起聊社会、聊事业，他真挚的感情常常让我感动。"

《中国长城志》编辑部副主任黄秀环博士，评价和董耀会一起工作的日子，她说："董耀会对长城事业的真诚投入感动着我们年轻人，他独特的人格魅力、他的学术水平和组织能力，凝聚了我们整个团队并形成了合力。最终，大家一起完成了这个历史性的重任。不仅将长城学研究提高到了一个全新的水平，也为今后的研究奠定了良好的基础。"

长达 10 年的长城志编纂历程中，董耀会是一个发起人，一个主持人。实际的工作中，这个总主编更像是一个先锋官。这部大型文献 10 多万字的《总述》是总主编董耀会撰写的。

《中国长城志》编辑部主任李纯，入选中国出版协会"2017 中国十大出版人物"。这是出版界的最高荣誉，全国出版行业从业人员有 20 多万人，其中每年只选出 10 个人，可见这个称号的含金量之高。

李纯曾写过一篇很短的文章评价董耀会的《总述》。我想全文收录这篇 600 字，只有 6 个自然段的文章：

图一〇四　《中国长城志》编辑部成员考察长城（左起一、四、五、六、八分别为：郑严、李纯、董耀会、刘珊珊、邢军）

《中国长城志·总述》视角高远，立论有据，条理清晰，特别在宏大背景之下讨论长城历史，有耳目一新之感。

视角高远。全书以世界文明为切入点，把长城放在对人类文明贡献的语境中探讨，提升了长城的历史价值。全书以此为统领，将长城的历史、作用，与政治、经济、军事的关系融为一体，一贯到底，一气呵成。

立论有据。在大量史实的基础上，经过严谨研究而得出结论，立论基础严实。

条理清楚。纵观全书，《中国长城志·总述》可分为三大部分：其一为长城的基础理论阐述，其二为长城的历史研究，其三为长城作用探讨。先概念，后历史，最后归结于意义，思路清楚，为《中国长城志》各卷，提供了立论基础。

方志的"总述"是全志各卷的提炼，容易与各卷的内容产生重复之处，但《总述》巧妙地避开了这一点。《中国长城志》以"类"横向分卷，而《总述》以"史"纵向分章，较全面、较完整地记述了历代长城的修建、戍守，以及与长城相关的事物。且这种记述有感而发，这从各章标题的设立可见一斑："兼并与开疆的产物：春秋战国时期长城""农耕与游牧的分界：秦汉时期长城""多元与融合的见证：北朝至金长城""防御与封禁的转变：明清时期长城"，等等。既说清了长城作为一个历史研究的文本从其产生到发展的过程，又暗合了历代长城与时代背景的特点。

作者董耀会长期专注于长城保护与研究，但并不纠缠于纯粹的学术研究，将理论研究通俗化，既有理论的阐述，又与《中国长城志》各卷产生差异，便于读者接受。

朱海涛是编辑部年龄最小的编辑，黑龙江大学硕士毕业后直接到了编辑部。她说起编辑部的工作，称修改总述的两个月，为"虐心两月"。她说："董耀会和大家集体讨论通过。几个人对待工作一丝不苟，小到一个错别字，大到一段引文、一段话的结构，都认真核对，绝不放过每一个细节。"

最后她说："每每看到这本书放在我的面前，我心中充满感激，感谢作者董耀会的那份文化追求，感谢李纯的那份文化担当，感谢徐杰的那种文化坚守。正是他们的坚持，才使我撑过了那段'虐心'时光。"

董耀会也讲过一段李纯的故事。每年长城志编辑部都要组织长城考察，一次去唐山迁西的青山关，大家刚沿着长城爬上山顶，正气喘吁吁地在流汗，李纯突然凑到董耀会近前，小声地说："董会长，我要不好！"

"怎么啦？"董耀会问。

李纯说："我出来没带降压药，现在头疼得厉害！"董耀会知道，李纯从很早就有高血压，每天必须吃降压药。他让李纯先稍微休息一下，然后就请陪同的杨文东局长安排人送他下山去医院。

董耀会不放心，自己也跟着下山。结果李健侠副县长也跟着下来了。李副县长在下山的路上，打电话让村里的医生带着设备和药在山底下迎着。

到了山底下，村里的医生赶快给李纯量血压。

李纯闭着眼，一副很痛苦的表情。

医生连着量了三次，有点不相信地说："高压120，低压80！"李纯很多年没有过如此正常的血压了，即便吃药都不行。他立即来了精神，头也不痛了，弄得大家虚惊一场。

为长城学奠基

《中国长城志》是长城学的奠基之作。董耀会认为做这部文献对于中国长城学会也是一个难得的发展机遇。为了编纂工作而召开的一系列学术会议，无形之中推动了学会的工作。因此，他特别要求学会的同人，很好地利用这个千载难逢的机会。

但是，很多同事并没有引起重视。因此，在学会的会议上，他有过一个专门的讲话《长城学术研究是我们的立足之本》，进行了耐心的解释，反复提醒大家要特别重视。以下是这个讲话摘要：

做《中国长城志》对中国长城学会是一个千载难逢的大好机会。但现在为止，还没有真的为我们所认识。长城研究的很多工作，都可以和长城志的编纂工作结合起来。《中国长城志》是综合性很强的一部大书。做这样一部大书，会涉及方方面面的专家学者，要召开很多次各种各样的学术会议。这样以《中国长城志》为支点，所进行的一系列的学术活动，对推动长城学学科的建设和促进长城研究的发展很重要，会为长城研究奠定一个很好的基础。

编纂《中国长城志》是需要用几年时间去做的一件事。我们要围绕编纂《中国长城志》这项工作，好好策划各种学术研讨会议。要把长城学会的学术研究规划跟长城志的整体工作好好地结合起来。

如果长城学会不能充分利用这个机会，提升中国长城学会在学术界的影响力。这是长城学会的损失，说到底也是长城事业的损失。长城学会在我当秘书长的那几年也不断在搞学术会议，但那些学术研讨会质量都不高，会议的效果都很一般。

现在到了长城学会必须提出一个更高的要求、更大的发展目标的阶段。我们一定要充分利用《中国长城志》编纂的这几年机会，精心策划一系列长城学术活动。使长城学会的学术研究工作走向更深入，取得更大的成果，真正构建起长城学术研究的队伍，取得一批有标志性意义的研究成果，这是长城学会参加《中国长城志》编纂的一个很重要的收获点。

今天读起来，董耀会的这些话，仍然能让人感受到他的语重心长。

他当时特别希望学会能够齐心协力，顺势而为，通过这个项目平台，利用好这个难得的机遇，把长城研究全面地推进，把长城研究队伍组建起来。

学会副秘书长、国务院新闻办原局长吴帆说："董耀会辞去秘书长后，学会秘书处领导，没有充分认识编纂《中国长城志》对长城学会发展的重要性，错失了学会实现大发展的绝佳机会。"

这方面的问题，采访董耀会时我多次提出来，他始终没有正面回答。显然，他不想多说。他反思自己多，而不太愿意思考别人。

我问董耀会，你经历了那么多的苦难，包括一些人的羡慕嫉妒恨，为什么不谴责他们呢？在这方面不符合你的耿直性格吧。

董耀会无声地笑了笑，平静地说："为了让自己活得更长一点。"他不太愿意涉及消极的东西，这是董耀会的一个特点。他身上健康的东西更多一点，蓝天阳光更多一点。

但是，他的身体的确不如从前了。2015年末，《中国长城志》编纂期间，董耀会又病了一场。自1996年那次持续高烧不退，2002年那次持续咳嗽，这次是第三次病倒。

当时，正是长城志工作最紧张的时候。李纯介绍说："董耀会这次生病是心脏出事了,心前区疼痛、面色苍白和全身乏力。医院确诊为心脏神经官能症,属于自主神经功能紊乱在心血管系统的表现,原因依然是过于劳累,过于紧张。"

他已经不年轻了,工作起来仍如年轻人一样狂热。不知身体危险,以为扛得住一切。直到心脏要罢工了,入院、治疗、出院,前后半年多的时间反复两次。他始终没有真正地休息,最终还是挺过来了。

《中国长城志》终于出版了,许嘉璐为《中国长城志》写了《盛世修志 为后世鉴——〈中国长城志〉序》。这部书出版的时候,我问董耀会在想什么,他平静地说:"很乐意听到批评,告诉我哪里有问题,哪里写错了,修订的时候好改过来。如同长城在古代历朝历代不断增修、修补一样,《中国长城志》今后也会有人进行修补、重修,会比我们做得更好。"

毫无疑问,董耀会和大家的这些努力,都是在为长城学奠基。他不但是专家学者,还在朝着长城学家迈进。他有条件成为长城学家,也基本具备了成为长城学家的基础。

首先,他最早提出了长城学并对长城学科的理论体系架构有研究。其次,他在长城研究方面有自己独立的理论成就,成为这个学科领域的领军人物。最后,他在长城学研究领域有着公认的学术地位和极高的影响力。

提到长城学,董耀会始终强调是罗哲文始创。他说:"罗先生十分关心《中国长城志》,2012年3月20日专程来编辑部和大家见面,从编辑部离开就住院了,5月14日老人家去世。这是他最后一次的长城工作。"

郑严介绍说:"罗老病了,我陪董会长去家里看望老先生。说起要住院,他提出请罗老到编辑部和大家见个面。"当时,董会长对罗老说:"我们招了几位年轻的博士、硕士,大家还都没见过您,您去给大家讲一讲,鼓鼓劲。"罗老很高兴地同意了。从罗老家出来,董会长说:"让老人家看一看长城队伍的年轻人,老人家会开心的。"

长城出版中心

江苏凤凰出版传媒集团在北京成立《中国长城志》编辑部的同时,很快又成立了长城出版中心。董耀会担任《中国长城志》总主编,也兼任长城出版中心总编辑。这不仅因为他是这部志书的总设计师,更因为他在长城学领域取得的突出成就。

《中国长城志》完成之后，长城出版中心的又一个项目启动了。董耀会没有休息，马不停蹄地投入"长城经典建筑实测丛书"的编纂。实际上，这部大型的文献在《中国长城志》还未完成时，就已经动起来了。

以长城建筑实测图为主的书，也是一项开创性的工作。这是第一部建筑学领域的长城著述，2015年作为最后一批资助课题补入国家"十二五"项目。项目从2012年开始策划，2013年项目正式立项，由董耀会、汤羽扬、张玉坤任主编，以长城建筑资料结合实地考察测量，对长城建筑进行全面清点，邀请了北京建筑大学和天津大学的建筑专家撰稿。全书计划出版10册，总字数320万左右，图片2500多幅。

编辑这套大型文献的灵感，源于董耀会和时任新闻出版署署长柳斌杰的一次谈话。2004年初，他专程去柳署长的办公室，请他出任即将换届的学会副会长。一向热心文化事业的柳斌杰，欣然答应了学会的邀请。这次见面，董耀会谈了他要编纂一部《中国长城志》的想法。

同时，他对柳斌杰说，长城图书有一个空白，到现在为止还没有从建筑学角度全面阐释长城的图书。他告诉柳斌杰，很想精选最具代表性的长城关隘建筑，出版一套"长城经典建筑实测丛书"，展现长城研究的新视角，为今后长城保护工作提供第一手资料，实现长城建筑研究的整体突破。柳斌杰听了，非常赞成，充分肯定了这套丛书。

"长城经典建筑实测丛书"包括《山海关、九门口长城》《慕田峪长城》《雁门关长城》《紫荆关长城》《八达岭长城》《金山岭长城》《镇北台长城》《嘉峪关长城》《遵化长城》《黄崖关长城》。这是一条十分辛苦的路，在这条路上他们携手吃过了苦，也享受了乐。

建筑实测丛书是《中国长城志》之外，唯一一套从建筑学视角记述长城的著作。很多图纸都是实测的，《遵化长城》就是天津大学李哲教授带着师生测绘的，《紫荆关长城》是北京市计算中心王一舰主任带队实测的。

王一舰是资深长城保护志愿者，为长城保护做了很多的实事儿。他的网名叫"老陪"，中国长城学会郑严的网名叫"老郑"。俩人经常和董耀会去各地的长城，每次董耀会都搂着他俩照一张相，他说："我是既有陪（赔），也有郑（挣）。"

董耀会说："大夏天，这些老师们顶着酷暑一干就是好几天，包括回来的机房制作全都是免费支持。""老陪"则说："一个人有公益心参与长城保护并不难。能够团结着一群又一群的人，一起做长城保护这件有意义的事儿，却绝不是那么容易的。但董会长做到了！"

在做《中国长城志》的同时，长城出版中心还积极推动长城相关书籍的出版，先后出版了很多的长城书籍。长城出版中心还为纪录片的拍摄提供了学术支持。长城出版中心支持的书籍包括张保田的《追寻远去的长城》、张立辉的《山海关长城》、彭曦的《战国秦长城考察与研究》、艾冲的《明代陕西四镇长城》、许成和马建华的《宁夏古长城》、彭运辉的《长城保护进行时》。

这些书的作者，除了我之外都是几十年和董耀会一起做长城研究的老朋友。张立辉是在山海关送董耀会出发的老大姐，许成是董耀会走到银川时接待他的老兄，马建华是《中国长城志》的审稿专家。

《追寻远去的长城》的作者张保田是一位电力专家，退休之前就去长城各地跑。他收集了自1860年以来的长城历史照片，董耀会只要见到长城老照片，就会第一时间发给他。

张保田通过分析研判老照片的拍摄时代、社会背景，初步确定老照片的拍摄地点后，跋山涉水去寻找原作的拍摄点，拍摄一张对应的21世纪新照片。

《追寻远去的长城》的出版，凝聚了董耀会的心血。此书写作过程中，董耀会一直和作者参与讨论。书稿完成后，他得知出版有困难，便将此书推荐给江苏凤凰科学技术出版社。

这本书于2012年出版，被列入当年国家新闻出版署"经典中国"出版项目。董耀会为这本书作了序，他评价此书通过新老长城照片的对比，反映万里长城的变迁，为长城保护提供真实宝贵的视觉影像资料。

长城志编辑部刚成立的时候，董耀会找到刚退休的张保田，想请他来编辑部工作。张保田说："我回家和你嫂子商量一下。"董耀会说："后来，张保田考虑他还是要集中精力做好老照片复拍的事，就没有来编辑部。"

拍摄《长城：中国的故事》时，最初总导演梁仁红设计由董耀会出镜讲长城。董耀会说："我就别出镜了，我给你们介绍几位长城人吧。"他介绍的三位长城人是张保田、梅景田、贾海麟。他还向摄制组介绍了威廉·林赛，一个非常热爱长城的英国专家，后来不知道什么原因，没有拍进纪录片。

梅景田是北京市延庆区八达岭镇石峡村村民，已经义务守护长城 30 年了。在他的倡议下，石峡村的村民成立了"长城护卫队"，32 名会员义务保护长城。在长城上巡视、清理垃圾，定期铲除长城上的杂草。

贾海麟是金山岭长城文物站的站长。董耀会任副秘书长、常务副秘书长期间，贾海麟刚从部队转业，在长城学会干了近 4 年。董耀会很喜欢这个年轻人，后来他回到了家乡的金山岭长城，一直做长城的保护工作。别的地方修长城，很多都是交给工人干。金山岭修长城，贾海麟是全程盯在工地，每一块砖怎么放都要研究。

《长城：中国的故事》将这三个人的故事收进了纪录片。董耀会说："长城人在一起，是一群乐观向前的人结伴同行。"他和大家在一起很低调，即便是低调做人，也同样无法掩饰他的英雄本色。

第五章　长城酷似老父亲

《守望长城：董耀会谈长城保护》是董耀会的一本文集，收录了他 2002 年至 2008 年关于长城保护的文章和访谈录。这本文集是长城保护领域第一本有行业权威地位的文集。文集分为两个部分：一是董耀会的长城保护文章，二是他接受采访或访谈的记录。

我最喜欢文集中的文章是《中国国家地理》于 2003 年第 8 期发表的《长城如父》。董耀会的这篇文章让人心情沉重，他列举了很多长城遭受破坏的事例。

董耀会上初中时，父亲因为脑血栓而半身不遂，他每天用轮椅推着病中的父亲到医院治疗。后来，董耀会竟然自学了针灸。父亲由粗重渐渐衰弱的呼吸声，深深刻入董耀会的心中，时时回响。

长城的残破和苍老，让董耀会自然地联想到父亲。2000 多年的历史长河，近 20 个朝代所建的长城，总长度超过了 2 万千米，保存最好的是明长城。但即使是明长城，保存较好墙体的部分也不到 20%，墙体和遗址的总量还不到 2500 千米。

盼望长城长寿

董耀会知道，长城遭受破坏的原因有两个，一是自然，一是人为。大自然的长期侵蚀，是长城日渐残损的一个主要原因。例如闪电可以将结实的敌楼劈开，地震可以让墙体出现毁灭性的坍塌，日常的风雨也会慢慢侵蚀长城结实的砖石。还有长城上生长的草木根系，雨天会增加墙体含水量，降低墙体的强度，最终导致坍塌。

西北地区的土筑长城，也是常年受到风沙的侵蚀。酒泉地区边湾滩夯土长城，已经断裂为一段一段只有几米长的残墙。此地的盐碱地对夯土长城不断浸渗，靠近地面的墙体逐层剥落，等墙基遭到严重破坏后，墙体就会大面积坍塌。

由于日积月累的风化作用，长城的砖雕和碑刻也会逐渐模糊。例如丹东宽甸灌水乡的一块碑，是自然的岩石，远看很像一位老人，当地人称"老人石"。董耀会在 1985 年徒步考察辽东镇长城时，石上还有很多清晰的刻字。但是 18 年后，2002 年他带队考察时，文字内容竟然无法辨认了。

董耀会记录了很多长城遭受破坏的案例。面对残破、辽远的长城，董耀会能做的仍然是呼吁和奔走，还有祈祷和盼望长城能够长寿一些，再长寿一些。

董耀会在《守望长城：董耀会谈长城保护》中的文章《建立长城保护基金，构筑保护长城的长城》，介绍了设立长城保护基金的设想，希望为长城保护寻找一个长期有效的好办法。

《长城保护员应该作为一项制度确定下来》介绍了长城保护员在抚宁诞生和成长的过程。

《增进了解，加强文化遗产保护合作》一文，是董耀会到意大利考察之后，对意大利文化遗产保护制度的介绍，他希望长城保护能够有所借鉴。《法国民间文化遗产保护组织的作用》，是对法国民间文化遗产保护组织作用的介绍，对比思考国内民间组织的作用。

董耀会接受采访或访谈的记录，也有 10 多篇，包括他做客搜狐、新浪和腾讯等网络媒体和网友谈论长城保护。其中，《董耀会：为长城心动就是在为长城做事》是他做客人民网与网友互动交流的内容，很有代表性。

有一次，他给大学生作讲座时，有同学问："作为一名学生能为长城做什么呢？"董耀会说，学生这样问本身就是一个积极的社会行为。为长城做事，有大有小，大家不可能像这些长城保护志愿者那样经常到长城第一线做事，所以，为长城心动一次就是为长城做事。

图一〇五　董耀会一生为长城保护而奔走

如果全社会很多人都为长城心动，发现有破坏长城的消息后很气愤，发现对长城好的东西很高兴，这都是为长城做事。虽然每一个人的行动很小，但是每一个人每一个行动构建起来的保护长城的"长城"是伟大的，如同长城一样，每一块砖没什么了不起，但无数的砖构建的长城是伟大的。他希望大家给予长城更多的关爱、更多的行动，共同努力构建保护长城的"长城"。

媒体报道董耀会，经常使用他说过的表达自己和长城特殊关系的两句话。

第一句是"长城点亮了我的生命"，他说自己今天活得这么精彩，都是缘于长城。

第二句也是他的愿望："如果可能的话，我想把全部的生命都燃烧在长城上。"但是，他却认真地告诉我，这句话原本是"如果可能的话，我不想把全部的生命都燃烧在长城上"，但是采访的记者觉得可能自己听错了，就把"不"字给删掉了。

我问他，为什么会说"不想把全部的生命都燃烧在长城上"？他说看着长城遭受破坏，站出来与破坏长城的事较劲实在太难受了。这种情况，就像两个人的脖子上套着一根绳子，不管谁使劲儿拉动绳子，两个人脖子上的绳套都会一起拉紧。

对于长城，大概没有人比董耀会倾注更多的感情；对于长城，应该没有人像他那样坚守了。长城，如同他曾经多病的老父亲，时刻牵挂于心，时刻守护于心。对于父亲，他是一名值得旌表的孝子；对于长城，他是一个名垂史册的卫士。

董耀会著的《沧桑长城》是东方出版中心于2007年出版的一本散文色彩很浓的书。他在这本书的序言《感受创造历史的悲壮和顽强》里，表露了他对长城的那份至深感情：

> 二十多年来，感受长城、保护长城已是我生活中最重要的内容。从第一次想到要走长城，直到最后一步登上嘉峪关，我始终是怀着对长城的崇敬在行进，这是对悠久历史和古老文化传统的崇敬。我徒步长城是在向长城敬礼，我投向长城是投向母亲的怀抱。
>
> 长城是无声的音乐，是绚丽的绘画，是巍峨的雕塑，长城将历史活生生地再现在人们面前，让我们能通过它感受到祖先那早已远逝的灯光和战火。
>
> 我站在高山之上，注视着长城，我真的感觉到长城在群山之巅不停地奔跑着。那种奔跑一如从远古传来的歌声，悠长中带着颤动，奔跑带来的细微声响和动静都有一种能掀动天地的力量，能渗入你的骨髓。这就是长城的歌，长城

就这样伴着歌声在人类历史的长河之中奔跑着。

其实，最感人的还是他对长城酷似老父亲的比喻，实际上，这个比喻也是最真实的。很多人会想，一辈子为长城付出值得吗？长城如父回答了这个问题。

"长城就像是我病重的老父亲。"他说自己对长城的情感，如同14岁时推着瘫痪的父亲去针灸的感受："一方面，看到父亲的衰老，内心的痛苦无法诉说；而另一方面，推车很沉重，面对自己义不容辞的责任，只能埋头坚持。"

《长城如父》是董耀会这位长城之子的抒情长文，文中表露的是他对长城倾注的全部感情和心血。有一段回忆完整地表达了他对长城这位"老父亲"的生命之缘：

> 1984年，第一次徒步走明长城，拿着五万分之一的地形图，那上面的长城像白发老人脸上暴起的青筋，像一条深色的血脉，时时刻刻都在流动。从那时开始，我已记不清多少次夜宿长城、头枕青砖，在寂静中倾听长城粗重的呼吸。我总觉得，这呼吸声像我的父亲。我上初中那年，父亲得了脑血栓，半身不遂，我每天用轮椅推着他去医院接受治疗，后来干脆自己学针灸。而父亲由粗重渐渐衰弱的呼吸声，从那时起，时时回响在我的心中。

2002年8月，董耀会组织长城万里行，在向社会发布他们当年徒步考察长城时，得出了三个凄凉的数字：保存最好的明长城有较好墙体的部分不到30%，有明显可见遗址的部分不到30%，有超过30%的长城已经彻底消失了。从这个意义上说，中国已经没有万里长城了。

同时，让他忧心的是，这些风烛残年的长城时时刻刻承受着自然和人为的双重破坏。他想伸开臂膀，为长城老父亲撑起一把巨大的保护伞，他呼唤千万人一起构筑保护长城"老父亲"的"新长城"。

为了"老父亲"的健康长寿，他沿着长城线跑动着。他是长城的卫士，更是保护长城的"圣徒"，他的一生注定属于长城，所以他必须继续他的天涯孤旅。

长城如何被破坏

长城遭受破坏原因有两个：自然和人为。董耀会说，在他为保护长城而奔波的时期，本来能吃的他反而吃饭不香，本来能睡的他却睡觉不甜。长城给他的压力持续不断，他爱人最担心他的还不是吃饭、睡觉，她最怕的是丈夫的精神出状况，怕他患上抑郁症。

一次，董耀会眼睛发直地看着窗外的树，一个多小时了还是一动不动。他妻子发现这样的情况最近有过很多次，同时，董耀会的脾气也越发地暴躁，难以跟人相处。他常在电话里对下属情绪激动地说话，这在以前从来没有发生过。

妻子知道丈夫又陷入了极度焦虑之中，闲谈时的丈夫竟然开始质疑生命的意义："人活着究竟是为了什么？如果每天都要面对没办法解决的问题，都是生气和争吵，活着还有什么意义啊？"

他的话把妻子吓坏了，妻子害怕他患上抑郁症。她在网上搜过很多有关抑郁症的文章看，越看越感

图一〇六　步履匆匆、眉头紧锁的董耀会在长城上

觉丈夫不对劲儿。一天，她找出历史上得过抑郁症的作家、学者的报道，打印出来给丈夫看。

董耀会看了一眼材料，不高兴地说："你，神经病啊！"

妻子没有生气，不紧不慢地回答说："是，神经病都认为别人是神经病。"

两个人对视一眼，都笑了。然后，妻子硬要拉他去看电影，他知道妻子的一番苦心，暂时放下心中的郁闷和妻子去看了一场电影。

董耀会的妻子说，有一段时间，她非常担心丈夫的精神会崩溃。她说董耀会对于长城有一种非常强烈的负罪感，极度的矛盾和暴怒情绪无处发泄，他唯有伤心自责。只有他妻子，看到过他太多的痛苦、迷茫、寂寞、孤独。采访过程中谈到董耀会做长城保护的不容易，他妻子曾多次哽咽。

长城日渐残破，原因不外乎自然和人为两个。长城本已衰老，有的墙体摇摇欲坠，

随时都可能在一夜之间或者一阵风雨中轰然倒塌。大自然的长期侵蚀，是长城日渐残破的主要原因：闪电、地震，以及平常的风雨，都让长城一天天苍老破损。

风中携带的尘土在长城上长期累积沉淀，尘土中的种子在长城上生根发芽，根系在墙体内生长，使墙体膨胀并加大了楼顶的负重。特别是下雨之后，墙体强度低了，最后就会倒塌。

西部夯土长城，也让董耀会倍感痛心。酒泉市的边湾滩长城约5千米，夯土城墙的遗址高2～3米。由于长期的风雨侵蚀，城墙的缝隙越来越大，逐步形成的一个个豁口，将连续的墙体分割成几米长的一段段残墙。

同时，土地中碱性渗透，使得靠近地面的土墙开始逐层剥落，墙基受到严重损坏，有的墙体出现大面积坍塌。类似情况在长城沿线非常普遍，自然营力对长城的损坏，文物部门只能逐级上报，因为资金无法到位，长城的损坏也无法及时修缮。

自然的破坏力量虽然巨大，但是过程缓慢，而人为的破坏后果更严重，速度更快。董耀会将人为破坏总结了四种形式：取材性破坏、建设性破坏、旅游性破坏、修复性破坏。

2007年，呼和浩特市清水河县芦梁山段23米明长城，因为采挖矿石而遭到破坏，最后5名当事人被分别判处1～3年有期徒刑。这个结果让董耀会很赞赏，因为这次判决结束了内蒙古长期以来对毁坏长城行为"以罚代刑"的历史。

根据调查，内蒙古竟然有90%的人不知道内蒙古还有长城遗迹。而且，知情者中竟有很多人认为内蒙古的长城遗迹没有保护的必要，因此毁坏长城也够不上触犯法律。

很多长城破坏事件说明，宣传效果和保护机制的疲软或缺失，就是悲剧频发不止的原因。特别是对于破坏长城的企业来说，由于违法成本低，致使破坏长城的案例难以杜绝。

万里长城万里长，挖长城墙脚、拆长城的事此起彼伏。董耀会说，当年长城是一车车、一篓篓的砖、石或者土筑成，而今那些砖、石和土还在被一车车、一篓篓地挖走。万里长城体量虽然巨大，但怎么能经得住这么无休无止的拆毁。

更让董耀会难以忍受的是，长城竟然在花国家钱修缮的时候遭到破坏，这等于一边修一边破坏，好事没有做好，坏事却多了一件。长城不修，令人痛心，长城修了，

图一〇七　2008年8月19日至9月3日，董耀会及随行的志愿者，历时16天徒步跋涉固阳秦长城考察。从武川县黄家村出发，至乌拉特前旗小佘太长城，行程共计170多千米。徒步考察秦长城结束后，董耀会向全国人大常委会布赫副委员长作了汇报

反而更加痛心。

因此，每当他听到或者看到哪里又在修复长城时，总是喜忧参半，那种复杂矛盾的心情强烈的时候，简直可以分裂人的神经。

自然因素对长城的损毁，让他扼腕叹息，对此他无可奈何，那种景象如同他必须面对父辈的一天天老去，自然的规律只能忍痛接受。但是，每次他看见长城遭到人为破坏时，就仿佛听见父亲忍受病痛时的呻吟声，这让他无法平静和冷静，他必须采取行动。

董耀会说："长城就像我们的父亲一样不断走向衰老，但是，我们多么渴望他长寿些，再长寿些。"

对于长城景区的开发，董耀会并不反对，他希望的是能够在保护的前提下进行合理开发。2008年8月19日至9月3日，他和志愿者经过16天的徒步跋涉，完成

了对固阳秦长城的考察。

妻子刘玉倩也随丈夫去包头固阳走了近半个月的长城。烈日炎炎之下，基本上一步也没少走。我问她，能跟上董耀会的步伐吗？她说："走不快，就慢点走。很多人呢，有快的有慢的，我属于不快不慢的。"

考察之后，董耀会提出了一个长远性的建议：固阳长城旅游开发不沿用发展大众旅游的方法，不要一开始就追求大搞设施建设、铺大摊子、上大项目。秦长城旅游开发项目，要让旅游者充分体验自然和原生态长城文化，提高互动性，让固阳长城成为国内徒步纵走运动的基地。

质疑岢岚修复宋长城

经常有这样的事，一个记者采访董耀会后写成了稿子，领导审查时没有通过。领导说："这个报道不行，董耀会说得太过了。"批评破坏长城的行为，董耀会有的时候真是刀刀见血。

董耀会常说的一句话是"要对得起自己的良心"，保护长城他凭的是良心。针对很多地方修复长城的行为，董耀会总是非常担忧。在他看来，很多地方在修复长城时，总是对长城造成不同程度的破坏，使长城不再是古长城，而变成了"现代长城"。

在看到媒体报道全国唯一的岢岚县宋代长城要修复的消息后，他立刻提出了质疑，不过这个批评还是相对温和的。当地媒体报道说，2008年8月28日上午，由岢岚县山地阳光旅游开发有限公司独资兴建岢岚县宋长城工程开工。工程总投资9700多万元，修复面积将达5.4万平方米。

对岢岚县的做法，董耀会明确地表示了他的担忧，他对

图一〇八　为长城保护而生。2002年，董耀会考察北京怀柔区的长城保护工作

工程提出了三点质疑。

第一，9700万元是修长城还是建旅游景点？现在说是在保护长城，实际是在进行旅游开发，这种现象大有愈演愈烈之势。2001年前后，众多国外和国内媒体报道了"中国农民修长城第一人"杨永福的事迹。当时董耀会就指出，他是在建旅游景区，是一种投资行为。杨永福重修的新长城位于嘉峪关附近的悬臂长城一侧，并且用"悬臂长城石关峡景区"门票误导游客。后来杨永福为了还清外债，要将石关峡长城经营权以500万元底价向社会公开拍卖。

对于岢岚县的做法，董耀会怀疑可能是石关峡的翻版："从报道的内容看，山西投入9700万元是修长城，但我怀疑这种说法。钱是哪儿来的？政府投的是修长城，企业投的就肯定是投资了。"

第二，质疑修长城的施工方案是否履行了法律程序。他说："《中华人民共和国文物保护法》和《长城保护条例》对长城这样的大遗址修缮都有明确的规定。任何未按法律程序申报、论证、批复，而对长城进行修复的行为是违法的，必须制止。如果当事人的行为已经构成对长城的破坏，一定会受到法律的惩处。"他认为，这样修复长城的行为，正常情况下通过专家论证的可能性基本没有。

质疑的第三点，就是要恢复宋长城的原貌。他说："宋长城西起岢岚县青城山，东至与五寨县相连的荷叶坪山，至今已有1000多年的历史。石砌长城有的地方保存较好，有的地方已经坍塌成石头梁状。今天的保存状况无论是什么样，都是1000多年来，经历了无数风风雨雨的记录。对有倒塌可能的地方，进行保护性的维护是必要的，但将20多千米宋长城恢复原貌的做法不但没有必要，也是错误的做法。"

岢岚县长城交给旅游公司，经过现代的商业性开发后，古老建筑是否还能保留古朴的宋长城原貌，而不是变成失去文化内涵的"旅游长城2008版"？目前宋长城的残存状况，肯定无法承受游客的随意踩踏。旅游开发公司如何改造才能既保护古长城及周边环境原状，又能顺利地赢利呢？对于长城的开发利用，董耀会并不反对，他担忧和反对的是在开发利用长城的同时，对长城造成的破坏。

破坏长城的行为如同暴雨和山洪，董耀会总是希望有一座永不溃决的巨坝，将其阻拦在深山幽谷之中。但是，仅凭他个人的力量，巨坝总是无法筑就，山洪总是冲决而出，淹没一处处古老长城。

每一次长城破坏事件的发生，他的身心都像经历一次洪水肆虐。每次他踏着劫后余生、满目疮痍的长城家园，只能提出公开的批评。他的态度引起了有关部门的关注，岢岚县大规模复建长城的计划被叫停了。在逆境中能走出一条实现自己目标的路，这是董耀会创造很多奇迹的绝招。

他的努力，使很多一般人认为不可能改变的得到了改变。

长城，是董耀会这个北方硬汉心底一方不可侵犯的历史圣地、文化圣地。为了长城，他甘愿付出全部。事实上，他也真的做到了。无怨无悔地保护长城，矢志不渝地研究长城，这是董耀会展示给大众的真实印象。

他是一个英雄主义者，一个理想主义者，更是一个实践主义者。为长城倾心付出、呕心沥血，用行动带领大家建造了一个长城保护的"长城"。

对于其他人来说，长城保护或者研究或许只是工作和事业的一部分，但对于董耀会来说，这不仅是他挚爱的事业，更是他的生命。

他经常说这样一句话："我们要用长城精神来干长城事业！"他为保护长城做的事，都是脚踏实地的考察，都是认认真真的研究。他付出的不仅仅是心血和精神，有时甚至面临生命的风险。

"跑位"的"啄木鸟"

他曾经用足球运动员的"跑位"，比喻自己在长城沿线的这种特殊的奔波。他说，"跑位"不一定能进球，但却可以服务全局。董耀会作为知名的长城专家，他要去看哪一段长城，地方的领导都会陪同。他就可以借这样的机会，宣传长城保护。

他身体力行地在长城各地跑动着，面对保护长城的历史大任，他个人能做到的也就是这些了。一个人的力量虽然有限，但他坚信多一分努力，就给了长城多一分保护。

董耀会每年大约三分之一的时间都在长城沿线"跑位"。

那些年长城遭受的破坏很严重，他马不停蹄地常年"跑位"，在一般人看来有些过于偏执。董耀会觉得这种辛苦而有点笨拙的办法还有效，他实在想不出更好的办法了。为了长城，身体的劳累总是比精神的痛苦更好一些。

到各地"跑位"的时候，如果发现了破坏长城的行为，他一定会铁面无私。这

图一〇九　董耀会在山东章丘考察齐长城沿线明清碑刻

使得长城沿线的政府领导对他又欢迎又担心，充满了矛盾。学会的副秘书长张骥说，他们多次对他讲："很欢迎董秘书长来给我们讲讲长城，可是又怕他来。"

被批评对谁来说，总不是一件舒服的事。

已经60多岁的董耀会，依然在长城沿线常年跑动。他跑得任劳任怨、无怨无悔。他对我这样分析说，如果他准备去一个地方看看长城，那里主管文物保护的县长都要在他之前调查一下。他们有点紧张，心里对本地的长城保护状况没把握，担心让董耀会遇到正在破坏长城的事。

正因为他的行动无形中有了意外的督查作用，所以就变成他向地方领导们宣传长城保护的最佳时机。有时候，在火药味弥漫的特殊紧张气氛下，宣传的效果会更好。

"你在地方领导的眼里，有点像啄木鸟了。"我半开玩笑地说。他说，从内心讲自己也不想这样跑动。他并非有意疏离他挚爱的长城，而是不愿看到长城被破坏的残酷情景。如果看到了，他很长时间都会心情郁闷，无法释怀。

长城保护工作由政府主导、社会参与，但是政府如何主导、社会如何参与是一个长期没有解决好的难题。从理论上说，政府应该欢迎社会参与，希望社会参与越多越好。但是，现实和希望还有很大的差距，这个差距就是长城保护令人苦恼的根源。

在过去的基层官员考核制度中，文物保护并没有列入政务业绩考核内容，因此长城保护在客观上很难得到基层官员的真正重视。2019年1月发布的《长城保护总体规划》明确要求各地将长城保护工作纳入地方官员的业绩考核。

董耀会的不定期"跑位"，以及对长城破坏事件的曝光，让地方官员感到一种强大的社会舆论压力，这就是他们害怕的真正原因。地方领导害怕董耀会，绝不是因为他会虚张声势，主要还是对本地的长城保护心里没底儿，害怕被他逮住"现行"。

同时，面对广阔的长城区域，绝大多数的基层文物管理人员严重不足，无法实施有效的、动态的保护，因此董耀会在向地方官员宣传长城保护的时候，也会趁机为基层的长城保护说话求情，尽可能多争取一些经费支持，让长城保护工作多一点儿保障，少一分危险，促进了长城保护工作，也能减少地方官员的担心和忧虑。

为了长城保护，董耀会真的有点儿绞尽脑汁了，但如果能让长城有个更好的保护环境，这点精神疲劳他很乐意付出。

但是，还有一个现实问题董耀会无法解决。

仅靠政府的力量远远不够，有的时候地方政府的不作为，甚至暗中保护破坏行为。因此，董耀会不得不一次次呼吁，又一次次发动社会力量参与长城保护。他经常出现在社会公众面前，严肃地批评破坏长城的行为，真诚地呼吁大众关注长城保护，自觉地规范自己的行为。他努力地提醒着社会舆论，通过社会舆论的监督，保护野外那一段段脆弱的古长城。

现实依然如此残酷。有记者报道说，在八达岭旁边的陈家堡长城，长城砖50元一块，可以随便买。秦皇岛卢龙县，长城文字砖竟然30元一块出售。

2011年，河北涞源县的采矿业加剧了长城损毁。涞源段长城的沿线矿产资源丰富，由于非法小矿私采滥挖，很多山体塌陷，长城的根基损毁严重。大湾梁段，长城的墙体被深约50米的塌陷坑拦腰斩断，坑边的一个敌台岌岌可危。

涞源县国土部门牵头组成联合执法队，对矿区进行拉网式清查，一度打击了非法矿点。但随着矿产品价格的上扬，非法采矿又死灰复燃。

长城保护和管理涉及旅游、城建、环保、财政等多个部门，缺少任何一个部门的鼎力支持，文物部门的长城保护工作都难有实效。

2011年5月，河南叶县楚长城遗址在一个风电项目施工修筑盘山公路时，被推倒了2000米。2011年12月，北京密云大角峪长城，一座敌楼的两块文字砖被盗，而且文字砖是用工具从完好的墙上野蛮撬出来的。

2013年12月，卢龙县刘家营乡东风村的两处明长城文字砖被盗。

长城遭到破坏的新闻，每次都让董耀会备受煎熬。董耀会说，他和长城的缘分，在前期是主动的，而后期是被动的。他很疲惫，却从没有想过放弃，原因很简单，他割舍不掉对长城的这份感情！他说："这种感情也给我带来了痛苦，我甚至会在心里对自己说——长城你饶了我吧！"但是，这种情绪毕竟只是身心极度疲惫时的反应，割舍不掉的感情才是他的本心。

2006年6月2日，他陪同阿盟秘书长穆萨游览长城。穆萨在长城上非常激动，他问董耀会："你登上长城激动吗？""我不是激动。"他淡然地答道，穆萨听了满脸的疑惑。

他解释说："这么多年，我已经记不清来过多少次长城了。我到长城就像回家一样，您回家会激动吗？"

2006年至2008年，山海关旧城改造期间，他在现场考察时，紧锁着眉头在城内大量老房已被拆毁的废墟上走着、看着，惋惜历史信息的永远消失。他指着尚未被拆的老建筑，很生气地对相识多年的当地领导说："这些老房必须保留，如果再继续拆，咱们就没法做朋友了！"

有时候，为了躲避尘世的喧嚣，也为了让孤独、焦虑的心情得到一点宽慰和休息，他就一个人去爬长城。等出了一身透汗后，就静静地用诗歌或者画笔向长城倾诉。他喜欢画油画，用一种洒脱写意的风格，阐释他内心对生命的思考。

董耀会的家在北京，因此对北京的长城他也会就近时常关注，也会及时跑位监督。有一次，慕田峪长城地段的墙体脚下出现了高压线，而且高压线从长城上边横跨而过，这对本来就需要特殊保护的长城墙体来说非常危险。当时，高压线巨大的铁架子在两侧已经搭建起来。

高压线过长城，这是无法容忍的破坏行为，其中的危害对于电业局工人出身的董耀会来说，再清楚不过了。董耀会立刻将情况反映给北京市文物局舒晓峰局长。北京市文物局采取了执法行动，电业局想先斩后奏，明显加快了施工的速度，想用既成事实躲避拆除整改，或者缴纳一些罚款让事情大事化小，小事化了。

董耀会态度很坚决，毫无商量的余地。在他的坚持下，高压线的铁塔最后终于被拆除了。

2017年春天，秦皇岛抚宁区石碑沟长城修缮工程正在施工，抚宁是他的家乡，更是长城保护员制度的创始地。对家乡的长城，他尤为关切。总是担心出什么差错，最终像其他地方修长城那样，把好事变成了坏事。他决定回去看看，"没问题更好，有了问题赶紧想法解决"。

果然，发现了依旧是干预过度。石碑沟长城修缮现场堵塞了历史上长期自然形成的排水沟，如果雨季到来，必然形成积水，反而对新修缮的墙体构成威胁。他对负责施工的管理人员提出了修正意见。

为了确保万无一失，他当天晚上就将情况反映给了河北省文物局的张立方局长。省文物局行动神速，第二天上午马上通知全省，正在施工的所有长城工程全部停工，进行复查，确定没有问题之后再重新开工。

抚宁区文保所所长杨大海说："董会长走后，石碑沟长城修缮工程，也按照省文物局的要求暂停施工，重新进行了调研。更改设计方案后，新的方案减少了工程的干预量，改正了干预过度的问题。"

他的辛苦"跑位"，又一次及时发挥了作用。

董耀会说，这次石碑沟如果不去，按照原来的施工方案，最后肯定出现问题。这样的"跑位"，即使再辛苦他也乐在其中，因为能发挥作用。

董耀会常年在长城沿线跑，感动着很多与他接触过的人。2012年5月至6月，董耀会一行历时25天，赴河南的南阳、平顶山、驻马店、信阳4个市的11个县（区）考察楚长城。这期间的5月14日，罗哲文去世。董耀会决定不中断考察，以实际行动悼念这位老师。

楚长城在董耀会心里有很高的地位。1998年6月28日，董耀会受外交部邀请陪同美国总统克林顿一行，参观慕田峪长城。克林顿总统问："这是不是中国最古老的长城？"董耀会告诉他："不是，中国最古老的长城是楚长城，在河南省。"

杜全山是中国长城学会会员，他陪同董耀会一行考察了方城的楚长城。他的感受很深，写了一篇随笔《这就是专家，真正的长城专家——董耀会》。

文章写道："本人跟着董会长爬了两天的南阳伏牛山楚长城，酷暑中的山高路险林密，算是知道了'走长城'的艰难困苦，认识了什么是真正的专家，体会了真正的长城胸怀。专家，不是坐在办公室喝茶侃大山，而是理论实践相结合，敢于跋山涉水走天下。这就是真正的专家，老百姓敬佩的专家。"

第六章 长城文化普及宣传

从董耀会的身上，总能感受到他年轻的心态，不论是面对工作，还是对人生的态度，都是如此。青年时候的董耀会，相貌比同龄人显得成熟很多，经常被误认为中年。等他现在步入老年之后，却又被误认为较年轻的中年人。

在孩子们的眼里，他是一位饱经世事的爷爷，但又始终像年轻人一样有活力。他心理状态年轻的一个表现，就是非常喜欢孩子。他看见孩子时，眼光中闪烁的满是慈祥，这种情景我见过多次。他很享受有孩子在身边跑来跑去、气氛活跃的感觉，看着孩子们兴致勃勃地玩，满脸都是开心、自然的笑意。和孩子们一起玩儿游戏，他都会乐在其中。

开展长城保护文化普及宣传，他还找到了一个好的方式，就是研发受欢迎的文创产品。他支持出品的高档礼品山海关长城茶砖，被2017年第二届河北省旅游产业发展大会作为河北省政府外事礼品很受外国使节的欢迎，在2019中国特色旅游商品大赛中获得铜奖。

长城茶砖设计者戴俊杰是一位有情怀的企业家，他也是山海关人，他热爱故土心系家乡，一直想为山海关研发一款能把山海关长城的内在文化分享给游客的旅游纪念品。在董耀会的指导和建议下，戴俊杰参观了全国多所长城博物馆，最终选中山海关老龙头南海口关墙体内发现、现陈列于山海关长

图一一〇　2019年11月4日，董耀会参加第40届伦敦世界旅游交易会〔左起：党安荣、张成源、刘晓光（驻英国大使）、董耀会、孟九河、邬东璠〕

城博物馆的镇馆之宝"永固"款城砖为产品研发的原型。

"永固"款长城茶砖的用料,选用海拔1700～2200米范围内的云南高山茶区优质大叶种晒青春毛茶,经百年下关紧压茶加工技艺高温蒸压而成。其外形端正,面张条索井然显毫,侧面"永固"二字清晰可见。汤色明黄透亮,香气高扬,滋味醇厚回甘。

董耀会题写品名——"万里长城·山海关·长城茶砖"。每款产品里,均配一册董耀会撰写的《走进山海关》,该书为手制宣纸线装书。这本书已经成为很好的收藏品。

他支持的长城茶砖和钧瓷茶具长城壶,于2019年11月4日参加了在伦敦ExCel国际会展中心举办的第40届伦敦世界旅游交易会(WTM)。在为期三天的旅游交易会上深受欢迎,旅游交易会吸引了来自180多个国家和地区的5000余家参展商,直接参会人数将超过5万人。

孩子们天真的眼睛

很多年前,在西北考察长城时,有一件事对董耀会触动很大。考察团路过一个小山村,为了实地查看长城遗址情况,他和专家记者们都要步行。途中,有三个孩子一直在后边跟着,走出村子好几里路了,他们也不肯回去。

他问孩子们,你们怎么不回家啊?有一个孩子认真地对他说:"爷爷,我想要一本书。"

原来,刚才在村里发书的时候,这几个孩子没有领到。

他叫随行人员把带的几本书拿了出来,送

图一一一　董耀会和孩子们在一起。宣传普及长城知识,从少年抓起

给了那几个孩子。他指着长城问孩子们：你知道这是什么吗？孩子们说"长城"。

他接着问，你们知道古代长城是做什么用的吗？孩子们摇摇头。他又问孩子们，学校的老师给你们讲过长城吗？孩子们都摇摇头。

他从这些求知欲很强的孩子们身上，看清楚了长城被无知破坏是有深刻社会原因的。在这样偏远的地区，长城要穿过许多的山村，有的人家就把长城的老墙当作院墙和猪圈墙，还有的人家直接在长城的墙体上挖洞，做自家的仓库使用。

图一一二　董耀会每年都被邀请进大学讲课

这些山村的农民，对于长城没有一点特殊的意识，也根本不知道眼前和身边的长城就是举世闻名的人类文化遗产。对长城的无知，才是长城遭受破坏的最根本原因。

因此，必须从教育入手，从少年教育入手，最终使普通群众也懂得保护长城。如果孩子们都懂得了长城的意义，他们就会热爱长城，也自然会说服长辈们爱护长城，保护长城。

这次偶然的经历和感触，让董耀会又有了一个努力的方向，那就是一定要给孩子们讲好长城的故事。后来，这个努力方向又扩展到大学生群体，他经常不辞辛苦地到全国各地的大学里，给大学生们讲解长城，让大学生自觉地加入长城志愿者的行列里。他相信，大学生毕业之后，长城保护的观念又会影响一个家庭，影响他们的后代。

为孩子们写一本书是董耀会的愿望。2016年，董耀会为中小学生奉献了一本新的长城文化知识读物。6月17日，他的《万里长城知多少》首发式在山海关举行。

董耀会说，写这本书就是弘扬长城文化，传承中华文明，实现"传播长城文化从孩子抓起"。

这本专门为孩子们写的书,是《全国中小学"弘扬长城文化,传承中华文明"主题征文活动》的辅导用书。这个活动由长城保护专项基金管理委员会、中国人民大学少年新闻学院和中国长城文化研究中心共同举办。

举办《全国中小学"弘扬长城文化,传承中华文明"主题征文活动》,也是为了促进全国中小学生更好地学习长城知识,让孩子们在潜移默化中,了解中华传统文化以及其中所包含的美德,从而培养良好的人文素养。

首发式的同时,还组织举办了长城知识讲座,董耀会为山海关当地教师和文物干部主讲了长城文化。为孩子们写一本长城读物《万里长城知多少》,对于董耀会来说不是难事,但他依然做得非常认真。他做事,不管事情大小,只要决定做就会投入所有的精力和全部的情感。写这本书的时候,他还在主持国家"十二五"项目,即使再忙,他还是舍得分出精力为孩子们写长城。究其原因,不仅有他对长城始终如一的热情,更有对孩子们未来保护长城的殷殷期待。

该书出版之后,董耀会却对我说,他对这本书不太满意。他觉得这本书只做到了传播长城知识,还没有做到培养青少年对长城的兴趣。他说:"一本好的科普读物,一定要培育孩子们对长城的好奇心,对长城文化和精神探索的愿望。"

《长城的崛起》和《长城漫话》

2012年11月,北京大学出版社出版了董耀会的《长城的崛起》,从不同角度抒发了他对长城恒久不变的热爱之情。我问过他这本书为什么叫《长城的崛起》,他指给我封面书名旁边的那句话"长城之崛起伴随中华之崛起,一部长城史便是半部中华民族史"。

一辈子做长城这么一件事,支撑他的只有一个理由,这就是"热爱"。这本书和2007年出版的《沧桑长城》有一个共同的特点,就是不仅注重故事的叙述,还融入长城和沿线风光景点的介绍。关于长城的一个个鲜为人知的故事,在他流畅的笔下追根溯源,让青年读者了解历史的原貌和真相。通过故事和历史,他将一个真实的长城展现在青年读者面前。

这本书的《自序》还是一篇优美的散文。开头的一段读下来,自然有一种随之入境的触感:

我已经连续多个中秋，带着家人一起到长城赏月夜。一轮明月，高悬在长城上的夜空。长城内外很静，初秋的风，轻轻拂动着快落了的树叶，发出沙沙的声响。数百年前修建长城和守卫长城的人们，也像我们一样沐浴在同样明亮的月光里。置身在这样的情景里，便有了与古人对话的感觉。

还有最后一段：

长城点缀着幽幽的高山，山便显得那么的安宁、坦荡。人们不管站在长城的哪一个地方，不管会有什么样的不同感受，触摸着长城建筑之时，历史都不再是尘封的记忆。感受长城的历史，就是感受生命的精彩，感受人类文明的力量。

对于长城的情感，对于长城的痴恋，他也真诚吐露："常年在长城上奔走，有过各种各样的心境，唯独从来没有过怀旧的伤感。因为长城有很多未解之谜，带给我的永远是新鲜。"

长城在他的眼里，永远是富有情感的中华大地上的"至宝"，永远是他饱经沧桑、决不允许丝毫冒犯的"老父亲"。

长城绵延万里的雄姿，映照在他的眼里，马上就能化为一曲曲跳动的乐声："长城的同一个地方，春夏秋冬带给人的感受也不同。有时如激扬的交响乐，有时如悠扬婉转的轻音乐，不同的韵律演绎着相同的感动。走进长城的历史，就是走进高远苍穹。"

关于如何正确地认识长城，他提出比较客观而中肯的观点："我们认识长城，在一定程度上要摆脱传统观念的束缚，只有正确认识自己历史的民族，才能创造和发展新文明。历史地看长城，完全是因为农耕与游牧两种不同的生产和生活方式而产生的。长城对政治、经济、科学技术发展、民族交融、文化交流、中西交通诸方面产生过很深远的积极影响。"

在后记中，董耀会又对长城的历史作用和保护长城的长远意义进行了简要的阐述：

历史证明，长城地区的稳定和统一，对古代中国的稳定与统一，具有支配性的作用。在任何朝代，长城地区不稳定，国家就会动荡。

长城内外民族融合范围极广，规模极大。民族融合的过程，也是中华民族多元一体格局形成的过程。在这样一个融合的过程当中，也就形成了对中华文化的认同。不论是在魏晋南北朝时期，辽金统一北方时期，还是元、清统一全国时期，都一直坚守着对中华文化的认同和归属。这种现象，在欧洲是没有的。

长城是一座历史的雕塑，成为传承中华文明的重要载体，长城文化蕴含着中华民族特有的精神价值、思维方式和文化意识，体现着中华民族伟大的生命力和创造力。了解博大精深的长城，弘扬长城文化，唤起积淀在人民心里的民族文化意识，是我们要保护长城文化遗产的长远意义所在。

董耀会对于长城的钟爱，和他接触稍微多一些的朋友都能看得出来。对于献身长城事业，他真正做到了呕心沥血的境地。他的心曲，在后记中再次流露出来：

我将一如既往地在长城之路上，继续我的跋涉。长城已经融入了我的生命，我喜欢到长城上去，捡拾历史斑驳的痕迹。我就这样沿着长城行走，向着明媚的阳光，走向远方。行走中一路追逐，一路思考，认识长城的路上，走得越远，自己的心就离长城越近。

我始终是以敬畏之心，面对一段段长城历史的记忆。洒在长城上的阳光也照耀着我，因为有了长城，平淡无奇的生活，也就有了一道道亮丽的彩虹。

说起长城大家都知道，但再稍微多一点，就很少有人知道了。这种现象，又何止发生在国外。作为中国人，作为一名长城研究者，我常常想，我们在感叹中华文化辉煌璀璨的同时，应该为宣传长城、弘扬中华文化多做点事。

5年后《长城的崛起》入选首批百种北京主题推荐图书书单。2017年，北京举办第四届北京阅读季全民读书活动，活动由北京市委宣传部、新闻出版局等多家单位联合举办，其中"读北京"分别向成人推荐城市格局、历史变迁、民俗文化、文学经典、时代时事的五类主题图书共35本，向青少年推荐课本名作、亲子共读、小学阶段、初中阶段、高中阶段五个方向的图书65本。《长城的崛起》荣列成人书单的35本图书之一。

此后，董耀会还写了一本书，名为《长城漫话》。他心里最惦记的，还是向大众普及长城历史文化。我刚开始采访他时，他说正在写一本可以让大家作为闲书看的长城著作。他要尽量写得休闲一些，让一般人都能读得下去，让人们在轻松的阅读中，获得长城知识。

他说自己现在的书写得还是太沉重，让人读着容易累。这本书就是当代世界出版社 2017 年出版的《长城漫话》。他追求比《长城的崛起》更轻松些的表达方式。不过，不论是学术书，还是通俗性的读物，他都追求精益求精。

长城文化进校园

2006 年开始，在团中央的支持下，董耀会主持中国长城学会和全国学联共同发起了一项"长城文化进校园"活动。通过在全国 50 多所大学举办长城知识讲座，让更多的大学生群体了解长城。

每年，董耀会都要到大学、中学、小学去给学生们讲长城。北京大学、清华大学他去，家乡秦皇岛的小学他也去，用实际行动诠释着自己的观点，他说："以专业的能力，大众的角度，向社会普及长城历史文化，科普也是学者的职责。"听他讲完长城，不管以前去过还是没去过长城的，都会对长城充满了新的期盼和神往。

2017 年 10 月 24 日，董耀会在山海关老龙头参加了一次特殊的活动。这天的上午，秦皇岛市海港区的 700 多名小学师生，在山海关老龙头长城举行生动有趣的课外长城文化研学，"长城研学实践"第一课《相约长城大海》正式开课。

"长城研学实践"是一种全新的学习方式，促进学生开阔视野、博学广思，锻造孩子们的坚强意志和精神品质。

这个特殊的"长城研学之旅"实验课程，是董耀会和秦皇岛市几所小学共同研讨开发的一个研学项目。中国长城文化研究中心在秦皇岛海港区，先后试办了四所"董耀会长城文化推广实验校"，分别为教师发展中心附属实验学校、和安里小学、耀华小学和东港路小学。

董耀会说："这件事能做成，要感谢这 4

图一一三　董耀会和家乡秦皇岛长城研学的小朋友在一起

所学校的校长。最初是李海波、郭艳彬、王艳秋3位校长启动的，2017年王艳秋退休，新任校长黄涛又继续做。同时又加进来了宋军校长带领的东港路小学。"

对于这个长城研学项目，董耀会倾注了很多心血。长城文化推广实验校，从出版第一本地域文化启蒙读物《神奇美丽的秦皇岛》开始，经过10年的地域文化学习和长城课程开发，7年的营地教育、体验教育、项目学习的教师培训，3年的长城研学旅行实践，制定了《长城研学旅行课程纲要》《长城研学旅行实施方案》和《长城研学旅行手册》等。

教师发展中心附小李海波校长说："董老师用通俗的语言，为学生们做解答，有时还结合学生们的年龄做一些恰当的比喻，让他们对长城有了更深入的认识。他不仅对学生进行了长城知识解答，对于学生研究方法、研究态度以及科学精神的培养都进行指导。"

在进行研学准备课时，附小六（一）班的陈梓涵，抱着厚厚的一本《中国长城志》进了教室。他说在网上查阅资料的时候，发现有的说榆关抗战是1932年12月，有的说是1933年1月，兵力也不一致。他不知道哪个对，就去学校图书馆查阅了《中国长城志·军事卷》，弄清楚了每个问题。

通过户外研学、课堂学习和课外自学，学生对长城有了初步了解，也产生一系列问题。于是，学校根据学生的需求请董耀会和学生们面对面交流，分3天6场进行"小学生访谈大专家"研学。董耀会每次都欣然前往，给孩子们讲解更多的长城文化知识。

董耀会在孩子们热切渴望的眼神注视下，面对面解答孩子的问话。学生们的提问经过了认真的思考，有的还很有深度。例如长城除了有防御功能还有什么用？长城有什么弱点？丝绸之路与长城有什么关系？烽火传递的顺序和命令下达的顺序为什么不一样？

董耀会的亲自参与，有时也弥补了老师们课程设计方面的不足，更好地实现了教学目标。在课程设计中，让学生们树立民族精神是一个重点。有一个班级做研学汇报时，六年级的高家俊同学带领他的5个小伙伴，表演安德馨烈士奋勇杀敌牺牲的场景。道具简单、表演也稚嫩，但是整个演出过程中演员、观众没有一人笑场，大家表情都非常庄严肃穆。

孩子们被家国情怀感染着，形成了共鸣。最后全班同学，跟着表演的同学一起，齐诵何柱国将军的《告士兵书》，声音慷慨激昂。一般孩子们演节目总会有笑场的，为什么演长城抗战如此严肃？原来在课堂上，董耀会爷爷在讲榆关抗战时，曾经背诵过何柱国将军的《告士兵书》。

"愿与我忠勇将士，共洒此最后一滴之血，于渤海湾头，长城窟里，为人类张正义，为民族争生存，为国家雪奇耻，为军人树人格，上以慰我炎黄祖宗在天之灵，下以救我东北民众沦亡之惨。"我跟董耀会接触多的这几年，已经记不清他背诵过多少次这段爱国宣言，他通过长城研学课程，将民族精神和爱国情怀植入孩子们的心中。

和安里小学校长郭艳彬说："通过董老师带领我们长城研学，学生们既掌握了长城建筑知识，又了解了古代劳动人民建造长城的艰辛，还学习了中国传统礼仪、历史文化和军事知识，增强了互助合作的团队意识和爱国主义精神。"

和安里小学参加研学的孩子，回来都写了作文。六（一）班的范安荨说："在长城研学活动中，让我感悟最深的是在长城博物馆中发生的一件小事：董老师为我们讲解长城故事后离开，他走到走廊拐角处，很自然地把游客丢弃在拐角处的空矿泉水瓶，随手捡了起来，带出博物馆并扔到了可回收垃圾箱内。尽管这是一个微不足道的小举动，却使我深深体会到，对长城的传承和保护不能只停留在对长城的认识和了解上，而是应该行动起来，用行动去爱护长城，保护长城。"

贺词说："我成为一名长城公益讲解员，来到山海关长城博物馆。我讲解的展厅是雄关军事展厅，展厅中陈列着何柱国将军用过的衣服用品以及一些军事武器，我为董老师和游客们讲解了发生在长城沿线的抗战故事——榆关事变，开始我很紧张，但看到董老师一直微笑地认真倾听并频频点头，我的紧张渐渐缓解了，董老师还和我一起背诵何柱国将军的《告士兵书》。讲解后，董老师热情地鼓励我并和我一起拍照留念。"

长城研学实践开展以来，董耀会再忙每年也要抽出时间，到这些学校和学生进行访谈式的讲座。看到学生们稚嫩和渴望知识的眼神，董耀会感到了自己的责任。董耀会身边的工作人员都知道他喜欢孩子，这应该与他小时候被父母和身边的人关爱的经历有关。这种对孩子的喜欢是爱的传递。

2016年他还写了一本《万里长城知多少》，这是一本给中小学生读的书，董耀会说:"孩子们除了学习课本知识,还应该了解长城,通过了解长城而热爱长城,热爱国家和我们的民族。"

他不仅为内地(大陆)的孩子们讲长城,还经常为来自香港、澳门、台湾地区的大学生讲长城。"未来之星——香港传媒专业大学生国情课程班"已经连续举办10年,每年董耀会都要给孩子们讲长城。

香港的大学生们听完专家的长城讲座,第二天再去长城体验,对长城文化和精神的理解更深了一个层次。

每年一次的课程班,由香港《文汇报》与未来之星同学会联合主办,中国传媒大学承办。来自香港多所高校传媒专业的近百位优秀学生,在北京进行为期8天的学习考察,并且攀登长城,他们体验到了"不到长城非好汉"的感觉。只要时间允许,董耀会不仅给大家讲长城,还会亲自陪孩子们一起爬长城。

香港学生很喜欢这种体验教学的方法,几天的参观使他们更了解了国情,对长城和北京古建筑留下很深的印象。他们说:"以前对内地的了解很少,这次课程班后,以后会积极地了解内地。"

最多的一次,董耀会陪同台湾大学生走了8天的长城。2016年8月1日至7日,中国长城学会参与主办的海峡两岸大学生"长城文化之旅"。他全程参与这个活动,一路为学生讲解长城。

"长城文化之旅"从山海关出发,体验营一行分别参访了老龙头、喜峰口、金山岭、得胜堡、市场堡、老牛湾、雁门关等长城胜迹,全面了解长城文化,感受中华大地的多彩风情。

这次活动是许嘉璐会长倡议组织的,他在体验营结营仪式上说:"孩子们,你们知道陪了你们8天,站在原野上给你们讲长城的人是谁吗?他是中国最著名的长城专家。"

30位来自海峡两岸的大学生营员,在结营式上做了成果展示,汇报了在8天的文化体验中的收获。8天下来,体验营的大学生走在一起时,很难分清哪些是台湾的,哪些是大陆的。

同学们都留下了深刻的印象,获得了相当多的体验。两岸青年在交流的过程中共同进步,把个人前途与中华民族命运结合在了一起。体验营营员代表、台湾学生吕馨炜说，长城和大陆对自己而言都是"既熟悉又陌生"。因一水之隔，一直未能亲身感受长城之壮阔，不了解有着共同祖先的大陆人和自己会有多大的差异。此次相逢，固然有差异，却倍感熟悉，长城文化之旅解除了我们的隔阂，希望我们的友谊像万里长城那样一直延续下去。

长城微视频

董耀会喜欢读书，他妻子形容他读书都到了有点强迫症的程度。他读书还有一个特点，读一本书，一定要从第一页读到最后一页。

我问董耀会，为什么会有这样的习惯？他笑着说，其实只有需要精读的书才会这样，一般的时候也就是浏览一下。现在人们读书越来越少了，特别是读纸质的书少了。

董耀会也经常看手机，特别是微信，用起来很方便。他自己也经常看一些历史文化知识的微视频。

有一天，他突然将微视频和长城联系到一起，顿时有了灵感。如果拍摄长城小视频，他亲自到实地现场出镜讲解长城，一集只集中讲一个长城历史文化的点，每集两三分钟，放在微信里连载，让大家收藏、下载，利用业余碎片时间观看，肯定会大受欢迎。

微信的普及性和几亿的庞大用户群体，微信和微视频快捷和深度的传播效果，让董耀会最终决定尝试一下，只有适应新时代文化传播特点，才能让长城文化和长城保护的宣传实现一次跨越式的进步。

董耀会是个说做就行动的人，看清了用微视频进行长城宣传的机遇后，他很快让工作室的年轻人拿出了方案。微视频定名为《董耀会说长城》。

第十一个中国文化遗产日的前两天，2016年6月9日端午节这天，第二届"长城24小时"大型主题活动在金山岭长城举行。

这个活动是董耀会和中央新影集团合作的一个宣传长城的新项目。万众长城书院录制的大型系列微视频《董耀会说长城》同时发布。

发布的是第一部《走进山海关》，共80集，董耀会从当初徒步长城的老龙头海滩开始，讲解山海关长城各个区段、关口、敌楼的细节和故事。

图一一四　拍摄《董耀会说长城——走进山海关》

摄制山海关微视频的时候，正是夏季的大暑天。每天早上4点多天刚蒙蒙亮时就出发了，为了拍摄方便要错开游人密集的时段，错开烈日最酷热的时候。一直到晚上7点多钟，他们才在浓浓的暮色中回来。

微视频拍摄和影视剧的拍摄相比，没有庞大的摄制组，简单到了极致。只有一部相机，一个镜头，人数多的时候也就三四个人。

再一次走在长城厚实的墙体上，触摸着熟悉的砖石，董耀会平缓而清晰地讲解着长城的一点一滴。摄像师作为第一个观众，感觉无比充实。面对侃侃而谈、如数家珍的董耀会，心里多了一份传播长城文化的使命感。

董耀会从老龙头开始，将山海关长城分节点解读，介绍山海关长城的各处细节，让长城变得"简单""大众"，让大众身临其境地深层次了解山海关作为"长城龙头"的历史文化魅力。

他向观众介绍了山海关长城关隘的建筑特点，长城墙体和瓮城、罗城的建筑细节，建长城的材料和工艺，山海关长城的火铳和碑刻，与山海关长城相关的重大事件和人物，山海关的地理特点和民俗风情。

《走进山海关》从 8 月中旬开始，新影长城网络电视台和万众长城书院微信，还有微博、腾讯各视频网站等媒体，每天一集全网络播放，引起了很大的社会反响，短短一个多月就有 50 多万人观看。

2016 年 11 月 12 日，在"首届中国影视基地产业峰会"上，《董耀会说长城》系列微视频荣获"优秀系列短片"奖。接着又连续拍摄了第二部《长城文化进校园》60 集，第三部《走进古北口》80 集，第四部《走进齐长城》160 集。董耀会讲解的长城微视频，很受大家的欢迎。

《长城文化进校园》共拍摄了 60 集，这是董耀会为学生举办讲座和面对面答疑解惑的视频。内容包括长城的历史、军事、建筑、文化、故事、修缮、保护 7 个方面。为学生们讲解长城，董耀会总是尽力做到通俗和权威并重。

《走进古北口》的拍摄是在冬天。2017 年元旦刚过，这部短片在古北口长城开机。那天，天气晴朗，但山上寒风刺骨。这对于喜欢冬天的董耀会来说，反而让他心情更加开朗而舒爽。

他穿着厚厚的蓝色羽绒服，为了出境，还特地提前理了发，但他拒绝了摄像师让他染黑头发的建议，依然以花白的头发出境。沧桑古朴的野外长城，镜头前写满岁月痕迹、稍显冷峻的脸，董耀会讲解着，经常会忘记了时间，仿佛又回到了当年徒步长城的情景。

《走进古北口》在腾讯视频、央视网、今日头条等 31 个网站和微信、微博等网络媒体播出了。每集 4 分钟左右，对古北口长城的历史、建筑，以及保护利用、区域民俗、风情故事都进行了细致全面的讲解。古北口长城抗战、中国军人用血肉筑成新的长城、奋勇抵抗日军的侵略、在救国救亡的战争中、长城激励着中国军人英勇献身，董耀会的专家级讲解，让古北口长城在网络上火了一次。

《走进齐长城》2017 年 11 月 10 日开始在央视网等平台播出。内容包括齐长城的历史文化、建筑特点、保护利用、区域民俗和风情故事。这一部讲解齐长城的微视频，董耀会得到了山东省旅游发展委员会的支持，齐长城当地政府也给宣传齐长城的微视频拍摄提供了全程的帮助。

对于齐长城，大众的认知度不高，甚至大多数人还不知道有齐长城的存在。《走进齐长城》将齐长城的历史知识制成一套文化大餐，送到了观众面前。董耀会通俗的讲解，有时还有很强的趣味性。高深而神秘的齐长城，在董耀会深入浅出的话语中，一集集抽丝剥茧似的展示给观众。

《走进齐长城》的播出，让更多的人了解了山东还有长城，山东的齐长城也有深厚悠久的历史文化，齐长城更需要全面的保护。无形中，齐长城的保护和宣传得到了大众舆论的支持和关注，这让董耀会放心了许多。

董耀会长城微视频还会继续做下去，看到了微视频对大众的魅力，也看到了微视频宣传长城的效果。学术研究成果需要有平台传播给社会，知识被束之高阁其价值在哪里呢？他正在和凤凰网谈合作，由专业团队操作，用浅显易懂的话，把深奥的长城历史说给大家听。他认为研究和传播，不论是对学者，还是对学术来说都同样重要。

他虽然退休了，但走长城的脚步不会停，他希望更多的人通过视频了解长城、热爱长城，同时他也可以有机会再一次触摸让他魂牵梦绕的长城。他说，长城是永远也看不完的历史，是不看永远难以理解的历史。他要陪更多的人走近长城。

特种邮票、主题邮局和长城驿站

2016年，董耀会还参与了长城特种邮票的发行宣传。将长城雄浑的图案印到邮票上，用邮票宣传长城。

2016年是《长城保护条例》颁布10周年，董耀会在前一年就开始筹划集邮文化产品、主题邮局和相关文化活动，展现全国长城属地的风貌特色，传播传承长城文化。

2016年8月10日，为纪念《长城保护条例》颁布10周年，并配合将于8月20日发行的《长城》特种邮票，中国邮政与中国长城学会共同发起保护长城的"雄关万里　九镇邮情"公益活动。同一天，居庸关、慕田峪等长城景区开展了不同形式的长城文化活动，包括主题图片征集、加盖纪念戳记等。

中国邮政还在当天宣布：选取与此套邮票图案有关的北京、辽宁、天津、河北、山西、陕西、内蒙古、甘肃、宁夏9个省（自治区、直辖市）设立长城主题邮局。董耀会和中国邮政集团公司邮票发行部总经理高山、中国集邮总公司总经理邓慧国，共同启动长城集邮文化活动,宣布长城主题邮局成立。主题邮局除了常规邮政服务外,还提供长城文化产品的展示、邮寄等。

董耀会还协调发行了"保护长城,我们携手同行"主题明信片,展示长城的文化价值,呼吁大众提高长城保护意识。8月20日起,全国15个长城主题邮局免费发放明信片。

同一天,中国集邮总公司正式发行《长城》特种邮票一套9枚,面值13.20元。邮票的图名分别是关山沧海、蓟辽天堑、燕赵雄风、京畿屏障、三晋重关、长河飞龙、高原北望、大漠关城、丝路古道,首次在邮票上对明长城进行全景展示。

这是中华人民共和国成立以来,第二次发行《长城》特种邮票,第一次是在1979年,发行1套4枚,图案是长城的春夏秋冬。

这套邮票,从创作到发行的全过程,董耀会都参与其中。作为长城之子,他的策划和参与,使这套长城邮票又多了一重收藏的价值。

《长城》特种邮票以九图连票的形式,全景展现明代长城的自然与人文风景。东起虎山,西到嘉峪关,以独特的艺术视角表现长城的雄伟气势和悠久历史。

这套邮票的设计者、画家许仁龙是董耀会特别向中国邮政推荐的。之所以推荐许仁龙,因为董耀会对他的成就很了解,特别是2002年他和邹玉利为人民大会堂接待大厅创作的巨幅国画《万里长城》,给董耀会留下深刻的印象,那时的董耀会就是他们的学术顾问。

当时,画家用了两个月的时间进行实地写生,都是董耀会亲自推荐的路线和点段。董耀会认为,许仁龙不仅是一位优秀的艺术家,更是一个对长城充满情怀的人,他能准确地表达公众对长城的感受。

不久,许仁龙又推荐一位老画家张济平参加邮票设计。张济平曾经雕刻并设计《泰山》特种邮票,获得1988年最佳邮票奖。

早在2015年初,董耀会就开始参与《长城》特种邮票的策划。这年的4月,董耀会和邮政管理部门正式确定第二年发行长城邮票的计划,然后就进入和邮票发行部门、设计师的沟通忙碌状态。

他提出的方案,是将保存比较完整、画面感比较好的明长城作为《长城》特种邮票表现的对象,用一套九枚连体的形式一次性整体展现长城的壮美全貌。长城邮票不再是单纯的"长城名片",而是"国家名片"了。因此,为了让设计工作做得更好,他还专门列出了邮票应该表现的长城地段和关口,推荐了设计师考察写生的具体地点。

他和许仁龙、张济平经过多次的沟通,达成一个共识,即长城的艺术表达与长江、黄河不同,既要有宏观把握,又要有微观体现。最后,董耀会对于许仁龙、张济平创作完成的画面非常满意。

邮票的设计过程并非一帆风顺,生活中随意的董耀会在长城方面是出了名的严谨,他全程参与邮票的设计和修改,让两位同样严谨认真的老画家倍感压力。

图一一五 2016年6月23日,董耀会在人民大会堂为中国邮政于2016年8月20日发行的1套9枚《长城》特种邮票签专家意见

董耀会说:"长江、黄河作为自然景观,多一道或少一道湾,从艺术创作角度没有争议。长城不能少一点或者多一点,地理位置要准确。"

即使最后图稿要交给北京邮票厂去制版印制时,他又提出了修改意见也必须要改。因为他觉得山海关的位置不准确,董耀会说:"山海关位于第一枚邮票的突出位置,是一个至关重要的长城景观,如果城门位置和街区表现不正确,就会受到集邮者和各方人士的质疑。"

长城邮票作为特殊的"国家名片",如果传递了错误的历史文化信息,他无法接受这样的事情。所以,他要求必须改。

董耀会当时正在外地出差,于是只好在电话里反复沟通,解释他的修改意见。可能是他的表达不太明确,或者两位老画家理解的角度不一致,结果改来改去还是没有达到董耀会的要求。

一天，他从长城上考察下来时，天已经很晚了。他从微信上看到修改的图稿还是不对，于是就在餐桌旁随手拿来一张餐巾纸，将修改意见和草图连写带画，然后用微信发给画家。他们连夜接着修改，改完之后拍照，再用微信发给他看。当时，张济平看了看时间，发现已经是后半夜2点了。

董耀会说，他的一个修改意见，就让许仁龙、张济平两位老朋友连夜重画，知道这会增加很多的工作量。因此，等《长城》特种邮票正式开机印刷后，他有些歉意地跟他们俩开玩笑说："你们是不是一边改稿一边骂我呀？"

两位老画家有点无奈地说："骂倒是没有，但真是气得够呛。气得再要命也要改，因为长城专家说了要改啊。"

为了这套邮票，老画家付出了种种辛苦。因为邮票设计和绘画创作不同，必须做到图案的数据准确，因此对考察写生要求更高。他们俩按照董耀会列出的长城重点关隘和地段，分头考察写生。张济平说，他原来对长城了解并不深，开始参与这套邮票设计之后才知道明长城的东端起点并不是山海关的老龙头，而是鸭绿江边的丹东虎山。

长城很多的考察地段极为偏僻，遥望四周天际，除了陪同他考察的邮政系统的朋友，常常一整天也看不到一个人。有时候，到了晚上10点还在山上没有下来。他说每当遇到困难，都会想董耀会他们当年的不容易。

在后期创作阶段，两位老画家也是不辞辛劳，认真创作。为了更好地创作，他们将工作间从北京市区张济平的家中，搬到了更宽敞、更方便一起创作的许仁龙昌平家中的画室，董耀会也经常到许仁龙家里去与他们一起讨论画稿。

在邮票设计图案最后定稿的时候，国家邮政总局请审稿专家董耀会和画家许仁龙、张济平三人分别签字的时候，大家才最终彻底放松下了身心。此时的董耀会，终于露出孩子般纯真的笑容。

长城邮票的创作过程虽然辛苦，他们之间的友谊又加深了一层。董耀会在接受采访时还特别告诉集邮者，两个邮票的设计者都是特别优秀的艺术家，要好好珍藏他们手中的这套长城邮票。

这套《长城》特种邮票，在2016年第37届全国最佳邮票评选中和长征邮票一起获得优秀邮票奖。

除了参与邮票设计，董耀会还亲自为《邮说长城》邮票书撰稿。他作为这本邮票书的作者，使此书被集邮界称赞为"在最大程度上保证了本次邮品同时拥有华丽的外表和科学的内涵"。有了这本权威性的《邮说长城》邮票书，集邮爱好者就可以更好地了解《长城》特种邮票全景展现的明长城自然风貌和人文景观。

《邮说长城》邮票书，首先介绍长城的历史、艺术和科学价值，然后对每一张邮票的内容进行介绍。最后，董耀会还特意用更大的篇幅介绍长城在中华民族象征和标志方面的许多寓意，加深集邮爱好者对长城文化和精神的理解。

发行特种邮票和成立主题邮局的第二年，董耀会又进一步创新了用邮政和邮票宣传长城的方式，他亲自筹划的"长城驿站"在秦皇岛顺利问世。

2017年7月16日下午3点，位于秦皇岛市山海关区天下第一关景区内的"长城驿站"主题邮局开门营业，进行试运营。董耀会到现场祝贺主题邮局正式营业，并为长城邮品收藏爱好者签名留念。

成立长城驿站主题邮局，通过为长城文化爱好者提供长城集邮收藏品的形式，向大众讲述长城故事。长城驿站中有多种长城题材的集邮品出售，并有"长城驿站"邮政日戳和秦皇岛市内各景区的风景邮戳。"长城驿站"主题邮局开业那天，我对他说："这些事你都如此投入，累不累啊？"他深深地吸了一口气说："应该的。"

第七章　长城保护之苦旅

董耀会是一个幸福的人，一个快乐的人。虽然作为长城卫士，他还有很多重任，但这并不影响他快乐幸福的心境。2015年夏，董耀会参与策划的长城保护"风暴"席卷中国大地，带来了长城保护春天的遍野温煦之风。

习近平总书记对长城保护工作给予高度重视，并作了重要批示。2015年8月9日，中共中央政治局委员、国务院副总理刘延东专程到内蒙古自治区鄂尔多斯市主持召开全国长城保护工作座谈会。刘延东特别强调，要进一步提高长城保护水平，更好地保护长城文化遗产，传承和弘扬优秀传统文化。

座谈会结束之后，长城沿线各省（自治区、直辖市）先后召开长城保护工作会议，部署长城保护工作，包括落实保护经费、推广和创新保护方法等，全国的长城保护工作显著升级。

8月26日，国家文物局下发《长城保护规划编制指导意见（征求意见稿）》，确定在2015年内制定并完成《长城保护规划大纲》；在2016年内，制定并完成国家和省（自治区、直辖市）两级长城保护规划；在"十三五"期间启动并逐步部分完成长城重要点段保护详细规划。

国家领导人的批示和各地的认真落实，催生了一个真正的长城保护的春天。对于渴盼春天的董耀会来说，2015年的夏天让他再次感受到了全国长城保护的热潮和热心，这让他那颗被一次次破坏事件打击得

图一一六　在长城上经常可以看到他风尘仆仆的身影

孤寂冰冷的心又温暖热切了许多。

每次奔赴长城脚下，他总是会长时间倚靠长城斑驳的墙体，眺望着远方，享受着都市中不可多得的宁静。对他来说，这如同倚靠着历史宽阔的胸膛。站在依然矗立的城墙上，如同站在岁月厚实的肩膀上。

在长城的坚毅面前，内心的懦弱是那么微不足道。他为长城奔波不停，有过挫折、迷茫，更有过遍体鳞伤，但他始终是满怀憧憬地做事。

他喜欢长城上的月夜。月夜的长城寂静无声，夜色中伸手不见五指。董耀会说，在这样的黑暗里，他能和长城的修建者和守卫者进行无声的时空对话。

在长城上，他摸着一块块石头，就像是和先人们交流。当初一定有人把这一块块石头从山上开采下来，又有人把它运到这里，然后有人砌成城墙，建造完工后，还有很多人在此戍守。这些先人们的手不止一次触摸这一块块石头，留下历史的信息。现在，2000年后的我们再用手去触摸石头，和先人们的手重叠在一起，那一刻，历史就融入了我们的灵魂和生活。长城保存的历史文化信息如此丰富而深厚，这是

图一一七　董耀会心里装的只有与长城保护相关的事。在榆林镇北台长城发掘现场（左起：董耀会、段云飞、徐茂成）

其他文物无法相比的。

在他的内心，长城已经成了他一生无法割舍也不能割舍的事业，"既然下决心去做一名斗士，就已经准备好将自己整个地裸露于弓箭之下。我还要接着做我的长城事，继续着我与长城的故事。"

他说对于长城保护工作，他早已经习惯了面对冷漠。同时也习惯了只顾低头拉车，不会抬头看路。"因为大方向是对的，就只管往前走好了。掉沟里就掉沟里吧，能走多远就走多远。"

董耀会的家里挂着一幅他自己写的八个大字"俯仰无愧，埋头耕耘"。郑严说，董耀会写这幅字的时候，正是他一度遇到不公正对待的时候。董耀会对郑严说："我把手放在心口，问了自己三个问题：第一，对长城你有没有愧？我的回答是我无愧！第二，对中国长城学会你有没有愧？我的回答是我无愧！第三，对学会的人，从会长到同事，再到长城沿线一切热爱长城的人，你有没有愧？我的回答是我无愧！"

郑严说："董耀会问过自己这三个问题之后，他就释然了。然后就写了这幅字挂在家里。他说即便不当中国长城学会副会长了，也还可以研究长城，写长城的书。"郑老师说得很对，我还想再加上一句，即使他不是中国长城学会副会长了，他还可以保护长城。因为他是长城保护志愿者这个群体的领袖。

一个人才的成长，都有"过五关，斩六将"的经历。他谈起的往事，却都是感恩。似乎他从来没有遇到过小人和恶事。我很想知道，他怎么处理这些问题。一般来说，人们常想通过努力，追求一种转化的过程，把生活中的阴暗面转化成为阳光的一面。

他说，不愿意去做这种努力，觉得这种转化过程有时很伪善。我对他说，相信他有智慧明辨是非，处理是非。他说："自己通常的做法，是忽略这些是非的东西。阴暗也可能转化成光明，但那要看机缘。"

董耀会是真实、坦诚、简单的人，甚至他的健忘，也是真实和简单的结果。采访他这么久，没有听到他说任何人的不好，因为他心里不装着这些。

京津冀携手保护长城

京津冀区域的长城，是董耀会跑得最多的长城地段，他认为这里的明代长城是长城最精华的地段。推动京津冀长城的保护与利用，也是全国长城保护的重中之重。

2015年9月，京津冀三地的文物管理部门签订《京津冀三地长城保护工作框架协议》，建立合作机制，协力破解多年来长城保护遇到的"边界"难题，为京津冀三地合作保护长城搭建一个良好平台。

董耀会对京津冀携手保护长城，持坚决的支持态度。他强调，这个协议能不能做"真"很重要。这个协议签订了有个好的开始，只有做"真"才能对长城保护发挥作用，也将树立一个跨区域协作保护的典范。

2015年，董耀会参加了几个公路和铁路项目的环评。让他感到非常宽慰和满意的是，设计单位都能自觉遵守《长城保护条例》。例如，《新建赤峰至京沈高铁喀左站铁路环境影响报告书》和《新建通辽至京沈高铁新民北站铁路环境影响报告书》，都通过了环保部的审批。根据规划，赤峰高铁工程线路将和长城遗址交叉，因此拟定用隧道形式下穿长城，有效控制高铁对珍贵文物的影响。

2015年，还有一件事让董耀会别有感触，这就是湖北武汉生物工程学院在校园内修建的人工长城。校园长城全长1600米，连接校园东、中、西三个区。作为一座仿古建筑，校园长城绝大部分按照秦汉至明清时期的长城建筑符号进行设计，并设有关隘，用雄关、武胜关、雁门关等真实长城的关隘名字命名。

这个事件迅速在全国引起热议，有的赞成，有的反对。学校表示，这个校园长城有四重功能：一是可以缓解高峰时期校园的交通压力；二是作为爱国主义教育基地；三是体育健身的场所；四是户外课堂。

董耀会公开支持了这件事，他认为这是一件弘扬长城文化的好事。他赞同校方说法，"校园长城"是学校论证好几年的项目，建"校园长城"也是学校文化建设的一部分。

2015年9月22日，河北省长城保护工作会议在石家庄召开。但仅十天后，10月3日，记者就在采访时看到秦皇岛长城遭受破坏的场景，开矿炸山的现场令人触目惊心。董耀会说，长城沿线开采矿山，许多矿场都拥有合法许可证，矿场开发归国土资源局管辖，但国土资源局颁证的时候没有考虑长城保护，也未征求文物部门意见，结果造成不少企业合法开采矿山，最终导致长城坍塌毁坏。

在张家口的赤城县独石口镇，记者发现一座烽火台下边的山体即将被挖空。烽火台外包的青砖已经被剥尽，只有烽火台下的石基保存相对完好。但是，烽火台北边的山体已经被挖空。记者赶到山体东侧，那里的场景更让人震惊，长城脚下有一辆钩机正在准备施工，开矿的地点已经十分逼近长城附近的烽火台了。

残酷的现实说明，《长城保护条例》亟须修订了，对长城明显有威胁的开矿行为，必须在未来法律修订时给予明确禁止。一种合法的行为，引发的是对长城的非法破坏和威胁，这就是今天长城保护的现状。

宁夏盐池长城认领

在宁夏海原县范台自然村的西山顶，有一座明朝的古烽火台，名为"墩墩梁"。墩墩梁烽火台南北和东西均为 88 米，有四道壕沟和三道围墙，中间的烽燧高达十余米，建筑造型极富特色，是我国现存的两个四重围坞烽火台之一。在墩墩梁的西侧 11 千米的地方，是另一个见杆梁烽火台。

2015 年 5 月，墩墩梁烽火台不幸遭到毁灭性破坏，整个建筑被夷为平地，和旁边修建的梯田融为了一体，一座拥有几百年历史的烽火台消失了，四重围坞烽火台只剩下见杆梁烽火台一座。

董耀会看了报道和照片后，得知最终的处理结果非常轻微，只是对责任领导进行了诫勉谈话。这让董耀会很生气，他希望继续追究当事人的责任，以警示和杜绝以后再发生类似的事件。

有关部门的领导说，问题已经处理，就不要再节外生枝了。董耀会却说，对破坏长城的事不严肃处理，反而人为放任，无原则地姑息。处分不是目的，而是为了让人们吸取教训，保护好尚存的长城遗址不再遭受到类似破坏。

不久，宁夏的一个长城保护措施，让董耀会郁结的心情舒缓了很多。

2015 年 8 月 7 日，盐池首开古长城保护先河，县文物部门和长城保护学会在全国率先实施机构和个人认领保护古长城办法，倡导全社会力量保护长城。

办法规定，凡是热爱长城的单位、企业、集体、个人，都可以认领保护长城。认领的方法，采取实体认领和虚拟认领相结合。当天，4900 米长城和 3 个烽火台被认领保护，主办方为认领者颁发证书。

董耀会在大会上高兴地说："发动社会力量来关注、参与保护长城，盐池县在全国开了个好头。"

此前，认领长城在全国还没有先例。对于盐池县长城保护的创新之举，董耀会给予了高度评价。他表示，盐池县动员社会力量认领长城的做法在全国属于首创，为全国400多个拥有长城的县树立了榜样。实际上，这也是董耀会长城保护里程碑计划的一次尝试，说明社会是有积极性的。

盐池认领长城的程序，首先，是宁夏盐池县长城保护学会与董耀会担任主任的长城保护专项基金管委会签订捐赠协议。其次，盐池县长城保护学会与捐赠人签订捐赠协议。捐赠的保护长城认领经费统一由长城保护专项基金管委会向出资者出具收据，费用主要用于盐池县长城保护，捐赠的使用情况向公众公布。

盐池的认领保护方法引起全国关注，很多企业和个人都表达了奉献爱心的意愿。12月10日，驻宁夏的《人民日报》、新华社等十余家中央媒体的数十名记者，来到盐池县捐助认领保护长城。

在盐池，董耀会还推动了一个新的长城保护措施，利用国家退耕还林政策结合长城保护。为了真正做好长城保护，要把基层动员起来。盐池长城保护方案，是他寄予厚望的一个实例。他说，这个方案适合于当地实际，可行性很强。

白银无人机巡查长城

董耀会还有一个职务，是长城数字工程委员会副主任。用高科技构建长城研究和保护体系，一直是他的一个努力方向，也是他兼任秘书长时启动的项目。他对新事物，特别是高科技始终是高度重视、积极支持的态度。

董耀会对白银文物部门与当地一家无人机生产企业合作，在景泰县试用无人机巡查明长城的创新做法，第一时间表示了赞许。

2015年7月，甘肃白银市景泰县两处明长城遭到了人为严重破坏，事发一个月后才被发现。8月5日，甘肃省文物考古研究所的专家到景泰县考察长城时，意外发现明长城关堡索桥堡被挖沙者破坏得面目全非，长城墙体被挖开了多个豁口，一大一小两座烽火台也被铲倒，而当地监管部门竟然无人出面制止。国家文物局8月14日决定直接督办这起案件。同一天，景泰县公安局拘留嫌疑人周某，4名犯罪嫌疑人落网。

让破坏长城者付出代价，一直是董耀会坚持的观点。景泰县长城破坏事件始于

图一一八 董耀会说:"众多的长城保护志愿者,将构建起保护长城的'长城'。"

2010年9月,沈某某觉得父亲墓地的风水受到明长城影响,于是雇人用装载机在长城墙体上挖了一条水道,将长城西侧水道改至东侧流向坟地,致使长约3米的长城墙体被破坏。

2015年底,沈某某因犯故意损毁文物罪,被景泰县法院判处拘役4个月,并处罚金1.5万元。2016年4月,景泰县检察院对景泰县文化体育管理局原副局长沈某、景泰县文化广播局原副局长赵某以涉嫌失职造成珍贵文物损毁罪,向景泰县人民法院提起公诉。

为了防患于未然,甘肃在野外长城巡查保护中首次引入高科技设备,在景泰县试用无人机巡查明长城。这一次的巡查航程达到30千米,航拍了260多张清晰照片。无人机这种有效的做法,为巡查保护野外文物探索了全新的途径。

破坏发生之后,积极改正、亡羊补牢值得肯定。但是,如何做到事前预防,杜绝破坏的发生,这才是最应该做好的事。白银市长城巡查保护中试用无人机巡查明长城,就是防患于未然。董耀会的肯定,对白银市领导也是一个鼓励。董耀会说:"在现实文物管理体制下,最理想的长城保护状态,也只能寄希望于当地有责任心的领导了。"

小河口长城修缮风波

2016年9月，《长城保护条例》颁布10周年的时候，一则"最美野长城被抹成水泥地"的消息引发热议。董耀会看到辽宁绥中的小河口长城被修得"面目全非"，倍感心痛。这个2014年完工的长城修缮工程，再次引发长城如何修的争论。

那段时间，董耀会频频接受记者采访，他认为小河口长城修缮工程的做法简单粗暴，"这样修复长城，损害了人民感受长城的文化和历史，割断了人民与文化遗产对话的渠道，这种行为很荒唐"。

辽宁省文物局领导回应说，整个项目经过国家文物局批复，包括方案的设计、工程监理、竣工验收，每一步都"合理合法"。为何修缮手续齐全，最终会"修得不好看"？

董耀会说："每个环节都没有问题，最后还修成这样，这才是最大的问题！"他认为，出现小河口长城的这种现象，最主要的是缺少长城修缮、施工的规范标准，这些环节的执行者更缺少对长城的敬畏，缺少对世界文化遗产负责任的一份担当。

那么，该如何科学修长城，才能留住更多"最美野长城"的风貌，才能让长城更长久呢？董耀会说："目前亟须从制度层面上制定长城修缮设计与施工的标准。"出现小河口长城现象的原因在于，国内缺失对长城进行保护性修缮的相关规范，因此他建议文物部门总结近十年来长城保护的经验与教训，尽快制定修缮长城的法规，做到有法可依。

其实，很多地区在长城保护方面做得较为成功。董耀会举了几个例子，比如北京市文物局的长城保护志愿者活动，动员社会力量参与长城保护，并且将长城保护与护林结合。山海关长城修缮时，整个过程都有人监管，工作人员都很有责任心。施工人员清除沙子后，发现设计和原址不一样，就几次停工请专家论证，重新设计。董耀会在现场看到后，从心里对他们充满了敬佩和感激。

在董耀会看来，长城修缮应该坚持三个基本原则：最大程度保护长城的本体存量，最大限度地保留长城承载的历史信息，最大限度提高工程的施工质量。他特别强调，这三个原则必须遵守，不容违背。

他说："长城的本体是明代人建的，现代人是可以通过这样的长城与历史对话的，我们不该去新建墙体。所以要做到'最小干预、抢险加固'，这样，我们才可以通过长城感受到历史、文化，有时空感，这样现代人才能与长城对话。"

12年前，董耀会曾对紫荆关长城修缮工程提出批评。12年后，董耀会的观点没有变，但社会认识变了，包括国家文物局的认识也变了。认识进步了，虽然晚了12年，但董耀会还是很高兴。

小河口事件发生不久，董耀会第一时间提出严厉批评。国家文物局主管副局长宋新潮公开表达和董耀会一致的观点："修复理念不当，对长城反而造成破坏。这次辽宁的事件就是一个典型。长城今天的样子一定是历史和自然赋予它的样子，那种修复却改变了这个样子。如果今天的保护措施无法连接历史和未来，那就成了破坏。"

国家文物局对此次事件高度重视，马上派出调查组现场调查。调查组的最终结论认为：该工程基本达到抢险加固的目标，但严重影响历史面貌。调查组认为工程管理存在以下四个方面的问题：（一）设计方案把关不严，工程实施监管不力，工程初验未提出"抹平"做法欠妥，竣工图与现场情况不符。（二）在工程实施过程中跟进指导不够，未能及时评估技术设计变更的实际效果并予以调整。（三）监理单位未能把好工程技术关。（四）施工单位在没有洽商文件并报备的情况下，实施了大范围"三合土铺平夯实"（即"抹平"）施工，并且存在施工粗糙等情况，在部分段落三合土中存在少量添加了水泥。

国家文物局公布了调查处理结果，并向全国公布：排查长城沿线15个省（自治区、直辖市）的长城保护维修项目。

图一一九　董耀会说：长城修缮，能不修就不修，能少修就少修。除旅游景区之外，修缮要以满足长城墙体安全为原则

让董耀会最满意的是"排查长城沿线保护维修项目",这个举一反三的正确做法,要求及时发现问题并整改。

董耀会说:"50年前,中国因为'穷'拆长城,造成了对长城的严重破坏,那是历史的遗憾。如果50年后的子孙,看我们这一代,因为'富'有钱修长城,造成对长城的严重破坏,我们就是历史的罪人。"

董耀会一方面质疑长城工程的某些做法,一方面又反复强调不要放大当事单位和当事人的过错。在小河口长城事件过程中,他在会上说:"出现长城修缮工程过度干预,很大程度上是体制的原因,而非技术层面的问题。不能过多地责怪负有直接责任的当事部门和当事人。"

说到体制问题,董耀会感触很多。他说,国家财政投入的保护经费,主要用于大型修缮工程,而长城的日常维护经费却严重短缺。日常维护、亟须修补的小问题,因为缺乏资金而无法解决。

小河口附近山顶有一个敌楼裂了,如果及时把裂缝处理一下,花很少的钱就能保护好。但是,这很少的钱却没有。这个楼子和小河口长城属于同时期的,已经倒塌了,半个敌楼滚下山,附近十几里的村民都以为地震了。

目前,长城保护大工程的费用由中央财政拨付,日常维护费由地方政府承担。事实上,历代长城所在的404个县,50%以上是经济欠发达地区,地方政府无法承担日常维护费用,而中央财政又没有这方面的预算。

董耀会说,这种体制下的长城日常维护就变成口头的事。因为没有人出钱做日常维护,长城保护最终竟然变成一句空话。

山阴"月亮门"和宜君魏长城

山西省山阴县的广武村附近,一处残存的长城敌楼因为形似月亮,被游客赋予了"月亮门"的雅号。董耀会多次去过月亮门,他对那里很熟悉。

郑严说:"2012年9月,我和董会长赴山阴县考察长城,去看了月亮门后,他向山阴县的领导提出月亮门很危险了,要抓紧申报。"后来董会长又问过一次这处长城的抢修情况,被告知修缮方案已几次修改,但还没有最后确定下来。

2016年10月3日,这个"月亮门"发生坍塌。这次倒塌的原因,可能是因为长期基础不稳定，经常水土流失。在这种情况下，必须及时加固基础。如果上面有裂缝，要及时填补。只要做到实时观察和监控，这些小毛病日常都能处理。

月亮门如果进行预防性保护，费用大概10万元左右，但该做的没有实施，下边却花费50万元修建了一个仿古厕所。痛定思痛，为了防患于未然，董耀会建议加强长城保护员队伍的建设："现在整个长城都是类似情况，防止倒塌就要及时监控、及时处理。这就需要政府协调构建保护员队伍，并进行专业培训，由他们及时监控。"

图一二〇　2012年9月10日考察山西山阴新广武"月亮门"长城。此建筑遗存于2016年10月3日晚至4日晨之间发生坍塌

2016年12月，山西省政府公布《山西省历代长城保护范围及建设控制地带的通知》，计划对全省现存的历代古长城进行保护。通知对长城保护范围划出了"红线"，保护范围内不得添建新建筑和进行其他建设工程，不得开展危害长城本体安全的活动。

通知还明确了涉及地下矿藏的长城地下保护范围：以地上保护范围外围为基线，呈30度角向下外斜至矿藏最深点，呈坡形塌陷线划定。在地下保护范围内，禁止开采活动。

"月亮门"的倒塌令人惋惜，但是一个景观的损失能够推动山西长城保护工作，这让董耀会郁结的心情多少舒缓一些。但这种代价实在太大了，残存的长城已经无法承受。

也有的地方长城保护做得很好，令董耀会很欣慰。陕西宜君魏长城的保护就做得很好，陕西省文物局副局长周魁英多次陪董耀会到陕西铜川的宜君县，考察辖区的战国时期魏长城遗址。董耀会多次在国家有关会议上表扬宜君的长城保护做法。

周魁英是一位专家型领导，也是董耀会的好朋友。董耀会比他大5岁。董耀会徒步走长城那年，周魁英从北京大学历史系考古专业刚毕业，他当时在报纸上看到报道，从心里十分敬佩。陕西省开展长城资源调查时，周魁英是省文物局的文物处处长。

宜君的战国魏长城，北起宜君与黄陵交界处的东湖村，南至城关镇十里铺村，总长9594.5米，现存清晰可见的城墙遗址27段，残存2993.5米，消失5901米；9个烽火台遗址、1处城址，还发现了堡址3处。

现在，宜君所有的长城遗址都划定了保护范围，并对墩台加装隔离护栏，墙体则加装了隔离护网，竖立了统一的保护和说明标示牌，组织专职的文物保护员进行日常护理和监管。

宜君的战国魏长城也曾经是一段不为人知的长城。后来，通过长城调查找到了遗址，采取了正规的保护措施。从事长城保护的有文物管理部门的领导，也有基层的文保员，他们对长城保护都流露出一种热情，一种对长城的真诚呵护之情。

宜君的长城保护，严格遵守不改变文物原状和最小干预原则，让长城的完整性和沧桑风貌真实地展示给游人。宜君的做法，给董耀会留下的印象非常深刻，他希望宜君的事例给其他地方的长城保护多一些参考，更多一分激励。

腾讯合作公募

2016年9月1日，是《慈善法》正式实施和《长城保护条例》颁布10周年的日子。当天下午，"长城保护2016"公募活动在人民大会堂正式启动。活动由中国文物保护基金会发起，运用腾讯网络公益平台，希望以"互联网+公益"的方式吸引更多人的关注和参与。

此前，董耀会和腾讯公益基金会的郭凯天董事长就熟识。2014年腾讯公益基金会与中国长城学会共同发起长城数字化的长城街景项目。学会本来可以和腾讯公司深度合作，发挥腾讯的网络平台优势，动员社会特别是青年一代关注长城历史文化和保护长城。但是非常遗憾，因为种种原因，学会和腾讯有关数字长城的合作无疾而终。

腾讯公益基金会又找到中国文物保护基金会，2016年9月，腾讯基金会联合中国文物保护基金会，投入近2000万元启动长城的修缮与保护公募。中国文物保护基金会理事长是文化部原副部长、国家文物局原局长励小捷。

2016年9月1日，董耀会以这个长城保护公募项目负责人的身份，在人民大会堂长城保护公募的新闻发布会上，作了《长城保护2016公募项目发布报告》。

图一二一　董耀会在人民大会堂作《长城保护2016公募项目发布报告》

他说，长城遭遇了2000多年的自然损毁和人为破坏。现存长城一部分已成为遗址，大部分保存状况堪忧，墙体坍塌。中国文物保护基金会发起长城保护公募项目，倡导公众在个人能力范围内参与保护。

董耀会介绍说，募得的资金将用于河北宽城县、迁西县的喜峰口长城段落，以及北京箭扣长城段落的本体修缮。所选的两处长城都纳入了国家文物局"十三五"重点计划的长城段落。

喜峰口段长城已历经500多年的岁月，还是长城抗战的主要战场之一，1933年，国民革命军第二十九军宋哲元率部在此阻击日军，五百大刀队夜袭日军驻地，大部分士兵壮烈牺牲。《大刀进行曲》唱的就是这一段可歌可泣的历史。

用于喜峰口段长城本体的资金，主要通过网上募集，辅以线下劝募，共修缮长城墙体1050米，费用估算约2300万元，根据筹款情况分为三期实施，首期筹款目标为1100万元。

箭扣段长城地形复杂、险峻雄奇，拥有北京结、鹰飞倒仰等11处特色景观，主要采取以腾讯公益慈善基金会为主，联合其他互联网企业共同捐资的方式进行，费用约为1500万元，腾讯公益慈善基金会已领捐1000万元。

图一二二　董耀会和长城修缮工人在箭扣长城工地

对于募集资金的使用和管理，董耀会进行了详细说明。募集资金将全部用于长城公益工程，其中94%用于修长城，6%用于项目运行管理。

董耀会强调，这两段长城修缮坚持最小干预的原则，秉持现状整修的思路，同时也充分考虑公众参观体验的需求，设计了一系列让捐赠者参与的活动。如邀请部分捐赠者烧制长城砖、攀登长城等，为捐赠者提供更多亲近长城、了解长城的渠道。

和腾讯的合作，让董耀会看到了一个更新颖、更有效的长城保护途径。他说，今后还会寻找更多的合作方式，为了长城保护他乐意做各种尝试。

除了资金和技术外，董耀会不止一次地对我说，长城保护还有一个情况让他十分纠结。他说：" 今天的工程管理，比如招投标制度，今年的经费拨下来后，到年底必须花完，不然工程就不能验收，而且还影响明年的财政拨款。但是，在深山里上冻早，上冻后不该施工，按理要等来年春天回暖才能继续。验收不能跨年度，只好硬干。这样修好的长城会出问题，第二年不得不花钱重修。"

在他看来，将来正确的做法是不要设定工期，允许跨年度施工，保证长城修缮的质量。但是，地方管理部门又认为这不符合招标管理制度。

"做事很难啊"，董耀会对北京市文物局率先为解决这些问题而作的努力深表赞许。历经了数不清风雨锤炼的长城之子，对未来依然充满信心，更多的还是期待。箭扣长城的修缮进行得很顺利，这让董耀会沉闷的心绪云开雾散。

司马台长城与古北水镇

2017年12月22日,在"国际城市论坛京津冀协同发展年会"上,董耀会以"长城旅游发展之文化敬畏"为题作主题演讲。他首先强调:"什么是敬畏?就是既敬重又畏惧,做长城旅游就要对长城文化有这样的敬畏之心。"从长城的意义、认知长城、农牧分界线、长城内外、长城旅游等几个方面来进行了探讨。

过去,司马台长城一直是董耀会赞赏有加的长城修复典范,因为那时候对长城有这样一份敬畏之心。同样是司马台长城,在2014年之后又变成董耀会的批评对象。他认为在司马台建造的"古北水镇",缺乏对长城文化的敬畏之心。

原来司马台是长城修复的一个典范。董耀会说:"司马台长城修复的成功之处,是让游人始终能感觉到长城的历史沧桑感,仿佛置身于根本没有修复过的长城之中。"在长城线上奔走时,董耀会多次推荐司马台长城的修复经验。

在他看来,如果修复长城都能这样保留好历史信息,对长城旅游资源就是最好的保护。司马台长城的修复工程,1987年5月正式开工,1988年5月30日竣工,工程持续了一年时间,1989年北京市文物局验收合格。

工程师和施工方共同研究了修复实施方案,很多细节之处都下足了功夫。例如他们确定,新补砌的宇墙、雉堞只要能保证游人安全就行,要砌成残毁的不规则形式。

司马台长城的修复,也得到了联合国教科文组织的肯定和表扬。

1988年3月,世界遗产专家考察司马台长城后,在报告中给予充分肯定:"司马台长城的重建保存了历史原貌,没有任何现代建筑的痕迹,环境保护得好,这里的修复符合国际上文化遗产的修复原则。"

正因为司马台长城保存了原有的沧桑风貌,加上环境优美,每年慕名而来的国内外游客络绎不绝。

司马台还有一项措施让董耀会非常满意:对12楼以上的长城地段封禁,并有专职的保安劝返游人。这样做,虽然有的游客不满,甚至会投诉,但这样是对游客安全负责,更是对长城保护负责。再往上的长城非常陡峭,没有进行过修复,游人上去不仅非常危险,也会对长城造成破坏。

古北水镇,是一个以休闲度假为游览主要目的的旅游综合体,北京市"十二五"

规划支持的文化创意产业与旅游业重大项目。占地面积9平方千米，总投资逾45亿元人民币。第一大股东中青旅控股公司，用"乌镇模式"开启古北水镇的发展道路。

2010年6月古北水镇项目正式签约，2013年10月开始了首次试营业，2014年10月1日正式对外开放。古北水镇依托司马台长城，复制了不属于北方模式的南方水乡乌镇建筑风格。这种在北方长城脚下，生硬地复制南方水乡的做法，过于简单化地处理文化，也就是董耀会说的，缺少对文化的敬畏。其中，酒坊、染布坊、酱菜馆等景点具有非常明显的乌镇"舶来"色调，并没有古长城沧桑的边塞风貌。只有八旗会馆等少数景点，结合古北口和北京区域的历史文化特色，有一定的合理性和文化内涵。

2014年7月初，古北水镇旅游项目的主体工程刚刚竣工，还未正式开业的时候，董耀会第一次对这个项目公开提出批评。

当时，河北广播电台录制《燕赵传奇·长城文化》，他作为主讲嘉宾，做了50多讲节目，其中第一讲说的就是司马台长城。

说司马台长城，自然就谈了古北水镇项目。那时，古北水镇这个度假区主体工程已经施工完成。

董耀会说，长城脚下的那些边塞城堡，虽然也逐步发展成今天的村庄聚落，但是与江南水镇的建筑风格相比，是完全不一样的风貌和文化。开发商之所以这样做，目的只有一个，即对长城进行商业化的旅游开发。这样的开发也许对开发者有很好的经济回报，却破坏了长城作为边塞文化的厚重和沧桑。

董耀会说，司马台长城的这种开发模式不可取，这是商业的成功，文化的失败。其实，同样的投资，如果认真挖掘一下长城文化和历史，可以把项目做得更有文化品质。这个项目最后的结果是挣到了钱，长城却变成了一个旅游地产项目的背景。

2015年6月11日，长城资源的保护与利用座谈会在北京八达岭特区办事处举行。

董耀会面对众多旅游界的朋友，再一次对司马台长城景区的"古北水镇"建设项目提出意见。他说，长城旅游和其他旅游不一样，有一个世界文化遗产的保护问题。司马台长城是当年长城加入世界遗产名录时，联合国教科文组织专家重点考察的一个长城代表景区。那里的长城保护得非常好，后来维修时也努力保护了历史信息。现在开发的"古北水镇"，打造"古北水镇国际旅游度假区"，客观上影响了长城环境和文化。

董耀会说:"我不反对进行长城旅游开发,但我更愿意看到对长城旅游景区的建设,能够保护好长城这份宝贵的文化遗产。"我理解他说的保护,包括对文化的保护。

他认为,文化遗产的保护不仅仅是保护文化遗产本体,还应该保护其环境,特别是与其一致的自然和历史风貌。而司马台长城现在的开发模式不可取:"搞长城旅游,可以如此不顾及文化,说明什么呢?只能说明我们的没文化,至少是心里没把文化当回事儿。"

在北京及河北区域内,长城旅游形态可以分为三类:一是八达岭的观光形态,二是慕田峪长城带动的怀柔农家乐形态,三是司马台的度假形态。但到目前为止,还没有把长城文化相关的旅游产品、旅游业态和公共服务系统建立起来。

董耀会说,司马台做度假形态的长城旅游本来是一件好事,也符合旅游发展的大方向。项目的建设和运营也是成功的,但是"古北水镇"项目与长城文化基本没有关系,至少是削弱了长城文化,这一点很不好。

他说:"长城旅游消费带给游人的感受差异,应该是源于长城文化本身,这种正确的做法才能做到持续性。"

古北水镇事件让董耀会对国内其他地方的长城区域开发也充满了忧虑。我采访董耀会的时候,问他今后如何避免类似事件的发生,他沉默了很久,最后开口说,有效的措施有很多,例如严格执法、提高政府规划水平等。

他期望,通过对长城历史文化认识的提升,走出一条有文化品质的发展之路。

诗集《生命的空旷与安详》

采访的过程,我发现有一个困境,无法最终在一个点上说清楚董耀会的人生。这不是一个非常理论性的问题,却又必须说清楚。他何以成为他?他是一个英雄,又不是我们通常所想象的英雄的样子。

看过他的诗集《生命的空旷与安详》,我明白了一个诗人的人生。他所做的一切,都承载着一个诗人的情和爱。我只看过董耀会两本诗集,因为他只有这两本诗集。

他出版的诗集虽少,但都是精品。第一本是得到谢冕先生好评的《望断悲风》,

图一二三　诗人董耀会的长城沉思

第二本诗集就是于 2017 年 7 月出版的《生命的空旷与安详》。

严格地说，这不是一部诗集，而是一首 5000 多行的长诗。这是他对生命的静思，对事业的哲理性研考。读他这首超长的诗作，感受的不再是野外苍劲、苍凉、沧桑的长城墙体和砖石，而是他真实、激昂、落寞、孤独，以及抗争、进取、成功、静谧、安详的本真心绪。

真正的诗人并没有出版诗集的功利性冲动，但是出版之后能与更多的朋友分享生活和生命的感悟，这也是真正诗人乐见其成的事儿。董耀会这部诗集的出版，就是他的老朋友、凤凰出版传媒集团的掌门人陈海燕力促的结果。

董耀会在经历 2000 年那次严重车祸之后，对生命有了一种深刻入髓般的思考，这是他创作这部长诗的灵感之源。他用了 3 个月的时间，把自己关了起来，创作这首长诗。3 个月之后诗稿写完了，他也一脸蜡黄，整个人像虚脱了一样，走路都晃晃悠悠的。他把这首长诗封存了起来，这一封就是很多年。

2007 年，他和陈海燕共同启动《中国长城志》编纂工程之后，在不断的交往中成为可以交心的挚友。一次，偶然谈起自己这首思考生命意义的长诗，陈海燕听了，马上说我们给你出版吧。

董耀会第一次和陈海燕谈过这首诗后，打印了一份交给陈海燕。江苏凤凰出版传媒集团决定要出版这本诗集，董耀会说："有时间了还要再看一遍，改一改。"陈海燕将诗稿放在家里写字台的一角，有空的时候就读上两页，每次他都会有一种熟悉的感动和别样的回味。

因为忙于《中国长城志》的编纂，加之董耀会没有任何功利性出版诗集的需求，这首长诗的出版一直处于搁置状态。竟然一晃又是 10 年，在《中国长城志》出版之后，陈海燕提出来问董耀会，诗稿改好了没有。董耀会哈哈一笑，说始终没顾上。接着又说了一句，算了不改了就这样出吧。

陈海燕把这部在他床头放了10年的诗稿，转交给出版社。他还为诗集写了序言，对这部诗集给予了高度评价：这是一首关于人生和哲学的长诗，是诗人面对自我、面对时代，对灵魂的一种追问，对心灵自由的一种追求。他把人生的感觉放在春暖花开和漫天风雪中，表达出强烈的历史感。他用自己的人生经历和生命历程中不断变化的复杂心态，展现了一代人对人生和历史的态度。

正如陈海燕所言，这是董耀会沉思人生、讴歌生命与希望的长诗，给人的感觉丰富而深厚。对人生的透彻领悟，对理想的执着追求，对坎坷往事的豁达，每一种情感都抒发得意境辽远，深透入骨。

这部长诗的章节区分非常简洁，或者说根本没有章节名目，只用序号排列为1～52的数字序号，然后又分为3～5不等的下一级数字序号，就如同生命没有题目，没有章节一样。

最有特色的是诗的段落，5行或4行的分段占了绝大多数篇幅。因为段落短小精练，所以读他这部长诗并不觉得累，一段段地读，一次次地随着他的感悟而感悟，或感动，或伤情，或悲痛，或畅达，或向往，读他的诗就是在读他的长城事业奋斗史。

读懂这部长诗，需要首先了解他的长城事业，特别是其中的奔波、呐喊、曲折、误解和苦涩，以及从未放弃的坚韧和执着。只有了解他的人，才能真正触摸到诗句后面的多种深层寓意，有豁达，有超脱，有尝尽艰辛的释然，有踏遍曲折的超然，还有容纳风雨和风暴的四海胸怀，有回念风雨风雪与寒冬的温情胸襟。

月光，星星，风雪，夜晚，都是董耀会常用的词汇和意象，出生于隆冬雪夜的他，是在猴年腊月的末尾。董耀会喜欢踏雪，一次雪后我们俩在河北地质大学校园散步，他不走人家已经扫除出来的路，专找别人不走的地方，踩没人踩过的雪。

寒冷的季节，猴年的岁末，董耀会有着猴子的聪颖灵动，有着寒冬的坚韧坚强。大海边，长城脚下长大的他，既有搏击海浪的勇气，也有攀缘峭壁的胆魄。董耀会，一位注定行走天下的英雄。从老龙头徒步长城起始，他从此和长城结下一生之缘。他把自己的回忆，用这首5000多行的长诗写了下来，展现在我们面前。

出生于冬天雪夜的他，最不喜欢不冷不热的春天，对于需要呵护的万里长城，他一直在追求、呼唤、期盼着春天。"腊月里的雪／悄然飘下／一个普通的哭声／向雪天，发出 / 穿雨破雾的生命音节"，"属于冬天的人 / 冰天雪地，不知疲倦地奔跑 / 陪冬天的月色 / 一起寻找天荒地老"。

很多诗句坦露的是他和长城命运相通的血脉深情，面对挫折，从未退缩，即使头破血流也要让蓝天看到他不屈的意念："红色的云 / 经历几多风雨，几多徜徉 / 还依旧愿意 / 继续举起 / 不怕折断的翅膀"，"心的冲动，掀起惊涛骇浪 / 即便在淤泥里 / 磕磕绊绊 / 也会向天真烂漫的高度 / 飞翔"，"从来不怕跌跤 / 失魂落魄的时候 / 虽然不小心 / 曾经无数次跌破 / 裸露的头"，"不会在飞翔中 / 细声低语 / 愿意，释放热血 / 用泉涌的泪 / 感天动地"，"朴素的歌声 / 唱出无尽的倔强和不羁"。

他也经历了诸多痛楚和屈辱，但回忆中已经坦然："与人结怨 / 是因为 / 不肯低头的性格"，"伤口，愈合了多年之后 / 往昔的经历 / 恍如梦境 / 伤疤，成为 / 无关痛痒的记录"。对于过往的误解和非议，他也有了豁达与宽容："不记得，被赞美的模样 / 也不记得 / 诽谤的声音 / 事情，已经过去很久，很久"，"已经原谅 / 过去不曾原谅的原谅 / 化为灰烬，再也不追究 / 谁对谁错"。

长城之路虽然坎坷，但他的坚韧并没有让他退缩。"奋斗的路 / 没有开始，没有停止 / 只有 / 不断地攀登"，"踏平一道道 / 不太可能跨越的山岭"，"走进黑夜 / 走进，比黑夜更暗的地方 / 匍匐前进 / 等待落日重升"，"所有的草 / 不再理睬，风的闲言碎语 / 安静地守候 / 地下的根 / 等待明年的春天"，"跋涉千山万水 / 流下浑浊的眼泪 / 承受风风雨雨 / 学会在开花的季节，收获无

图一二四　王志国和董耀会两位 60 多岁的中国长城学会副会长考察长城时总是走在年轻人的前面

畏","承受风雨/一直承受,承受到/自尊和身体/都无法承受的程度","拖着疲惫的脚步,走自己的路/剩下的交给命运","云雾的笼罩,不管多久/都会过去"。

今天,他渴望的春天已经降临。今后,在他喜欢的雪飘原野的寒冬时节,银装素裹的长城一定会让他倍感欣慰,让他有另一种的依恋不舍,这种不舍是全新的幸福,而非过去的无助和痛楚。"悲伤的星光,快要过去/亮丽的春/悄悄地来临","河水解冻时/等待风雨的山地/什么也不想,也不说/要想,要说的/早在风雨不期而至时就想过、说过","忘却冬天/一路走过来的疲惫/不太在意,心中留下的痛"。

图一二五　2004年,四位中国长城学会副会长合影(左起:蔡德明、才利民、钮茂生、董耀会)

他将自己的生命感受,用诗句传递给更多的人。到了退休的年龄,他依然还在继续走着他的长城之路。"把自己的感受/珍贵的履痕,草芥的琐碎/写成触摸心弦的诗句/留给别人","退落的潮水/在夜晚,放下辛苦和劳累/迈着舞步/寻找回涨的机会","如果明天/可以再次冲动/就,再多冲动些,哪怕/近似疯狂/做僵硬的石头,也心花怒放","往日的风花雪月/留下/还没有消逝的热情/默祷明天/守护,不曾泯灭的神圣"。

读这本诗集,可以静心开卷,可以激情共鸣,过往的豪情和壮举历历如昨,昨日的苦痛和挫折已经消逝入海。"欢乐和痛苦/泪流成行的傍晚,都需要/有人在海的对岸/用心倾听","骏马在奔跑中等待/不泣哭/在等待中奔跑/不认输","愿意为天空/为心中的日月,承受更多的磨难"。

今天,重回海边,再聚高山,触摸熟悉得有些陌生的长城砖石,回忆儿时海中的身影,还有父母慈爱的眼神。"只记得,初冬的阳光里/妈妈眯起双眼/长一线,短一线/缝制/厚厚的棉衣","土布棉袄和灶膛的火/一直是/心中永远的热",

"赤裸双脚/泡在冰凉的海水,看深秋落日"。倾听大海温顺的涛声,山中梓椤树雨中的轻鸣,老龙头的沙滩,依然记得他当初写下的凯旋的誓言:"春暖花开/挺直,被暴风雪碾压的身躯/继续前行"。

他希望自己的长城之路继续走下去,更希望有更多的人继续他的长城之旅。"一片霞光/燃烧火一样的辉煌/瞬间吸引了风/刚停下的疲惫脚步","静静的月夜/瘦骨嶙峋的灵魂,乘一条小船/飘在风浪上/去大海的深处/寻找彼岸","再次敲响/空旷的生命之钟/又一次踏上/憧憬的路/去天际,探寻灵魂的苍穹","蓝天白云下/再打拼出一片/行云流水/待秋风起时,让心灵的海洋/更加澎湃"。

第八章　新征程的执着

作为长城之子，董耀会的学术研究也独树一帜。学术本应是客观而实事求是的，毫无功利需求，他做到了这一点。我很难想象，他整天忙里忙外地做长城保护和文化传承，怎么还会如此醉心学术，并且自得其乐呢。

随着研究的深入，长城蕴含的丰富文化，特别是爱国精神又激励他甘愿付出一生的时光，点亮自己的生命，点亮长城事业。但是，长城保护对于他来说，痛苦远远超过欢乐，他要经常像足球运动员那样不停地"跑位""补位"，希望破坏长城的事件越少越好，最好消失。

他是为长城而生的，近40年对长城事业的不懈追求，他被誉为"长城之子"；因为近40年对长城保护的辛苦奔波，他被赞为"长城卫士"。在未来的长城史册上，他将是一个时代的象征。他评价自己则是"万事只求半称心吧"。

董耀会做学问很特别，他不是为了发表多少文章，更像是一种情感的投入和宣泄。看他写的东西，我能感受到他情感的倾注非常浓重。

这根本就不像是做学问，他将自己整个地投入进去，任由自己的精神承受着巨大的压力。他这种全部投入的做法，代价巨大，特别是对精神和身体的伤害。

董耀会不是出世的历史学家，他始终在思考今天应该如何理解长城。他每个独特概念的提出，似乎都立足于为大众寻找爱长城的理由。他的学术研究，紧密地结合着社会的需求，这就是他的优势。

按照他的理解，大众对中国为什么修长城的理解，关乎长城的保护和对国家与民族的热爱。他总是在不同的场合问观众为什么中国那么多朝代都要修长城，然后他再详细地解释各个朝代修建长城的原因。

人类文明的标志

任何人都有自卑的时候，董耀会有过自卑吗？我直接问过他，他回答得也很直截了当,一个字"有"。再问他什么时候有过自卑感,他说不记得了。接着他强调:"任何人,任何的时候都不必要自卑。"

人不能自卑,一个国家、一个民族更不能自卑。这是董耀会长期强调的一个观点。长城研究是一件很枯燥的事,董耀会却做得很开心。这种开心很大程度上来源于挑战性和成就感。他要通过长城,让更多的人热爱自己的国家,树立文化自信。

他曾经在自己的文章中说过:"中国人从什么时候开始没有了文化自信?从近现代以来,从1840年的鸦片战争开始。我们落后了,我们不断地在挨打。1915年开始的新文化运动,欲救国救民族于水深火热之中的仁人志士开始反思我们的文化。"

董耀会说过,那个年代不仅是民众没有文化自信,担负着传承文化使命的文化精英同样没有文化自信。不仅是没有文化自信,甚至可以说我们的国家和民族完全被自卑心理所笼罩。新文化运动彻底否定儒家思想,新文化运动中一些文化领袖认为废除儒学还不够,提出要消灭汉字。

陈独秀也说:"中国文字既难传载新事新理,且为腐毒思想之巢窟,废之诚不足惜。"胡适极力支持陈独秀,鲁迅也主张消灭汉字,话说得更绝、更惊世骇俗。鲁迅说:"汉字不灭,中国必亡。"

这些中国现代思想家、文学家、新文化运动的倡导者,表达的是一片忧国忧民的良苦用心,因为缺乏对自己文化的自信而选错了方向。他们绝没有想到,仅仅过去80余年,中国对世界经济的平均贡献率已经位居世界第一,中国综合国力在世界中也已稳居第二。这也提升了汉语的重要性,世界各国越来越多的人在学习汉语。但是国人的文化自信建立起来了吗?董耀会认为没有。

2008年,北京举办第28届奥运会。奥运会举办之前,国务院新闻办公室计划编辑一本多国文字出版的大型画册《长城》,作为奥运期间送给各国朋友的礼品书。

这本书要请权威专家主持,国务院新闻办找到了董耀会。

他欣然答应,出任该书的主编。但他又明确提出,原定的风光展示型的画册结构必须进行大调整,要给画册融入长城文化这个核心内容,才能得到各国代表的认同。

他说:"这本《长城》至少要回答三个问题,一是中国古代为什么持续2000

多年，不断地修建和使用长城？二是中华文明是世界四大文明古国中唯一没有中断的文明，这其中长城起的作用是什么？三是以今天的视角来看，长城所代表的中华文明对人类文明发展的价值何在？"

长城是人类文明的标志，这个观点是董耀会长城学研究的又一个重要成果。

他这个独树一帜的观点曾经受到国外学者的当面质疑，对此他从三个方面给予了详细解释。

他认为，人类文明始终面临着三个基本问题，即生存保障、社会秩序和文明传承，简称生存、秩序和传承。中华民族与世界各民族一样，在社会和文明发展过程中也同样如此。

长城从产生到发展，绝大部分时间与人类从古至今，乃至今后都始终要面临的三大问题高度契合。在世界文化遗产中，这一点中国长城独具特色。所以，长城是人类文明的标志。

国务院新闻办采纳了董耀会的提议。

董耀会和国务院新闻办的领导吴伟、吴江江做主编，黄永仁、严欣强、张俊做副主编，开始了重新的编纂。

黄永仁北京大学历史系毕业。董耀会做中国长城学会秘书长时，黄永仁做过学术研究部主任，也做过学会办公室主任；严欣强是外文出版社的资深编辑，1984年开始拍摄长城，已考察长城800余次；张俊是"长城小站"创始人，网名叫"火箭人"，是一名软件工程师，他和妻子曾傲雪一起几乎把所有的业余时间都用在做与长城有关的事。

董耀会介绍说，张俊和他妻子俩人，也是因为爱长城而走到了一起。曾傲雪的父亲，知道女儿和一个喜欢长城的男孩交朋友，他对女儿说："真喜欢长城的人，没有坏人！"

最终这本《长城》画册在国内外受到读者的一致好评。

董耀会关于长城是人类文明的标志的观点，在《人民日报》（海外版）发表，受到国内外的关注。一次东西方文化交流，有一位国外学者当面提出了质疑。

那位学者问，董先生你说长城是人类文明的标志，支撑你这个理论的依据是什么？董耀会则用三个基本问题做了认真答复，那位学者听了，不住地点头表示赞同。

我们展开了解一下董耀会的这个重要观点。

生存——首先要活着

生存保障是中华民族面临的第一个基本问题。董耀会喜欢从不同角度阐明他对历史的认识，利用我们生活中的感知来理解历史。"生存——首先要活着"，一个人不管多有钱，官职多大，首先他要活着。一个国家，一个民族，以及全人类也同样如此。否则人类灭绝的时候，人类文明就没有任何意义了。

长城作为一项防御军事工程，解决的首先是生存。长城防御体系的修建和使用，使农耕民族在一个有相对安全保障的空间里从事农业生产，少受外界的侵扰。同时，因为较大程度地规避了战争，也有利于游牧民族在和平状态下的生存和发展。

长城内外的不同民族既相互依赖又存在对立，这是双方合作或冲突的前提。长城在化解游牧和农耕民族的冲突与矛盾中发挥重要作用。长城是平衡长城内外不同利益主体利益关系的一种手段，长城使双方冲突的概率降低。

利益关系的变化是长城区域不可能长期处于一种状态的根本原因。力量均衡打破之后，必然影响利益平衡。利益平衡破坏之后，会有强烈的矛盾或冲突以对抗的形式表现出来，这是长城区域不断发生冲突的根本原因。

在双方利益都得到保证的框架下，寻求一种制度化的妥协，最后达到双赢的目的，就可以实现长城内外不同民族互利共存的良好秩序。

秩序——就是慢慢排队

社会秩序是中华民族面临的第二个基本问题。董耀会说，构建秩序是人类文明的重中之重，什么是秩序？从慢慢排队，别加塞儿，可以很好地理解秩序。

长城内外的各利益主体，在适应其生产和生活的环境中，构建了一种既相互保持经济和文化联系，又对冲突实现制约的秩序。长城区域多元一体，平衡了各方利益，为世界人类文明提供了独特的范例，而其他国家的世界遗产都没有这些内涵。

长城内外的各利益共同体，常为自身发展的需要追求利益最大化，互相排斥、对抗。通过修建长城，使农耕和游牧隔离开来是一种行之有效的方法。再通过建立长城关口进行农牧贸易，构建长城内外的秩序。

中国历史的任何朝代都无法彻底解决飘忽不定的游牧骑兵的威胁，只有采取修筑长城这种有效的对策，这在当时确实是防止游牧民族军事南侵的低成本方式。

对修长城的争论，很多朝代都有。主张修长城的一方认为，如果不修，人家打进来，你就要派兵去救，去少了不解决问题，去多了他走了。你回来他又来了，你不回来，在长

图一二六　一个有思想的学者，构架自己理论往往是痛苦的过程。特别是在找不到支点，去改变依然如故的传统认识的时候

城沿线把守，又没有那么多兵。因此，修长城是中原政权别无选择的选择。

长城的修建实际上是规范农耕和游牧经济的手段，绝非仅是政治符号。这是董耀会多年来强调最多的一句话。

在绝大部分历史时期，修筑长城的目的是保存自己。长城在消灭敌人方面的军事作用比较弱，只有敌人进攻的时候，守军才能依托长城有效杀伤敌人。在非战争时期，长城的作用主要是保障长城沿线、长城内外的友好交往秩序。

董耀会关于长城构建起有效的农耕和游牧秩序的认识，已经广泛地被社会所认同。因为这一点很好理解：游牧民族在长城外边放牧，农耕民族在长城里边种地，通过长城的关口进行茶马互市的贸易。

传承——民族的传宗接代

董耀会认为，生儿育女是一个家庭的传宗接代。

文明传承则是一个民族的传宗接代。

中华文明是一个多元一体的文明。我们今天有56个民族，中华民族是一个总体，几千年来，我们找到了多元利益平衡基础上的一体利益最大化，所以说这几十个民族，才能一直走到今天。修长城一方的目的并非彻底消灭对方，否则就不用修长城了。

长城在一定程度上保障了中华文明按照自身的轨迹延续、发展，是中华文明发展过程的见证。长城地区农耕和游牧民族间的碰撞与交流，既是各民族之间交融的过程，也是中国统一多民族国家的形成和发展的过程。不断在发展中追求统一的中国王朝，在实行较大范围内的统一后，有继续修建和使用长城的需要，中华文明也在这个过程中得到传承和发展。

董耀会认为，毫无疑问，中华民族"多元一体"是复合型的民族，相互依存，谁也离不开谁。古代长城内外的各民族，也同样谁也离不开谁。从古至今，中华民族多元一体格局的进程，在共同的地理疆域经历了共同的历史进程，留下了共同记忆。

旅游开发和扶贫

除了长城研究、保护和宣传，董耀会对于走向市场化的长城旅游开发也时常关注。为了给长城保护增加根本性的助力，他还热心长城区域的扶贫工作。他始终坚持一个观点，即长城脚下的百姓脱贫致富之后，长城保护也就有了坚实的基础。

国家十三五（2016—2020年）规划，特别是旅游规划中有一个长城生态文化旅游带建设。现在很多长城沿线省（自治区、直辖市）都在战略层面谋划发展，例如北京的三个文化带建设，即长城文化带、运河文化带、西山永定河文化带建设；山西提出了长城板块、黄河板块和太行山板块三大旅游板块建设的省级战略。

董耀会说，长城旅游重要的一点是做真做实，要为子孙留下一个增值的文物。他希望自己的参与，能避免长城在开发的时候受到人为的伤害，让长城开发的同时把长城保护做得更好一些。

2015年，董耀会跑得最多的地方是山东，去山东主要是为了齐长城的保护和旅游开发。2012年夏天和山东省委常委、副省长孙伟的一次见面。他将齐长城的情况介绍给他，孙伟听得兴致勃勃，并坦言此前对山东齐长城并不了解。2014年董耀会专门为此给已经是山东省委常委、常务副省长的孙伟写了一封信，孙伟和主管副省长很快作出了批示。

这一年他还认识了刚从山东省旅游局局长调任省政协提案委员会主任的于冲。认识于冲缘于浙江横店影视城的创始人徐文荣，他要在横店复建壮丽的圆明园。徐文荣在全国聘请了相关领域的专家做顾问，其中就有董耀会和山东省旅游局局长于冲。

于冲对山东的旅游发展贡献极大，"好客山东"的形象宣传口号就是他的杰作。董耀会和于冲在横店策划了"走长城，读齐鲁，做好汉"齐长城徒步游活动。我问他，这样的活动有用吗？他说有用，可以让对齐长城一无所知的人了解齐长城。

2015年7月10日至16日，历时6天，董耀会徒步参与、全程陪同100余名长城保护专家及学者、徒步爱好者考察长城，近距离体验了齐长城。活动中，他

图一二七　拍摄董耀会说长城微视频《走进齐长城》

还组织了一次长城讲座和一次沙龙座谈，和大家交流徒步齐长城的感受，对齐长城保护与开发建言献策。

董耀会认为，在保护的前提下，对长城的利用是正当的、正确的社会行为。山东省旅游局将齐长城作为一个重要的文化遗产、重要的旅游资源进行统一规划，非常有必要。如果不作整体规划，村村点火、处处冒烟，大家想怎么搞就怎么搞，肯定会对长城文化遗产和生态造成破坏，而且是不可逆的。

在董耀会看来，齐长城一定不能再走八达岭、山海关、嘉峪关那样的单一观光路线，卖观光产品式的旅游经营思路肯定行不通了。他以一种舍我其谁的姿态，奔走呼吁。他要把感悟至深的认识，尽可能广泛地分享给大家。

"目前，齐长城大部分处于遗址状态，如果没人告诉你那是齐长城，即使站到那里你都不知道，怎么会为了看它而去爬那个山呢？"董耀会说，"我们看了好几个古村落，其实在每个村落里都有悠久的历史和文化，这其中保存和积淀了很多的故事。如果把这样具有正能量的故事挖掘出来，传递给游客，让大家在看到这样一个古村落的时候，还能领略到齐长城脚下的古民风和故事，能与曾经住在这儿的村民交流，那种旅游的感觉应该会更好。"

为了更好地谋划齐长城的保护和旅游开发，这次徒步活动结束之后，董耀会又及时倡议并参与策划了第二年的一次学术研讨会。

2016年5月10日，中国齐长城保护与可持续发展学术研讨会暨中国长城旅游30人论坛在山东省莱芜市雪野旅游区召开，参加会议的代表有100多位，都是全国各地关注齐长城的专家学者，以及山东省齐长城沿线市县区文物和旅游部门的干部。

山东省旅游规划研究院牛国栋院长说："齐长城修建于春秋战国时期，是中国最古老的长城。经过2000多年的风风雨雨，已经成为遗址或遗迹状态，所以董先生才会焦急地四处呼吁。"

他说："我们都非常同意董先生的观点，齐长城是山东省一个重要的旅游资源，如果将齐长城历史文化资源与旅游产业很好地结合在一起，齐长城旅游一定会走出一条物质文化遗产和非物质文化遗产创意体验结合的新路。"

这次论坛从齐长城历史文化、遗址保护、资源开发利用、促进文化与旅游产业结合等诸多方面展开研讨。按照董耀会的策划设想，这一次论坛不仅可以推进齐长城遗址保护性的进程，也能够促进地区文化产业和旅游产业的融合。

董耀会认为，齐长城是中国最古老的长城，是祖先用勤劳和智慧创造的人类奇迹。保护齐长城，不让齐长城在我们这一代人手中遭到破坏，是我们不可推卸的历史责任。做好齐长城的保护和旅游，首先要让大家充分了解齐长城的历史和保护的重要性，形成全社会保护齐长城的良好环境和氛围。

开幕式上，董耀会代表中国长城学会与雪野旅游区管委会代表张辉主任，签订了《关于开展长城保护研究战略合作协议》，并举行"中国长城学会齐长城研究基地"的揭牌仪式。

齐长城行经莱芜市雪野旅游区所辖的3个乡镇，全长50余千米。雪野旅游区将来的运营，不仅可以实现齐长城的可持续利用，对于深入研究齐长城文化、做好齐长城保护也将提供更多的有利条件。

不只是齐长城，对其他区域的长城旅游开发，董耀会也是不遗余力地奔走指导，他希望把旅游开发在保护的前提下做得更好，做得相得益彰，两全其美，而不是两败俱伤。

我问他："齐长城和其他区域的长城旅游开发，做到两全其美是不是难度很大，很伤脑筋?"

"那些领导们愿意接受你的观点吗?"我接着问道。

"不去说肯定不接受,但说多了肯定会起作用。还有重要的一点可以说服他们,就是现在户外旅游的大众文化水平普遍提高了,如果你再修得跟新的一样,肯定没有人愿意来你这里,这是我说服领导们的一个重要理由。让市场代替你说话,更客观,领导们也更容易接受。"董耀会笑着说,眼中是满满的自信。

近几年,董耀会在全国长城沿线谈到长城旅游时,反复强调的是发展农村休闲旅游。这种全域型的旅游趋势,游客不再关注长城这一个看点,而是看重那个区域的整体环境。

因此,他跟各地交流的时候,也是强调要整体规划。如果仅靠农民自发建设缺乏统一规划和设计的农家乐,普遍以吃住为主,而休闲、娱乐、民族风情、文化、历史等要素特征都没有充分体现出来,游人就没有满意的体验感,就很难持久。

董耀会提倡的长城乡村休闲旅游,不同于传统的长城景区旅游,也不同于早期的农家乐,他希望走综合一体化的现代乡村休闲旅游模式。

简单来说,就是让到长城乡村的游客感到好玩儿。不管休闲享受项目、参与体验项目,还是闲情逸致项目、度假生活项目,都要设计出好玩儿的感觉。要有让游人来了能待得住、来了就不想走、走了还想来的独特项目。

之所以倡导长城乡村休闲旅游,董耀会内心还有一个愿望,就是农业精准扶贫。因为,全国的长城区域基本上都是贫困地区,有的甚至是国家级的贫困区域,因此扶贫就成了长城旅游开发的一个重点。

长城地区的扶贫是董耀会非常牵挂的一项艰巨任务,他始终无法放下。在1984年徒步长城的时候,长城脚下那一个个贫穷的山村就给他留下了深刻的印象。他常年在全国长城沿线跑动,也经常参加各种捐款、捐衣服的活动,但他认为让农民脱贫,还是要从产业发展方面入手。

只有经济发展了,才能从根本上解决脱贫。他说:"光靠种自己家那点儿地的收入,不可能满足农村发展,满足农民过上好日子的需求。传统农业发展需要农业现代化,需要帮助农民创造非农业收入。"

文化经济带战略

人生是一个大舞台,董耀会在这个舞台上演绎着一个又一个不同的角色。跟董耀会接触时间长了,感觉他生活得非常充实,他每天都在向着自己的目标迈进,他很享受这个不断有新成就的过程。

我们见面,他会讲他的一些计划、他的一些想法。过一段时间,即便没有再见面,你也会从其他的渠道,知道了这些计划的进展情况。我有一个很强烈的感受,他的行动力实在是太强了。

2016年是董耀会的大丰收年。这一年,除了长城文化进校园、宣传长城微视频和发行长城邮票,还发表了一篇重头文章。这年夏天,他说正在研究长城经济带。到年底的时候,他的《建设长城经济带,创新发展内生经济》一文在国务院发展研究中心主办的《经济要参》上发表。在这篇文章中,他论述了长城茶马互市交流模式在当前农业供给侧结构性改革中的应用,既有前瞻性,也有实用性。

后来,他又在长城经济带的概念中加上了"文化"两个字,成为"长城文化经济带的概念"。他说,提出长城文化经济带的概念,目的是依托长城及其历史文化形成的长城区域文化经济带,挖掘其发展优势。长城区域文化经济带建设,目前还没有引起学术界、业界以及政府部门足够的关注。

长城文化经济带这个概念是以长城为核心,对相关特征要素独特组合而形成的认识。其中的主要特征要素都包括什么?这一点非常好理解,所有的内容都在"长城文化经济带"这七个字中。第一个要素是"长城",第二个要素是"文化",第三个要素是"长城经济",第四个要素是"长城带"。

第一个要素"长城"。万里长城从东到西,横跨中国的东北、华北、西北。古代帝王大多重视长城的修筑和利用,因为这样做既可以巩固王朝统治,又可以满足当时社会经济发展的需要。长城与其他军事防御工程的本质区别有两个:第一个是长城防御体系的主体,由连绵的墙体所构成,这就是长城的"长"。第二个是长城防御体系有防御的纵深,长城防御体系是由关隘、城堡、烽燧等与延绵的墙体相互联系,按特定结构方式组合而成的具有防御功能作用的有机整体。

第二个要素"文化"。长城作为中国的代名词,有着中华文明的符号意义。今日之世界，竞争与合作并存，有时竞争也会演变成摩擦和争端。在各国之间综合国力日趋激烈的竞争，文化在综合国力中的地位和作用越发凸显。

文化是民族生命力的体现，民族创造力和凝聚力的支撑。这也是国家为什么在提出三个自信之后，又加上一个文化自信的原因。今天长城文化应该发挥出其国家文化高地的作用。

董耀会讲曾经有人对他说："长城有什么用啊，吴三桂把山海关大门一打开，清兵不就入关了吗？"作为一个中国人，不知道自己国家长城的历史和文化，甚至不以祖先创造了长城为荣，他当时的心情只能用悲哀两个字来形容。

这不是个人的悲哀，是一种文化的悲哀，再讲严重一点也可以说是民族的悲哀。面对这种情况，董耀会尽可能利用各种机会普及长城历史文化知识，讲述中国长城的历史地位与作用。

第三个要素"长城经济"。长城的修建和戍守都要花钱，这本身就是经济问题。长城经济首先是长城与历史时期的经济关系，基本属于经济史范畴。其次是今天长城区域的经济发展，属于区域经济研究的领域。

国家认定全国15个省（自治区、直辖市）404个县（市、区）有长城，其中近半数为国家级贫困县。即便不是贫困县的地域，长城沿线村庄也是这个县最贫困的地方。构建长城文化经济带国家战略，也是使这个地区彻底摆脱贫困的出路。这是一种造血式的扶贫，靠输血式的扶助，不能从根本上解决问题。

第四个要素"长城带"。"长城带"是一个区域的概念，历史上的长城，就不仅是一道墙而是一个区域。长城文化经济带中的这个"带"，实际上是长城区域的概念。在长城这个带状的区域，依托长城防御体系形成的一个从东北，经华北，再到西北的边疆社会。从古至今，边疆社会的政治、经济、文化、军事等诸多领域都与内地社会有着很大的不同。

对如何构建长城文化经济带作出思考，加强对长城历史文化和区域经济的研究，提高社会各界的文化自信，是今天应对全球经济挑战，促进北方高质量经济增长的需要。国家把长城文化经济带的发展，上升为国家文化和经济发展战略，势必会形成南北方社会经济比肩发展的新格局。

国务院发展研究中心《经济要参》执行主编何玉兴说："董耀会探索性地提出

了具有战略价值的建设长城文化经济带，推动长城区域发展内生经济农业供给侧结构性改革新模式。基于当今重大社会变革期的实际，总结长城在古代民族之间关系的内在规律，理解长城与中华民族发展的内在联系，并应用于农业供给侧结构性改革，具有重大的实践意义和理论价值。"

依托高校的长城研究院

人们常说花一旦全开，就是要开始凋谢了；月一旦全圆，就是要亏损了。2016年底，董耀会马上要退休了，他已经是功成名就。谁也没料到一项新的事业又开始了，而且做的依然是那么酣畅淋漓。

2016年11月16日，国内第一家依托高校设立的长城研究院，在河北地质大学正式成立，董耀会出任首任院长，这一天距离董耀会60岁生日还差50天。

长城研究领域，长期以来缺少专业性的长城学术研究机构。成立依托高校的专业长城研究院，是他心中一个历久弥新的愿望，这是长城学研究的一件大事。长城研究仍缺乏整体规划，研究人员的整体力量显得薄弱而分散。这也是长城学无法向独立学科的高度实现重大进展的重要原因。

今天，长城学研究还处于一种自发状态，较少的研究人员分散在高校和科研机构，属于各自独立的单位，没有形成一个独立的学术研究团队，而且大家都以个人专业和兴趣为基础开展长城研究。这样不仅缺乏综合性的研究，而且极少出现应用性的研究成果。

在长城研究院成立之前，经过大家长期的努力，长城研究领域已经扩展和涵盖了政治、军事、经济、文化等许多领域，以及文化保护、科技、古代建筑及岩土遗址保护、设计规划等，形成了社会科学、自然科学、工程技术科学各具特色又交叉融合的文物保护体系，取得了丰富的研究成果。

30多年来，国内很多的学者从事长城学各个具体领域的学术研究。特别是自2007年《中国长城志》正式开始编纂以来，在近10年的时间里，国内各个学术领域的一大批权威学者聚焦长城研究领域，共同推进了长城研究。

现在，《中国长城志》已经正式出版，国家文物局组织完成了全国长城资源调查、量测、认定。这些成绩不仅是长城研究院成立的基础，更是今后长城研究取得成果

图一二八　在河北地质大学长城研究院设在校图书馆的"董耀会书屋"举办长城文化沙龙

的前提和保障。长城研究院能够顺利诞生，河北地质大学学校领导层起了关键作用。2016年初，在筹划学校"十三五"发展规划时，王凤鸣校长提出了成立长城研究院的建议。

王凤鸣是北京大学毕业的博士生，对董耀会的成就和名望非常钦佩，希望学校尽快建设几个新的学术高地，使科研水平在某些领域迅速跨越到国内前列，而长城研究院的科研前景恰好符合他的设想。学校广泛征求了国内学者和文物保护界人士的意见，安排调研长城研究院成立的可行性。这个战略设想得到国内众多专家和学者的赞同。

河北地质大学以地质和经济管理学科为核心，地质和经济管理学科研究基础雄厚，可以对传统的基于历史和军事角度的长城研究拓展新的研究方向，创新和丰富长城研究内容。

成立长城研究院的设想和编纂《中国长城志》一样，都是具有重要历史意义的大事。长城研究院今后的重点方向和主要研究领域，主要涵盖长城的文化弘扬和长城保护利用。长城研究院将依托河北地质大学以地质和经济管理学科为核心的综合型多学科优势，拓展新的研究方向，开展长城本体和长城智库两个层次的学术研究。

他希望研究院建设成为长城事业的高级智库；不断用新的研究成果，为国家的长城保护决策提供第三方咨询；用国内一流科研团队的成果，为文物管理部门组织、协调和指导全国长城保护研究，提供操作性水平较高的解决方案。

通过开展有关研究项目，更好地完善研究院的职能，例如承担全国长城保护政策法规和基础理论的研究，在全国长城保护修缮等领域提供标准、规范和制度方案，定期提供长城保护管理咨询报告，为长城保护提供决策依据，组织和承办长城研究或文物保护方面的学术交流活动等。

2017年寒假开学之后，董耀会在长城研究院工作会议上提出，今后要多关注长城区域发展和长城区域的环境变迁研究。

他说，长城在保护前提下的利用问题是一块硬骨头。长城区域的环境变迁，近几十年来保护生态环境逐渐成为学术界的焦点课题。

2017年6月初，刚成立半年的长城研究院，在董耀会的主持下确定了首批20个选题，跨出了历史性的第一步。正如他33年前在老龙头踏出的那一步，都是开创性的第一步。

董耀会和王凤鸣的想法一致，河北地质大学没有研究长城的学术基础，要尽快地带出一支研究长城的队伍。一年半之后，首批20个课题硕果显现。负责人大部分是年富力强的年轻教师，研究领域广泛，包括长城文化、长城保护、长城经济与扶贫、长城旅游与文化创意产业等。

初期的研究成果蕴含了较高的应用价值，受到河北省政府的高度重视。时任河北省省长许勤，对长城研究院参与的《河北长城保护利用的报告》作出了重要批示。长城国家文化公园（河北段）专家咨询委员会有河北地质大学的多名学者。专家咨询委员会办公室设在了河北地质大学长城研究院。

《河北地质大学学报》在全国首创了"长城研究"专栏，每期发表2～4篇长城研究论文，已经成为一个特色栏目。近三年来已经发表了北京大学、清华大学、复旦大学以及河北地质大学等专家学者们的近50篇长城研究成果。

河北省政府参事室与长城研究院进行了深度合作，组织了长城沿线调研，召开了全国长城保护利用研讨会，出版了《河北长城文化遗产保护与利用研究》。我的《长城保护进行时》也已经出版，这本书的副标题是"对话长城之子董耀会"。

长城学的建立，需要有专业性的学术研究机构。长城研究院，只是开了一个头。

我作为长城研究院主持工作的副院长，参加了他到学校各院系召开的所有会议。他每次到学校来，都要和有课题的年轻教师逐一交流。目前，白翠玲、孙日华、王玮、贾宵燕、吴星等，都已经取得了一系列科研成果，成为长城研究的骨干力量。

董耀会还鼓励年轻的学人，研究成果不要有数量崇拜，不要做成果堆砌。他把河北省哲学社会科学规划办公室吕雪松主任请到学校来，并请负责组织河北省社会科学规划课题评审、立项、鉴定的领导，给年轻的教师们讲解课题申报的有关问题。有一次省级申报重点课题名录中有三个长城相关课题，其中两个被河北地质大学的教师白翠玲、孙日华凭借研究实力拿到了。

董耀会通过自己的不懈努力，对长城学的学科建设从各方面做了细致的理论构建，初步奠定了长城学的理论基础。今天，他主持在河北地质大学成立第一个长城研究院，并出任首任院长。在制定长城研究院工作计划时，董耀会重提长城学的学科建设。

继续推动这件事，董耀会可谓不遗余力。他说："和年轻人在一起，对自己而言也是学习，向年轻人学习。"

2017年初，我曾参加了他和东北大学秦皇岛分校书记、校长的聚会，他在推动这个学校建立长城研究院。2018年5月，我和他一起去大同大学，推动长城研究中心的建立。他还赴忻州师范学院推动建立长城研究中心，推动燕山大学中国长城文化研究与传播中心的筹建。他期待长城研究百花齐放的那一天能够尽早到来！

图一二九　2020年10月24日，燕山大学中国长城文化研究与传播中心成立

在长城研究院，董耀会对自己的学术研究抓得很紧。为了躲避外界事务的干扰，2018年的春节，他偕家人一起到厦门过年，2019年春节在海南三亚过年。说是过年，其实他是在工作。他利用年前年后的近一个月的时间，完成写作任务。

《山海关共识》

老骥伏枥，志在千里。退休之后，他似乎比没退休时更忙了。包括长城保护方面，特别是长城修缮的问题，他紧紧地抓住不放。退休对他而言，似乎只是一次生命的起承转合。

在我采访时，谈到有关修长城的问题，董耀会给我讲了他和他母亲的一段对话。有一次母亲病了之后，住了院也出了院，还吃了很长一段时间的药。

晚上娘儿俩说话，他母亲说："我这又住院，又输液的，怎么越来越不舒服了？"她的问话，他一时不知如何回答。看着老太太，顿了顿，他说："可能是老了吧，人老了都这样。"

她笑了一下，轻叹了口气说："是老了，贪吃贪睡，添病减岁啊。"

人老了病多，长城老了也是病多，这很正常。

修缮长城，就是给长城治病。这一点是董耀会近20年来反反复复强调的观点。修长城是董耀会的一个痛点，一些修缮行为不是在给长城治病，而是拼命地在给长城美容甚至是做整形手术。

从2004年紫荆关长城修缮工程之后，董耀会多次对修长城而造成破坏长城的行为提出批评。他不但要解决，要亡羊补牢，更想从制度层面未雨绸缪。

2017年6月6日，在他的提议和多方联络下，由国家文物局、北京市文物局、河北省文物局、天津市文物局等权威部门指导，中国文物保护基金会、中国文化遗产研究院、中国古迹遗址保护协会共同在山海关举办了一次"长城保护维修理念与实践"论坛。

举办论坛的主要目的，是总结长城保护工程实施10多年来的经验与教训，在长城保护修缮理念方面解决认识问题。

同时，也探讨攻克技术难题的措施与方法，解决完善现行长城工程管理体制机制的问题。在目前的体制机制无法尽快改变的情况下，亟须在修缮理念方面达成共识。

长期以来,长城修缮过度干预,一直受到董耀会的重点关注。他认为这是长城修复性破坏事件屡屡出现的根源所在。在长城修缮方面,除了具体的工程技术性问题,他还想找出体制问题反映出来的结构性矛盾。

会议筹备的一年间,他不辞辛苦地奔走,联络北京、河北文物部门与长城修缮工程有关的勘察设计单位、施工单位、监理单位,希望通过对"十一五"和"十二五"期间的长城保护维修工程,进行一次系统性的总结,梳理出其经验和教训,为今后提升工程质量提供科学依据。

"十一五"和"十二五"期间,国家文物局批准各地实施了一批长城重点段落的抢救性保护维修工程,并在《文物保护工程管理办法》基础上,编制了有较强针对性和可操作性的《长城保护维修工作指导意见》(以下简称《意见》),规范了长城保护维修、展示工程的工作程序和要求。

《意见》虽然规范了长城维修的流程和要求,但实施过程中各环节执行单位的理解和量化程度存在较大偏差,实施效果是《意见》本身还不能发挥规范和标准作用,需要进一步量化和细化。应该尽快制定规范和标准,将一些原则性的描述深化细化为具体实施导则,减少工程实施过程的误差。

图一三〇　2017 年 6 月 6 日,董耀会代表论坛主办方宣读《长城保护维修山海关共识》

山海关的这次论坛，吸引了国内文物界和与长城保护维修有关的单位参加，举办得很成功。国家文物局的领导，长城沿线13个省（自治区、直辖市）的文物局负责人，文物保护机构、高校的专家学者，有关勘察设计、施工、监理单位代表，关注长城保护的企业、社会组织、新闻媒体代表等150余人出席论坛。

论坛最后通过了《长城保护维修山海关共识》，虽然这还算不上正式的国家标准，却是一个准国家标准的重大成果。

董耀会代表论坛主办方，宣读了共识。宣读的时候，他声音竟然有点迟滞和颤抖了。大家都明白，他不是因为紧张，而是激动。这个共识是董耀会亲自起草，经过多方论证和广泛征求意见最后定稿。

《长城保护维修山海关共识》内容有几个突出的亮点：

长城保护要以现状保护为主要任务，长城维修要以加固文物本体、消除安全隐患为重点，以维护真实性、完整性和历史风貌为核心目标。

长城保护维修应坚持不改变文物原状和最小干预的基本原则，坚持以科学研究为先导，注重保护和维修的社会效果。

已坍塌或消失的长城遗址原则上实行原状保护，不进行原址重建或大规模修复。有特殊价值并和重大历史事件相关的点段，可以适度修复。

要像对待艺术品一样对待长城，设计更加深化，施工更加细致，管理更加严格。

强化有关制度的完善、落实与监督，鼓励探索与创新。

论坛举办得很成功，达到了预期效果，基本统一了大家的认识。从长城保护维修理念的发展历程来看，这次论坛堪称里程碑事件。

在论坛上，很多地方介绍了长城保护维修的实践经验和具体做法。

秦皇岛近些年的长城修缮总结了一些好的保护理念。例如，建议保护方案编制前的准备工作应进一步加强。重设计轻勘查、长城保护项目经费结构不合理等，导致长城保护方案的编制注重案头的构思和绘图，而缺少工程现场的勘探。

董耀会说，秦皇岛的做法非常值得推广，这是对长城保护方式侧重点的重要调整，也是加强预防性保护的具体有效的办法。各地文物部门非常重视长城保护的工程实施，但对日常维护却没有给予足够的重视，结果造成部分保存尚好的长城，因无法得到有效维护而形成更大的破坏。

例如，长城敌楼顶上植被和常年形成的覆土，没有得到及时清理，导致隐患积累，威胁长城墙体安全。在长城遗址或保护范围内的耕地、垦荒、放牧、采药、开路、建筑等依旧存在，严重影响了长城的日常保护。国家长城保护专项资金应向长城日常维护有更多的倾斜。

由"被动的抢救性保护"向"主动的预防性保护"转变。改变了过去损坏后集中修缮的方式，通过日常一点一点对长城本体轻微损害部分进行保养维护，及时排除不安全因素。

董耀会任主任的长城保护专项基金管理委员会，投向山海关的 200 多万元长城维修款，最初山海关提出想维修一段城墙。董耀会提出维修款全部投放到长城日常维护项目上。2017 年 3 月的一天，在河北省文物局召开了一个协调会，张立方局长主持，总工刘智敏、文物保护处副处长赵仓群和山海关副区长张奇海、文物局局长任立伟参加。董耀会在会上强调的"通过及时处理小的隐患，预防大隐患的出现"得到大家的一致同意。

一年半之后，这次论坛的理念共识被《长城保护总体规划》采纳，这个规划提出要真实、完整地保存长城承载的各类历史信息和沧桑古朴的历史风貌。

十几年前的 2004 年，大家因为理念的不同为紫荆关长城修缮工程而产生过激烈争执。十几年过去了，最小干预、原状保护理念终于成为国家层面的长城保护总体原则。在举办这次论坛的前一年，2016 年的一次长城保护理念论坛上，河北省文物部门反思了当初紫荆关的修缮方式，认为有的做法并不恰当。

谈过去的长城保护问题，并不是为了指责

图一三一　董耀会和 30 多年的好朋友秦皇岛长城保护员张鹤珊聊长城保护

谁。这是董耀会反复强调的观点，我计划写一本和董耀会对话长城保护的书时，他郑重地提醒我说：

"长城保护的问题，是社会发展进程中客观存在的。这也是社会需要我们做工作的原因。保护长城肯定是站在了社会道德制高点上，但不能对长城保护的人和事进行'道德审判'。在保护长城这件事上，谁也不是神。没有人有权利进行这样的'道德审判'。"他的这些话，对我还是有很大震撼的。

"夜宿长城"

董耀会是一个遵守规则，却从来也不墨守成规的人。这一点在支持爱彼迎长城"奇屋一夜"活动时，表现得很彻底。

宣传长城，让长城更多地吸引国外游客，这是董耀会一直关注并努力的事情。2018年8月初，国际著名的提供民宿短租的网络平台爱彼迎（Airbnb），发布了一个长城"奇屋一夜"活动的宣传视频：一对青年男女在暮色中走进了一座长城敌楼的遗址，干净的遗址里边放了一张床，周边是提供照明的几盏灯，头顶可以看到静谧的星空。

这个场景，就是爱彼迎为宣传长城而精心布置的特殊"客房"。这里没有网络、电视等星级酒店的标准设备，只有简单的毛巾、床单等基本的日用品。"客房"为特殊的游客体验者提供早餐和晚宴，还有古典音乐表演，体验者可以学习书法、自制印章。

这是爱彼迎旗下的一个经典项目"奇屋一夜"，8月2日正式启动参与者的全球招募。这是一次公益体验，爱彼迎面向全球用户招募体验者免费参加。选拔入选者的依据，是提交一篇关于文化的文章。名额总共8人，分为4组，分别在9月初的4个晚上进行长城住宿的体验。

爱彼迎特别解释说，整个活动都强调长城保护，保证不会在长城墙体上钉一颗钉子；所有的设施都是临时和可复原的，床下面铺设了地毯，以便床体和地面隔离。因为是露天夜宿，还预备了防蚊罩和防雨薄膜。

董耀会参与了爱彼迎筹备的长城"奇屋一夜"策划。他认为通过爱彼迎的全球网络宣传长城，向全世界展示长城和中国文化，使更多的人通过长城了解中国。这是一个难得的宣传机会,可以让长城的对外宣传有一个新突破。

爱彼迎对文化遗产的尊重态度和行动,让董耀会对这次活动充满期望,他说:"在世界范围内,他们就一直在和政府及相关文化遗产保护机构合作,利用他们的全球网络资源,将保护和宣传文化遗产与共享住宿进行有机结合。这对传播当地文化、推动当地文化遗产保护产生了十分积极的影响。"

在董耀会看来,长城"奇屋一夜"活动具有很强的公益性,对长城保护和宣传是一个难得的"助推器"。他说"如何在新时代更好地保护和传承长城文化,做好长城资源的战略规划,这是长城旅游发展需要思考的一个非常重要的课题。在这个过程中,我们可以自己探索新的模式,也可以借鉴国际上先进的旅游生态与发展理念。"

这个活动的内容不仅是一夜的长城住宿,还包括很多项中国传统文化的体验。董耀会受爱彼迎的邀请,将在长城上亲自向长城夜宿的幸运体验者讲解长城历史和文化。他对长城的很多问题和知识的权威解答,将会让体验者们有一次不同寻常的经历,将通过网络直播传向世界各地。

按照策划方案,董耀会和其他长城专家将和来自中国和世界各地的体验者一起

图一三二　他希望有更多的人了解长城,热爱长城

在长城上做公益，零距离接触和认识长城的各种建筑设施的实用功能。相关部门也认为这是一件好事，同意举办。

爱彼迎的活动正式公布后，引发国内外的公众热议，国内外的网友们热切希望参与长城夜宿体验活动，成为一名幸运体验者，和长城专家面对面交流，听一听精彩的长城故事。

好事多磨。本来是一个宣传长城的公益体验活动，有的网民和媒体担心不利于长城遗产的保护，表示反对。最终，在舆论的巨大压力下，北京延庆区的文物管理部门表态，活动方式不符合长城文物保护理念，对此活动不支持。

8月7日下午，爱彼迎公开声明，对网民的担忧表示理解，宣布正式取消这次活动。对于这个意想不到的结果，董耀会深感遗憾。他认为在做好保护措施的前提下，这样的活动不可能对长城造成损害。

他在接受央视媒体采访时说："活动对长城建筑本体是没有任何伤害的，对长城的文化和历史也不会造成破坏。其实景区就是让人体验、旅游的，只是他用了晚上而已。白天站在长城上看太阳不会破坏长城，晚上躺在那儿看星星就会破坏长城了吗？"在接受记者采访的时候，他常说出一针见血的话。

董耀会回忆说，这项活动原计划举行的地点是在八达岭古长城景区，属于开放的景区。而且这个活动是旅游部门同意并邀请他向活动参与者讲解长城文化和保护的。

取消这项公益活动非常可惜。他认为，在保护的前提下进行文化体验和推广活动，应该给以支持，"长城保护需要那么多游客吗？我们长城的各个景区加起来一年得有几千万人，长城需要他们吗？游

图一三三　长城研学是董耀会近几年投入精力很大的一件事。图为他陪同中小学教师参观长城

人去体验长城,这是一种文化,只要在保护的大前提下去做,做的是正能量的,对传播中国文化是有益的,那我们就应该支持。"

近40年长城保护和宣传的亲身参与,让董耀会对任何一个保护长城的机会都要全力把握。他始终认为,保护长城的最好方式不是将其封闭,而是要在合理保护的前提下让更多的人接近长城,同时向大众宣传保护的理念和方法。只有通过大众的日常接触和不断理解,才能更好地实现长城保护的目的。

除了登上长城,还应该理性而创新地开拓更多让海内外游客认识和接触长城的机会。董耀会说:"不是只有高高地供起来才是对文化遗产的保护,直接和间接地接触及对长城历史文化的理解,也是保护长城的一条途径。在做好长城安全保障的前提下,借用高质量的国际平台和品牌效应,促进长城与更多普通人的融合,借助各方优势,从不同维度介绍长城历史文化和保护利用,不失为弘扬这一世界文化遗产的一次探索和创新。"

长城新起点

2018年6月7日和8日,中央电视台的第10套科教频道《人物》栏目播出了纪录片《董耀会》上、下两集。6月9日是中国文化和自然遗产日,央视播出他的纪录片,主要是宣传长城保护理念,传播长城文化。镜头中的董耀会头发斑白,退休了没有休息,依然奔走在长城第一线。

一般人退休之后生活会有显著的变化,更多的人有些茫然,无所适从。对董耀会来说,退休之后并没有什么明显变化,他依然四处奔走,依然精力充沛。

除了到长城沿线走一走,他还有长城写作计划要完成。此外,他更多的是参加社会活动,或者受邀去作长城讲座。有的时候日程安排得很满,他却乐此不疲,虽然有些辛苦,内心却坦然而舒畅。

在各地作讲座的时候,董耀会依然保持那份直率和真心,对于长城的事,他始终如此。有区别的是他说话的口气比年轻时缓和了很多,少了点儿横眉冷对,多了些语重心长和苦口婆心。

八达岭是他长期工作的地方,他对这里的发展特别关切,希望八达岭成为中国长城的亮丽"金牌"。很多年过去了,八达岭长城景区的文化品位依然让他不太满

图一三四　2011年1月22日，中国长城学会新春团拜会（左起：中国长城学会会长许嘉璐、副秘书长王建平、常务副会长董耀会）

意，用他的话说，就是"八达岭人有文化，但八达岭特区没做出文化"。

继乔雨之后，现在八达岭特区办事处党委书记、主任王铁林再次成为董耀会的知音。王铁林比董耀会小10岁，他上任之后把董耀会请回八达岭。他要实现董耀会的很多理念，这一点让董耀会很开心。他们商量，要将八达岭做成一个有品质的景区，培育八达岭长城的现代国际化认知与影响力。

2018年初，王铁林在八达岭办事处组织了一次干部学习活动，专门请董耀会去作一次讲座。在现场，董耀会真诚直率地提出建议。他说，有些话虽然不好听，请大家理解他一个"老长城"的真心话。

他回忆了2000年的时候，当时的八达岭特区办事处主任乔雨和他一起，商讨谋划八达岭的发展愿景。确定了三个长远目标，即在"全国长城的文化高地""全国长城保护的模范地""全国长城旅游的示范地"三个方面为全国长城作出榜样。

八达岭则是国家外交活动的首选接待地，享有国内外最高的声誉。之所以如此，是因为八达岭拥有先天的首都地理位置的优势。董耀会对八达岭寄予厚望，希望八达岭更好地提高文化品位，努力打造中国文化高地。

他对八达岭长城管理的现状很不满意，话说得也很直："现在先进一点的景区，都已经开始网上购票，刷脸进景区了。八达岭长城这个游客流量首屈一指、一年近1000万游人的景区，还让游人歪着脑袋在一排小窗口购票，我们太落后了。"

董耀会说："游人最多的时候，一天就超过10万人，人挤着人哪里会有好的旅游感受？照一张相，除了自己知道哪个是自己，别人都不知道谁在拍照。"

八达岭特区认识到了这个问题。2019年6月1日，开始实施实名网上预约售票，旅游团和散客都在此列。根据《景区最大承载量核定导则》，八达岭长城核定出景区日最佳承载量为6.5万人次。董耀会参加了新闻发布会，希望景区在做好应对的同时，游客也能够对限流予以理解。

董耀会说："如果以钱为本，肯定就不会采取这种措施，那就是参观的人越多，卖的票越多，经济收入越大嘛。八达岭这样一个举措是以人为本，是为游人充分考虑的，也希望大家对这个过程中有可能发生的问题给予理解。"

2018年底，身体一直很好的董耀会感冒了。但他没有休息，而是加班修改完成了一份报告，建议秦皇岛争长城国家文化公园项目，利用难得的历史机遇全力打造长城"金名片"。

秦皇岛市将建设国际一流旅游城市确定为秦皇岛发展的核心战略。董耀会认为，秦皇岛有两个自然资源优势，一是海滨地区，二是北部山区。海滨地区的开发利用已经有100多年历史，开发已经成熟，很难实施新的经济发展策略，而北部山区的开发利用刚刚起步。

图一三五　2009年7月29日，第五届"中国·山海关国际长城节"开幕（左起：国家文物局副局长关强、河北省副省长孙士彬、河北省政协副主席孔小均、中国长城学会常务副会长董耀会、河北省政府副秘书长李同亮）

在北部山区，最具有标志性意义的优质资源是 223 千米的长城。秦皇岛境内长城是全国长城历史上修建最好的地段之一，也是今天全国长城保存最好的地段之一。应建设以长城为轴线的长城文化遗产廊道，推动北部山区社会经济发展。

他还为文化遗产廊道建设提出了具体的建议，包括全力建设长城文化遗产廊道，打造第一条长城国家步道和第一条长城风景道，构建数字长城平台，利用长城资源优势建设国际一流旅游城市等。

他认为，"秦皇岛长城保护利用及国家文化公园建设，市委、市政府的重视，反映的是积极的态度。这样的重视固然很好，若不能在工作中落到实处，很可能会沦为一种'形式'的重视"。董耀会说："脚踏实地说着容易，做起来很难。"

秦皇岛市委、市政府非常重视他的意见。他给市委书记孟祥伟写的书面意见，书记收到的当天就作出了批示，很快作出了相应的部署。他又和市长张瑞书进行了长谈，书记、市长都认为董耀会的意见是解决秦皇岛旅游问题的良策。

他还说："秦皇岛在申办长城国家文化公园方面，虽然起步较早但还缺乏较为扎实的工作。具体地说，就是还没有开始制定秦皇岛长城国家文化公园的规划。"

秦皇岛市举办了一次长城国家文化公园建设座谈会，也听取了秦皇岛市文物局关于《秦皇岛长城国家文化公园建设框架方案》的汇报。他依然是直来直去的作风，他说："这是一个临时做的材料，除了对秦皇岛市境内长城的基本情况介绍外实际价值不大。"

接着，他提高了声音说："没有一个好的规划，很难对长城国家文化公园所在区域的经济和社会发展进行统

图一三六　2018 年 5 月 6 日，董耀会陪同中宣部领导到山海关调研长城国家文化公园项目（左起：王占胜、陈玉国、李现增、孟祥伟、常勃、董耀会、戴长江、贾敬刚、田金昌、王立岗）

筹，也很难就土地利用、空间布局以及各项建设进行综合部署，更不可能作出实施管理的具体安排。没有作好规划，长城国家文化公园的总体规划出台后，秦皇岛就很难在第一时间，经法定程序上报规划等申办材料。"

"长风破浪会有时，直挂云帆济沧海。"董耀会就这样一点一点地发挥着他的正面作用。他自己却自嘲地说："我这是废物利用，能有一点儿用处就好。"秦皇岛市委秘书长陈玉国，最早接受了他的这种认识。

董耀会评价陈玉国是一个干实事的人。认识董耀会以来，他对人的最高评价就是干实事。只说在嘴上、写在纸上，任何理想也实现不了。在中央制定国家文化公园方案过程中，时任秦皇岛市委常委、宣传部长陈玉国和董耀会陪同中央宣传部领导多次调研，要把秦皇岛打造成国家的样板城市。

长城步道建设

董耀会的韧性超乎常人，30多年后"长城行"特种旅游再次重提。他向秦皇岛市提出建设长城步道。张瑞书市长和冯志永副市长，曾用半天的时间和他进行讨论。为了推动此事，他找到海港区区长樊海涛，提出在海港区建设长城国家步道。

樊海涛很重视这个建议，他也正在思考北部山区的发展问题。董耀会提出利用长城国家文化公园建设契机，规划建设打造"长城国际特色徒步线路品牌""全球徒步健身胜地"旅游形象。同时也是以一种新的经济形态，支撑长城国家文化公园建设的建议，被列为区委和区政府工作的重点。

我看到了董耀会的这个建议，他是想先撬动海港区，然后连带抚宁区，再推动全市长城步道建设。他把这个想法也提供给了市文旅局书记李文生、旅游控股集团有限公司董事长杨忠新。希望政府职能部门和旅游控股集团，整合旅游资源，投融资，开发建设长城步道。

董耀会认为，秦皇岛发展国际旅游，自然资源有两大优势，一个是海，另一个是北部山区。其中北部山区，还有重要的长城历史文化资源。海滨的开发利用，已经有100多年的历史，而北部山区的开发利用则刚起步。

建设国际一流旅游城市，需要建设一条符合国家战略又符合秦皇岛实际的长城国家步道。海港区是秦皇岛的核心区，有责任做好这项工作，为全市北部长城沿线的经济发展作出表率。

他提出，充分利用长城国家文化公园建设契机，建设一条纳入国家登山健身步道体系的长城国家步道，开拓具有创新性的长城文旅之路。建设的长城国家步道，一定要打造成国际精品旅游线路。通过科学规划，创建整体的长城游经系统。通过协同长城沿线各乡镇、当地居民、投资商及社会团体，发挥公众参与的力量，撬动长城沿线旅游产业。

他在建议中对长城步道项目建设内容做了分析。

首先，董耀会谈了项目建设条件。

说起秦皇岛长城，他更是如数家珍，"海港区境内有北齐、明代长城，明长城属于全国最好的段落之一，长约110千米，区域内经过3个镇、20个村。东起驻操营镇九门口村南山敌台，西到石门寨镇孤石峪村西东峪16号敌台。其间共有敌台291个，大小关口24座，城堡14座，月城5座。"

他接着说："规模较大的关隘有一片石关、黄土岭、大毛山关口、城子峪、义院口、黄土营、驻操营、石门寨、平山营，小关口有庙山口、夕阳口、大青山口、炕儿口、董家口、水门寺、平顶峪、娃娃峪、板场峪、拿子峪、花场峪、苇子峪、孤石峪、甘泉堡、长谷口堡等。这些长城关隘和城堡，今天都已经成为很有历史文化底蕴的村庄。"

海港区环长城旅游公路、山海旅游铁路建设完成，为北部长城区域的可进入性创造了条件。长城公路和城市铁路，串联起海港区山与海全域旅游的大格局，以山海旅游铁路、环长城公路为链条，实现旅游"北进山、南入海"的山海联通、全域旅游的大格局。

游人进山干什么？必须要给游人提供具有足够吸引力的旅游产品。海港区境内有长城，古代修建得好，今天保存得好。长城所经之处，地形景观和植被景观都极为丰富。自然环境和人文环境都具备很高的观赏性，旅游资源潜在优势强劲。

海港区北部长城地区包括杜庄、石门寨、驻操营三个乡镇，过去的主要经济产业是煤矿、水泥厂。近几年，海港区加大了改造力度，改善了这个区域的环境，基本解决了空气严重污染。特别是正在实施的景观道路、美丽乡村、服务驿站、河道水系、露天矿山修复等七大工程，将使长城区域的环境得以彻底改变。

接下来，董耀会分析了项目的发展定位。

秦皇岛境内明长城，东起山海关老龙头入海石城，西至青龙城子岭口，经山海关区、抚宁区、卢龙县、青龙满族自治县，全长223.1千米。秦皇岛市发展北部山区，一定要建设国家步道。海港区有条件率先制定《海港区长城国家步道规划设计方案》，通过将北部山区长城脚下全部乡村规划进相应的步道体系，为秦皇岛旅游开拓出一条新路。

长城国家步道系统途经各个村落，引导游客在当地消费，助力乡村振兴与经济发展。海港区长城国家步道，要建设成与国际标准接轨的国家步道，要配套建设环境设施、景观设施、路标指示体系、营地及安全防护及紧急救难场所等。

长城国家步道彰显山脉本身自然景色的同时，又将长城关隘及可以行走的长城段落串联起来，满足游人既能亲近大自然又能观赏长城美景感受历史文化的需求。游人可以在户外运动之中追寻历史文化，体验中华民族的伟大。

最后，董耀会提出了项目建设目标。

长城国家步道建设要规划出适应不同年龄、不同体能、不同知识结构人群需要的徒步路线。海港区长城国家步道规划构建总长度应该不低于220千米，为不同人群提供5～15天的徒步路线。

董耀会还对长城步道项目的建设标准、经济及社会效益作出了分析。他说：要建设国际一流旅游城市，必须有符合国际市场需要的旅游产品。将秦皇岛打造成国际户外活动专业化的旅游目的地，提供可以带动国际旅游市场的开拓和发展的旅游产品。还可以通过每年举办高规格的国际、国内徒步赛事和主题活动，产生直接收益。

我问董耀会："你的这个设想什么时候能实现？"他把视线移开，朝远处看了看，然后说："不知道。"看着他对长城，对家乡做的这一切，我想到了戚继光的诗句"繁霜尽是心头血，洒向千峰秋叶丹"。董耀会和戚继光这两位相差400多年的长城人，有着一样浓厚的家国情怀。

陪同年轻人

一次到他家里去，看见案头摆着他正在读的《三国演义》，我突然问他，书中的女性，你最喜欢谁。他想也没想，张口就说喜欢貂蝉，而且一点儿开玩笑的意思

图一三七　董耀会与山海关古城摊位改造"长城活火计划"设计执行团队在一起

也没有。我绝对没想到，他会这样回答。

他说："貂蝉牺牲自己，造成吕布与董卓的反目成仇。一个弱女子，可以影响一个国家。"

董耀会和他人谈话有一个特点，不想展开的时候，绝不会多说一句话。想展开的时候，也不会滔滔不绝。如果不同意你的观点，会直接表达出来，常用来表达不同意见的一句话是"那不一定"。说的是不一定，实际就是完全不同意对方的观点。

有一次，我们谈论他们那一代与现在年轻一代的区别。我说："现在看来，你们这一代人身上，有一种属于那个时代的英雄主义、勇往直前。这些品质，现在的年轻人可能很难有了。"

我的话音未落，他那句富有特色的"那不一定"已经脱口而出。他说，一个时代有一个时代的变化，但世界总体上还是朝着好的方向变化着。他是一个乐观主义者，对人、社会，对整个文化都有一个乐观态度，而且非常乐观。

我让他总结一下自己的人生，他说："第一个30年是自我成长，第二个30年是事业奋斗，第三个30年不管能走多远，将陪年轻人成长，陪年轻人奋斗。"

董耀会说，他要"陪年轻人成长，陪年轻人奋斗"，今天的青年人会怎么看一个奋斗者的一生呢？

董耀会是乐观的，我为他的乐观而乐观。

现在很多从事长城相关研究的年轻人，都愿意说"我是董先生的学生"。我采访了北京科技大学国际学院副教授张明弘，他2014年至今一直在做《寻根·长城》

文化考察项目，自丹东出发至今已行程 20000 千米，考查了 100 多座古村落，搜集、拍摄了文字、图片、影像资料近 2000GB。

他说："我们是沿着董先生的足迹在往前走，我每次考察回来都要向先生报告一下考察收获，听取先生的指导。不仅是长城历史文化方面，就是绘画艺术方面，先生都有很多独特的见识。"

说起张明弘，董耀会也是充满了关爱。他对我说："张明弘的中国水墨画，具有西画的功底和理念，又有中国画意象造型的修养，再加上他对长城沿线文化的挖掘，一定会成为开山立派的艺术家。"

他对张明弘的这个评价是非常高的。张明弘来见董耀会，有几次我也在场。从来没见过他当面表扬张明弘。可见他对年轻人的爱护，还是很用心的。他在河北地大长城研究院时也是，对年轻教师背后表扬的时候多，而当面则是指出问题的时候也多。

榜样的力量是无穷的，董耀会的榜样作用就是对年轻人的最好陪伴。国务院发展研究中心研究员何玉兴，曾在题为《如何活得充实、幸福、有尊严、有意义》的文章中说："今天中午，接中国长城学会常务副会长董耀会的电话，说他发来了我向他约的稿《建设长城经济带，创新发展内生经济》。这是一篇论长城茶马互市交流模式在当前农业供给侧结构性改革中的应用的力作。"

接电话的时候，何玉兴正在跟晚辈的侄女聊年轻人如何规划设计人生路径的话题。他的观点是"要选择一项自己喜欢而擅长的职业事业，自己不仅能够靠它安身立命，还能够享受投身其中的乐趣和幸福感，还能够得到社会的尊重，还能够实现自己的价值，对社会、对国家、对人类有意义。首先是要选对，更要坚持，经得起时尚名利的诱惑，经得起挫折困苦的考验，咬定青山不放松，一辈子就做这一件事，就是比较完美的人生了"。

他对这个侄女说："道理是抽象空洞的，董耀会的人生经历和事业成就，提供了一个非常经典的案例、一个有说服力的案例。这样的人生，还有一个好处，就是永远不会退休，越老越厉害，越老越有价值。"

何玉兴在文章的最后写道："他这么忙，还是答应给我写一篇文章，关于长城与京津冀一体化战略布局的研究。这样的文字，不仅写在纸上，更是写在大地上。"

图一三八　步入晚年的董耀会，早已经是得之不喜、失之不悲的精神状态。他只想在有生之年多为长城做点事儿，称自己这是"废物再利用"

当然，董耀会成功的路径仅适用于他，这种成功是不能被复制的。因为他的很多特殊的成长经历，可能是别人没有的。他所受到的挫折和痛苦，也是别人没有或至少是不了解的。所以，他从来不做推销自己成长"模式"的事儿。

何玉兴强调的年轻人学习董耀会，更多的是他的经历向年轻人传递的一种精神。不要轻言放弃，一个人一定不要怕失败。说不怕失败这是一种底气，来自信念的底气。

家乡的长城讲座

2018年11月9日，由中共中央宣传部宣教局、光明日报社共同主办的"核心价值观百场讲坛"工程第79场活动，在河北秦皇岛举办。秦皇岛市委常委、宣传部部长陈玉国说："讲座讲得很生动，节奏娓娓道来如行云流水，内容引人入胜，十分的精彩。"

中宣部将这场讲座放在秦皇岛，或许是因为这里的长城地位重要。对董耀会来说，更像是一次衣锦还乡，或者说是荣归故里。在采访过程中，曾有一位董耀会的老朋友问我："董耀会也不是什么大官，手里一点权力也没有，为什么到哪里都有那么多官员愿意听他的建议？"是啊，他不是领导，没有领导地位，但对长城的爱和付出，以及他的学识形成了巨大的影响力。

他也是从家乡对中国人的意义讲起，他说："中国人思念家乡，月是故乡明，月是故乡圆，就是这样的一个情怀。季羡林先生送过我一本他的散文集《月是故乡圆》，杜甫的诗有'露从今夜白，月是故乡明'，他们不知道他们故乡、他们家乡的那个月亮，跟别人家乡的月亮是一样的吗？知道啊！那为什么会有自己家乡的月最圆这样一个情感？这是因为，月亮是一样的，心中的那份记忆不一样。我是在秦皇岛出生长大的，小的时候中秋节在海边，听着海浪的哗哗声，躺在我妈腿上看月亮的那份记忆，是此后到任何地方看月亮都不可能有的。"

第二天的《人民日报》对讲座做了报道："著名长城专家、中国长城学会副会长董耀会作了题为《长城文化的历史价值与新时代意义》的演讲，并就长城研究与保护相关问题，与现场观众、广大网友进行了交流互动。"

《人民日报》报道写道："中华文明源远流长，长城文化底蕴深厚。今天，我们的了解和认识，与长城的价值和意义相比，还差得很远。"董耀会说，要以历史的眼光去看待长城在不同阶段的作用，但长城的核心思想和文化是一脉相承的。未来，应该把长城所代表的中华文明，在国家层面上做好推广。他认为，长城应该成为爱国主义教育的重要内容和载体。

《光明日报》在11月8日以《核心价值观百场讲坛将走进河北秦皇岛》为题，预告了这次讲座。在介绍主讲嘉宾董耀会时，《光明日报》写道：1984年5月到1985年9月，董耀会与两位同伴历时508天、徒步7400多千米，从山海关抵达嘉峪关，完成了对长城的首次全面周详的实地踏察。

《光明日报》接着写道：他与长城的缘分，就这样开始了。30余年来，董耀会矢志不渝、精进不休，在长城研究、宣传和保护方面，作出了独特而重要的贡献，被媒体誉为"长城之子"。"长城点亮了我的生命。""长城是一条线，各个节点是一颗颗珠，只要串在一起，就是满天繁星、灿烂天宇。"董耀会坦言，将兴趣与工作结合起来，竭诚陪伴长城几十年，是一件特别荣幸的事。

讲座当天11月9日的《光明日报》报道：社会主义核心价值观，在个人层面的价值准则上，提出的第一个词是"爱国"。那么，国是什么？董耀会认为，主要由三个要素组成：一是土地，二是在这片土地上繁衍生息的人，三是这片土地上人的安全。"厘清了文化的根、生命的源，爱国就变得自然而然、发自肺腑了。"在他看来，长城对于中华民族来说，好似一位饱经风霜、含辛茹苦的老父亲，需要了解、热爱与保护。长城，应该成为爱国主义教育的重要内容和载体。

《秦皇岛日报》写道：中华民族为何持续2000多年不断地修筑长城？中华文明是四大文明中唯一没有中断的文明，长城起的作用是什么？长城所代表的中华文明，对人类文明的发展有何重要价值、引领意义？在核心价值观百场讲坛活动中，当著名长城专家、中国长城学会副会长董耀会提出这三个问题时，现场听众立刻被深深吸引，陷入思考。

我没有参加他的这次演讲，他的这三个问题，我虽然听他讲过很多次，每次依然会被他感动。这三个问题的提出和回答，是他对长城文化理论框架进行体系建构的重要贡献。毫无疑问，属于开创性的认识。

图一三九　董耀会在中央宣传部宣教局、《光明日报》"核心价值观百场讲坛走进秦皇岛"活动中作报告

这场长城讲座是董耀会每年若干场讲座中层次最高的，又是在他的家乡举办，给他带来了极大的喜悦。英国的伯兰特·罗素说过，"使事业成为喜悦，使喜悦成为事业。能做感兴趣的事最好，现实中如愿者少。"

我很理解罗素说"现实中如愿者少"，人的一生始终在做自己感兴趣的事，并将其做成事业的确是太难了，董耀会做到了这一点。

中宣部宣教局局长常勃，光明网副总编辑高赛，河北省委宣传部副部长、省文明办主任戴长江等出席了活动。讲座由《光明日报》副总编辑陆先高主持。秦皇岛市委书记孟祥伟致辞并聆听演讲。市领导陈玉国、刘文杰、杨铁林、孙立军参加。

现场有300余名干部群众聆听了讲座，全国各地的228万网友收看了节目，19.1万网友通过微博、论坛等参与了交流互动。中宣部宣教局局长常勃向主讲人董耀会颁发聘请他的核心价值观宣讲专家证书。

请城砖回家

董耀会经常下到长城沿线,他从来不是去走马观花式的转一转。近几年,几乎年年都去大同。张吉福于2015年7月从北京市平谷区委书记,调任山西省委常委、大同市委书记后,非常重视长城的保护和利用。

他和董耀会在北京就熟,到了大同更是经常听取董耀会等专家的意见,有时候在北京见面,更多的时候是在大同。一次张书记很晚才知道董耀会到大同了,晚上10点多还要赶到他住的地方聊一会儿。

大同长城学会也每年都组织活动,长城高峰论坛、徒步长城、长城知识进校园、长城知识讲座、大同长城摄影展、"长城谣 大同颂"诗歌文艺晚会等大型活动。只要时间能安排得开,董耀会都会去支持。他和张书记等市领导见面,也都尽量叫着大同长城学会的会长们参加。

2017年10月23日,山西大同得胜堡两位农民,拆自家院墙"修"长城一事引发关注。77岁的任七孩和73岁的刘悦,50年前拆长城砖块挪用修院墙,现在将300多块城砖"返还"给长城。他们从院墙上拆下18斤重一块的城砖,每次背两块,将300多块砖背上3层楼高的堡顶,总重约3吨多。

有文物专家提出,农民擅自"修长城"的做法不应该提倡。建议由百姓捐砖、文物部门修缮。董耀会则对两位农民的做法大加赞赏,他认为任七孩和刘悦的行为还远远称不上"修长城"。

"他们是拆了院墙,还有很多农家新盖房子淘汰了老砖,大量扔到沟里,那不如回到长城。"董耀会表示,两位农民的做法表现了整个社会长城保护意识的提升,是社会进步的体现。

事情发生后,新荣区文物部门希望举办一个"请城砖回家,为长城疗伤"的活动,让老百姓把长城砖捐回来,政府用青砖置换。然后将这些长城砖集中清理和保存,能用的考虑下一步墙体修缮时使用,残损严重的还能填补空洞。

董耀会明确表示,他支持这个做法。他第一时间将新荣区的想法,告诉了张吉福书记。又将张书记认为这个活动很好的意见,反馈给新荣区委书记邓志蓉、区长李勇。

中国治理体系中县区委书记和县区长，在基层发展经济、保障民生、维护稳定等方面的作用最重要。对长城的保护和利用亦如此，董耀会与很多的基层领导是好朋友，是这些年轻领导的忘年交。他对新荣区的这两位领导评价很高，他说："他们都是想干事儿的人！"

2018年5月15日上午，山西省在大同市新荣区得胜堡举行了"请城砖回家，为长城疗伤"活动的启动仪式。董耀会和山西省委常委、大同市委书记张吉福，副省长张复明，省政府副秘书长丁纪岗，省长城保护研究会会长李太祥等参加了活动。

后来，著名演员成龙到大同参加"脱贫攻坚战——星光行动"，成龙、董耀会、市委书记张吉福、市长武宏文在一起交流了长城保护工作。成龙在得胜堡走访了"送城砖回家"的老乡任大爷，向他表示了敬意。

我陪董耀会去过几次大同，这里有一大批热心长城的各界人士，赵佃玺、刘志尧、陈福仁、吴天有、管学功、施建飞、冯祯、李海林等都是做了很多年了。特别是大同市长城文化旅游协会会长袁建琴，她也曾是大同长城学会常务副会长，她搭着钱、

图一四〇　2018年5月15日，举行"请城砖回家，为长城疗伤"活动（左起：山西省副省长张复明，省委常委、大同市委书记张吉福，中国长城学会副会长董耀会，山西省文物局局长雷建国）

图一四一　大同论坛，对话长城保护（左起：张吉福、成龙、董耀会、王杰瑜）

赔着时间做长城的事，很令人感动。

大同举办活动之前，袁建琴自己开车到北京来拉中国长城学会赠送的长城刊物。谈起董耀会，她说："董会长对我们基层组织支持很大，他从来不主动去向别人承诺什么。他总是先做了再说，或是做了也不说。"我问袁建琴这位长城卫士："你怎么评价董耀会的长城人生？"她说："董会长的了不起，在于他几十年都不曾偏离自己的人生目标！"

结语

长城之子的明天

董耀会喜欢唱的歌,还有《滚滚长江东逝水》。"是非成败转头空,青山依旧在,几度夕阳红。"唱得很悠长。董耀会是一个行者,也是一个知行合一的人,年轻的时候,从来没有沉醉于轻松的生活,年纪大了也从来不追求舒适。

一

他是一个成功者。成功过程又似乎抛弃了单纯意义上的追求成功。他的成功是人生的成功,做所有的事都不会把个人利益与利害放在首位。换句话说,他不是现实生活中大行其道的成功学的信奉者,心底似乎总是以良知作为善与恶的分野。

他的追求都不是急功近利。做长城徒步考察,可以用5年多的时间,从准备到走,再到完成考察报告。可以用10年的时间,组织编纂大型文献《中国长城志》。可以用一生的时间,只做长城保护和研究这么一件事。

采访董耀会三年多,感觉他身上有某种令人震撼却无法确定的东西。有时你觉得看清了,可很快发现那种感觉又消失了。这就是董耀会,有着常人所没有的独特魅力。他不是装深沉,他是真深沉。

图一四二　别人说董耀会一辈子只做长城一件事是相信他后半生不会离开长城,他自己说一生干长城表达的是决心

他是一个双脚刚刚踏入老年的壮汉。到了这个年龄，身体虽还健壮，身上还是少了一些英雄的锋芒，更多了一些学者的儒雅。他有满心舒畅地笑个不停的时候，但更多的是微笑着静静地听别人说。

他以有限的生命，行走无限的路途。说到底是以有限的生命长度，走出了一般人无法企及的生命宽度和高度。生命的原生态，一定不只有长度，还有宽度和高度，或许还有其他的维度。

这是和董耀会交往以来，我最大的感慨和领悟。

2017年1月5日，我在北京参加了朋友们为他举办的60岁生日庆祝宴。他感慨时间过得快，从1982年准备徒步长城，到2017年他的生日，回首一望，竟然已经35个寒暑。聚会的范围很小，十几个老朋友，都是和他一起做了很久长城事情的人，其中就有李少文和其夫人梁嵘。

李少文、梁嵘的《明长城通览》，2014年由清华大学出版社出版。董耀会为这部书作了序，题为《致敬，向所有爱长城的人》。他写道："我与李少文、李少白兄弟俩相识、相知，缘于我们对长城共同的挚爱。李少白的长城摄影，已经达到出神入化的境界。我曾与少白兄合作，他摄影，我撰文，由外文出版社出版了《长城》一书。"

李少白被媒体誉为"一位坚持从人本主义的审美角度展现、诠释中国传统标志性建筑群的著名摄影家。"出版有《伟大的长城》《看不见的长城》等多本长城画册。

董耀会接着说："李少文主攻通信，梁嵘女士主攻中医，他们年纪大了却如醉如痴地爱上了长城，可见长城的感召力有多大。很多年前少白兄告诉我，他弟弟也关注长城时，并没有引起我过多的注意。"

他继续说："李少文与梁嵘两人经过长时间的长城考察，创作《图文长城》系列，分为三卷先后出版。读了这些书，我才知道他们对长城的研究已经走得很远很深。后来和少文兄交往多了，才感受到他对长城的热爱，不亚于他哥哥和我们这些跑了几十年长城的人。社会各界都有爱长城的人，汇聚大家的力量构建起保护长城的'长城'是我毕生的奋斗目标。"

那天晚上李少文有些激动，他说："董老师在长城界负有盛誉，著述丰盈。他对长城的贡献之大，怎么说都不过分。他的《明长城考实》是长城人的'圣经'，

图一四三 2016年1月5日董耀会60岁生日。大家请他说几句，他说：我一晃60了，我小的时候感觉60岁都到了快死了的年纪。还好，我还活着，还能做些年长城的事儿

这个话我在很多的场合反复地讲过。我们走长城是沿着董老师几十年前的足迹在前进。"

我发现这些长城人的追求，没有尽头只有开始。过了60岁依然是开始，新旅程的开始。董耀会的妻子形容他时，用得最多的一个词是"一根筋"。是啊，不是"一根筋"，怎么能做到一辈子，只做长城这么一件事。

60岁生日那天，我问董耀会："如果重新选择一辈子做啥，你还会选择长城保护吗？"他想了想，说："可能不会！"我问他为什么，他说："太累，心累！"接下来，我又问他："那你会选择做什么？"又略想了一下说："画画。"

他还说："想停一下，让脚步慢一点。"可是，看看他正在做的事和还想做的事，并非停一下、慢一点的节奏。

二

在大众的心目中，他无疑是一位英雄，一位时代塑造的英雄。他和很多知识精英一样，身上从来不缺少直面社会问题的勇气。不过，我们之间对话，常让我感觉他身上缺乏那种人们熟悉的英雄才具有的豪气。只有在他的行动中才能感受到这种英雄气和英雄好汉的血性。

他的读书也令我印象深刻。2017年寒假过后，董耀会上任河北地质大学长城研究院院长，整整拉了一车的书，车座和后备厢都塞得满满的。

除了这些他自己常用的书之外，后来他还给学校图书馆捐了3000多册与长城研究有关的图书，包括"二十四史"和《四库全书精选》。河北地质大学是以地质

和经济专业为主的高校，文史方面的图书很缺乏。此前，他还分别给秦皇岛档案馆、山海关图书馆各捐了数千册图书。

生活在今天这个新媒体时代，董耀会依旧在老老实实地读书。他也看微博、微信，他固执地认为电子书跟阅读纸质书籍获得的享受感不一样，并且还差得很远。他说，两者的区别就如同快餐与大餐。

60岁重新出发，依然是那么才思敏捷。浓浓的家国情怀，依旧是他的坚守。物质生活的简单，依旧是他的生活方式。他的内心越强大，对物质的需求却越发少了。

2019年10月，燕山大学出版社出版了董耀会的著作《长城：追问与共鸣》，该书在厦门举行的海峡两岸书展上首发，随即被河北省新闻出版局列入了河北出版70年精品展，并经读者投票入选了第七届"我最喜爱的河北十佳图书"，获评"河北省2020年度优秀出版物"。燕山大学出版社陈玉社长，曾任新华社河北分社记者。她在为该书撰写的一篇书评中说："本书对长城的认识，最有价值之处就在于着眼

图一四四　很多地方举办长城活动，都希望董耀会能去参加。只要时间允许，他都会不辞辛苦地赶过去

于人类社会的共识，冲破了长城奇观化的被观赏状态，凸显出长城文明价值的普遍互通属性，洞见良多，弥足珍贵，颇堪引发更多读者的共鸣。"

  他下一步工作还包括完成《长城史稿》和《明代长城史》。躲进角落里为长城做一部信史，是他完成《中国长城志》后的一个目标。他要在这两部著作中尽量讲清长城的过去、现在及未来。此外，三年之内，他还要完成一部《长城学概论》。我深入接触他这几年，发现他每年都要有一段时间集中写作，过着近似隐士的生活。

  这些是想好了的安排，说不定中间还会加进什么突然想做的事。他还想在年轻人的培养方面多下点力量，不论是长城保护和宣传，还是长城研究都特别期望有年轻人能够接棒。

  他对我说，长城研究过程中的任何历史思考都没有终点。不会因为有了一个答案，就不再构成问题了。这就是历史研究的魅力所在。长城应该吸引更多人关注，如果有后来者重释甚至颠覆他的认识，他认为都是好事。

三

  吃多大的苦，享多大的福。他是一个幸福的人，走到哪里都能得到尊敬。他之所以受人尊敬不仅因为他的成功，还有他做人的纯粹和没有功利色彩。只有真正为社会做事的人，才会受到人们真正的尊重。

  他的幸福来自他的担当。他很阳光，从来不发牢骚。奋斗之路肯定遇到过很多的磨难，但几乎听不到他谈这些。

  董耀会告诉我，他的长城之旅并没有结束，还要继续往前走。这几年我一直和他一起做长城的事，感觉他这条长城之路，走得越来越冷峻。

  做长城保护志愿者是他一个主动的选择，而做长城保护的代言人则是他长期面对破坏现实的被动选择。没有什么组织和个人强迫他，他是服从了自己的良知。对他来说，感受长城、保护长城永远都是进行时，即使步入晚年，还要接着做长城的事，继续与长城命中注定的故事。

  今天，长城保护的春天已经降临。更多的保护制度和措施正在实施，更多的大众有了保护长城的意识和行动，长城的容颜开始一点点灿烂。

  已经过了耳顺之年，长城之子又开始了一个全新的30年。他这一辈子，就是

图一四五　中国长城学会部分领导成员（左起：陈海燕、蔡德明、董耀会、张黎、周友良、张柏、袁安升）

把自己交付给了长城。我相信他已经走入了长城的历史，他的灵与肉也都将和长城融为一体。

这本书校稿的时候，又传"董耀会长城文化工作室"在北京翰高文创园揭牌的消息，同时举行了"中国长城文化图片展"开幕仪式。他这是又要去画画了吗？还是画长城吗？我在网上查了一下，中央美术学院造型学院院长马路、中国人民大学艺术学院院长丁方的工作室，都设在了北京翰高文创园。

从郑严的报道上看，"董耀会长城文化工作室"揭牌仪式之后，很多人都在和他合影。每次出席长城的活动，许多热爱长城的人都会围着他照相。他是长城英雄，大家是在向这位长城英雄致敬！有了英雄，长城的风景才越来越美。

还是那句话，董耀会是幸福的人。

不过，他已经进入了人生的后半场，拼的不应该是事业而是健康了。我看过他的体检报告，知道他的健康情况并不乐观，基本上是不该高的都高。他对健康却如同对其他美好事物一样，依然是一副得之坦然、失之淡然的样子。

图一四六　老骥伏枥，志在千里。董耀会在河北金山岭长城笑得那样开心

对他的这个态度，我不以为然。

本书要结束了，我想用董耀会的一段话结束，他说："每个人的生命长度都是可知的，再长也就那么百十年，长不到哪儿去。生命的深度乃至生命的宽度，变数就大了。长城使我生命的深度和宽度都有了最大限度的延展。生活努力的空间大了，生命的价值也就随之大了。"

我问："怎么实现生命的宽度和深度？"他回答："逼着自己往前走。"

这本书完成校样的时候，长城国家文化公园建设已经全面展开，董耀会作为国家文化公园咨询委员会专家委员，一直奔波在长城第一线做督导研究。文化和旅游部委托他主持编修《长城文化和旅游融合发展专项规划》，这是长城国家文化公园建设的顶层设计。委托他任会长的中国旅游协会长城分会编写了《长城文化记忆》。

老骥伏枥，志在千里。董耀会这匹壮心不已的"老马"，又激昂地驰骋在万里长城上。